智 慧 书

The Books of Wisdom

目　录

经书简字表

希伯来圣经三十九篇		以西结书	结
摩西五经		何西阿书	何
		约珥书	珥
创世记	创	阿摩司书	摩
出埃及记	出	俄巴底亚书	俄
利未记	利	约拿书	拿
民数记	民	弥迦书	弥
申命记	申	那鸿书	鸿
		哈巴谷书	哈
前先知		西番雅书	番
		哈该书	该
约书亚记	书	撒迦利亚书	亚
士师记	士	玛拉基书	玛
撒母耳记上	撒上		
撒母耳记下	撒下	**圣 录**	
列王纪上	王上		
列王纪下	王下	诗篇	诗
		箴言	箴
后先知		约伯记	伯
		雅歌	歌
以赛亚书	赛	路得记	得
耶利米书	耶	哀歌	哀

传道书	传	罗马书	罗
以斯帖记	斯	哥林多前书	林前
但以理书	但	哥林多后书	林后
以斯拉记	拉	迦拉太书	迦
尼希米记	尼	以弗所书	弗
历代志上	代上	腓力比书	腓
历代志下	代下	歌罗西书	西

希腊文次经四篇

		帖撒罗尼迦前书	帖前
		帖撒罗尼迦后书	帖后
智慧篇	智	提摩太前书	提前
德训篇	德	提摩太后书	提后
玛加伯上	加上	提多书	多
玛加伯下	加下	腓利门书	门

		希伯来书	来
		雅各书	雅

新约二十七篇

		彼得前书	彼前
		彼得后书	彼后
马太福音	太	约翰一书	约一
马可福音	可	约翰二书	约二
路加福音	路	约翰三书	约三
约翰福音	约	犹大书	犹

使徒行传	徒	启示录	启

修订版缀言

羊年三月，帝京夜霾，见不足者独行于水木清华（参《摩西五经》二版缀言）。寂寥之中，举目四顾，突然红光照面，仿佛来到了荒野深处。眼前一列奇长的阶梯直通云端，有白袍者衔命，上上下下，恰如先知记述的（《以赛亚书》六章）：

只见我主高踞宝座之上，袍裾垂下，覆盖宝殿。左右有火焰天尊侍立，各生六翼：一对遮面，一对掩脚，一对飞翔。彼此高呼着：圣哉，圣哉，圣哉，万军之耶和华！大地充盈他的荣耀！

那呼声极大，连门槛的基石也震动了，殿上青烟缭绕。我说：呜呼，我完了！因为我这人嘴唇不洁，在嘴唇不洁之民中居住，竟亲眼见了吾王，万军耶和华！

忽地飞来一个天尊，手持一块红炭，是他拿火钳从祭坛上夹起的。他就用那红炭点我的口，说：看，你嘴唇受过红炭，你的咎责就除了，你的罪愆赦免了！

接着，便听见我主雷霆之音：我可派谁？谁愿为我们前往？我忙回答：我愿意，hineni，请派我去！他说：去吧，告诉那一族人——

你们听是听了，但就是不明白

· i ·

看也看了，却什么都不见！
——你去使这些人的心肥胖
让他们耳背眼浊；
免得他们眼睛看见
耳朵听到，心里明白
而悔改，而得了医治！

我问：几时为止呢，我主？答：要到城邑废弃，无人入居，房舍空寂，田亩一片荒芜；要到耶和华将人赶去了远疆，山河沦亡。而残留的仅及什一，即便悔改了也要火里走，如笃耨香或橡树伐倒了只剩树桩——那树桩，便是圣洁之子实。

醒来，晨辉满窗，微风中飘荡着少先队队歌。匆匆吃了早点，走到附小门口，一辆辆汽车已经排起长龙，见不足者却没去留意。他低着头，绕开熙熙攘攘的人群，像是在找寻什么。

那天，他在园墙倾圮处看到一截白亮的树桩；坐下，他开始了《智慧书》的修订。

二〇一五年九月于铁盆斋

前　言

前言其实是后记，依我的习惯。一本书写好，修改完毕，连同附录献辞参考书目，大功告成，可以交稿了；再回头想想，有什么需要向读者和友人交代、感谢的？一二三四，便是前言。今晚，正是这样一个愉快的回顾的时刻。

按常规，仿佛还缺一长文，讨论《智慧书》的历史背景同结构内容。然而，这五篇经文的渊源旨趣、思想关怀差异极大：《诗篇》是圣殿祭祀，子民礼拜，忏悔感恩的颂诗哀歌等等的总集，约有一半归在大卫王名下。《雅歌》虽然题为"属所罗门"，却更像民间情歌或婚礼上的唱和之曲，也有人认为取材于初民春祭的颂神诗。《约伯记》（传统上归摩西）、《箴言》与《传道书》（均托名所罗门），才是严格意义上的"智慧文学"，承接的是古埃及、苏美尔 / 巴比伦和迦南的悠长的智慧传统。但它们的风格、哲理与教义又各不相同，难以放一块儿讨论。倘若分别作文章探赜索隐，似乎又超出了本书的体例和目的。毕竟，译本不是论著，译者的主要任务并非立一家之言。相反，正因为译文不可避免是一番"再创作"，译者就要十分注意为读者留余地，而不应越俎代庖，替他读书下论断，尤其像《圣经》这样蕴含了无穷教导和启示的经典。这也是拙译的夹注一般不涉及神学诠解，不追求微言大义的理由之一。

于是，想到一个化整为零的办法，原先用过（见拙著《玻璃岛：亚瑟与我三千年》，北京三联，2003）。就是作一份"释名"，为五篇经文和其中重要的人物神明、部族城镇、动物植物，以及相关圣经学术语，做一扼要的介绍。置于附录，供读者随时查阅，"链接"浏览。如此，"译序"即可聚焦一个题目，而不必面面俱到了。题目我选的是希伯来诗律，因为智慧书乃是《圣经》诗歌艺术的明珠，对西方文学影响至巨。原文格律修辞等语言手段作为思想的载体，对于译家，正是他的译文力图再现、转换而"再创作"的一个个文体元素；对于译本的读者，则是为完整准确地理解经文所必不可少的基础知识。而《圣经》的中文旧译，无论文言白话，错漏最多、笔力最弱的部分，恰在诗体的章节。这里面，是有好些经验教训值得我们研究的。

智慧书五篇，传世抄本讹误较多，远不如摩西五经整齐。部分段落顺序衔接紊乱（如《约伯记》24-27章），校读断句，历代注家歧见纷纭。故拙译在底本德国斯图加特版传统本（BHS，1997）之外，参照引用的原文抄本（如死海古卷）和古译本（如希腊语七十士本、亚兰语译本、古叙利亚语译本、拉丁语通行本）的异文异读，也大大增加，详见各篇夹注与释名。夹注中，"原文"指BHS编者校订的经文善本，即圣彼得堡公共图书馆藏列宁格勒抄本（codex leningradensis）；"另读"则指该抄本页边所录经师附注（masorah），或编者脚注列出的传统读法。

译文的体例，包括夹注、原文的拉丁字母转写，一如《摩西五经》（牛津大学/香港，2006；北京三联修订版，2013），此处不赘。仅说明三点，因为常有读者电邮问起。第一，经文原本不分章节（亦无现代标点），至欧洲文艺复兴，十六世纪中叶才开始划分，渐成定例。但这一套章节设计与经文的叙事、诗句的起止，往往并不吻合；不乏一句话断为二节，一首短诗横跨两章的情况。所以章节只是方便检索引证的一个系统，跟如何诵读或理解经文未必相关。这是读者须了解的。此外，传统本的分章与拉丁语通行本略有出入。因为英语钦定本的章节跟从通行本，而中文旧译如和合本又以钦定本为底本，故而凡通行本与传统本分章不一致处，夹注中都标明了，俾便熟悉和合本章节的读者对照。

　　第二，同样，译本里散文的段落，诗歌分行划阕，加标题，也是现代译经的惯例，非原文即古代抄本的原样。总之，是一种阅读提示；在一定程度上，也是译家根据自己的理解判断而做的文体选择（详见译序）。

　　第三，希伯来经文中以色列子民的唯一神（'elohim），汉译有"天主""上帝"之分野。原是十九世纪来华传教士不智而搭的藩篱，不仅加剧了教派对立，还阻碍经文合一运动，实为历史的遗憾。而在他们自己的拉丁语和母语译本里，却只有一个诸派共尊的大写的名：Deus-Dio-Dieu-Gott-God。我是"非教徒"、"无党派"的"统战对象"，对于这译名的分歧并无任何偏向。可是译经只能采取其一，没法兼顾；若自创新名，又不符合约定俗成的原则，徒增混乱，委屈读者。而简单直译作"神"也不好，易与异教神或泛指的神祇混淆。所以就随汉语学界的大流，用了"上帝"。读者若愿意，读作"天主"也行，音节相当，应无大碍。

　　《摩西五经》问世以来，蒙读者包括许多教友的厚爱，来信鼓励或提出意见建议，还有专家学者著文评论，在此一并深表谢忱。现在《智慧书》将要付梓，最大的希望，便是继续领受读者诸君的指教——网络时代的写作，有个前人想象不到的好处：能够几乎是即时地获得反馈，隔着十二三个时区。

　　译经，在智慧的"传道人"（qoheleth）看来，恐怕也是太阳下无休止的一份"辛劳"，或救主派给人子的"苦活"（《传道书》1:13）。然而人生幸福，却在那"苦活"日积月累的所得，可以同无数人分享。这一点，我常得益于内子的提醒。我在西文典籍和学术话语里沉浸久了，容易忘记中文世界的读者的知识需求、阅读心理或可能有的困难。她的批阅、提问，总是站在普通读者的立场上，要求修改或解答，让我对学院派的玄谈和上不了口的"文绉绉"辞藻，时刻保持着警惕。

　　我以这本书纪念卢兄，我的哈尼阿哥。"伐木丁丁，鸟鸣嘤嘤"：每当我乘着经文诗句的翅膀，飞入希伯来智慧的明光，我就离他的大森林近了一程；就又一次回返往日，坐于他的火塘，端起新米的纯酿，聆听一颗超越民族疆界和宗教信仰的宽仁之心的吟咏。而且我知道，从他祖宗的圣山，他能望见，四面八方汇拢到我笔下，这一片漫漫黑地里"渴求天光"的众灵。

二○○八年一月于麻省新伯利港铁盆斋

译　序

唱一支锡安的歌

　　希伯来经文《约伯记》《诗篇》《箴言》《传道书》与《雅歌》五篇，习称"智慧书"，又名"诗体书"。这后一个名称常引起读者的不解：翻开例如中文世界流行较广的和合本《圣经》(1919)，那里面的诗体书，遣词造句、情感表达之生硬苍白，哪像是诗？而且还一句黏一句，不分行——现代人心目中的诗，分行书写大概是第一要素，既指示韵律、朗诵节奏，又是一种视觉之美。

　　其实，和合本虽然舛误极多，格式却没错，是模仿其底本英语钦定本(1611)，而钦定本依循的是古代抄本的通例。诗不分行，原是古人的习惯；竹简丝绢、泥版纸草和鞣制的牛羊皮等书写材料，都不便宜，分行就太浪费了。所以在英美，据专家报告，那些念着钦定本长大的读者，也闹不清哪儿是诗，哪儿不是。当然，有几首是经文注明了的，不会搞错，如《出埃及记》十五章，摩西率子民越芦海（七十士本：红海），摆脱法老追兵之后，向耶和华感恩的"凯旋之歌"；又如《申命记》三十二章，摩西传授律法已毕，为会众"高声吟诵"的"摩西之歌"。还有《诗篇》和《雅歌》，传统上一直用于唱诗礼拜，题记还标出曲牌或伴奏乐器，也是无疑问的。其余的篇章，就要读者凭自己的阅读经验来判断了。比如《约伯记》，楔子源自民间传说，标准的散文句式。但是第三章，因家破人亡而痛不欲生、沉默了七天七夜的约伯终于启齿，那一连串诅咒、哀号、质疑，排比句一泻千里，分明是诗的倾诉（3∶3以下）——

愿我出生的那一天灭亡

连同报喜"怀了男胎"的那一夜！

愿那一天葬入幽冥

上帝在上，永不过问——

叫它照不见光亮。

愿它被冥冥的死影索回

为沉沉乌云覆盖

因白日蚀去而惊惶！

现在的西文译本，诗体部分大多分行了，并且在引言或脚注里说明。中文译本，如联合圣经公会的现代本（1979）跟和合本的几种修订本，也是如此。然而，读者若仔细比较，就会发现译本之间颇不吻合，仿佛译者对诗体与散文的分野、诗行的长短、朗诵节奏等问题，各说各话，处处抵牾。怎么回事呢？读经须学习解经，而解经要进于译经才算得完满。一段经文，我们每个读者于熟读之际，都会在心里，往往还在口上，把它"译"为自己的思想。可是如果那思想的精确表述，离不开我们对其所取的文体形式包括修辞音韵的理解把握，那么，笼罩着经文诗歌的疑云就必须驱散。否则，解经便难以达于译经。

这片疑云，叫作希伯来诗律。

古人解经关注微言大义。串解经文，寓言比附，是连一词一音的异同跟近似都不肯放过的，却极少论及诗律。大约圣经诗律的知识，很早就逸亡了。直到十八世纪中叶，才有英国教士提出，经文诗句常呈现一种上下平行的对应关系，可做探讨诗律的起点。但响应者寥寥。二十世纪下半叶，近东考古和古文献整理日新月异，受文学理论同古代近东语言比较诗学的刺激，西方圣经学界才开始深入研究希伯来诗律，渐次形成几点共识（《犹太大百科》卷七，"希伯来诗律"条）。

一般认为，圣经诗律的基础特征，既非押韵（头韵尾韵），也不是长短或轻重音节交替而成的音步。希伯来诗歌讲究押韵和音步，是犹太人丧失家园"大流散"之后——从亚历山大城、巴比伦到罗马、拜占庭，到中世纪的西班牙、普罗旺斯——诗歌创作与各国文学交融的结果。若以欧洲或中国诗律的历史比照，希伯来诗歌似乎走了相反的路线：从一开始（即圣经时代）便取了无韵而灵活的"自由体"，用以驾驭生动有力的口语节奏，独具一格，甚而非常"现代"。精致的韵脚、规整的音节或字数之类让诗人展现技巧的格律"镣铐"，在希伯来诗史上，反而是后起的"传统"装饰。这古老的自由体的基本单元是短句（verset）。通常以两、三个短句表达一个完整的意思，每一短句两到三个重音。上下短句的音节数可多可少，不求一律，并受重音约制，形成大致相等或长短有序的诗行；有时也用四个以上短句衔接、排比或交织，容纳复杂句式。短句之间，则在语义（同义反义引申等）、句式和重音节奏三个层面建立平行对应的关系，并辅之以一系列修辞手段，如词根谐音、头韵尾韵、双关、套喻和字母藏头（句首或阕首字母连缀），演化出丰富多彩的变体。现代译者确定诗体经文，将之分行划阕的主要依据，便是这短句的平行对应。希伯来诗律权威赫鲁肖夫斯基曾以上文提及的"摩西之歌"开头两节为例说明（《申命记》32∶1-2，同一节内短句顺序以 abcd 表示，大写字母＝重读元音）：

原文（拉丁字母转写）：

（1a）ha'azInu｜hashshamAyim｜we'adabbErah（三重音）

（1b）wethishmA`｜ha'Arez｜'imre-pI

（2a）ya`arOph｜kammatAr｜liqhI（三重音）

（2b）tizzAl｜kattAl｜'imrathI

（2c）kis`irIm｜`ale-dEshe'（二重音）

（2d）wekirbibIm｜`ale-`Eseb

中文直译：

（1a）［请］侧耳｜诸天（阳性复数）｜［当］我要说

（1b）［让她］听｜大地（阴性单数）｜我口［中］话（宾语）

（2a）［愿］降下｜如雨｜我的教导

（2b）［愿］滴落｜如露｜我的话（主语）

（2c）如细雨｜在嫩草上

（2d）又如大雨｜在青草上

参较英语钦定本：

（1a）Give ear, O ye heavens, and I will speak,

（1b）and hear, O earth, the words of my mouth.

（2a）My doctrine shall drop as the rain,

（2b）my speech shall distil as the dew,

（2c）as the small rain upon the tender herb,

（2d）and as the showers upon the grass.

简析：原文六个短句成三对，前两对是3+3重音配置，后一对（因省略动词）转为2+2重音。三对皆上下平行：名词对名词，句中位置相同，"诸天／大地"（1ab），"教导／话"，"雨／露"（2ab），"细雨／大雨"，"嫩草／青草"（2cd）；动词对动词，按希伯来句法置于句首，"侧耳／听"（1ab），"降下／滴落"（2ab）。但也有变化，"我要说"（1a）与"我口［中］话"（1b）义近而词性不同（"我"在原文里是后缀），一是动词，一为名词作宾语。后者紧接着又变为主语"我的话"（2b）对"我的教导"（2a）；同时以"雨／露"（2abcd）设明喻，上接"天／地"（1ab），六短句一气呵成。向天地呼吁，本是先知诗的起首程式或套话（见《以赛亚书》1:2）。然而摩西将上帝启示的教导比作雨露，那套话就带了"劲儿"，凸显了他要天地倾听而作证的实义。拙译如下：

> 苍天哪，请听我说
> 大地呀，请容我言！
> 愿我的教导沐人如雨
> 愿我的话语润物如露
> 如嫩草甘霖，又如绿茵新湔。

　　当然，这是挑"典型案例"分析。经文中大部分的诗句，没有那样规整乃至"同义反复"，否则就未免单调了（详见下文）。此外，还需指出一点：语义、句式和重音节奏的平行对应，并非二重音与三重音短句独有的现象。这三种对应关系在三个以上重音的短句或数个短句群之间，也会出现，同样也能变化节律，恰到好处地利用修辞。例如《创世记》九章，挪亚率家人与鸟兽蛇虫乘方舟避过大洪水，献全燔祭谢恩。上帝大喜，为之祝福，与众生指虹立约，道（9:13以下）：

　　　　　看，我把战弓（qesheth，解释彩虹来历）挂上云端了，做我跟大地立约的标记。每当我铺云覆地，看见彩虹（直译：弓，下同）展现云端，就会想起我同你们，同一切生灵的誓约；那洪水滔天灭绝苍生的灾难，就再不会重演。每当云端飞下彩虹，我看见它就会想到，上帝与大地芸芸众生之间，那万世不移的誓约。

这是耶和华的允诺，语气庄严，节奏平缓，短句比前例"摩西之歌"稍长，一般就从惯例译作散文。但如果按拙译的标点，以短句分行成"诗"，又可见排比句式和工整的语词对应。

　　验之于上述诗律，这一类较长的语句或复杂句式中的排比对应如何区分归类，便戳着了理论的"软肋"。原先哈佛有一位讲授《圣经》的库格尔先生（去年移居以色列了），他考察过圣经诗的源流，认为，以色列的先知作为诗人，并不遵从一种欧洲式的能够将诗与散文截然分开的格律。相反，他们传世的经文，从律法神谕、历史故事到庙堂颂歌，在语句的基本节奏和修辞特征上是统一的，即贯穿了一条讲求平行对应但无明确文体分野的修辞节律"连续体"（continuum）。其一端是不太规整、自由铺叙的散文，另一端则是平行对应的短句即今人所谓"诗"。而经文里不少段落处在中间过渡地带，读作/译成散文或诗体均可，恰好证明了那修辞节律的灵活与包容力，亦即圣经诗的"开放性"。库先生的"解构"触动了平行短句这一圣经诗律的基石。一九八一年，他的《圣经诗理》问世，学界一片哗然，争鸣至今未息。有趣的是，不久前犹太诗人罗森堡作《亚伯拉罕传》(2006)，把圣祖在基拉耳称妻为妹、以实玛利、缚子献祭三个散文故事(《创世记》20-22章)通通译成诗体，不啻那"解构"理论的一次大胆实践。罗氏曾与耶鲁的布鲁姆先生合著《J之书》(1990)，挑战《摩西五经》文本学说的主流(参见拙译《摩西五经/译序》)，是造诣颇高的圣经学家。

就这样，希伯来诗律的探讨刚画好轮廓，又擦模糊了。但是通过争论和译经实践，经文节律的复杂性得到揭示，促进了圣经诗学的发展。该领域一项重要的开拓，便是加州大学伯克莱分校奥特教授关于平行短句的"语义增强"说。如前例所示，上下短句的对应离不开同义词和近义词。但同义反复除非可以营造风格或实现特定修辞目的，极易堆砌概念，是败笔，素来为诗家所诟病。然而，奥氏检索了诗体经文后发现，上下短句可归于同义表达的不到总数的四分之一，且下句在语义、句式或节奏上总有微妙的变化：或以特指对泛称，或用转喻对明言。一般论者所谓下句对上句的"同义反复"，实际大多属于递进、转折、聚焦而增强的关系，使得短句之间蕴含一种"叙事冲动"或诗意的张力。例如《诗篇》之六，开头三个对句(拙译)：

（1a）耶和华啊，请不要生气谴责我

（1b）不要震怒而降罚。

（2a）求你怜悯，耶和华，我实在虚弱

（2b）求你医治，我骨头打颤，耶和华!

（3a）我的灵战栗不能自已，

（3b）可是你，耶和华啊——还等几时?

读者多念两遍，即会发觉，下句的同义表达皆比上句要强烈或具体："震怒而降罚"(1b)重于"生气谴责"(1a)，"医治""骨头打颤"(2b)要比"怜悯""虚弱"(2a)具体；而"我的灵(naphshi，本义气、喉，转指性命、整个人)战栗"(3a)又比"我骨头打颤"更为痛苦。同时，以"我的灵"(即性命)对"耶和华"(赐生命的主，3b)，向上帝祷告，则是委婉而迫切地祈求那应允了的拯救快快到来。如此，三对句首尾呼应，环环相扣，自成一阕。

不过这"语义增强"说也有它的局限，主要因为我们对圣经时代的诗歌创作、语言习惯和历史环境，还了解不透彻。有些经常成对使用的同义词，如"生气／震怒"、"谴责／降罚"，恐怕不能说是诗人的创意或风格，而更像是日常祷词的套话（参较《诗篇》38：1的重复）。套话套喻（kenning）等固定词组是口传文学的特点，也是歌手即兴演唱、圣人布道讲经须熟练掌握的技法。我想，由此出发研究希伯来诗律，应能推动圣经诗学，甚至令一些传统译法有重新斟酌之必要——让解经进于译经。

无独有偶，二十世纪的《圣经》汉译，也有一个探寻诗律或译文的文体形式的难题。我在别处谈过，旧译的许多舛误、病语病句、尴尬译名，根子在主持译经的十九世纪传教士身上（详见《宽宽信箱与出埃及记》，北京三联，2007）。但就文体风格与诗律而论，则旧译除开人才不济，还有"生不逢时"之叹。

旧译分文言（深浅文理）、白话两类。白话译本以和合本成就最高，对后来的思高本（1968）、吕振中本（1970）等皆有显著的影响，特别是语汇句式。但其诗体书如《诗篇》假使分行排印，读者恐怕也感觉不到多少短句节律和诗意。穿插在散文叙事部分如《摩西五经》里的诗歌，就更无风格可言。这是因为和合本是传教士生造的"洋泾浜"白话，既未吸取口语的养分，又不幸被"五四"开始的新诗和欧化文体抛离——后者的成熟，要等到上世纪下半叶，西方文学与哲学的翻译大大丰富了中文词汇和句法表现力之后。文言译本现在少有人读了，虽然传教士译经在西方学界算个热点。清末民初，文言传统已走到末路。旧体诗固然不乏咏怀明志之作，但多数是书斋里的风雅玩物；若想用它来承载荒野先知、西洋宗教的思想智慧和博大感情，未免捉襟见肘。所以文言译经即便请到吴经熊博士那样有修养有热忱的才子，也只有昙花一现，难以为继了。

我举一个简单的例子：《诗篇》以"福"（'ashre）字起头，然后一连五个短句对应转折，引出"耶和华之法"这一义人安身立命的根基。兹以和合本、吴经熊《圣咏译义》（1946）分别代表白话同文言旧译，参较钦定本和拙译（按照原文句式与短句顺序），如下：

和合本：

　　（1a）不从恶人的计谋，（1b）不站罪人的道路，（1c）不坐亵慢人的座位，

　　（2a）惟喜爱耶和华的律法，（2b）昼夜思想，（1a）这人便为有福。

吴译：

　　（1a）长乐唯君子，为善百祥集。不偕无道行，（1b）耻与群小立。

　　（1c）避彼轻慢徒，不屑与同席。（2a）优游圣道中，（2b）涵咏彻朝夕。

钦定本（原文无方括号内的系词）：

　　（1a）Blessed [is] the man that walketh not in the counsel of the ungodly,

　　（1b）nor standeth in the way of sinners,

　　（1c）nor sitteth in the seat of the scornful;

　　（2a）But his delight [is] in the law of the Lord,

　　（2b）and in his law doth he meditate day and night.

拙译：

　　福哉！人若不依从恶人诡计

　　不踏足罪人的路

　　不和讥诮中伤的同席，

　　而把欢愉交给耶和华之法——

　　那法啊，他日夜诵习！

　　和合本除了病语"站罪人的道路"（1b，动宾搭配不当）和误译漏译，"诵习 / 沉吟"误作"思想"（钦定本"meditate"不确），脱宾语"法"（2b），还颠倒了原文句式，将用来开篇而别具深意的"福"字移至长句（第二节）末尾，以致文气中断，五个短句变得拖沓、笨拙。

吴译温雅华丽，却囿于五言诗的传统句法，无力表现其底本（英语和法语天主教译本）的复杂句式，只能大意译之。为了凑韵，又不得不填入赘语。于是一个"福"字变出两句不相干的中国老话，"长乐唯君子，为善百祥集"（1a），反而比和合本的白话还冗长。原文短句递进转折的张力也不见了。"恶人""罪人"脱去宗教意味，化为"无道"与"群小"（1ab）；"讥诮中伤"误作"轻慢"（1c）；而希伯来经文的核心概念之一"耶和华之法"则成了含混不清的"圣道"（2a）。

《诗篇》第一首是全篇的序，或"锡安之歌"的门（用希伯来语的说法）。才进门，已是这番窘相，旧译的失误和教训就很值得我们记取了。千头万绪，往大处着眼，我想可以这么总结：虽然表达始于理解，但满足于生造的病语病句或束缚于旧诗格律而跟充满活力的口语脱节，表达不善，也可能导致误读、障蔽知识。解经、译经因此是相辅相成的；两者都是语言能力的挑战与思想境界的攀登。语言是思想的外壳；语言能力即领会、分析、想象并描摹人的思想感情的能力。如此，诗律的真正的渊源乃是思想感情的自然节律。倘若诗律不再同思想隔绝，短句的对应不单是技巧，修辞不复是纯粹的意象音韵与词藻句式的选择，诗，也就成为必须准确表达了才能完整理解的历史和永生的智慧之启示。

在此意义上，译经，乃是把历史交还真理，信仰立于苦难，记忆存于哀痛。惟有这样，我们才能真切而同情地领会古人的思想，领悟圣书的教导；才能去到圣者中间，分享他们的喜悦，分担他们的悲伤——圣殿焚毁，子民为奴、掳去异邦，耶路撒冷听凭仇敌践踏洗劫——才能像他们一样，在我们自己的巴比伦河畔坐下，抚慰一颗颗眷恋锡安的心，唱出"耶和华的歌"（《诗篇》之百三十七）：

> 在巴比伦河畔
> 我们坐下。想起她
> 想起她，就止不住泪，啊锡安！

智慧书

岸畔的杨柳
挂起我们的琴，
因为监工想听个曲儿
那些掳掠我们的要取乐：
来，给我们唱一支锡安的歌！

啊，沦落于异国
叫我们如何唱耶和华的歌？

若是我忘了你，耶路撒冷
愿我的右手萎缩！
愿我的舌尖黏在上腭
若是我没有思念你，
没有眷恋着耶路撒冷
胜似我最大的欢愉！

耶和华啊，求你记住红族的子裔
耶路撒冷蒙难的那天，
他们吼叫：把她剥光，剥光，
剥到她的根基！

啊，巴比伦的女儿，你在劫难逃！
幸福，属于那一报还一报
替我们复仇的人；
愿他蒙福，抓起你的婴孩
往岩石上狠狠地摔！

二〇〇八年一月于铁盆斋

译　序

奥特（Robert Alter）:《圣经诗歌艺术》(*The Art of Biblical Poetry*)，Basic Books, 1985。

赫鲁肖夫斯基（Benjamin Hrushovski）:《论希伯来诗律》(*Note on the Systems of Hebrew Versification*)，载《古今希伯来诗选》(*Hebrew Verse*)，加尔密编，企鹅丛书，1981。

库格尔（James Kugel）:《圣经诗理》(*The Idea of Biblical Poetry: Parallelism and Its History*)，耶鲁大学出版社，1981。

智慧书

约伯记

楔 子

一章

从前乌斯地方有个好人，tam, 完好、清白、诚实，指人品性格，创6:9，诗25:21，箴29:10。名叫约伯。'iyyob, 词根谐音"受敌"，'yb。游牧部落酋长，非以色列人。乌斯，`uz, "建言、忠告"，一说在红岭南部，另说在亚兰之地，大马士革附近。那好人生性正直，敬畏上帝，远离恶事。² 他育有七子三女；³ 拥有七千只羊、三千骆驼、五百对牛、二牛共轭犁地或拖车，称一对，zemed。五百母驴，以及大群仆役：论家产，miqneh, 总称家畜奴婢。七、三、五象征圆满幸福。东方人当中，巴勒斯坦以东，特指红岭、阿拉伯一带。数他第一。

⁴ 他的儿子们经常请客，各家轮流做东，还把三个姊妹邀来一同宴饮。⁵ 每一轮宴饮过后，约伯总要派人关照他们行洁礼；直译：归圣。以免因沾染不洁而妨碍祭祀。自己则早早起来，替他们逐一献上全燔祭，说：就怕孩儿触了罪，心里没赞美上帝！婉言亵渎神圣。旧译弃掉，误。每一次，约伯都这么做。

⁶ 却说有一天，众神子一齐侍立于耶和华面前，神子，即天庭使者，创6:2。撒旦也来了，撒旦，hassatan, "敌手"，原是天庭一员，负责检控之事，民22:22,

亚 3：1。后世演变为恶魔的专名，故七十士本：diabolos，谤魔。夹在神子中间。⁷ 耶和华对撒旦道：你从何处来？撒旦回答：我在世上巡游来着，到处走走。不说执行公务，暗讽天父明知故问。⁸ 耶和华又问：你可曾留心我的仆人约伯？世上谁也及不上这个好人，他生性正直，敬畏上帝又远离恶事。⁹ 可是撒旦回耶和华道：那约伯敬畏上帝不是无缘无故的吧？¹⁰ 若非你处处围篱笆，护着他和他的家人、产业，事事为他赐福，他能够牛羊遍地？¹¹ 你伸手动一下他的家人产业试试，他不当面赞美你才怪！婉言／反言诅咒上帝，同上文 5 节。

¹² 好！耶和华谕示撒旦：凡属于他的全归你处置，直译：在你手里。见 2：6。但不许出手伤他的身子！于是撒旦从耶和华面前退下。

¹³ 那一天，约伯的儿女又在大哥家里欢宴畅饮。¹⁴ 跑来一个报信的，向约伯说：牛正在耕田，母驴在一旁吃草，¹⁵ 突然冲来一帮示巴人，sheba'，一阿拉伯部落，创 10：7，25：3。将牲口掳走，还挥刀杀了奴仆；只有我一个逃脱来给您报信！¹⁶ 话音未落，又来一人，道：天上落下上帝的火，喻闪电雷击，如王下 1：10。把羊群跟羊倌通通烧死了；就我一个逃生，给您报信！¹⁷ 话音未落，又来一人，道：三伙迦勒底人，kasdim，此处泛指北方游牧部族。他们闯来抢走骆驼不算，还举剑杀了奴仆；就我一个逃生，给您报信！¹⁸ 话音未落，又来一人，道：您的儿女正在大哥家里宴饮，¹⁹ 忽然间荒野里刮来一股狂风，将房子的四角一下摧折，把一屋子年轻人都压死了；就我一个幸免，给您报信！

²⁰ 约伯呆呆站起，撕破外袍，me'il，无袖罩袍，富人与祭司的穿着，出 28：31。剃光头发，表示举哀，如创 37：34。然后仆倒在地，苦苦拜道：

²¹ 赤条条我来自母腹

赤条条终归子宫；beten，喻大地；人本是尘土所持，创 2：7，3：19。

耶和华给的，耶和华拿去——

愿耶和华的名受赞颂！

²² 即使落到这地步了，约伯也不触罪，呼应上文 5 节。连一句怨恨上帝的话也没说。直译如七十士本：不指上帝不智 / 做蠢事。

二章

又一日，众神子一齐侍立于耶和华面前，撒旦也来了，夹在神子中间。原文此处重复"侍立……面前"。据 1:6 及七十士本略。² 耶和华对撒旦道：你从何处来？撒旦回答：我在世上巡游来着，到处走走。³ 耶和华又问：你可曾留心我的仆人约伯？世上谁也及不上这个好人，他生性正直，敬畏上帝又远离恶事——你挑动我害他，挑动，旧译不通：激动。无缘无故毁他，但他照样坚持做好人！tummah，完美、正直的品格，1:1 注。⁴ 可是撒旦回耶和华道：一皮换一皮罢了，成语双关：弃皮衣 / 身外之物，保皮肉 / 命，如下句解释。人为了活命有什么不肯舍弃的？⁵ 你伸手动一下他的骨头肉看看，他不当面赞美你才怪！

⁶ 好！耶和华谕示撒旦：他在你手里了，意谓随你处置，1:12 注。但他的性命你得保住！⁷ 于是撒旦从耶和华面前退下。

他立刻折磨起约伯来，让他从脚掌到头顶长满毒疮。shehin，既是上帝惩罚法老，摩西扬炉灰变来的埃及人身上的脓疮，出 9:9，也是摩西预言，子民必受的苦难，申 28:35。⁸ 约伯坐在炉灰里，七十士本情节略异：坐在城外粪堆上。并添一段妻子哭诉。捡了块碎瓦片在身上刮。⁹ 妻子见了，恨恨道：还充当好人哪？你赞美上帝，反言诅咒，1:5 注二。故七十士本意译：骂一声主。死掉算了！¹⁰ 约伯骂道：你怎么说话像个蠢妇！谁说我们在上帝手里，是只能得福、不该受祸的？

即使落到这地步了，约伯仍口不触罪。

¹¹ 约伯有三位朋友，据七十士本，皆为部落酋长，basileus。特曼人以利法、'eliphaz，"上帝纯金"，其名载以扫家谱，创 36:10。书河人比尔达、bildad，"大神之爱"；书河是香娘之后，创 25:2。南玛人祖法。zophar，词根同"山羊"。三人均来自红岭，阿拉伯半岛西北，古人视为智者之乡，耶 49:7。他们听说约伯遭了大祸，就赶紧离家，结伴前来吊唁、安慰。¹² 他们远远望见约伯，人已经变得认不出来

了；不禁放声大哭，撕了外袍，又抓起尘土撒在自己头上。哀悼死者，撒下 13:19。原文此处插注：向天（扬尘）。表憎恶或抗议，徒 22:23。从七十士本略。[13] 而后，在约伯身旁默默地坐下，原文（坐）地上。从七十士本略。整整七天七夜——因见约伯陷于那么大的痛苦——没敢向他说一句话。

约伯的诅咒

三章

末了，还是约伯开了口，以下诗体部分讹误甚多，仅注出重要的异文异读。他诅咒自己的生日，原文无"生"，据文意补。[2] 说出这一番话来：第一轮对话开始，至 14:22。

[3] 愿我出生的那一天灭亡 yo'bad，旧译灭没，误。

连同报喜"怀了男胎"的那一夜！开胎生产，皆天父预定，诗 139:13。

[4] 愿那一天葬入幽冥 hoshek，暗示阴间"死影"，10:21。

上帝在上，永不过问—— yidreshehu，或如通行本：不寻它。亦通。

叫它照不见光亮。

[5] 愿它被冥冥的死影索回 死影，zalmaweth，兼指漆黑、恐惧。

为沉沉乌云覆盖

因白日蚀去而惊惶！蚀，kimrire，烧黑、变黑暗，无定解。

[6] 愿那一夜被黑暗掳走

从一年的天数中剔除 yehad，从古叙利亚语译本。原文：欢乐，yihad。

排不进任何月份。

[7] 啊，我愿那一夜绝种

听不见笑语欢声！听不见，直译：不来。

[8] 愿它被咒日的人咒诅 日，yom，另读海，yam。咒日／海，似指巫术。

受制于唤醒海龙的法术。海龙，liwyathan，原始混沌之怪，

[9] 愿它晨星一片昏黯 相传能吞日乱世，40:25，诗 74:14，赛 27:1。

徒然盼着曙光

再也看不到黎明的眼帘：`aph`ape-shahar，形容破晓。

¹⁰ 只因它没有关闭那怀我的子宫

而将苦难藏过我的眼睛！

¹¹ 为什么我没有死在母腹

一出子宫，立时咽气？

¹² 为什么要双膝接我

还有两乳给我吮吸？

¹³ 不然现在我早已长眠

得了寂静与安息——

¹⁴ 伴着大地的君主和谋臣

那些为自己修筑荒冢，horeboth，另读高陵，haramoth，贬称金字塔。

¹⁵ 曾经遍体黄金

银子满堂的王公。堂，兼喻坟墓，讥其骄奢虚妄。传12：5以下。

¹⁶ 为什么，我没有像那流产的死婴 旧译错乱：隐而未现不到期。

埋掉，不见光明？此节按文意，似应插在上文12节前。

¹⁷ 那儿，不义的不再作乱 那儿，指阴间。

那儿，困乏的终享安宁。

¹⁸ 囚徒们聚拢来休憩

再不闻监工呵斥。

¹⁹ 那地方贵贱不分 直译：小大同在。

奴隶自由，没有主人。

²⁰ 为什么悲惨若此，还要给他天日？

灵苦楚的，反而留下性命—— 灵苦，犹言命苦，27：2，箴31：6。

²¹ 他们只想快死，死却迟迟不来 他们，泛指义人。

一死难求，甚于地下的宝藏；

²² 要是能够躺进墓茔

他们真会不胜欣喜！　gil，另读（见到）坟丘，gal。

²³ 为什么——人遭逢上帝围篱　斥神意不在看护，而是围堵，1：10。

走投无路，仍要赐他光明？　光喻生命，照应上文 20 节。

²⁴ 如今哀叹是我的面饼　laḥmi，提喻食粮，诗 42：3。

呻吟长如流水；

²⁵ 啊，我最怕的事临头了

恐惧，我偏偏照面：

²⁶ 没有安逸没有宁谧没有歇息——

惟有祸乱不断！

教训是福

四章

特曼人以利法听了，启齿道：　以利法年长，率先劝告，代表正统观念。

² 若有人冒昧进一言，你不会厌烦吧

可这事谁又能忍住不讲？　七十士本：可你的话太重，谁受得了。

³ 不是吗，平时你常劝人向善　直译：劝导过多人。

教软弱的手变得坚强。　旧译不通：坚固（手）。

⁴ 你的话曾扶起跌倒的人

给疲惫的膝盖以力量。

⁵ 而现在，轮到自己，你却垮了　tele'，累极、厌烦。旧译昏迷，误。

才碰一下，就一团沮丧！

⁶ 难道你的敬畏没有给你信心？　kislah，指约伯过于自信，不啻愚蠢。

一世好人，反而找不见希望？

⁷ 你想想，无辜的有谁死于非命

什么地方，又曾灭了义人？ 传统教义，义人承恩，泽被千代，申7：9。

[8] 我只见过，那种恶的食恶

那播灾的遭灾—— 直译：种恶播灾的，收获它们。箴22：8。

[9] 性命被上帝一口气吹灭 夺命的灵，即赐生命的气，neshamah，创2：7。

圣怒一动，恶人就完！

[10] 狮子吼叫，兽王咆哮 隐喻恶人的下场。

小狮的利齿通通打断； 无善解。七十士本：高亢的龙吟，通通止息。

[11] 没了猎物，雄狮饿死

没娘的狮崽四处逃散。

[12] 我曾在暗地里得一天言 da<u>b</u>ar，形容梦见异象，创15：12。

一声低语，响在我的耳边。

[13] 深夜，当幻象带来思绪

人们沉酣于梦乡，突然

[14] 一阵惊悚将我攫住

战栗钻进了每一节骨骼！

[15] 只觉得脸上拂过一道玄风 rua<u>h</u>，暗示圣灵，创1：2。

刹那间周身毛发直立。

[16] 它站下了——我辨不清它的面容 圣容未露。

虽然那形象就在我眼前——

沉寂之中，只听得一个声音：

[17] 凡人岂可对上帝称义 或作：义超上帝。参9：2注。

在造主面前，自以为洁？

[18] 看，上帝连自己的臣仆都不信赖 臣仆，指天使。

天使身上，还要挑剔过失； toholah，旧译（指为）愚昧，不妥。

[19] 何况那些借泥屋栖居

尘土所出，一碰就碎

蛾子般的人类！

²⁰ 晨昏之间他们就化为齑粉　极言受造之物的藐小，肉躯易朽。

永远泯灭而没人察觉。mesim，无确解；另读救回，meshib。

²¹ 帐篷索子一抽便到了死期——　索子，yether，另读橛子，yathed。

至死，他们仍无智无识。七十士本：因无智慧而亡。帐篷喻人生。

五章

你喊呀，看谁会答应！

诸天圣者，你去求哪一位？圣者即天使，可替罪人向神求情，33:23。

² 须知怨恨可杀蠢人

妒火让痴子丢命。

³ 我就见过一个，叫愚昧扎了根

不想突如其来大咒临门：从七十士本。原文费解：我诅咒他居处。

⁴ 那人的儿女竟不得安生

踏倒在城门口，无人救护！城门口常审判、惩罚罪人，申 21:19。

⁵ 结果收成被饥民吃光

连荆棘丛中的也没放过；荆棘，zinnim，无善解。圣城本：牙齿。

而钱财，自有贪心的来垂涎。或如西玛库本：口渴的来贪图。

⁶ 不，罪恶并非泥尘的出产

土地也不生长灾祸——　呼应 4:8。

⁷ 那祸根是人自己的哺养　yolid，从传统本注。原文：yullad，出生。

一如雏鹰定要翱翔。雏鹰，nesher，校读。原文：闪电 / 火星，resheph。

⁸ 若是我，我只向上帝祈求　接回上文 1 节，暗示约伯对救主无信心。

要上帝俯察我的苦衷。dibrathi，言、理，此处指陈诉之苦情。

⁹ 他的伟业，无从探究

他的神迹，不可胜数。

¹⁰ 他降雨滋润大地

又引水灌溉田园；

¹¹ 卑贱者他举上高处

哀伤的，他一一救济。直译：举起而得救。

¹² 他挫败狡狯奸贼的意图

令他们的手无所成功；

¹³ 还使聪明人掉进自设的圈套 熟语，诗 5：10，9：15，35：8。

叫阴谋家的阴谋落空；

¹⁴ 让他们大白天撞上一片昏暗

摸不着道，正午如同深夜。失明或精神错乱，申 28：28-29。

¹⁵ 而穷人全靠他拯救

脱离谤口的刀和权势之手。谤口，直译：他们的口。

¹⁶ 就这样，贫弱的有了希望

而邪恶，定将闭口！拟人，诗 107：42。

¹⁷ 真的，人被上帝教训，是有福。虽痛苦却是为人好，33：19 以下。

全能者的惩戒，请勿拒绝！tim'as，旧译不妥：轻看。

¹⁸ 损伤是他，包扎也是；

创痛之手即医治之手。化自申 32：39，我杀我生，我伤我治。

¹⁹ 你遭难六回，都是他营救

第七次，祸害依然近不了你。六/七谓多；数字修辞格，箴 30：15 以下。

²⁰ 饥荒年头，他一定佑你逃生

战乱之中，又替你挡开利剑。

²¹ 毒舌的鞭打，必让你躲过 舌鞭，喻诽谤亵渎，诗 12：3，73：9。

强暴袭来，你不用慌张；

²² 大旱、严霜，可以一笑置之 大旱严霜，校读。原文：强暴与饥荒。

遍地野兽，也不必畏惧。

²³ 就像你要同田里的顽石结盟 迦南山地多石，开荒移石为农家要务。

野兽与你也会友好相处。

²⁴ 于是你确知，你帐篷平安

一只不少，点你的羊圈；nawka，或作居处，18：15。

²⁵ 还将见到，你子实繁育

如芳草满园，后裔茁长；

²⁶ 直至天年矍铄，你安寝墓冈

如时节到来，麦捆堆起。

²⁷ 对，这便是我们探寻所得，千真万确——

愿你细听，从中获益！

我的灵宁愿被绞死

六章

但是约伯回答：

² 啊，我的痛苦，要是可以称量

我的祸患，要是全放上秤盘

³ 那会比大海的沉沙还重——

别怪我出言不逊！ la`u，吞咽，引申作说话放肆，故七十士本：phaula。

⁴ 因为我中的是全能者的箭矢 化自申 32：23。

我的灵饮了它的毒汁 灵，ruhi，风、气、命，整个的人，7：11，10：12。

被上帝忽降惊恐，死死围攻。

⁵ 野驴若有青草，它还乱叫？

公牛喂上饲料，会哞哞不休？

⁶ 还有，菜没搁盐，让人如何下咽？

光是蛋白又有什么滋味？ 蛋白，hallamuth，从亚兰语译本。

⁷ 可是那些令我恶心的东西 或作牛舌草、马齿苋等，无定解。

正是现在沉疴中，我的三餐！ 难句，从通行本，形容约伯厌世的心情。

⁸ 但愿我的祈望成真

上帝满足我的希求：

⁹ 愿上帝乐意，将我踏碎—— 回应以利法的"大咒"、"踏倒"，5：4。

别住手，把我剪除！

¹⁰ 这样，至少我仍有一点安慰

在难忍的痛楚中，还能挣扎； asalledah，跳，表欢乐或痛苦。无确解。

至少，我没有遮蔽至圣者的训言。 遮蔽，喻背离、否定，诗 40：10。

¹¹ 可我还剩下多少气力，继续企盼

多少耐心，当命数已决？ 或如钦定本：什么结局，还拖延生命。

¹² 难道我的气力可比岩石

一副铜铸的肉躯？

¹³ 啊，我怎能凭空坚持 直译如通行本：我内中无助。回应 5：18。

倘使那救人的智慧弃我而去？ 救人的智慧，tushiyyah，婉称上帝。

¹⁴ 谁不肯把关爱施与朋友 不肯，ma'as，从诸抄本。原文：绝望，mas。

便是背弃对全能者的敬畏。 违反"爱人如己"的诫命，利 19：18。

¹⁵ 我的兄弟太不可靠，似溪流

又像河道，变化无常： 指迦南（巴勒斯坦古名）的季节河。

¹⁶ 冰水发黑，浑浑噩噩

雪花飘落，隐匿其中；

¹⁷ 炎夏来临，它随时干涸 旧译消化，误。

日头一晒，就地消失。

¹⁸ 一支支商队为寻它而迷路 商队，'orhoth，一作（河）道，亦通。

折入荒漠，无一生还： 按文意，此节似接续下文 20 节。

¹⁹ 提玛的商队眺见过它 提玛，北阿拉伯商城，创 25：15。

示巴的旅人曾指望它； 似指海市蜃楼，sharab。示巴，见 1：15 注。

²⁰ 不想只是空欢喜一场—— 直译：因相信而失望。

寻到那里，他们后悔莫及！ yehparu，羞愧失望。

²¹ 如今你们待我也是如此 校读。原文费解：因如今你们是无。

一看这恐怖相，就吓坏了。

²² 莫非我说了：拿礼物来

取你们的财富，分我一份？

²³ 或者：将我救出仇人的铁掌

从暴君的手中赎下？

²⁴ 开导开导我，我一定闭嘴；

何处是歧途，请让我明白！ 歧途，指疏忽、无知的过失，利4章。

²⁵ 公正的言词有如甘饴 nimlezu，从一抄本。原文：有力，nimrezu。

但你们训斥，是要教训什么？ 驳以利法，5：17。参观诗119：103-4。

²⁶ 你们以为，揪住一句话就能斥责 旧译不通：驳正言语。

绝望的人开口，是弄轻风？

²⁷ 只怕你们还想在孤儿头上下注 过头话，激愤故。

拿朋友卖个好价钱！ tikru，旧译不确：当货物。

²⁸ 来，行行好，望着我；

当你们的面，我撒不了谎！

²⁹ 请转过头来，别听任不公 转过来，shubu，兼指回头、回心转意。

转过来，看呀，理在我这一边——

³⁰ 到底我舌尖有无不义？

我的腭，是否不辨祸端？ 腭，转指味觉、判断、言辞，12：11，33：2。

七章

人生在世，几如兵役 zaba'，强调其苦。七十士本：严峻考验。

日复一日，犹如佣工。按日出卖劳力者，申24：15。

² 仿佛一个奴隶，盼着夜影 zel，喻休息。

又像佣工，等着他的工钱：

³ 派给我的一份，却是月月空苦 shaw'，枉自辛苦、空虚。

夜夜断肠的不幸命运！

⁴ 躺下时我想：多久才会天亮？原文无"天亮"，从七十士本补。

起床则：几时才能天黑？校读，参申 28：67。原文有讹，一作：夜漫漫。

夜来接着辗转，直至朦朦黎明。

⁵ 蛆虫与泥巴是我蔽体的衣裳

皮肉绽开，疮口流脓。

⁶ 而我的日子更比织梭还快

匆匆到头，不留一线希望。tiqwah，兼指纺线，喻人生短暂。

⁷ 求你记住：旧译想念，误。

我的生命仅是一口气　ruah，祈求造主，赐生命之气者，4：9, 6：4 注。

我的眼睛，即将告别幸福。直译：再见不着幸福。

⁸ 那注视过我的目光

不复看顾；及至你投眼来寻

我已不在——⁹ 好比流云

倏然消散，凡下去阴间的

就不会再上来——　当时尚无亡灵复活的观念，撒下 12：23，诗 6：5。

¹⁰ 再也不会回家团聚

不会被故乡认出。

¹¹ 所以，我不能缄口不言；

灵中的积怨，我得吐露

命里的苦楚，我要诉说！命，naphshi，喉、气、灵／生命之本，27：8。

¹² 难道我是海洋，是什么怪物　tannin，或作巨鲸、海龙，创 1：21。

值得你布下卫兵看守？借用近东创世神话，海洋／雌海龙被大神击败。

¹³ 每当我想：床是我的慰藉

我的卧榻可以分担哀愁；旧译不通：解释苦情。

¹⁴ 你就用噩梦来折磨

一次次异象，百般惊吓。包括凶兆、幻觉、梦魇等。

¹⁵ 啊，我的灵宁愿被绞死——　mahanaq，勒／吊死。旧译噎死，误。

死掉，也不要受这苦！ `azziboth，从传统本注。原文：骸骨，`azemoth。

¹⁶ 我厌倦了，我不要长命。 求速死；经文极少提及自杀，撒下 17：23。

让我去吧，反正我的日子

已是一口气似的空虚。 hebel，叹人生空苦无常，传 1：2。

¹⁷ 人算什么，你这样抬举他 大胆质疑天父眷顾人子的意图，诗 8：4。

这么放心不下，

¹⁸ 天天早上审察

一刻不停地考验？

¹⁹ 几时你才能转眼不看

放开我，让我咽口唾沫？

²⁰ 人的监护主呀 nozer，另读如古叙利亚语译本：yozer，造物主。

我就是犯了罪，又与你何干？ 人的罪孽不可能滋扰上帝。

凭什么拿我当你的箭靶

让我做你的负担？ 从七十士本。原文：我的负担。旧译错乱：厌弃性命。

²¹ 为什么你不肯原谅我的违忤

免除我的罪愆？

快了，我就要卧于尘埃： 即下阴间，20：11。

那时你再来寻觅，我已不在。 虽责怪上帝，仍想着被"寻"，上文 8 节。

祖传的经验

八章

书河人比尔达听了，启齿道：

² 这些话，你还要絮叨多久？

你口中的怨言，像是刮不停的风！ 规劝约伯，6：26。

³ 难道上帝会裁判不公

全能者冤屈正义？

⁴ 假如你的子女犯了他的法　旧译不妥：得罪了他。

他当然要按罪状发落。　赞同以利法的善恶报应说，4:7 以下。

⁵ 但是你，若你一心寻上帝　拯救的第一责任在人，不在神。

向全能者恳求，

⁶ 若你确实无辜而且正直　无辜，zak，纯洁、清白。旧译清洁，误。

他会立即起身　ya`ir，唤起、奋起。七十士本：俯听你的祈求。

还你义人的安泰之家：

⁷ 起头，你虽然微小

但日后，必兴旺发达！

⁸ 当然，你还得向老辈人请教　旧译考问，误。

据祖传的经验立身——　善恶报应的教义，得自先人的经验总结。

⁹ 须知我们昨天方才来世　喻人生短促。直译：昨天（有）我们。

懵然无知，浮生恍如掠影——

¹⁰ 只有他们，能给你教诲和指点

把心中的道理为你讲明：

¹¹ 纸草离开沼泽怎能茂盛？　纸草，旧译蒲草，误，出 2:3 注。

芦苇无水，又如何生发？

¹² 本该翠绿，未及采割

竟枯萎在百草之前。　一说箴言仅此二节，以下是比尔达的发挥。

¹³ 凡忘记上帝的，莫不如此结局　'aharith，校读。原文：路，'orhoth。

亵渎者的期望，要化为泡影——

¹⁴ 他的妄想，虚若游丝　yaqot，易断之物，从圣城本，对下句"蛛网"。

他的倚恃，一张蛛网；　beth `akkabish，蜘蛛（阳性名词）的屋子。

¹⁵ 那蜘蛛的屋子托不起人　原文指代模糊：他靠其屋，他 / 它站不住。

拉住它试试，它一碰就坏！

¹⁶ 又仿佛阳光下一根青藤　ratob，鲜嫩多汁状。

枝枝蔓蔓爬满了园圃，

¹⁷ 根子却盘绕着一个石堆　gal，废墟，象征罪恶。

从岩缝里汲取生命。　原文不通：看见岩屋。译文从七十士本。

¹⁸ 可是，人只要将它连根拔除

那石堆马上否认：压根没见过它！

¹⁹ 看，它就在路旁烂掉　mesos，从传统本注。原文同音异字：欢乐。

而地里又发出了新芽。

²⁰ 真的，上帝决不会摒弃好人

不会扶持恶人的手。　七十士本：收恶人的礼。

²¹ 他要你口中重新充满欢乐　重新，`od，校读。原文：直至，`ad。

笑声再临你的双唇。

²² 而那仇恨你的，要以羞辱为衣

恶人的帐篷，终将绝迹！　意象略同箴 14:11。

人若同上帝争讼

九章

但是约伯回答：

² 不错，我明白，是这么回事：

凡人怎能向上帝称义？　即证明自己无辜。回应 4:17。

³ 人如果硬要同他争讼　larib，司法用语，照应下文 14 节以下。

一千次指控，连一次也答不上。

⁴ 再聪明的心、再大的气力——　此句解作写上帝，亦通。

谁能抗拒他，还安然无恙？　旧译不通：刚硬而得亨通。

⁵ 他移山而群峰不知

他一怒，则峻岭翻倒；

⁶ 他摇撼而大陆挪位

根根地柱，震颤不已。古人以为地下有柱，支撑世界，撒上 2：8。

⁷ 他一声令下，太阳

不复升起，星斗一一封闭；不再闪耀运行。

⁸ 惟有他，能够铺展苍天　如立帐幕，诗 104：2，赛 40：22。

踏住大海的脊背。暗喻海怪，下文 13 节。

⁹ 座座星宿，狮子蠡人都是他造　狮子蠡人，通译大熊座和猎户座。

还有那驼群与南天诸宫；驼群，kimah，一说为昴宿七星或天狼星。

¹⁰ 他的伟业，无从探究

他的神迹，不可胜数。借自 5：9，以利法语。

¹¹ 啊，他经过我身边，我不会看见

他悄悄走了，我也无法察觉。

¹² 对呀，他若来抢夺，谁能阻止？

谁敢发问：你干什么？

¹³ 上帝发怒，他决不收回：

他脚下匍匐的，是骄龙的喽啰。骄龙，rahab，海怪的别名，7：12 注。

¹⁴ 然而我——我就敢上前答辩　上接第 3 节。

斟酌措辞，同他争论？

¹⁵ 我纵然有理，也不敢主张哪

只能哀求我的审判者开恩！因上帝既是被告，又是控方和判官。

¹⁶ 从前我呼唤他便应答，可现在　应答，即赐福。

我不信，他还会垂听我的声音。

¹⁷ 他为了一根头发就害我　头发，sa`arah，从亚兰语及古叙语译本。

无缘无故一再摧残；　原文：风暴，se`arah。

¹⁸ 连喘一口气也不容许

他让我吃尽苦头！故自谓"苦灵"，3：20，7：11。

¹⁹ 论力量，自然他是强者；旧译不妥：他真有能力。

上公堂呢，谁又能传唤［上帝］？ 原文（传）我。七十士本：他。

²⁰ 即使能够称义，我的口仍会认罪 见上文 2 节注。

尽管我完全清白，他照样判我堕落。 清白，即做好人，1：1 注一。

²¹ 清白？清白我反而认不得自己了：已被折磨得不成人样，2：12。

这条命，我厌恶！

²² 所以我要说，好人恶人

其实是一回事——他一概灭除！ 参观传 9：2-3。

²³ 灾鞭突降，无辜横死，他 鞭，shoṭ，喻灾变。

却在嘲笑人受"考验"。 massah，否定苦难是神对义人的考验。出 17：7。

²⁴ 当大地被交给恶人的淫威 直译：手。交给，暗示天父未能执义。

那蒙上判官们眼睛的 直译：脸的。

如果不是他，是谁？ 说出主张：灾祸实际是救主的设计。

²⁵ 啊，我的日子比信使还急

匆匆飞逝，望不到幸福； 意同 7：6。

²⁶ 忽忽漂去，宛若轻舟 'oniyyoth 'ebeh，纸草茎扎成的快船，赛 18：2。

又好似老鹰扑向它的猎物。

²⁷ 即便我嘴上说，要忘却哀怨

换去愁容，强扮笑颜，

²⁸ 但一想到那无穷痛楚，就胆寒——

我知道，你不会承认我无辜！ 驳友人说教，5：17，8：6。你，指上帝。

²⁹ 反正我已定罪

徒自叫屈何苦？ 叫屈，直译：费力。

³⁰ 虽然我拿融雪沐身 白雪象征纯洁，诗 51：7。

双手用碱水洗净，

³¹ 你还是把我扔进了粪坑 shaḥath：坑。七十士本：污秽，rhypos。

任我的衣裳将我嫌弃！ 反讽：清白，却落得污秽不堪，遭人唾弃。

³² 然而，他不是我的俦类。 转第三人称，强调上帝高不可及。

我无从答辩，或同他对簿公堂：

³³ 我们之间，没有人可以仲裁　mokiah，城门口断案长老，赛 29：21。

没有一只手能将两造按下，以手按住对方头，是宣示权威的姿势。

³⁴ 将他的权杖为我挡开　权杖象征惩罚。七十士本：愿他将权杖拿开。

收起那恐怖威仪。

³⁵ 但是，我仍要直言，我不怕——

到底怎样，我心里明白！　直译：因我内中并非那样。即拒绝认罪。

十章

厌倦了，这条命我厌倦！

我要一吐心中的哀怨

让我的灵倾诉苦情。　变奏 7：11。

² 我要上帝：先别定我的罪

告诉我，你指控我依据何在？　`al mah-teribeni，司法用语，呼应 9：3。

³ 难道虐待、唾弃了你的手工所造

让恶人的诡计得逞　hopha`ta，照亮，转喻惠顾、促成。

你才觉得是"好"？　tob，反讽创 1 章，上帝心里重复七遍的"好"字。

⁴ 难道你也是肉长的一双眼

只看到凡夫所见？　讥全知者不知。参撒上 16：7，人观外貌，神察内心。

⁵ 难道你的日子也有尽时

年岁与常人无异？

⁶ 所以你才刻意挑我的过失

追究这样那样的罪行？

⁷ 其实你一清二楚，我根本无罪——　不幸言中了，1：8，2：3。

是呀，谁也逃不出你的掌心！　讽刺，借摩西之歌中上帝语，申 32：39。

⁸ 我是你亲手抟弄的创造；　提醒天父，对人子负有救赎义务。

事后你却变了心，想除掉我！　从七十士本。原文费解：周遭而毁我。

⁹ 记得否，当初你造我脱的泥胎　记得，旧译记念，误。

如今你要我复归尘土？

¹⁰ 你不是将我像奶一样倒出

令我凝结，恰似乳酪？　古人以为胚胎乃母血受精，凝固而成，智7：2。

¹¹ 还赐我以皮肉为衣

用筋骨一根根把我织就？　旧译联络，误，诗139：13, 15。

¹² 一片慈爱，你赋予我生命

又负责看护我的每一次呼吸。　ruhi，即生命之气，7：7，创2：7。

¹³ 可是，你心里藏着一个秘密

我知道，你早有这意图：

¹⁴ 就是盯住我，等我触罪

然后就决不赦免！

¹⁵ 啊，我稍一越轨便是祸端

即使有理也不敢抬头：

那重重羞辱，我吃不完的苦！　从传统本注。原文：看我吃苦。

¹⁶ 猛如雄狮，你把我猎取

在我身上反复施展神力；

¹⁷ 并接连派下控告我的证人　`ed，摩西之律要求至少两名，申16：7。

一而再、再而三地对我泄愤——

不惜动用你的天军！　即天使。从七十士本。原文不通：重新与军随我。

¹⁸ 究竟为什么，你把我带出母腹？　回到先前的诅咒，3：11以下。

不如立时咽气，别让人看见——

¹⁹ 好比我不曾来世

一出子宫就送去了坟墓！

²⁰ 我的生命已来日无多　生命，heldi，校读。原文：停住，yahadal。

请你把眼睛移开，留我片刻笑颜；　眼睛移开，she`eh，校读参7：19。

²¹ 快了，我一去就再无回返——　原文：放（开我），yeshith。

去到那幽冥与死影之乡

²² 那儿只有黑暗、混乱，"黑暗"后删去衍文：如昏黑死影。

连光也是昏黑一团！ 形容阴间与阳世之隔，3：4。直译：光亮如昏黑。

拯救之道

十一章

南玛人祖法听了，启齿道：

² 难道喋喋不休就无法反驳

人能饶舌便证明有理？

³ 你怨这怨那，以为大家都哑了

听任讥嘲，没人会羞你？

⁴ 说什么，"我品行无瑕 品行，lekti，从七十士本。原文：道理，liqhi。

我在你眼里清白"—— 模仿约伯埋怨上帝，非引用原话。参9：20-21。

⁵ 不！要是上帝愿意

开口，给你一个回答，旧译不妥：攻击。

⁶ 为你启示智慧的奥秘

那拯救之道的方方面面：kiphlayim，无定解。另读：奇迹，pela'im。

你就会懂得，上帝少算了你几多罪愆！

⁷ 难道你能探明上帝的幽玄

丈量全能者的极限？ taklith，或如通行本：完美。旧译不通：尽情测透。

⁸ 那可比诸天还高，你怎么量？ 还高，从通行本。原文：之高。

比冥府还深，你如何探？

⁹ 是呀，比大地还要宽广

比海洋更加辽阔——

¹⁰ 倘若前来拿人、召集审判的

是他，谁有本事阻拦？ 想象上帝巡视天下，随时审判赏罚。

¹¹ 他深知人性之虚妄；shaw'，视为祸根，7:3 注。

眼前的罪行，他能不注意？ 下节晦涩，无善解。

¹² 好在没脑筋的还有一颗心 指其不尽愚顽，或能记取教训。

莽如野驴，也能学做人！ 学，yillamed，校读。原文：生，yiwwaled。

¹³ 来，你把心儿对准了 习语，犹言凝神。呼应前两位友人，5:8, 8:5。

向他张开双手。 祈祷的姿势，出 9:29, 33。

¹⁴ 若你手上沾了罪，快洗净

别让邪恶在你的帐篷逗留，

¹⁵ 你就一定能抬起脸，无愧疚 七十士本：如净水。旧译斑点，误。

牢牢守持而毫不畏惧。

¹⁶ 你将把苦难抛在脑后，仿佛

记忆中一场过去了的洪水。

¹⁷ 而后，生活就胜似正午的光辉 走上拯救之道，上文 6 节。

当黑地迎来了黎明。 直译：像是黎明。

¹⁸ 有希望，你才会有信心。 batahta，旧译稳固，误。

磨难终了，方能安然入梦 磨难，从传统本注。原文：挖／查找。

¹⁹ 睡下，再不用怕惊扰；

相反，众人要来求你施恩。 众人，rabbim，或如犹太社本：大人物。

²⁰ 只有那些恶人，两眼昏昏

无路可逃；惟一的希冀

便是早点断气！ 批评约伯求死，3:21, 6:9, 10:21。

圣威不倚

十二章

但是约伯愤然答道：

² 好，好，就你们才算是"子民" 嘲讽其自以为得道、傲慢无知。

你们一死，智慧一同完蛋！

³ 可我和你们一样，也有一颗心 lebab，古人视为思想和意志之官。

丝毫不比诸位逊色——再说 旧译聪明，误。

那点老生常谈，谁个不知？

⁴ 然而我成了朋友的笑柄：

只因呼求上帝，蒙他训示

正直的好人竟受尽讥嘲！

⁵ 不幸，往往为幸运者所鄙视 此节有讹，无善解，或是插入的。

以为失足的就该受踢。 nakon，另作预备（不幸）。

⁶ 结果强盗的帐幕反成了太平人家 抱怨恶人得福，救主袖手。

挑衅神明的个个安稳——亏得

上帝的亲手造化！ 或作：他们手捧神明。难句无确解。

⁷ 你且问一问野兽，听听它们的说法

抑或请天上的飞鸟为你解释，

⁸ 或是向地下的爬虫讨教 爬虫，zohale，校读。原文：诉说，siah la。

请海里的游鱼阐明：

⁹ 它们当中谁不知晓

这一切，全出自上帝之手？ 上帝，从诸抄本。原文不避圣名：耶和华。

¹⁰ 他掌上握着众生的灵

芸芸人类的每一次呼吸。 故而一切灾祸不义，终由全能者负责。

¹¹ 不是吗，话音靠耳朵辨 箴言，同34:3。

滋味须舌头尝； 舌头，hek，腭，转指语言与味觉器官，6:30注。

¹² 智慧与老人为伴

见识由岁月收藏。 常理，与下段上帝大能之玄奥莫测对比。

¹³ 但［上帝］有智慧还有大能； 上帝，原文：他。

是悟性，他更是宏图： 指其创世之功，诗 33：11, 136：5。旧译谋略，弱。

¹⁴ 看，他摧折的，就不能修复 七十士本：谁可修复？

他关押的，人无法开释。 关押，yisgor，旧译捆住，误。

¹⁵ 干旱，是因为他截了雨水

放流，则洪涝肆虐大地。

¹⁶ 力量和才略，都出于他

受惑的与诱惑的同属于他。

¹⁷ 他使谋士计穷， yesakkel，校读。原文：sholal，赤足。重复 19 节。

变判官为白痴。

¹⁸ 他扯下君王的玉带 'ezor，从圣城本与下句"囚索"调换位置。

用囚索拴他们的腰； 囚索，moser，从通行本。原文费解：惩罚，musar。

¹⁹ 他驱赶祭司赤足上路 形容战俘，如七十士本解：aichmalotous。

打翻神庙的侍臣。 'ethanim，从犹太社本注。通译（世袭）权贵。

²⁰ 他剥夺尊者的口才

拿去长老的眼光； ta`am，口味，转指判断力。

²¹ 又以羞辱浇淋权贵 同诗 107：40a。

让力士的腰带松脱。 不再佩刀剑，喻胆怯投降。

²² 是他，令暗处的隐秘暴露

把死影送入光明： 虽身陷死地，仍寄望于救恩。参较 10：21-22。

²³ 列国的兴亡，由他主宰

各族的盛衰，归他决定。

²⁴ 他泯灭世人首领的心智 leb，心辖智，呼应上文 3 节。旧译聪明，误。

逼他们流浪走进荒原——无路 同诗 107：40b。

²⁵ 无光，在黑暗中摸索，

踉踉跄跄浑如醉汉。

十三章

是呀，这一切皆是耳闻目睹

之后我的领悟：

² 你们知道的，我也晓得

丝毫不比诸位逊色—— 重复 12：3。

³ 只不过，我是向全能者说话

我盼的是同上帝论理！ hokeah，兼指申辩、谴责。

⁴ 而你们，只会撒谎粉饰

一伙庸医，全无用处。 讽其妄图"救治"疾苦，代替上帝，5：18。

⁵ 干脆你们把口封了

那点明智但愿你们还有！ 意同箴 17：28。

⁶ 行行好，请听一听我的状子

留意我嘴唇的申诉。 回到争讼母题，9：3，10：2，准备反诘上帝。

⁷ 别想拿不义为上帝辩护

以假话来替他开脱；

⁸ 那样偏袒上帝 panim tissa'un，抬脸，喻徇私枉法，利 19：15。

自命为他的辩护人——不行！

⁹ 等到他查明真相，有你们好看； 指望全知者自查、检讨。

[上帝] 岂能当常人一样欺瞒？

¹⁰ 他见你们私心偏倚 直译：抬脸。同上文 8 节。

定会厉声谴责。

¹¹ 难道你们不惧他的圣威不倚 se'etho，词根同"抬 / 倚"，反其义用之。

一旦临头，那惊悚之极？ 借以利法语，4：14，反讽圣威。参赛 2：10。

¹² 你们的古训全是些老调尘垢 驳比尔达，8：8。

那些辩白，不过是灰泥盾牌。 旧译：淤泥的坚垒，误，15：26。

¹³ 你们还是住口，让我说话 呼应 10：1。

别管我什么结局。

¹⁴ 反正，自己的肉自个咬—— 原文句首衍文：为何。从七十士本略。

性命一条，提手上。 此节是成语，豁出去之意。

¹⁵ 他要杀便杀，但我只一个希望： 原文：无望。校读从诸抄本。

同他对质，讨回清白！ 即不指望余生幸福，只求申冤。

¹⁶ 如此我才能有救，因为

他的面前亵渎者不来。 回应比尔达，8：13。

¹⁷ 我的话，请细细听

请侧耳留意，我要声明。 发言起首程式，参较创 4：23。

¹⁸ 看，我现在就呈上辩词 如在公堂，忽然忘了上帝就是判官，9：32。

我深信，定能得直。

¹⁹ 可那与我争讼的，是谁？

我愿意结案就住嘴，去死！ 或是公堂誓词，表示应诉、愿承担后果。

²⁰ 只要允许我两项请求

我就不会再躲着你： 直译：躲你的脸。

²¹ 如果你将手从我身上拿走

收起那恐怖威仪， 同 9：34b。请求一，保证平等的诉讼地位。

²² 然后召我，我必禀报；

或是这样，我问你答： 请求二，确定辩论程序，要求上帝遵循。

²³ 我的罪愆，到底有多少？

告诉我，究竟何在，我的忤逆？

²⁴ 为什么你要把脸藏起 不再眷顾施恩，申 31：17。旧译不妥：掩面。

将我视为仇敌？

²⁵ 是想恐吓一片风中的落叶

追逐一根干枯的麦秸？

²⁶ 你给我列下这一条条苦罪 meroroth，苦胆，转喻罪状、刑罚。

逼我承担年轻时的过失； 主张上帝应既往不咎，诗 25：7。

²⁷ 还把我的双脚套上木枷 sad，常用刑具，33：11，耶 20：2。

我每走一步，都要检视——

连一只足印也不许出岔！直译：为脚底刻模／划界。无善解。

哀人生

²⁸ 像一截朽木，他一碰即碎　此节按文意与诗结构，应接于14:2后。

像一件虫蛀了的衣服——

十四章

人——生于女人，该他　参迦4:4。

命途苦短，祸乱沉沉！推己及人，以全体夏娃子孙的名义质问天父。

² 他来世如一朵花儿，匆匆凋谢　套喻，诗103:15，赛40:6。

又仿佛飞影，从不驻足：

³ 就这么个东西，你居然肯垂顾　见7:17注。

还召来对簿，当你的面！

⁴ 可是有谁能使洁净诞于不洁？产妇血不洁，人来世已玷污，利12章。

没有，一个也没有。

⁵ 他的日子既已排定，他的月数

由你掌管，他不可能逾越

你设下的期限：反诘以利法，4:17，主张罪不可避免，人性孱弱／不洁故。

⁶ 求你转过眼去，让他歇歇　回放10:20。

让他像一名佣工，捱完　见7:1注二。

他的一天！

⁷ 便是一棵树，也可以寄希望——

斫倒了再发新芽，再抽出

条条嫩枝。

⁸ 虽然树根在地下老死

树桩在泥里腐烂，

⁹ 但只要嗅到水，它就裂开芽眼

萌生新蘖，恰似一株新苗。

¹⁰ 然而人死了，生命耗竭　yehelash，或作倒伏。

他吐出最后一口气，去了何方？　亡灵同一归宿，不分善恶，传3:21。

¹¹ 正如海水终要枯干　泛指湖泊，如死海。

江河断流荒寂，

¹² 人倒下了，就再不会起来；

即使苍天坍塌，也不会醒　坍塌，beloth，校读。原文：不再，bilti。

不会打搅他的长眠！　显然约伯不知，有末日死者复活的教义，7:9注。

¹³ 啊，但愿你把我藏进阴间　因人世已无庇护，当圣怒降临。

让我有躲处，待你息怒；

愿你给我圈定一个日期，将我记住！　反言忘掉约伯的罪过。

¹⁴ 死了的人，岂能复生？

但只要我还服役一天，我就等着　服役，借喻人生，7:1。

直到期满获释；haliphathi，复义发芽，上文7节：获宽赦如枯木逢春。

¹⁵ 等你召唤，我一定应答

等你重新思念你的亲手所造。　思念，旧译羡慕，误。

¹⁶ 现在，你还数着我的脚步　照应13:27。

那时，就不必再监视我的罪孽，　监视，旧译不确：窥察。

¹⁷ 而只消把我的忤逆封入囊中

便刷去了我的咎责。　刷去，titpol，涂抹、粉刷。意谓不再追究。

¹⁸ 然而不！一如高山终将崩裂　从传统本注。原文：落下毁灭。

磐岩不免滚落；　直译：挪位。

¹⁹ 又如流水必能穿石

暴雨冲走泥沙：暴雨，sehipah，校读。原文有讹：漫流，sephiheha。

你也一定要毁掉人的希望。　旧译不通：照样灭绝人的指望。

²⁰ 你不断击倒他，坏他的容貌　坏，直译：变。

又将他赶走，逼上绝路。

²¹ 子裔享尊荣，他无从知晓；描写阴间亡灵与人世隔绝的状况。

遭人轻贱，他也不会察觉——

²² 他只能感受肉身的痛苦　包括回忆、渴望、后悔之苦。

亡灵，只为自己哀哭。第一场辩论完。

智者与恶人

十五章

特曼人以利法听了，启齿道：第二轮对话开始，至 21：34。

² 智者作答，岂可乱说一气

像灌了一肚子东风？　qadim，沙漠刮来的热风，常毁坏庄稼，创 41：6 注。

³ 申辩，怎能用滥调陈词

一通废话又无济于事？

⁴ 非但如此，你还丢下敬畏

废了上帝面前的默祷。sihah，反省，用心领会圣法，诗 119：97。

⁵ 其实是你的孽根在教你张嘴　指责约伯背弃传统教义。

让你学舌诡辩。⁶ 所以

定你罪的是你的口，不是我；

是你自己的双唇，在作证告你！即不能自圆其说，却暴露了罪行。

⁷ 难道你是来世第一人　指亚当，偷食智慧之果者。

受造于群山之先？　嘲讽，拿参与创世的大智慧相比，箴 8：25。

⁸ 莫非你听到了上帝的密旨　sod，私下交谈、开会，耶 23：18。

得了智慧，独占？

⁹ 究竟什么事，只许你知

而我们不知，你懂而我们不懂？

¹⁰ 我们当中可是有白发老人

论年纪，比你父亲还大！讥其浅薄、无理。传统社会尊老，32：4。

¹¹ 上帝的安慰，你还嫌小

好言相劝，你不要听；好言，强调己方正确、代表上帝。

¹² 你这是人被心掳去了呀 喻失去理智。旧译逼去，不通。

你眼睛那样冒火，yirzemun，无定解。另读高傲，yerumun，箴 6：17。

¹³ 居然拿上帝发泄怨气 直译：转你的灵 / 出气。

开口即一派胡言！

¹⁴ 人算什么，敢自以为洁

生于女人，却还想称义？发挥前论，4：17，批驳约伯的观点，14：4-5。

¹⁵ 看，［上帝］连自己的圣者都不信赖 圣者，指天使，同 4：18。

在他眼中，苍天也不够洁净；

¹⁶ 何况人类——那么腐败可憎 联想挪亚之世，洪水以前，创 6：12。

嗜恶就像喝水！

¹⁷ 让我告诉你，你听着

让我把平生所见一一道来；

¹⁸ 那是智者传承的祖训 同意比尔达的劝告，8：8。

未曾湮没的真知——¹⁹ 从前

这片土地归他们独享，强调部落祖训的纯洁与正统地位。

没有外族人走在他们中间——

²⁰ 恶人的一生该是饱受折磨 旧译劬劳，不妥。

暴君的寿数不会长久。

²¹ 他耳畔常响起惊恐的叫喊

稍稍平静，毁灭者却已临头。毁灭者，shoded，死亡天使，出 12：23。

²² 他没法指望逃脱黑暗；

等待他的是刀剑，命中注定

²³ 要让秃鹫啄食！ 秃鹫，'ayyah，从七十士本。原文不通：哪里，'ayyeh。

他知道，那幽冥之日已在手边；

²⁴ 多么可怕，困苦与绝望连番打击

仿佛国王要亲自上阵厮杀。 情势所迫，万不得已。

²⁵ 只因他，曾挥拳反抗上帝

悍然向全能者逞强！

²⁶ 他脖子一硬发起进攻 脖子硬，形容冥顽不化，出32:9。

自以为盾牌够厚。

²⁷ 尽管他脸上覆满油脂 放荡愚蠢，忘乎所以，申32:15。

腰胯堆积了肥肉， 腰胯，kesel，双关兼指蠢笨。

²⁸ 他占据的城池必将倾圮

入住的家园终要荒芜；

颓垣断壁，²⁹ 他鸿运不复

财产耗尽，连他的影子 minlam，生僻词，无解。从七十士本：skian。

大地也不能挽留。 yitteh，伸展、延长。

³⁰ 黑暗，他已经无法逃避。 此句或是插注，或误抄上文22节。

有一团火要烤焦他的嫩芽 暗咒约伯，14:7。火/风，暗喻上帝。

一阵风，要刮走他的花瓣； pirho，从七十士本。原文：他的嘴，piw。

³¹ 即使他长高了也不可信赖， 高，si'o，校读。原文重复：虚幻，shaw。

以免被虚幻所迷惑——他的海枣 timoratho，校读。原文：报偿。

³² 季节未到，已经凋败，

他的枯枝再不会着绿装；

³³ 仿佛葡萄未熟就被人打下

又像橄榄树摇落了刚开的花。

³⁴ 是的，亵渎者必断子绝孙

贿赂的帐幕必遭火焚；

³⁵ 凡怀上祸种的必诞罪愆 同赛59:4，参诗7:14。

那腹中的胎儿，就叫欺骗！ （怀）胎，从七十士本。原文：准备。

天上的中保

十六章

但是约伯回答：

² 这种话我已听了不知几遍

到底是安慰还是乐祸，你们？

³ 什么"胡说一气"，有完没完？ 模仿以利法口气，非引原话，15：2。

还有"怎么就伤心了，一个劲自辩"！

⁴ 喏，风凉话我也会讲

假如你们落在我的境地；

我也能缀合辞藻给教训 缀合，'ahbirah，兼指施法。

望着你们摇头， 表示怜悯、鄙视或嘲笑。诗22：7，64：8。

⁵ 嘴里一串串所谓劝勉之言 旧译不通：用口坚固你们。

好像止痛只须扇动双唇！

⁶ 诚然我这么说话，也止不住痛；

可是闭口不言，又何尝有片刻舒缓？ 驳以利法，15：5-6，继续喊冤。

⁷ 如今，我已精疲力竭——你 转而向上帝申诉。

毁了我全家老小不算，

⁸ 还榨干我的身子，形销骨立 榨干，tiqmeṭeni，皱缩，另作抓住。

做我的罪证，当面

数落起我的罪名——

⁹ 他一动怒，恨不得把我撕了 他，指上帝。修辞性人称转换，17：6。

咬牙切齿与我为敌。

而仇人两眼如刀 直译：磨刀。恶人作恶亦是救主安排，37：13。

¹⁰ 朝我张开了血口；

他们用辱骂猛抽我的面颊

一拥而上死死围攻。

[11] 啊，上帝将我交给了不义　'awil，另读：不敬者 / 恶人，'awwal。

把我丢在了恶人手中！

[12] 就这样，曾经的安逸被他打破

他掐住我的颈子，将我摔碎；如报复仇敌，诗 137：9。

又拿我当了他的靶标　以下呼应并发挥 7：20。

[13] 让弓手团团围起，一箭箭

射穿我的腰，毫不留情　腰，kilyoth，旧译肺腑，误。

往地下泼洒我的胆汁。极言痛楚。

[14] 一处处伤口，他反复挖开

仿佛战士攻破城墙。

[15] 于是我皮肤像缝上一领麻衣　因连连举丧，哀服不除，创 37：34。

灰土覆盖了我的额角。qarni，或作尊严、力量，亦通。

[16] 我脸盘哭肿，眼皮

悬挂着一圈死影，

[17] 虽然我双手从不沾暴力

祈祷也洁净始终！　zakkah，回应以利法的说教，15：14。

[18] 大地呀，请勿掩埋我的鲜血　求至高者受理控诉，创 4：10。

请让我的哀号无处停歇——　旧译不确：不要阻挡。

[19] 直上云天为我作证，看哪

在高处当我的中保！　拟人想象，要哀号充任人神之间的仲裁，9：33。

[20] 可如今连友人都来将我耻笑；　另读如圣城本：替我的想法辩解。

向着上帝我泪水长流。如今，从传统本注 / 依格律，移自上节开头。

[21] 但愿他能帮人与上帝论理　他，指中保。

一如人子替友邻辩护；

[22] 须知我的余年已经无多　呼应 10：20，但把"论理"的希望寄于身后。

快了，我就要走上那不归之路——

十七章

我生气衰竭，我命数将尽
掘好了吧，我的坟墓？

2 身边还剩下什么，除了笑骂
除了他们的讥嘲、我的不眠之夜？

3 求求你，收下我的抵押； 约伯欲交出生命，与上帝对质，13：15。
有谁愿意，同我击掌作保？ 惯例，保人与债务人击掌为约。箴6：1注。

4 既然你障蔽了他们的心智
你就不应抬举他们—— 暗示全能者施恩不当，害了义人。

5 为一份产业就能把朋友诬告
这种人，子孙的眼睛要瞎掉！ 愤而诅咒。

6 然而他让我做了百姓的笑柄 limshal，校读。原文：统治，limshol。
这张老脸人人可以唾啐。 topheth，音同焚化地，耻王享童子祭的山谷。

7 悲伤，模糊了我的眼睛
四肢干瘪，一条灰影：

8 正直的人见了，个个震惊 反衬并批评三人只知教条、虚伪冷酷。
无辜者群起声讨罪人；

9 而义士则守持正道
清白的手，勇力倍增——

10 来呀，都给我回来，你们； 促友人转变态度，但不敢抱希望。
你们当中，我不会遇上一个明白人！

11 我的日子已完结
计划、心愿，通通破灭。

¹² 长夜，他们硬说是白天　此节晦涩，无确解。

面对一团漆黑，却言身边光明！　直译：光明靠近，因为 / 面对黑暗。

¹³ 可是我渴望着去阴间安家　回到"不归之路"主题，16：22。

在那幽冥之地放一张床，

¹⁴ 然后对墓穴说：你做我父亲！　墓穴，旧译朽坏，不确。

称蛆虫为母亲、姊妹。

¹⁵ 啊，哪里还有我的希望？

谁能替我寻见幸福？　tobathi，从七十士本。原文重复：我的希望。

¹⁶ 莫非幸福也下了冥府，过那门槛　badde，门闩、柱、槛的统称。

和我一起入土为安？

恶人的归宿

十八章

书河人比尔达听了，启齿道：　先批评同伴，然后教训约伯。

² 怎么，你们逮不着词儿了？　逮，qinze，七十士本：讲完 / 词穷，qez。

想好了，我们再开口不迟！

³ 什么道理，在你眼中

我们就跟畜生一般愚蠢？　nitminu，通行本：污秽，sorduimus。诗 73：22。

⁴ 你就把自己撕了吧，出你的气——　戏仿约伯，16：9。

看大地会不会因此而荒废

或者叫磐岩挪位！　借用约伯意象，讽刺，14：18。

⁵ 是的，恶人的光须扑灭

他的火焰不许闪耀；

⁶ 要他帐篷里一片昏黑

他头上不再明灯高悬。　明灯，ner，象征命运、神恩，21：17。

⁷ 他咄咄的步伐打了趔趄　yezru，受阻／绊。旧译狭窄，误，箴4：12。

一番算计，反而摔倒自家——

⁸ 被自己的双腿带进网罗

踏中了擒他的陷阱；

⁹ 顿时脚跟被牢牢套住

机关已死死锁上！

¹⁰ 土里早埋下了绊他的绳索

那陷坑就设在中途。

¹¹ 恐惧从四面八方围拢　附和以利法所谓"祖训"，15：20以下。

追着他，步步紧逼。

¹² 而他，气力不敌饥饿　从钦定本。另读：饥饿成了他的伴侣。

灾难守候在身旁，　lezal`o，或如犹太社本：肋骨。喻妻，创2：22。

¹³ 皮肤遭恶疾吞噬　恶疾，bidway，校读。原文重复：四肢，badde。

四肢喂了"死亡"的头生子。　喻瘟疫或癞病，暗指约伯的病状，2：7。

¹⁴ 他将被拖出庇护他的帐篷

押去见那百惧之王。　即冥王，借巴比伦／迦南神话，批判约伯，17：13。

¹⁵ 于是帷幄空空，任人占用　另读如圣城本注：烧毁。对下句硫磺。

羊圈要遍撒硫磺。　gophrith，象征惩罚、不育，申29：22。

¹⁶ 他地下的根子要干枯

地上的枝叶凋谢；　人生比作草木，参观8：11-12。

¹⁷ 直至大地把他遗忘

他的名字闾巷不传。

¹⁸ 失去光明，亡命黑暗

他被放逐于人世之外，

¹⁹ 在族人中间绝了苗裔　重提约伯绝后，罪有应得，8：4。

连故乡也没留下一个后人。

²⁰ 他的命运，让西方听了惊惶　西方（复数），或作来者，亦通。

一如东方为之战栗。　东方（复数），或作先辈（在阴间）。

²¹ 这，就是恶人大不敬的居处

不识上帝，他的归宿！　meqom，住所。旧译地步，误。

申冤者

十九章

但是约伯回答：

² 啊，还要多久，你们折磨我的灵

一句句大道理将我碾碎？

³ 你们侮辱我十次不止

恶语中伤，还不知羞愧！

⁴ 即便我真的错了　即无知、疏忽之过，6:24注。

我自己承担就是。七十士本注：如言辞不当，未合时宜。

⁵ 你们却端出高高在上的架子　旧译：向我夸大，误。

拿我的罹祸横加指责；

⁶ 知不知道，冤屈我的是上帝　冤屈，`awath，旧译不确：倾覆，8:3。

是他，对我布下的网罗。否认灾祸因自己作恶而起，18:8。

⁷ 我喊冤，却无人答理

我叫屈，也不见公义。或作：我申诉，却不得公断。

⁸ 而他，已在筑墙断我的去路

又降黑暗，令我寸步难行。

⁹ 如此他夺了我的尊严

摘下我头上的冠冕：比喻失去公正，29:14。

¹⁰ 遍体鳞伤，奄奄一息　直译：周遭／身毁我，我去了。

我的希望被他连根拔去。直译：如同拔树。故绝望也是神的旨意。

¹¹ 他满腔怒火冲着我喷发

犹如对付一个仇敌。反复叫屈，13:24, 16:9。

¹² 接着他大军一路路开到，

安下营垒，大举进攻

把我的帐篷团团包围。约伯和友人始终不知，也不认为，敌手是撒旦。

¹³ 他还让我的兄弟远远躲开

令熟人与我断绝往来；

¹⁴ 亲戚朋友纷纷离去——

忘性好大，¹⁵ 我家的宾客！

婢女都拿我当了外人

异族一个，落在她们眼底；异族，此处或指奴隶，战俘或主人购得。

¹⁶ 我唤仆人，他不理睬

除非好言好语向他央求。

¹⁷ 我的臭味，妻子无法忍受

同母兄弟也惟恐沾染。同母兄弟，直译：我的子宫 / 母腹之子。

¹⁸ 真的，连小孩儿也晓得鄙视

我一起身，他们就嘲骂。

¹⁹ 昔日的知己，如今把我嫌弃

我爱着的人个个同我翻脸。

²⁰ 啊，我这副皮包骨头——　直译：骨头贴着皮肉。

逃走？我逃个牙皮！似成语，牙其实无皮可逃。逃，另读咬。参 13：14。

²¹ 可怜可怜我吧，你们是不是朋友？

没看见上帝出手，打我？

²² 为什么你们要学上帝整人　旧译不确：逼迫我。下同。

吃了我的肉，还不罢休？

²³ 啊，但愿我这些话都记下

立为碑文：²⁴ 以铁笔镌写

铅汁灌注，勒入岩石

而永不泯灭！

²⁵ 我知道

我的申冤者永生，申冤者，go'el，担血亲复仇义务者。通行本：救赎者。

并且最终，他将站于尘世之上　站，指作证对质或辩护，申 19：15。

²⁶ 虽然那时我的肌肤早已朽坏。难句歧解纷纭，断句从犹太社本。

可是我仍要带着肉身仰望上帝　从通行本，想象死后复生，14：14。

²⁷ 要亲眼见到，而非求助于

他人——即便我的腑脏　直译：腹内之肾。此句或是插注。

通通烂掉！

²⁸ 倘若你们还说：我们怎么整他？接续上文 22 节。

这事的根子在他身上！仍然怪罪约伯。他，从诸抄本。原文：我。

²⁹ 那么你们该惧怕利剑了

因为愤恨要引来那剑的惩罚——　七十士本：惩恶的怒火就要迸发。

须知，将来必有一场审判！愤怒，指约伯、友人或上帝，皆通。

恶人的产业

二十章

南玛人祖法听了，启齿道：

² 这事我有些想法，不得不说——　想法，旧译：我的思念，误。

我心里焦急，是因为

³ 听了一堆斥责辱骂，

我的悟性之灵在催我作答。直译：灵出我悟性，答我。

⁴ 难道你不明白，亘古及今　诉诸正统观念，强调传统智慧，8：8，15：10。

自从世上置了人类，置，犹言造。

⁵ 恶棍得逞便只在一时

亵渎者的笑颜，转瞬即逝？

⁶ 纵使他傲气攀天　傲气，si'，举、高，转喻从通行本。

脑袋顶着青云， 典出巴别塔故事，形容人的狂妄，创11：4。

⁷ 那也如一堆粪，终要扫除 粪，圣城本作幻象，fantome，似无根据。

让见过他的人问：他在哪儿？

⁸ 好比幻景，他倏然飞走

又像夜梦，无迹可寻。

⁹ 那注视过他的眼睛不再看顾 反讽，用好人哀叹语描摹恶人，7：8。

家里不复有他的身影。 直译：他的地方再也见不着他。

¹⁰ 他的子孙要乞怜于贫弱 回应约伯，14：21-22。

他要亲手赔还不义之财；

¹¹ 他的白骨本该充满青春活力

却随他躺在了尘埃。

¹² 邪恶，是他口中的甘饴 呼应诗140：3。

藏于舌头下面——

¹³ 舍不得吐掉，含在嘴里

¹⁴ 但那美食落肚即变： nehpak，旧译：化为酸，误。

在腑脏化为蝰蛇的苦毒！ 蝰蛇，pethanim，角蝰，或埃及小眼镜蛇。

¹⁵ 于是他吞下的财富都得呕出

上帝要掏空他的五内。

¹⁶ 是的，他吸了蝰蛇的毒汁

那虺虫的芯子必叫他死！

¹⁷ 看不到了，那如溪的新油 yizhar，校读。原文：河，nahare。

那一条条蜜与奶的河谷。 nahale，季节河（阿拉伯语：wadi），6：15。

¹⁸ 辛劳的果实，全归别人享受 直译：交还而不吃。

做买卖发财，更是空欢喜一场。

¹⁹ 只因他拆毁穷人的草屋 `ezeb，从亚兰语译本。原文：遗弃，`azab。

不肯修复却强占民房；

²⁰ 还因他贪心不知足　心，biṭno，腹，转指内心、欲望。

拼命搜刮也救不了他！　搜刮，bahamudo，贪欲所得。

²¹ 身后无人承业　yebulo，从古叙利亚语译本。原文（断）粮，le'oklo。

他幸福注定不长；　学比尔达，暗示约伯如恶人绝后，18：19。

²² 富足的生活突陷困厄

撞上了灾殃之手。

²³ 填他欲壑的，是炽烈的天火　欲壑，biṭno，上文 20 节注。

飞矢如雨，射穿他的肉躯；　飞矢，从圣城本注。原文累赘：向他。

²⁴ 他逃得过铁刃

却躲不了铜弓：　意象借自申 32：42。

²⁵ 脊背栽进一支支羽箭　原文无"羽箭"，据七十士本补。

苦胆穿出闪亮的血镞——

大恐怖终于临头！

²⁶ 幽冥张口，等着他的珍宝；

那非人点燃的火，要将他吞没　形容雷劈，1：16, 15：34。

噬尽帐篷里残留的一切。

²⁷ 苍天要揭露他的罪行　揭露，yegallu，旧译显明，误。

大地站起，提出指控；　暗指约伯的"申冤者"荒谬，19：25。

²⁸ 直待他全家被洪水冲走　洪水，yabal，校读。原文：出产，yebul。

在圣怒之日，荡然无存。　近乎诅咒约伯。

²⁹ 这，就是恶人得自上帝的份额，　heleq，喻命运。同 27：13。

上帝规定，他的产业。　恶有恶报，一切预定。

圣怒之日

二十一章

但是约伯坚持己见：

² 只要你们肯听我说话　参较 16:2。

那便是安慰我了。

³ 所以请耐心，让我讲完

然后——任你们嘲骂！　语气稍缓和，复又激动。

⁴ 可是我，我是在向人喊冤？

干吗我的灵就得忍着？　好人饮了上帝的"毒汁"，6:4。

⁵ 转过脸来，你们敢不惊悸——　hashammu，旧译惊奇，误，17:8。

看你们捂住嘴巴！　惶恐状，并意识到说教的徒劳。

⁶ 一想到此，我就害怕

肉身颤栗不已。

⁷ 为什么，恶人不死　直译：活着。

反而颐养天年，势力嚣张？　质疑神义，提出难题。参观耶 12:1。

⁸ 子实绕膝，他们亲眼

得见后裔蒸蒸日上；　`ammemu，从传统本注，原文：在一起，`immam。

⁹ 而且家宅安宁，无忧无虑　仿佛得了耶和华赐福，申 28:2 以下。

从不担心上帝的权杖。　即不受报应或惩罚，9:34。

¹⁰ 他们公牛配种，次次成功　直译：不废弃。配种，旧译孳生，误。

母牛怀犊，无一掉胎；

¹¹ 儿童嬉戏，宛若羊羔

又如小鹿，欢蹦乱跳。　小鹿，校读。原文失对 / 破格律。参诗 114:4, 6。

¹² 铃鼓和七弦琴伴着他们

载歌载舞，箫声悠扬；

¹³ 日日蒙福，事事亨通

直至下阴间仍是——太太平平。　berega`，另读如钦定本：瞬间。

¹⁴ 但是他们居然对上帝说：走开！

我们不想知道你的什么路。

15 全能者是谁，要我们侍奉

向他祈祷，有什么好处？

16 呀，富贵荣华确实在他们手里—— 提醒自己抵制罪恶。

那些恶人的主意，离我远些！ 我，七十士本：他。指上帝。

17 然而曾有几回，恶人的灯 反驳比、祖二人，18：5, 20：22。

熄灭了？或者灾祸降临

圣怒发作，毁他们的田产？ habalim，另作（分）痛楚。

18 就像碎秸，被狂风卷走

又如秕糠，吹散无踪？ 成语，诗 1：4, 35：5, 83：13。

19 ——上帝会记罪，向子孙追讨？ 自问自答，引出 34：7, 申 5：9。

不如报应本人，让他领教！ 质疑三友人坚持的传统教义。

20 让他亲眼看到自己的败果 kido，生僻词。另读不幸，pido，12：5。

喝下全能者的愤恨。

21 因为一旦他的岁月了结

身后家人怎样，他管得了？ 亡灵在阴间无从探知人世，14：21。

22 可谁能给上帝传授知识——

居高者皆归他审判？ 居高者，ramim，天使或权贵。意同赛 40：13-14。

23 有的人临终仍精力充沛

一辈子顺意平安，

24 奶桶一只只盛满 奶桶，`atinim，无定解。另读：满腹脂肪。参 15：27。

骨髓润泽如初。

25 有的人却是一个苦灵，至死

没尝过片刻福乐。

26 到头来，他们一样埋进土里 叹死亡不辨善恶功罪，传 9：2。

一样被蛆虫覆盖。

27 啊，我知道你们的心思

还有那些构陷我的招数。

²⁸ 说什么，王公的府第而今安在　王公，旧译霸者，误。

恶人住过的帐篷又在哪里？　概括对方的正统观点，非原话，

²⁹——怎么不问问过路的旅人？　反诘三友人。

他们的证词你们不可否认：　即以世人的见闻或常识为凭信。

³⁰ 祸乱当天，恶人脱身

圣怒之日，他依然获救！　yubalu，被领出。指证救主有违信约义务。

³¹ 他的劣迹，谁敢当面指摘

谁能报复他的所作所为？

³² 然而，当他被抬进了墓园

会有人看守坟冢，

³³ 有河谷的土块讨他欢心　mathqu，甜、愉悦。形容其死后备享哀荣。

一如长长的队列给他送葬——　直译：众人行进在他身后。

开道的更是无计其数。　此句一说是插注。

³⁴ 那么干吗你们还要空话连篇？

说是慰问，纯属谎言！　慰问，照应上文 2 节。第二场辩论完。

悔罪才能自新

二十二章

特曼人以利法听了，启齿道：　第三轮对话开始，至 31 章末。

² 人，于上帝有什么用处？　呼应 4:17-18。旧译错乱：使神有益。

再聪明的人，也帮不了他！　另读如路德本：只能对自己有益。

³ 难道全能者须等你执义才欢喜

你品行无瑕，他才有收益？　人的善恶表现不可能影响到神，35:7-8。

⁴ 或是因为你虔敬，他才谴责

才将你提来审判？

⁵ 不，他是因为你恶行累累　针锋相对，指控约伯，13:23, 21:31。

你犯下的无穷罪愆！

⁶ 因为你强取兄弟的家产作抵押 旧译当头，误。

无理盘剥，连衣裳都拿光；违反摩西之律，出 22：24 以下。

⁷ 他们困乏，你不给水喝

他们挨饿，你不给饭吃。

⁸ 结果土地都归了权势 旧译颠倒：有能力的人。

只许尊贵体面的居住。

⁹ 你还狠心将寡妇空着手赶走

打断孤儿的臂膀！打断，从七十士本、通行本等。原文被动语态。

¹⁰ 难怪你现在身陷罗网

猝不及防，为恐惧所攫获；呼应比尔达，18：8-11，痛斥约伯，19：6。

¹¹ 那昏昏幽冥蒙了你的眼 七十士本：光明于你成了黑暗。赛 58：10。

洪水滔滔，把你淹没。

¹² 难道上帝不在重霄？

看，璀璨星空，何其高邈！

¹³ 可是你竟说：上帝知道什么

隔着黑云他能裁判？指责约伯亵渎，但歪曲其说法。参 7：17 以下。

¹⁴ 每当他巡弋天穹，云幕

便挡住了他的视线。否认上帝全知。参观耶 23：23-24。

¹⁵ 啊，莫非你想重蹈

那些远古罪人的覆辙？挪亚方舟故事。

¹⁶ 他们中道暴卒，根基

被惊涛卷走，¹⁷ 就因为

他们向上帝嚷嚷：走开！借约伯语挪揄，21：14 以下。

全能者，他能把我们怎样？我们，从七十士本。原文：他们。

¹⁸ 虽然富贵之家无不是他的赏赐—— 直译：他使福/富满其家。

那些恶人的主意，离我远点！戏仿好人语，21：16b。

¹⁹ 他们的下场，最让义人高兴　原文无"下场"，据文意补，27：7。

无辜者见了忍不住嗤笑：

²⁰ 好呀，咱们的仇敌完蛋了　仇敌，qim，七十士本：财物，yequm。

残余的也逃不脱火烧！

²¹ 所以你就平静点，同他和好吧　直译：对他／上帝有用。上文 2 节。

藉此复得你的幸福！

²² 愿你承接他口中的教导　回到先前的劝告，5：17 以下。

他的话，你存于心间。

²³ 只要皈依了全能者，就能自新　tibbaneh，修复。旧译不妥：建立。

将邪恶远远逐出你的帐篷；　七十士本：顺从，te`aneh。

²⁴ 只要你视珍宝如尘土　`aphar，音近俄斐；珍宝，bezer，谐音如卵石。

弃俄斐的纯金如卵石，　俄斐，南阿拉伯部族，著名黄金产地，创 10：29。

²⁵ 那么，全能者定会做你的金矿

并你的大堆白银！

²⁶ 到那时，你要以全能者为喜悦　故坚持期盼便是神恩。参 27：10。

向上帝仰起脸来——

²⁷ 你的祈祷，他必垂听

起誓发愿，皆能实现；

²⁸ 凡你决定，事事成功

光明要照亮你的前程。

²⁹ 因为他将破除傲慢者的吹嘘　校读。原文不通：他们沉沦你说骄傲。

让垂目的人蒙救恩。　垂目，形容谦卑归顺。

³⁰ 一切无辜，他必解救；　从七十士本。原文费解：非无辜，他也救。

而获救，则是凭纯洁——在你的手。

上帝难寻

二十三章

但是约伯回答：不理会以利法，继续申辩。

2 至今，我的哀怨不肯平息 meri，参7：11，10：1。通行本：悲苦，mar。

他手重，我止不住呻吟！他，从七十士本。原文：我。

3 何尝不想知道，他在哪里

怎样才能寻到他的居处—— tekunah，旧译台前，误。

4 让我当面向他陈诉冤情 不畏向上帝称义，9：2，兼驳以利法，15：14。

张口举出我的理据；直译：满口理据。

5 让我听清楚他的答辩

一字不漏，决不含糊！

6 他会不会运起大能，同我争辩？

不会的。他只需稍加注意 yasim，置放，转指留意、理会，24：12。

7 允许一个正直的人与他讲理，

我就能赢了此案，至永远！此案，从七十士本。原文（逃过）判官。

8 啊，我去到东方，他不在那儿

往西，也找不到他，

9 寻到北方，他躲藏不见 寻到，从古叙利亚译本。原文：他做。

往南，他仍无踪影。东西北南，亦指前后左右，如营区方位，利2章。

10 但是我的一举一动，都在他明察之中——

愿他检视，验定我的纯金！考验好人，仿佛炼金，7：18，亚13：9。

11 我脚步一向跟随他的足迹

谨守正道，决不偏离。

12 他唇上的诫命，我从无违忤

他口中的训示，我珍藏心头。beheqi，从七十士本。原文不通：从腹。

13 然而他是"惟一"，谁能说服？ 惟一，be'ehar，语出信经，申 6:4。

凡是他的意愿，总要成就 另读如圣城本：他选／决定，bahar。

14 他给我的规定，必会实施：规定，huqqi，喻命运。

如此种种，他一条敕令！

15 所以在他面前，我心慌意乱 因上帝大能，不可揣摩，12:13 以下。

越想越怕，不能自已；

16 真的，上帝使我失魂落魄

全能者陷我于惊惶。

17 虽然幽冥还未将我吞没 意谓只盼一死，以解脱苦难。

那沉沉黑暗已覆盖我的面庞。或如钦定本：他对我的脸藏起黑暗。

二十四章

为什么，全能者不保留期限 望延长人的命数，叫他得报应。

不让认定他的见到那一天？ 圣怒之日或耶和华之日，21:30，摩 5:18。

2 却听凭恶人移动界石 原文无"恶人"，据七十士本补。

抢掠羊群，霸占牧场；wayyir`u，放牧。七十士本：羊倌，wero`o。

3 甚至孤儿的毛驴也不放过

还牵走寡妇的牛作抵押。以上历数犯法恶行，申 19:14, 24:17。

4 可怜穷苦人只好背井离乡 直译：从路上赶下。以下倾诉贫民之苦。

世上的卑微者纷纷躲藏。

5 看哪，就像大漠里的野驴

他们四处奔波，起早贪黑 校读从圣城本。

给儿女觅一口食。原文不通：荒野为他，食给儿女。

6 下田收割，一粒也不归自己 beli lo，校读。原文：饲料，belilo。

他们捡拾的是恶人的葡萄。形容做佣工或给人为奴。

10 没有衣裳，只好赤身干活 从圣城本，移 10-11 节至此，理顺文意。

饿瘪了肚子背起麦捆；

¹¹ 橄榄树成行，要他们熬油　成行，shuroth，从犹太社本。另读：墙。

口干舌燥，还得用力榨酒！

⁷ 没有衣裳，只好赤身过夜　文字与第10节重复，易抄错，误置顺序。

严冬也盖不上一条被褥；

⁸ 遭遇山间暴雨，就湿淋淋

找个岩缝栖身——⁹ 而债主

要把失怙的婴儿从母亲怀里　shad，校读。原文：暴力，shod。

夺走，拿穷人孩子做当头！　孩子，`ul，从传统本注。原文：之上。

¹² 啊，城里传来垂死者的呻吟　垂死者，从一抄本。原文：男人。

受伤的在喘息、呼救，喘息，或作（伤者的）灵。

但是上帝不理会他们的哀求。tephillah，校读。原文：蠢笨，tiphlah。

¹³ 然而有人硬是要反叛光明，喻圣法。此段似一独立短诗，描绘恶人。

康庄大道他偏偏不认

放着通途不走。直译：不住。

¹⁴ 天一黑，凶手起身　天黑，lo 'or，从传统本注。原文：天亮，la'or。

专找穷苦人下手；

夜深时，他又做了盗贼

^{16a} 暗地里破墙入室。移文从圣城本，补足"盗贼"句音步。

¹⁵ 犹如一个奸夫，他盼来黄昏　套喻，智慧文学常用，箴7:9以下。

说：好，眼睛认不出我了！

就偷偷把脸蒙上。

^{16b} 白天，他们蛰伏在屋里

不愿意认识光明；

¹⁷ 因为早晨便是这帮人的死影——

他们深感幽冥之恐惧。因18-24节不像约伯口吻，移至27:23后归祖法。

²⁵ 不同意吗？谁来证明我撒谎

谁能否认——斥我荒唐？

创世赞

二十五章

书河人比尔达听了，启齿道：本章仅六节，不似劝说，恐有缺漏。

[2] 他君临万物，赫赫威仪 赞歌，仿佛预示耶和华的显现，38：1以下。

他于极高处缔造和平。降伏叛逆神子，整顿诸天秩序，赛24：21。

[3] 谁可计数他的天军 指众天使，创32：2。

他光焰升起，谁不受照耀？

[4] 上帝面前，凡人岂可称义

生于女人，还自以为洁？附和以利法的观点，4：17，15：14以下。

[5] 真的，他眼里月亮都不够明丽

星星也算不上纯净，

[6] 何况那根两条腿的虫—— 直译：人虫。

名为人子的蛆！下章从圣城本，5-14节作比尔达语；1-4节约伯答话后移。

二十六章

[5] 看，地下的幽影战战兢兢 幽影，repha'im，阴魂、巨人，诗88：10。

一如大水与深渊的族类！即海怪，被造物主制伏，7：12注。

[6] 冥府裸露在他的眼前

"永灭"已一无遮掩。永灭，'abaddon，阴间别名，一说指冥神。启9：11。

[7] 是他，在混沌之上铺展北极 zaphon，迦南诸神聚会之山，北方／极。

又将大地悬于虚无。地柱极深而不可探知，故名虚无，9：6，38：6。

[8] 他用乌云包藏雨水

雨落，云却不破。

[9] 他遮起自己的宝銮 kisseh，另读满月，keseh，形容月食。

以彩霞覆盖其上，

¹⁰ 还给大洋画一圆圈　hoq-hag，地平线，暗示上帝分大水，创1：7。

作光明与黑暗的分界。创1：14以下。

¹¹ 他一声呵斥，擎天的　呵斥，想象地震起因，诗18：7。

山柱要吓得发抖！山柱，支撑穹隆的高山。

¹² 他曾运大能降伏怒海

显全智重创骄龙；rahab，即混沌海怪"利维坦"，3：8, 9：13 注。

¹³ 轻轻呵气，驱散阴霾　直译：以他的灵使天美/晴朗。

他只手刺穿那逃窜的虬蛇。复指骄龙，深渊之王。意同赛27：1。

¹⁴ 啊，这一切不过是那大道的端倪　旧译：神工作的些微，误。

些许回音，让我们听见；

可他的雷霆伟力，谁能辨析？　yithbonan，或领悟。旧译明透，生造。

问心无愧

［二十六章］

但是约伯回答：片断衔接从圣城本，25：6 注。

² 亏得有你，帮一个疲弱的人　疲弱，旧译无能，误。

他臂膀乏力，多谢你援手！

³ 鲁愚之辈幸而有你指教

一点儿不缺聪明主意。讽比尔达只会唱高调，迂阔而冷漠。

⁴ 你这些妙论是谁的点子？　'eth-mi，另读如七十士本：对谁说，'el-mi。

哪来的灵气，你不停唠叨？灵气，即得自天父的元气，32：8, 33：4。

二十七章

约伯意犹未尽，昂然又说：se'eth meshalo，仰面不服，滔滔不绝状。

² 一如上帝永生，夺我公道 　立誓语，抗议不公。

全能者令我苦楚满灵—— 　呼应 3:20。

³ 我发誓，只要一息尚存

鼻孔里还留有上帝之气 　ruaḥ 'eloah，解作生命之源，33:4，创 2:7。

⁴ 我的嘴唇就一定杜绝不义

舌尖就决无诓骗。

⁵ 但要我承认你们有理——别想!

哪怕断气，我也不会放弃尊严。 　tummah，完好无疵的品格，2:3 注。

⁶ 我必坚持正义，寸步不让；

问心无愧，只要我在世一天!

⁷ 愿我的仇敌如恶棍的下场 　原文无"下场"，从七十士本补，22:19。

那攻讦我的不义之人!

⁸ 亵渎者保不了命还有什么指望 　保不了命，直译（被上帝）剪除。

当上帝收取他的灵?

⁹ 难道灾祸临头，他呼救

上帝就会垂听?

¹⁰ 莫非他也以全能者为喜悦 　借以利法语反讽，22:26。

时时向上帝呼求?

¹¹ 看，我只是为你们指出上帝之手 　旧译作为，不妥。

全能者的行事，我不敢隐瞒。 　意指友人虚妄，不认神掌握人世祸福。

¹² 这些道理，你们也晓得—— 　重申 21:34，结束咒誓。

那么干吗还废话连篇? 　以下驳论，观点口吻均似祖法，故另作一段。

祖法论恶人

¹³ 不，这是上帝所定，恶人的份额 　重复先前的警告，同 20:29。

暴君得自全能者的产业：

¹⁴ 他子裔虽多，却逃不脱利剑　罪责子孙承担，出 34:7。

后代个个忍饥挨饿；

¹⁵ 而留得性命的就由瘟疫来埋葬　瘟疫，"死"，拟人喻恶疾，18:13。

未亡人想举哀也来不及！

¹⁶ 尽管聚敛的银子如沙尘

置备的新衣若土堆——

¹⁷ 让他堆去！义人会不愁衣穿

让无辜者多分些银钱！　报应即重新分配财富，实现公平，20:10, 15。

¹⁸ 他兴土木，不过织了张蛛网　从七十士本：arachne。原文：飞蛾。

或如守望人搭一架草棚。　皆象征脆弱，4:19, 8:14, 13:28。

¹⁹ 他睡下时还是富翁，不料　校读。原文不通：不再收起。

睁开眼，已经一贫如洗。

²⁰ 白天，他恐惧压身　白天，yomam，校读。原文：如水，kammayim。

夜晚，在风暴中飘零；

²¹ 突然一股东风扑来　东风，见 15:2 注。

将他攫走——他家破人亡！　暗示约伯罪有应得，1:19。

²² 他成了众矢之的，逃不脱　原文模糊：他拿他摔打不留情……

那只无情的手；　指上帝、东风或众人，皆通。

²³ 而人还要拿他起哄，走到哪里

他都被嘘声包围。　以下插入 24:18-24，从圣城本作祖法告诫。原文有讹。

［二十四章］

¹⁸ 是呀，他就像流水浮渣，　qal，轻、快，转喻迅速消亡之琐屑事物。

家产田畴全遭了咒诅　tequllal，谐音上句"浮渣"。

葡萄园荒径寥落。　另读：无人踩踏。解作不再榨酒，亦通。

¹⁹ 又好比炎炎大旱融尽冰雪　直译：雪水。

罪人要湮灭于冥冥；

²⁰ 那怀他的子宫早把他忘却　怀他，校读。原文：觉得甜，methaqo。

他的名字没人记得：名字，shemoh，从传统本注。原文：蛆，rimmah。

邪恶如腐木折断。腐木，从七十士本：xylo aniato。原文：树／木，`ez。

21 女人不育，他便虐待 hera`，从亚兰语译本。原文：放牧，ro`eh。

也从不肯接济寡妇。

22 然而那以大力俘获豪强的 `abbirim，另读如犹太社本：公牛。

定会起来，叫他性命难保；劝约伯相信神主持正义。

23 即便暂且安稳，有倚傍

他一举一动也有眼睛盯着——提醒：恶人亦受天父审察，7：18。

24 他得势一时，终不免倒伏 他，原文：他们。

凋谢，仿佛盐草被人拔起，盐草，malluah，滨藜，校读。原文：全部。

又如麦穗遗地，干枯。下接29：1。下章不属对话，是一独立片断或插曲。

智慧颂

二十八章

采银有矿，炼金有山。maqom，站起之地。旧译不妥：方。

2 广土献出黑铁 广土，`aphar，尘土，也是造亚当的材料，创2：7。

黄铜熔自磐石；

3 他给黑暗划一道边界，他，采矿人；解作上帝亦通，下同。

往极深处探寻

幽冥与死影的岩脉。

4 啊，外族人开掘矿井 外族人，`am ger，校读。原文费解：远离住处。

在人迹罕至的地方，采矿用奴隶和战俘，矿坑多在荒野里。

他们悬空摇晃着——叹矿井作业之艰险。

被人遗忘！婉言殒命。

5 茫茫四野，出产粮食；

地下，却有大火翻腾。有，从通行本。原文：如。

⁶ 那儿顽石蕴藏碧玉　sappir，或作蓝宝石，出 24：10。

泥尘化作金沙——

⁷ 那一条暗道，确是猛禽不知　接着写矿井。

兀鹫的眼睛不见，

⁸ 百兽的骄子未曾踏足　百兽的骄子，bene-shahaz，喻猛兽，41：26。

也没有雄狮出没。

⁹ 而他，伸手击打燧石　点亮黑暗，如至高者开天辟地。

从根子撼动群山！　也是创世的意象，诗 18：15, 104：5。

¹⁰ 他往冥崖凿通运河　ye'orim，喻巷道穿透岩层。

令珍奇纷纷入目；　劳动创造财富。

¹¹ 又封闭暗流的源头　封闭，hibbesh，七十士本另读：探索，hippes。

让宝藏一一显露。　宝藏，ta`alumah，双关兼指矿藏、智慧奥秘，11：6。

¹² 可是，究竟去哪里寻求智慧？　hokmah，阴性名词，故下文称"她"。

何处是觉悟之途？　觉悟，binah，悟性、求知力。七十士本：episteme。

¹³ 无人认得通向她的路　darkah，从七十士本。原文：价值，`erkah。

生者之地觅不着她。　大智慧不在世人中间。

¹⁴ 深渊说：她不在我这里。　深渊，属太初混沌、创世之先，创 1：2。

海洋道：没和我一起。　暗示与智慧对立，被救主降伏，26：12。

¹⁵ 她无法用黄金兑换

也不能以白银折价；

¹⁶ 即便是俄斐的纯金　见 22：24 注。

名贵的玛瑙、碧玉，　玛瑙，shoham，某种宝石，无确解，创 2：12。

¹⁷ 不，无论多少金子玻璃　当时玻璃器皿与饰物价格昂贵。

精雕细镂了，也比不上她！　参较智 7：9。

¹⁸ 珊瑚和水晶也不要提

须知智慧难得，更胜过珍珠；

¹⁹ 同她相比，古实的黄玉　古实，埃及以南，今苏丹、埃塞、也门一带。

加上赤金，也一文不值。此段原文否定词，lo'，无/不/没，连用十次。

²⁰ 可是，究竟由哪里寻来智慧？寻来，从七十士本。原文：来。

何处是觉悟之途？

²¹ 她对众生的肉眼藏起

向空中的飞鸟隐蔽；

²² "永灭"与"死亡"异口同声：拟人，如上文14节。永灭，见26:6注。

她呀，我们只风闻其名。反言智慧永生。

²³ 惟有上帝识得通向她的路 答上文13节，天父乃智慧之源，箴2:6。

知道她的居处。

²⁴ 因为［上帝］巡视，直达地极

天下万物尽收眼底。

²⁵ 当他规定风的轻重

拿万顷波涛一并称量，旧译度量，不确。

²⁶ 当他为雨水颁布敕令

又画出路线给闪电雷霆：

²⁷ 每一次，［上帝］都要注目于她

将她褒扬、确立，复又探察。智慧曾协助耶和华创世，箴8:22以下。

²⁸ 然后，才向世人宣布：

听着！敬畏我主即是智慧 点明主旨，诗111:10，箴1:7。

远离恶事，便是觉悟。恰是一幅好人约伯的画像，1:1,8。插曲完。

昔日的荣光

二十九章

但是约伯仍旧不服，他昂然发话：接回第三轮对话。同27:1。

² 要是能回到从前的岁月

那上帝保佑我的时光——

³ 头顶，有他的灯照耀

靠那明辉，我穿越黑暗！ 意同诗 18：28。

⁴ 一如当我韶华之季 horpi，秋，转喻盛年，谐音花季，pirhi。

上帝看护着我的帐篷： 看护，besok，从七十士本。原文：亲密，besod。

⁵ 依旧，全能者与我同在

赐我儿孙绕膝，

⁶ 双脚用凝乳洗濯 凝乳，hem'ah，羊奶搅拌凝压而成，黄油，箴 30：33。

磐石为我流油成溪。 极言其富裕。参 20：17，申 32：13。

⁷ 每次我走去城门口 此片断背景为城市生活，与前文不同。

到广场上就座， 如听审案件，5：4 注。

⁸ 年轻人见我都要让道 旧译回避，不妥。

皓首则起身恭迎； 遵照摩西之律，利 19：32。

⁹ 连头人也停止交谈

将手掩住嘴巴， 以示尊敬，40：4。

¹⁰ 众首领默不作声

舌尖黏着上腭。 以下插入 21-25 节；原文颠倒叙事，显系誊抄之误。

²¹ 他们屏息凝神，静静地

听我把道理指明；

²² 语毕，无人异议

我的话像露珠沁人心脾。 直译：滴在他们（心里）。

²³ 人们盼我如望甘霖 盼/望，yihalu，旧译仰望，误。

张着口，似渴求春雨。 化自申 32：2。

²⁴ 我的微笑，使他们受宠若惊 此节无定解。参观箴 16：15。

不敢奢想得了恩顾。 直译：我脸的光。奢想，yappilun，另作失落。

²⁵ 我替他们择路，任指挥： 直译：坐为首。

宛若君王居于中军，又仿佛

给哀伤的人一份安慰。完满履行了蒙福义人的责任。以下接回 11 节。

¹¹ 凡耳朵在听的，皆称我有福　一说此段赞语有埃及墓志铭风格。

眼睛在看的，无不赞誉。再次反驳以利法的指控，22:6 以下。

¹² 因为穷人求助、孤儿无援　呼应诗 72:12-13。

都是我救济、照拂；

¹³ 临终他们仍对我感恩不尽，旧译不通：将要灭亡的为我祝福。

是我，让寡妇的心欢歌！

¹⁴ 穿上正义，多么可体——

公平是我的外袍与缠头。旧译冠冕，不确。参 19:9，赛 59:17。

¹⁵ 我做了盲人的眼

甘当跛者的腿；

¹⁶ 贫民的慈父，舍我其谁？耶和华的义人必保护弱者，箴 29:7。

素不相识的人靠我查明冤屈。rib，争讼缘由。

¹⁷ 恶人的獠牙，我一一打碎　套喻，4:10，诗 58:6。

从利齿间夺下他的猎物。

¹⁸ 所以我想：我会终老在窠了　qinni，喻家，另读尊严，qarni。

寿数长若凤凰。hol，海沙，重生于灰烬的神鸟。七十士本：phoinikos。

¹⁹ 我的根须伸向水畔

夜露挂满枝头——　喻蒙恩，申 33:28，诗 13:33。

²⁰ 啊，日日更生我的荣光

弯弓在手，越挽越强！弓，象征勇力，创 49:24。移 21-25 节至第 10 节后。

我要喊冤

三十章

可如今，我成了那些后生的笑柄！传统社会之大耻辱，12:4, 17:6。

他们的父亲，给我当牧羊狗

我都不屑！ 贬其低贱。同时反衬好人的惨状，24:4 以下。

² 而且他们那般羸弱 　'abad kalah，无定解，从传统本注。

手上没点力气，于我何用？

³ 又饿又穷，身形憔悴

他们逃入荒漠，那片凄凉黑地， 'emesh sho'ah，无善解。

⁴ 挨着灌木丛摘吃盐草 　见 24:24 注。逃，ha`orqim，或作啃。

挖金雀花根子充饥。 金雀花，rothem，一作杜松。通行本: juniperus。

⁵ 就这样遭了流放

像个小偷，人人喊打，

⁶ 只好躲进干河沟里

找地洞岩穴栖身。

⁷ 时而在树丛间野驴般吼 yinhaqu，同 6:5。野驴，喻穷人，24:5。

时而在荆棘下蜷缩—— 饥寒状。旧译聚集，误。

⁸ 这一帮蠢货、无名贱人的崽子

活该吃鞭子，撵走！ 直译：被抽打出这片地。

⁹ 而现在，我被他们编了歌谣 neginah，成为嘲骂对象，诗 69:11-12。

听凭这种人讥诮！

¹⁰ 他们厌恶我，怕我挨近

动辄朝我脸上啐唾。 回放 17:6。

¹¹ 因为［上帝］整我，松了我的弓弦 喻失去力量，29:20 注。

他们就敢当我的面甩掉辔头！ 形容恶人肆无忌惮。

¹² 这伙无赖起自右手， 公堂上告状者同证人立于被告人右手，诗 109:6。

将我推搡着，一步步逼上

他们筑的毁灭之途。 原文费解：扔我的脚，对我筑起毁灭之途。

¹³ 还断我的退路，乘机加害

却没有人出来阻拦。 `ozer，从传统本注。原文：帮助，`ozer。

¹⁴ 犹如攻破城墙，他们拥入

踏过一堆堆废墟：比作敌军烧杀，16:14。

¹⁵ 恐惧，压倒了我。

我的名誉如一阵风吹散　名誉，nedibah，高贵。七十士本：希望。

又像残云，消失了，我的救恩。yeshu`ah，或如犹太社本：尊严。

¹⁶ 今天，我的灵如水溢出　犹言生命将尽。旧译：心极其悲伤，误。

悲苦的日子却死死纠缠。

¹⁷ 夜里，我骨头被啃了似的刺痛　呼应 7:4。

筋肉不得片刻安息。原文无"筋肉"，据七十士本补。

¹⁸ 猛地，他一把抓住我的外袍　抓住，从七十士本。原文：装扮。

揪着衣领将我按倒，他，指上帝。回放 16:12。

¹⁹ 狠狠地摔进泥污——

仿佛我真是灰土！暗讽，人 / 亚当本是泥尘，创 2:7, 3:19。

²⁰ 我向你求救，你不回答　不理友人，转而向天父陈情，19:7。

我站起身来，你也不理。原文脱"不"字，据通行本补。

²¹ 你变了，那么残忍　意同 9:17。参较 19:21, 23:2。

巨手发力，你折磨人！不幸而言中。旧译追逼，误。

²² 把我扔到空中卷入风暴

让狂飙吹打、抛掷——

²³ 啊，我知道你在赶我去死

去那间为众生预定的阴宅。beth mo`ed，即阴间。呼应 17:13。

²⁴ 可是我何曾拒绝给穷人援手　穷人，`ani，校读。原文：废墟，`i。

当他们遇灾求救？　lahen shua`，无解；意译从圣城本：ledin shiwwea`。

²⁵ 难道我没有为受艰辛的流泪

我的灵对贫苦人不伤悲？

²⁶ 向往幸福，却遭了横祸　幸福，旧译好处，不妥。

渴望光明，反迎来昏黑；

²⁷ 我腑脏煎熬，片刻不停 回放7：3以下。

日复一日与困厄会面。

²⁸ 失了阳光，我走进哀郁，阳光，hammah，另读慰藉，nehamah。

从会众中站起——我要喊冤！ 或作哀鸣、呼救，诗5：2。

²⁹ 然而我已是豺狗的兄弟

只能与鸵鸟为伍：为族人唾弃，流浪荒野，赛34：13。鸵鸟，见39：13注。

³⁰ 皮肤变黑，片片脱去

骨头烧焦灼裂。

³¹ 我的七弦琴唱着丧曲

箫声为我啼哭。

自 白

三十一章

我已经同我的眼睛立约 本章回应22章，驳以利法指控，重申清白。

怎会去贪恋姑娘？ 比十诫严格；眼不淫靠内心约束，参耶稣言，太5：28。

² 上帝在天庭如何定份额

全能者自高处降赐什么产业—— 见20：29, 27：13注。

³ 除了恶人必有恶报

造孽的注定遭殃？

⁴ 当然他也审察我的路向 喻言行。呼应7：17以下，箴5：21。

我的脚步，他不会不数！

⁵ 要是我曾与"虚假"为伴 虚假，shaw'，拟人。参35：13注。

疾步追随"欺瞒"？ 例如做买卖造假牟利。

⁶ 愿上帝将我放上公义之天平

让他知道，我的清白！ tummah，见2：3注；暗指救主不公，9：20以下。

⁷ 要是我的脚偏离了正道

心，盲从了眼睛　如上文 1 节的"贪恋姑娘"。

或者双手沾了秽污，盗窃等犯罪行为。

⁸ 那么凡我播种的都归别人享用　咒誓，利 26：16，申 28：30。

让我的禾苗连根拔去!

⁹ 要是我迷心于邻人的妻子

在他家门口窥伺过一次，好色非罪，但好人的伦理严于常人。箴 5：8。

¹⁰ 那么就让我老婆去给他推磨　暗示当婢 / 妾，出 11：5。

让别人趴她身上!　同态报应，惩罚通奸。旧译冬烘：与她同室。

¹¹ 因为，那是大恶的淫行　zimmah，兼指乱伦，利 18：17 以下。

必须严办的罪孽；此节或是插注。

¹² 是焚至"永灭"的一场烈火　形容毁灭一切，26：6 注。

要吞噬我全部的收获。吞噬，tiseroph，校读。原文：根除，tesharesh。

¹³ 真的，便是我的奴婢告我　不论子民外族，一视同仁。利 25：44 以下。

我也不会不讲公道；mishpaṭ，旧译情节，误。

¹⁴ 否则上帝站起，我怎么办?　站起，犹言追究罪责。旧译兴起，误。

他若过问，我如何回答?

¹⁵ 子宫里他造了我，不也造他们?

那抟我们于母腹的，是同一位!　所以上帝面前人人平等，箴 22：2。

³⁸ 如果我的田地指着我喊冤　从圣城本，移 38-40a 节于此，以顺文意。

条条犁沟一起哭诉，抗议霸田，仿佛约伯做了地主而非牧主，1：3。

³⁹ 倘若我吃了果实不付价银　即工钱，土地原主已沦为佃户或佣工。

甚而使原主伤心咽气，

^{40a} 那么就让地里不长小麦长荆棘

让大麦变烂莠，发臭!　bo'shah，"臭莠"，对上句"荆棘"，种属不可考。

¹⁶ 我可曾推开贫弱者的乞求　此段讲不仁不爱之罪，重申 29：11 以下。

叫寡妇的泪眼干枯？ 驳以利法，22:9，意同 30:25。

¹⁷ 何时我只顾自己饱腹

不愿与孤儿分享？

¹⁸ 他可是从小由我慈父般地养育——

甫出母胎，我就在周济孤寡! 直译：引导她。指寡妇。

¹⁹ 可曾有一个穷人，被我看见

而仍旧衣不蔽体，²⁰ 或没有

穿上我的羊毛，暖在腰胯 halazaw，兼指内心、子孙出处，创 35:11 注。

而为我祝福？

²¹ 要是我仗着在城门口得势

便扬手威吓失怙少年，yathom，谐音无辜，tam。

²² 当真如此，让我

肩膀脱臼，胳臂折断! 咒誓。

²³ 因为上帝降祸，恐怖之极

他的威严，我承受不起。旧译：不能妄为，误。

²⁴ 我何尝迷信过金钱，拜金而背离耶和华之道。迷信，旧译指望，误。

说亏得有了纯金，我才心定？

²⁵ 或者因财帛堆积，为鸿运

上手而洋洋得意？

²⁶ 几时我眼见日辉绚烂

月色溶溶，移步夜空，

²⁷ 就私心仰慕，吻手连连？ 表爱，转喻礼拜日月星辰。

²⁸ 那，也是应该严办的罪戾 破摩西之律，申 4:19。同上文 11 节。

是背弃至高上帝。至高，从七十士本。原文：在上。

²⁹ 就连仇人遭殃，我也不曾欢庆

没有因他遇祸而欣喜；超越流行的复仇伦理，主张爱人如己，利 19:18。

³⁰ 我决不让罪从口生　口，直译：腭，6：30，12：11 注。

拿人家的性命诅咒——

³¹ 虽然帐篷里的男人都说：帐篷，提喻家庭、亲族。

撕吃了他的肉，也不解气！直译如通行本：也不饱。

³² 还有，异乡人不必露宿街头

我的大门对旅客敞开。旅客，'oreah，从七十士本。原文：路，'orah。

³³ 何时我像个亚当，遮掩我的忤逆　人祖曾遮羞说谎，创 3：7，12。

把咎责偷偷埋肚里，像亚当，ke'adam，另读：对人，me'adam。

³⁴ 可是又害怕犯了众怒

为各家族所鄙视，

就不敢吱声，闭门不出？重申问心无愧，27：6，一生清白，上文 6 节。

³⁵ 啊，有谁听我申辩？以争讼母题结束辩论，13：6 注。

我画押在此，请全能者回答！古俗以十字画押，taw，象征赦免。

啊，告我的，请写好诉状！

³⁶ 我要将状子披在双肩，

不，缠上额头做我的冠冕。作讨清白并荣耀的见证。参 19：9，结 9：4。

³⁷ 然后便给他点清我的每一只足印　呼应 13：27。

宛若王公，进到他面前。第三场辩论完。按文意 38-40a 节移至 15 节后。

^{40b} 约伯的话完了。tammu，谐音完美清白，tummah，2：3 注。此句为补注。

艾力胡

三十二章

三人见约伯坚持自以为义，以下至 37：24，语汇风格俱变，文字与耶和华训谕多处重复，情节跟对话、尾声衔接不周，通说是后加的。便不同他辩了。

² 谁知却激怒了一个人，名艾力胡，'elihu，"他乃我神"，希伯来名。是布

斯人巴拉杰的儿子，巴拉杰，barak'el，"上帝赐福"。布斯，buz，为拿鹤之后，世居北阿拉伯，创 22:21，耶 25:23。属兰族。ram，大卫王与耶稣的先祖，得 4:19，代上 2:9，太 1:3。他愤愤不平，认为约伯把义归了自己而非上帝；³ 对那三个朋友，他也十分恼火——他们辩不过也罢了，竟然置上帝于不公！上帝，原文作约伯。系古代经师的替换，似想修正艾力胡的立场。⁴ 但由于他们年长，只好等着；敬老故，4:1, 15:10 注。直到约伯讲完，⁵ 见三人哑口无言了，才把一腔怒气倾倒出来。

⁶ 于是艾力胡，布斯人巴拉杰之子，侃侃而论：

我年轻，各位都是长辈。旧译老迈，不妥。
故而没敢大胆置喙
卤莽建言。⁷ 因为我想：
应当让年尊的先讲
请岁月传授智慧。成语，意同 12:12。
⁸ 但是，人原有一种灵性——
全能者的元气，赋予他悟性。智慧神授，统摄一切经验知识，28:12。
⁹ 并非高龄就一定明智 高龄，从七十士本。原文：多。参较智 4:8。
皓首便通晓公平。彬彬有礼，微露锋芒。
¹⁰ 因此不揣冒昧，各位包涵
容晚生略陈浅见。

¹¹ 看，我一直在洗耳恭听
等待前辈们将各自的道理
一条条推敲措辞。
¹² 可是我细细领教了
居然没有一个人辩得赢约伯
能反驳他的牢骚。
¹³ 所以千万别说：智慧我们找到了；暗批以利法的"天言"，4:12。

不是人，是上帝在打他！ yiddephennu，驱散，转指打击。他，指约伯。

¹⁴ 诚然，他没在同我争辩，

但我也不会用诸位的高见作答。 讽刺，"高见"对自己的"浅见"。

¹⁵ 他们果然乱了方寸 hattu，旧译惊奇，误。他们，指三友人。

张口结舌，找不着词儿了—— 此段是艾力胡旁白，如舞台剧。

¹⁶ 害得我好等！看他们哑巴

似的站那儿，一语不发，

¹⁷ 便是轮到我来"建言" 引上文6及10节。

该我"略陈浅见"了。

¹⁸ 憋着的话儿我要一气说出

内中有灵在催促； 呼应上文8节。

¹⁹ 啊，我的心仿佛涨满新酒 心，bitni，同上句"内中"，20：20注一。

再不开，要如新皮囊爆裂。 参观太9：17，耶稣以新酒与旧皮囊讽喻。

²⁰ 说了，我才感觉舒畅

启唇，就定能驳他！

²¹ 我无须偏袒 直译：抬人脸。回应约伯的指责，13：8以下。

也决不奉承；

²² 其实也不知怎样讨好——

否则，造我的主立时把我丢掉！ yissa'eni，双关：抬／丢弃。旁白完。

生命之光

三十三章

约伯呀，且听我言

请侧耳留意，这一席话。

² 看，我嘴唇翕张，舌尖由上腭 （我的）唇，移自下节。

遣辞，³ 说出我心中的正义

把道理一句句阐明。第4节按文意接第6节，似较妥帖。

5 反驳我吧，假如你能够。

准备好，面朝我——站起来！作证对质或控诉，19:25 注，30:20, 28。

6 看，对于上帝，你我一个样 地位平等，无特殊恩惠，31:15。

我也是泥土捏成：

4 造我的乃是上帝之灵

全能者的元气赐我生命。参4:9 注，10:8 以下，创2:7。

7 所以，我不会威吓令你惶悚 反言约伯应讲理，停止同造主"争讼"。

你也不必觉得我手重。我手，kappi，校读，23:2。原文：压力，'akeppi。

8 不错，方才滔滔不绝你没白说

字字声声我听得真切：

9 什么"我洁净""我无罪"，如16:17, 10:7。

又是"清白"又"杜绝不义"！如9:20, 27:4。

10 什么"他在我身上百般找碴 tenu'oth，敌意。七十士本：挑错。

将我视为仇敌"；引13:24，参19:11。

11 "还把我的双脚套上木枷

每走一步，都要检视"。引13:27。

12 可是你这话不对。我告诉你：

上帝之大，无人可比。大，yirebbeh，七十士本：永恒，aionios。

13 为什么硬要同他争讼 但好人的原话，是说人对上帝无法答辩，9:3。

指责他不理会你的申诉？你，原文：他。七十士本：我。原话见9:16。

14 上帝警告，一次不听

他再说一次——尽管人不明白——

15 藉着梦或夜的异象

乘世人入睡，酣眠在床，引以利法意象，4:13 以下。

16 他悄悄打开无备的耳扉

放进恐怖的警示！ 放进恐怖，从七十士本，参7：14。原文：印上。

¹⁷ 为的是让人悬崖勒马 直译：把人从行事拉回。

剪除他的自大—— 剪除，从传统本注。原文（对人）藏起。

¹⁸ 深坑前头保住一颗魂灵 深坑，shaḥath，喻墓穴、冥府，诗103：4。

一条性命，没有沉沦冥河。 bish'olah，校读。原文：矛下，bashshalaḥ。

¹⁹ 有时候，他也令人卧病不起

浑身骨骸一阵又一阵刺痛，见7：15注。

²⁰ 看到面饼只觉得恶心 参较约伯语，3：24。

珍看他颗粒不进。

²¹ 眼看他皮肉烂去

瘦骨嶙峋，一根根可数； 借约伯意象，19：20。

²² 而他的灵已临近深坑

性命，由那夺命的迓迎！ 夺命的，即死亡天使。七十士本：阴间。

²³ 但如果，有一位使者在他身边

以一对千，替他辩护 meliz，通事、中保，16：19。后演变为庇护天使。

向人证明他的正直， 或如圣城本：为他指示做人的义务。

²⁴ 那么〔上帝〕开恩，必敕谕：

救他起来，别落坑里了，

赎命金我已拿着！ 直译：找到赎金。

²⁵ 而后，他的皮肉即会嫩于孩童 嫩，ruṭaphash，另作肥、健康。

就能复得青春的岁月，

²⁶ 就要向上帝祈祷而获悦纳——

欢呼礼赞，朝觐圣容

而〔上帝〕必重新认他为义。

²⁷ 他还要当众唱起这一支歌：

我有罪，败坏正道

他却没有按我的罪处罚。 从七十士本。原文：没报还我。

²⁸ 相反，他从深坑赎出了我的灵 旧译：与我无益，误。

让我的生命重见光明！

²⁹ 是呀，这一切都是上帝所为

一而再、再而三地垂顾世人； 极耐心而宽容，照应上文 14 节。

³⁰ 直至他的灵脱离深坑

复又沐浴于生命之光！ 隐喻天父，赐生命者，诗 56：13。

³¹ 约伯呀，请好好听

你静一静，让我讲完。

³² 如果想反驳，请尽管说——

我何尝不乐意还你清白！ 直译：称你为义，34：5。

³³ 否则，还是请住嘴

静听我教你，何谓智慧。 点明智慧、正义皆不在约伯，32：9。

论报应

三十四章

接着，艾力胡又道： 向三友人。此片断思想及语汇风格与前两章迥异。

² 各位智者，请容我言

见多识广的人哪，且侧耳听。

³ 有道是，话音靠耳朵辨 箴言，同 12：11。

滋味须舌头尝。

⁴ 所以孰是孰非，何者为善

都要由我们自己来选择、判定。

⁵ 约伯一直自称为义，说：

上帝夺走了我的公道； 引自 27：2。

⁶ 明明在理，却被迫撒谎 即认罪，9：20。

毫无过失，得了不治的箭伤！ 化自 6：4，16：13，并指上帝残忍，30：21。

⁷ 可除了约伯，谁这副德性——

喝水似的一个劲嘲骂，借以利法语，15：16。不说遭辱骂，16：10, 19：18。

⁸ 还加入造孽的团伙

跟恶人同流合污？

⁹ 没听他说：取悦那个上帝

对人又有什么好处？原话指"恶人的主意"，艾氏搁在好人嘴里，21：15。

¹⁰ 所以明白人哪，请用心听：明白，直译：心，12：3 注。

罪恶，怨不得上帝

全能者绝无不义！赞同比尔达，8：3。

¹¹ 因为他是按各人的行事报应 明确主张个体责任，诗 62：12。

一切论功罪赏罚。直译：人论路而得（赏罚），箴 24：12。

¹² 是呀，恶行不属于上帝 与约伯针锋相对，6：29, 9：24。

全能者不会不公。

¹³ 谁可以分派他执掌大地

他统治世界，是谁的任命？

¹⁴ 一旦他召回自己的灵 召回，yashîḇ，校读。原文不通：放置其心。

把元气收归本原，旧译：专心为己，误。参 12：10, 33：4 注。

¹⁵ 凡是属肉的就都得死去 属肉的，basar，提喻人类，创 6：3。

世人将化为尘土！

¹⁶ 诸位若是明智，这一点须听进

并请留意我的话音：呼应上文 3 节，暗示三友人冬烘不智。

¹⁷ 仇视正义的，怎能统治？不仅神明，君王的合法性亦然，箴 16：12。

莫非你想指控那至公的伟力——

¹⁸ 他可以叫君主"恶棍" beliyya`al，百庶魔，此处泛指恶人，申 13：14。

斥王公为"罪人"，

¹⁹ 他不会偏袒权贵

或眼睛里重富轻贫，申 10：17。

因为，那全是他亲手所造！

²⁰ 转瞬间死期临头，半夜

他们痉挛、断气，作威作福的　痉挛，旧译不确：被震动。

忽被攫去——不假人手——

²¹ 因为，他眼观每个人的路向

每一步都细加观察。驳约伯对报应和救主考验的质疑，7：18，31：4。

²² 没有黑地，也没有暗影

可供造孽的藏身；

²³ 所以他无须划定期限　mo`ed，从传统本注。原文不通：再次，`od。

传人到上帝面前受审。回应好人的诘问，24：1。

²⁴ 他废黜权势，不用查证　lo'-heqer，旧译：难测之法，误。

即另立取代之人：因全能者无所不知；参约伯的激愤之言，10：4 以下。

²⁵ 真的，他早晓得那些人的行径

才一夜之间将他们推翻、践踏。

²⁶ 仿佛罪犯，他一顿鞭打　以下至 33 节原文多讹，注家歧解纷纭。

再套上枷锁示众；原文无"枷锁"，从圣城本参 36：13 补。

²⁷ 因为那些人对他背转身去　反叛状。旧译偏行，误。

无心信从他的正道，信从，hisekkilu，谨慎关注，转指信仰。

²⁸ 结果贫弱者的呻吟上达天庭　直译：来到他（面前）。

他听见了穷人的哀号。

²⁹ 可是他如果沉默，谁定罪名？

他蒙起脸，谁敢窥探？

不论一族一人，都一样；yahad，一起。另读：他监督，yiphqod。

³⁰ 以免亵渎者称王　此节无确解，从钦定本。

百姓中了圈套。旧译不通：有人牢笼百姓。

³¹ 假若有人向上帝说：

我是受骗，今后不敢作恶了；受骗，nishshe'thi，校读。原文：承受。

³² 求你指教，让我看清　句首介词 bil`ade，无，读作 'od，归上句：今后。

从前的罪孽，就不会再犯——

³³ 照你的意思，他该不该降罚　直译：报复。你，指约伯。

虽然你一味拒绝？　意谓上帝允许悔过自新，约伯却强词夺理，不懂恕道。

你说怎么办——不要问我

我倒想听听你的高见！　直译：你知道什么，尽管说。

³⁴ 但凡明白人，心存智慧

听进我的话的，都会这么说：

³⁵ 约伯所言，毫无见地

那一番议论糊涂得可以！

³⁶ 愿约伯受查究，莫轻饶　直译：查究到底。旧译不通：试验到底。

因为他的回答如出恶人之口；

³⁷ 触罪不算，还妄图反叛，

在我们中间挥拳击掌　yispoq，拍打手、腿等，形容示威、挑衅。

拿上帝恶语中伤！

上帝不答

三十五章

意犹未尽，艾力胡又说：对约伯。如同前章，本章原也是独立片断。

² 你以为，那也叫有理

上帝面前，你自诩为义？　指约伯狂妄，32：2，但歪曲了他的原话，9：2。

³ 还说：这关你什么事情？　你，指上帝，7：20。作间接引语，则指约伯。

于我有何裨益，就算我不触罪？　旧译犯罪，不妥。参34：9。

⁴ 好，我这就给你讲明了

你的朋友也一块儿听！　将三友人归于约伯立场，一同教训，34：16注。

⁵ 你好好仰望天空

看头上的云霄有多高。暗示天庭与神的公义更高，不可测度，36：26。

⁶ 假如你触罪，与他何妨？

你就是忤逆累累，也害不着他！

⁷ 反之若你执义，又能给他什么？赞同以利法观点，22：2 以下。

你手上他可曾拿过丁点好处？

⁸ 你的恶行只能伤及你的同类

义举，也惟有人子受益。人子，泛指人类，如 25：6。

⁹ 不堪压迫，他们呻吟着

在强权的重臂下挣扎，形容上句受损害的"同类"。

¹⁰ 却没有一个人问：造我的上帝

在哪儿？那夜间赐下欢歌，zemiroth，另读力量，诗 118：14。

¹¹ 令我们比走兽聪明 即赋予人类智慧。

教我们胜过飞鸟的——他在哪里？暗示约伯无知，且不信任救恩。

¹² 面对恶人的嚣张气焰

他们呼喊，却得不到回答；

¹³ 那些空话，上帝不会垂听

全能者决不要理睬！空话，批评约伯虚言自欺，31：5，白白受苦，7：3。

¹⁴ 何况你说过，你看不见他

虽然案子已呈上，在等他明裁。指其自相矛盾。参 13：18，23：4 以下。

¹⁵ 还说：他怎么没有动怒降罚 还说，直译：而现在。

好像不在意忤逆泛滥！ bepesha`，从西玛库本。原文：愚行，bapash。

¹⁶ 约伯啊，这是张口放空话

无知透顶，句句是妄言。

人为什么受苦

三十六章

接着，艾力胡又道：此片断多处重复以利法的论点，5：17，22：23 以下。

² 请再给片刻，容我絮叨——

为了上帝，我还得讲几句；

³ 为把公义归于造我的主

我要将真知传扬四方。或如七十士本：从远方取来。

⁴ 真的，我不是说诳语 旧译生造：虚谎。

那通达睿智的，就在你身旁！自许真理在手。

⁵ 看哪，上帝伟力，不轻贱人；

力伟而更以慈心为大。无定解。参七十士本：以心力为大。指慈爱。

⁶ 他不许恶人活命

却要替受苦的申冤。

⁷ 他眼睛不离义人，形容眷顾、施恩。

让他们与国王同登宝座 喻受膏归圣。

永远在位，备享尊崇。yigebbahu，高举。此节有讹，无善解。

⁸ 每当他们套上枷锁

身系困苦的囚绳，

⁹ 他便指明其所当行 pa`alam，行事；解作义行，对下句忤逆。

及因逞强而生的忤逆。逞强，借以利法语，暗示约伯罪大，15：25。

¹⁰ 然后往他们耳里放入忠告 呼应 33：16。

促其迷途知返。故苦难不可逃避，是人子称义而成圣的先决条件。

¹¹ 若他们顺从，愿侍奉

就能幸福终老，安享天年；

¹² 不然，便一定沉沦冥河　另读：死于矛下。见 33：18 注。

丢了命，还不知何故！

¹³ 而那亵渎的却心存恚恨

套进枷锁仍不求救；　对比义人悔罪自新，而取悦救主，22：23 以下。

¹⁴ 或是早早灭亡，或是偷生

在女神的圣者中间。　qedeshim，迦南女神的祭司，蔑称庙妓，象征秽恶。

¹⁵ 但是［上帝］用受苦来搭救受苦人　或作：救受苦人脱苦难。

以灾难开启他的耳扉。　令罪人觉悟，33：16。他，从通行本，原文复数。

¹⁶ 同样，他也要引你出危难，

赐你宽广家园，重获自由　直译：无拘束／窘迫。

桌上堆满珍馐肥馔。

¹⁷ 然而，你满脑子恶人的官司　谴责约伯拒绝上帝"教训"，5：17。

纠缠于讼词和判决。　无善解，或作：判决抓住（你）。

¹⁸ 当心，不要为泄愤而嘲骂　或作：受愤怒引诱而拍打。

更不要贪图赎金，走偏了。

¹⁹ 攒起你的财富，使出全副力量　财富，shua`，另读求救，shoa`。

你就能摆脱危局？　此节晦涩，无定解，大意从圣城本注。

²⁰ 请不要留恋黑夜——

多少人栽倒了被攫去。　直译：脚下／就地攫去／升起。

²¹ 千万小心！勿面朝邪恶——　旧译不通：重看罪孽。

因为它，你才受尽了苦楚。　道出家破人亡的缘由，对照上文 15 节。

颂　辞

²² 看哪，上帝全能而至高；

谁能像他那样教诲？　暗示约伯之苦是受管教，仿佛学生被体罚，5：17。

²³ 谁可以规定他的路向

谁敢说：你做得不对？天道奥秘，人子无从质疑，21：22，赛 40：13-14。

²⁴ 请记住，礼赞他的大功

要举世欢歌传颂；

²⁵ 那伟业人人看见

四方一起观瞻。

²⁶ 是呀，上帝至大，超乎想象 直译（我们）不认识。

他的年岁无法测量。

²⁷ 是他，筛细了滴滴露珠 秋天景象。旧译水点，不通。

由白雾中提取新雨；

²⁸ 又从云端泼洒甘霖

泽润芸芸万民——

³¹ 藉此，他养育了列族 养育，yazun，校读。原文费解：审判，yadin。

并赐以丰足的食物。此节对应 28 节，插入以合叙事顺序。

²⁹ 但有谁懂得怎样铺云层 谁，mi，从传统本注。原文：是否，'im。

他帐幕里何来的雷声？帐幕，喻乌云。雷声来自上帝话音，出 19：19。

³⁰ 看，他的闪电四下射击 犹如耶和华挽弓搭箭，诗 18：14。

刹那间照亮海底！ shorshe hayyam，海根。另读山巅，ra'she harim。

³² 他手挽电光—— 挽，nissa'，举、握，校读。原文：遮盖，kissah。

瞄准靶标；³³ 雷霆宣告

他的旨意，他的怒火

容不得罪戾。`awlah，从传统本注。原文不通：牲畜也升起，`oleh。

三十七章

此刻，我的心剧烈地颤抖

几乎要跳出胸膛。直译：跳出它的所在。

² 听清楚了，那是他在轰鸣

他口中发出的巨响：

³ 闪电撕裂天空 直译：在整个天空下放（电）。

白光直劈地极；

⁴ 接着惊雷滚滚

［上帝］摆列威仪！

是呀，他的话音一旦响起　直译：听见。

谁也不能收回。ye`aqqeḇem，抓／打脚踵，转指拖住、收回。

⁵ 上帝打雷，声声奇迹——

成就之大，我们无从揣度。赞同以利法，5：9。

⁶ 每当他命令飞雪覆地　冬天来临，接应 36：27 以下。

抑或指示暴雨瓢泼　`ozzu，发力，从传统本注。原文：其力，`uzzo。

⁷ 停下大家手里的活计，直译：封起众人手。

便是要世人认得他的作为。

⁸ 马上，野兽纷纷回窝

躲进各自的洞穴。

⁹ 正如飓风降自南宫　南天诸星宿，9：9，有储存风雨的"库房"，38：22。

寒流从极北来袭：mezarim，吹散者，喻北风。

¹⁰ 啊！上帝嘘气结冰　参观诗 147：16-17。

千里江河封冻。

¹¹ 忽又浓云满载水汽　呼应比尔达，26：8。

散布一道道电光，

¹² 并依照他的指引

周游不停，在大地各个角落

执行他的命令——

¹³ 万事皆他的安排：

或为惩戒世人　le'amme ha'arez，从圣城本注。原文：或为地，'im-le'arzo。

或为降恩施爱。

¹⁴ 约伯啊，你听仔细了

别胡思乱想，除了上帝的神迹！直译：站下思考上帝的神迹。

¹⁵ 你可晓得上帝有何敕令

以他的乌云闪电？

¹⁶ 你能弄懂那烟霭的沉浮

全知者造化绝伦？

¹⁷ 为什么你会嫌衣袍闷热　旧译：如火热，误。

当南风吹起，大地沉寂？　春去夏来，季节更替，接应上文 6 节。

¹⁸ 莫非你能帮他铺展苍穹　歪曲约伯的意思，9:8。

那面坚如铸铜的明镜？　形容夏旱，利 26:19，申 28:23。

¹⁹ 请不吝赐教，我们怎样回他——

人在暗地，难以陈情。　暗地，旧译愚昧，误。

²⁰ 要报告他吗，我说的话？　讥好人乱告状。此节无确解。

告呀，人不会给一口吞了！　yebulla`，喻灭亡，另作惊惶。

²¹ 太阳也有看不见的时候　太阳，原文（阳）光。

当它被云雾遮蔽；bahir，从传统本注，obscurus。通作（阳光）灿烂。

然而大风吹过，一放晴

²² 金光就照亮北方：金光，zohar，校读，结 8:2。原文：黄金，zaha_b。

上帝披上可畏的荣耀！

²³ 啊，全能者我们不可企及：meza'nuhu，发现、理解天父之奥秘。

大力至公，广施正义

他决不欺侮——

²⁴ 所以人都要敬畏［上帝］——

只有那心中自以为智的

他不眷顾。lo'-yir'eh，七十士本另读：敬畏他，lo yir'ath。颂辞完。

旋风中的训谕

三十八章

终于，七十士本注：艾力胡语毕。耶和华自旋风中答复约伯，旋风一如火云，常伴随"神现"，theophania，诗 18:9, 50:3，结 1:4。**说：**圣名重现。第一篇训谕。

2 这是谁，竟敢涂黑我的宏图　犹言诋毁神圣。原文无"我的"。

满口无知妄言？

3 你束紧腰，学学战士，gibbor，从诸抄本。原文：男人，geber。

我倒要问问你，讨你的答案！　驳回请求，命"被告人"自辩，10:2。

4 我给大地奠基的时候，你在哪里？　以造房喻创世，参较创 1:9。

说吧，既然你通晓悟性！　但约伯把悟性、宏图都归了上帝，12:13。

5 是谁规定了它的尺度，你可知道？

又是谁拉直的准绳？

6 地柱立于何处　参 9:6, 26:7 注。

角石由谁安放，

7 当一颗颗晨星齐声歌唱　好人曾诅咒晨星，3:9。

神子们纵情欢呼？

8 当大海喷涌，如出母胎　仿佛羊水，参下文 16 节注。

是谁造门将它关起？　喻驯服汪洋，诗 104:9。谁，从通行本。原文：他。

9 又是谁以雾霭给它为衣　是谁，直译：当我。

用黑云缝它的襁褓，

10 替它划定疆界　划定，'ashith，从七十士本。原文：打碎，'eshebbor。

安上门，插好闩，11 说：

到此为止，不得逾越——这里

你骄傲的浪涛必须停息！　平息洪水，诗 104:7-9。

12 你有生之日，可曾对晨曦下令

或为曙光指派岗位，

13 让它抓住大地的四角　仿佛旅人起身，收拾毯子 / 方袍。

将恶人通通抖出？ 抓住四角，旧译：普照四极，误。

¹⁴ 看，大地染红，像封泥衔印 大地，'erez，阴性名词，原文：她。

万物如着锦衣； 大意从传统本注。原文不通：他们直立如衣。

¹⁵ 而造孽的留不住光明 反言黑夜结束，忤逆必亡，24：13 以下。

折了高举的手臂。 高举，旧译强横，误。

¹⁶ 你可曾下到海洋的泉眼 古人以为海底有泉，为大洋供水。

在深渊的尽头漫游？

¹⁷ 抑或死亡之门曾为你开启 指入冥府，赛 38：10。

你见过死影的门卫？ shorare，从七十士本。原文重复：大门，sharare。

¹⁸ 还有，大地的幅员你能丈量？ 旧译不通：明透。

告诉我，这些你都晓得！

¹⁹ 光明的住所从哪一条路去 拟人，兼喻天地和生死的奥秘。

黑暗又居于何方——

²⁰ 你知道双方各有疆域 直译：带去它的疆域，知道……

会择路送它们回家？

²¹ 你当然知道了——你诞生早

算来岁数正好！ 直译：你日数够多。上帝自答，讥讽约伯。

²² 你可曾探访大雪的库房

是否查看过雹仓？ 古人想象，穹隆上有存雪雹的仓库，37：9 注。

²³ 那是我专为降灾之时 如惩罚埃及那一次，出 9：18 以下。

为兵燹之日所预备。

²⁴ 岔口的电光，走什么方向 电光，'or，犹太社本另读：西风，'urya。

东风又如何吹遍大地？

²⁵ 是谁，给漫天洪流开渠 喻暴雨，创 7：11。

为闪电雷霆指路， 同 28：26b。

²⁶ 令新霈落在荒野

渺无人烟的大漠，

²⁷ 让干涸的废墟解渴   干涸，mizziyyah，从传统本注，移自下句。

生发嫩草如茵?   原文：产地，moza'。

²⁸ 雨，有没有父亲?

谁孕育的露珠?

²⁹ 冰，又是哪家的胎儿?

谁诞下的天霜——

³⁰ 当波涛凝冻，宛若白石   凝冻，yithhabaru，原文：藏起，yithhaba'u。

深渊一片冰凌?   非巴勒斯坦或地中海的景象。参较 37：10。

³¹ 莫非你能给驼星套上缰绳

替蠢人解开纽结?   驼星、蠢人及下节群狮，皆星宿名，9：9 注。

³² 抑或使金星按时升起   金星，mazzaroth，从通行本。一作北冕座。

引导群狮——狮母连同狮崽?   通说即大、小熊座，ursa major/minor。

³³ 难道你掌握了诸天的法则

可据以管制大地?

³⁴ 抑或传令云端

召大雨瓢泼浇身?   直译：覆盖你。

³⁵ 难道闪电也要奉你的指示

还回你一声：得令!

³⁶ 是谁，将智慧赋予朱鹭   tuhoth，属埃及月神；另作内心，诗 51：6 注。

把聪敏赐给雄鸡?   sekwi，生僻词，仅此一用，无解，从亚兰语译本：

³⁷ 谁有本事，可点数浮云?   雄鸡报晓对朱鹭啼汛。

天上的水囊又归谁倾倒，   形容下雨，呼应上文 25 节。

³⁸ 让尘土化为烂泥

干地合拢裂隙?

³⁹ 莫非你能帮母狮捕猎

喂饱年幼的兽王，

⁴⁰ 当他们蜷卧洞中

或在树丛下埋伏？ 树丛，sebak，从七十士本。原文：隐蔽处，sukkah。

⁴¹ 又是谁，养活了乌鸦——

他雏儿一声声啼唤上帝

伸直了脖子求食？ 伸直，yith`alu，校读。原文：来回走／飞，yith`u。

三十九章

你可晓得野山羊什么时候下羔？

牝鹿产仔，能要你照料？ 意谓野兽不靠人饲养，自有天父眷顾。

² 你可曾算出她们怀胎的月数

预知分娩的日期？

³ 几时该屈身临产

娩出腹中的阵痛—— heblehem，转喻羔仔。

⁴ 羔仔壮实，将来在野地长大

离去就再不回家？

⁵ 是谁，让野驴自由闯荡 野驴，pere'，象征自由，创 16：12。

替悍驴除去羁勒？ 悍驴，`arod，中亚野驴。

⁶ 是我，教他在大漠安家 故而吃苦耐劳，11：12, 24：5。

居于光秃的盐地：

⁷ 他嗤笑城镇的喧哗 城市商业文明发端于该隐，创 4：17，先知常谴责。

也不必听赶牲口的吆喝；

⁸ 为寻草场，他群山跑遍

肆意追逐每一片绿叶！

⁹ 野牛肯不肯为你劳役 野牛，rem，象征大力。七十士本：独角兽／犀。

夜晚来你的秣槽？

¹⁰ 能不能给他套上木轭　校读。原文不通：能否绑野牛在垄沟，其绳索。

牵着皮索，进山谷耙田？

¹¹ 或者利用他的膂力

干重活有个依靠，

¹² 比如请他搬运麦捆　直译：靠他运回籽实。

将你的禾场堆得高高？　下段至18节，奥利金六栏本 / 七十士本不载。

¹³ 鸵鸟兴奋了也拍翅膀　鸵鸟，renanim，象征愚昧；食不洁，利11:16。

可那几根羽翮怎及得上白鹳？　hasidah，另读（翎羽）不足，haserah。

¹⁴ 她把自己的蛋留在地上

只想到沙土温暖，利用阳光的热能孵卵。

¹⁵ 却忘了野兽的蹄掌

蛋窝经不起踩踏。

¹⁶ 这么狠心，哪像是待亲生儿女？

白辛苦一场，她居然不介意！　直译：不怕。

¹⁷ 只因上帝没收了智慧　直译：使她遗忘智慧。

没有赐她一份聪敏——　与朱鹭、雄鸡恰成对比，38:36。

¹⁸ 虽然脾气发作时她鼓翼昂头　另读如犹太社本：免得她展翅高飞。

足可以笑傲马儿和骑手。

¹⁹ 战马勇猛，是拜你所赠？　战马，sus，象征勇力。

你给他颈项披上飘鬃？　ra`mah，另读雷 / 力，ra`am/`azmah；一作恐惧。

²⁰ 是你教他腾跃，快如飞蝗　腾跃，ra`ash，颤抖，如下文24节。

凛凛响鼻，令人胆寒？　响鼻，nahro，旧译喷气，误。

²¹ 铁蹄刨响山谷，他奋力

直冲敌阵——²² 怯懦

他耻笑，惶恐他不懂，

刀剑迎来，他不退缩。

²³ 背上，箭筒铮铮有声

长矛投枪，刺眼的闪亮；

²⁴ 他忍不住颤抖，恨不得吞下大地——

战号响了，他怎能停蹄！　战号，shophar，即羊角号，出 19：16。

²⁵ 呜呜画角，他呵呵大笑　he'ah，象声词。

远远嗅着了一场恶战：

听哪，将军雷鸣　ra`am，喻号令。

夹着阵阵呐喊！

²⁶ 游隼入云，展翼南飞　游隼，nez，词根本义：飞。

是不是也得借助你的悟性?　候鸟迁徙，古人归于神赐的直觉，耶 8：7。

²⁷ 兀鹰凌空，筑巢峭壁　兀鹰，nesher，从钦定本按自然性别称"她"。

也是奉你的命令?

²⁸ 她山崖上过夜

据石峰为要塞，mezudah，旧译冗赘：坚固之所为家。

²⁹ 居高临下搜寻猎物

犀利的目光远近追踪。

³⁰ 她的雏儿也要咂血——

哪里有杀戮，哪里有兀鹰。谚语，太 24：28。第一篇训谕完。

约伯不敢答

四十章

说着，耶和华又问约伯：一抄本及奥利金六栏本／七十士本无此节。

² 一味强辩，就能同全能者争论?　讥其不自量力，13：22，23：6，31：35。

诘责上帝的，赶快答来！

³ 约伯回耶和华道：

⁴ 看，我这么卑微，还答什么？ 卑微，暗示不应被救主遗弃，5:11。

快把嘴捂上了才是。 表示恭敬、害怕，29:9, 21:5，但不认错。

⁵ 我说过一遍，不敢重复了； 'eshneh，从传统本注。原文：答，'e`eneh。

再答一遍，也是白搭呀！ 一遍/一遍，叠加修辞，谚语常用，诗 62:11。

右 手

⁶ 于是， 通行本四十章由此开始。耶和华自旋风中答复约伯，说： 第二篇
训谕。

⁷ 你束紧腰，学学战士，

我倒要问问你，讨你的指教！ 同 38:3。

⁸ 果真你想推翻我的裁决 旧译拟定，误。

归罪于我，而自诩为义？ 参见艾力胡的看法，32:2, 35:2。

⁹ 莫非你的臂力可比上帝

话音像他的雷霆？

¹⁰ 好，那就亮出你的尊荣

披上你的威严华贵！

¹¹ 然后发作你的怒火

一眼扫去，狂妄低头—— 反言报应在神，非人力可定，20:5 以下。

¹² 一眼，就叫那些妄人匍匐

便把恶棍踏倒在地，

¹³ 一个不剩，都埋进土里

绑起他们嘴脸，在冥冥深处。 battamun，形容冥府阴暗、死寂。

¹⁴ 而后，连我也要赞扬你—— 'odeka，赞美、谢恩、表白而认定。

赞你以右手救了自己！ 讽刺：好人诉诸公义，救主却只认怒火与实力。

巨 兽

¹⁵ 不信，你看那河中巨兽　behemoth，兽，复数表大。

当初我造你也造了他。　一说此物原型为河马，象征原始之伟力。

他吃草像一头牛，

¹⁶ 蛮力却在他的腰胯

看，那肚皮隆起的肌肉！　sherire，七十士本：肚脐。通行本从之。

¹⁷ 他尾巴硬似雪松　硬，yahpoz，犹太社本：挺立。另作弯下，无确解。

大腿上虬筋结甲；　大腿，pahad，一说借自古阿拉伯语。通行本：睾丸。

¹⁸ 脊梁骨一节节铜管

四条腿四根铁柱——¹⁹ 他当得起

上帝的第一件杰构！　darke，道路，转指作为、创造。参观箴 8：22。

惟有造主能对他抽剑，　意谓巨兽无敌，不受人类统治，创 1：28，9：2。

²⁰ 不许他称霸群山　大意从圣城本注。

禁止与百兽游戏。　原文费解：群山为他出产，那里百兽游戏。

²¹ 他静卧于刺莲之下　刺莲，ze'elim，鼠李科灌木，原产北非。

藏身在苇荡沼泽，　学名：zizyphus lotus。

²² 有莲叶为他遮荫

有柳树环绕岸畔。

²³ 看，洪水冲来，他一点不忧

哪怕约旦河淹到他嘴边。

²⁴ 谁能逮住他，罩起他眼睛　原文脱"谁"，据传统本注补。

将木橜穿透他的鼻孔？　木橜，moqesh，圈套、钩子。钦定本此处分章。

海 龙

²⁵ 还有海龙！你能用鱼钩钓他　海龙，象征混沌，圣法之外，3：8 注。

拿绳子捆他的舌头？ 一说此句应与 26b 对调。

²⁶ 你敢以铁环穿他的鼻孔　铁环，校读。原文：芦秆／苇索，'agmon。

取弯钩吊他的腮骨？

²⁷ 难道，他会向你哀告求饶

对你柔声曼语？

²⁸ 他肯与你立一张身契　berith，契约、信约。

一辈子做你的奴隶？ 暗示子民立约却未尽忠仆义务，终于国破家亡。

²⁹ 你能拿他当小鸟玩耍

拴根绳儿，逗弄你家小囡？

³⁰ 抑或他只是渔行的一宗买卖　渔行，habbarim，合伙、商行。

可以售与迦南商人？ 迦南为埃及与两河流域间商路枢纽，居民善经商。

³¹ 你想用梭镖戳烂他的铠甲　'oro，皮、革。一说此处原型为鳄鱼。

往他脑门插一杆鱼叉？

³² 你敢摸他一个指头　直译：你的手掌加于他。

就再也不会想跟他搏斗！

四十一章

这么样指望，纯是自欺欺人；nikzabah，或引申作徒劳。

谁见着他，不丧魂落魄？ 通行本此处分章。

² 没有人敢逗英雄，惹他发怒；逗英雄，'akzar，勇猛、残忍，30：21。

谁能立于他的面前？ 他，从诸抄本。原文：我。是基于教义的改写。

³ 谁可以冲撞了他而性命无虞　从七十士本。原文：冲撞我，必报还。

普天之下——谁敢？　lo' hu'，没人敢，校读。原文：li-hu'，他／海龙归我。

⁴ 我还要表一表他的肢体　直译：我不沉默（对）他肢体。

他的无与伦比的蛮力。无与伦比，校读。原文讹：匀称之美，hin `erko。

⁵ 谁可以剥去他的战袍　pene lebusho，袍面，喻鳞甲。撒下 20：8。

刺穿他的双层胸铠？　siryino，从七十士本。原文：辔头，risno。

⁶ 谁敢撬开他面孔的巨门　喻大口。旧译腮颊，误。

排排利齿，多么恐怖！

⁷ 他脊背像是覆着盾牌　脊背，gewah，校读。原文：高傲，ga'awah。

一面面用石印封起，　石，zor，另读：紧，zar。

⁸ 鳞甲咬合，紧密无间

连气也不得透入；

⁹ 片片相扣，胶结一体　相扣，旧译联络，误。

了无一丝缝隙。　直译：不可分离。

¹⁰ 他一个喷嚏白光四射　仿佛河马吐气，水雾在阳光下闪亮。

张开双目，如黎明的眼帘。　旧译光线，不确。意象同 3：9。

¹¹ 他嘴里吐出支支火炬

冷不防火星乱迸！　源于雌海龙或海怪神话的描写。参观启 9：17-18。

¹² 他鼻孔冒烟，好似大锅

架在火上沸腾；　'ogem，从古叙利亚语译本。原文：芦苇 / 蒲草，'agmon。

¹³ 他呼气可点燃煤炭

火舌伸出血盆。

¹⁴ 他勇力蓄于颈脖：

前行，有"恐惧"跳舞　拟人。从圣城本插入 17 节，以合叙事顺序。

¹⁷ 站起，则神灵战栗　神灵，'elim，钦定本：力士。另读波浪，gallim。

击碎浪涛，看他们畏缩一团！　yithhatta'u，形容惊惶失措。

¹⁵ 他颈脖一层层垂皮　mappele，旧译不妥：肉块。

仿佛铸就，不会摇晃；

¹⁶ 他的心，硬若岩石　硬，yazuq，旧译不通：结实。

如磨盘座，又硬又沉。　犹言冷酷无情。第 17 节移接 14 节。

¹⁸ 刀剑砍不进

长矛刺不穿，

¹⁹ 铜兵铁刃，他看来

不啻朽木干草。　直译：他视铁为干草，铜为朽木。

²⁰ 弓箭撵不跑

投石变碎秸，

²¹ 棍棒当麦秆，标枪

嗖嗖，他只是冷笑！

²² 他腹下锋利如碎瓦

爬过之处，像钉耙梳泥。 似鳄鱼，腿短而肚皮贴地。

²³ 他搅动深渊如拌沸鼎

大海翻滚，若香膏入锅。 merqahah，配香料、熬香膏的锅。

²⁴ 他游过之路，粼粼波光

仿佛深渊露出了缕缕银发。 拟人，形容大海泛起白沫的波痕。

²⁵ 啊，生来无所惧，天下无双—— 生，直译：受造。

²⁶ 他一切傲物皆可觑视；

百兽之骄子 喻猛兽，28：8 注。旧译水族，误。

奉他为王！ 耶和华训谕完。

约伯不服

四十二章

终于，约伯回耶和华道：

² 啊，你知道自己无所不能 传统上变音读作：我知道你……

凡你计划的，必定实现。 直译：不会受阻。

³ ——是谁，敢遮蔽我的宏图 引旋风中问话，38：2。

满口无知妄言？ 原文脱"言"字，据一抄本及七十士本补。

是我，乱说我不懂的事

那超乎我悟性的奇妙的一切。 似认错，又不是。

⁴ 但是请垂听，容我回复； 反言对方强辞夺理，拒不对质，13：15。

我也想问一问，求你指教。 学全能者口吻，引40：7；未颂圣名，1：21。

⁵ 之前，我对你仅有耳闻 如友人为上帝做的"不义"的辩护，13:7。

今天才亲眼见到了你！亲眼，犹言直面旋风异象、神的奥秘与启示。

⁶ 因此，我只好拒绝—— 'em'as，通译加宾语：厌恶自己／收回我说的。

只好坐于尘灰 暗示不服"惩戒"，5:17。

而伤悲。niḥamti，通作忏悔。但尘灰志哀，2:8，兼喻人的卑微，创 18:27。

尾 声

⁷ 如此，此片断与对话、训谕的渊源不同，风格思路皆不衔接；且未提撒旦，跟楔子脱节。耶和华训谕约伯已毕，耶和华对特曼人以利法说：复举圣名，极郑重。你跟你这两个朋友，真是让我光火！你们议论我，还不如我的仆人约伯讲得有理。上帝收回对约伯的指责，38:2。⁸ 所以你们现在就去取七头公牛并七匹公绵羊，牵来交给我的仆人约伯，献作你们的全燔祭；参见 1:5。请约伯我的仆人为你们祷告。我会恩待他，即允许约伯替三友人祈求宽恕：好人通过了考验，祷告格外有效，可帮他人赎罪求洁，赛 53:12。而不计较你们的蠢笨——你们议论我，竟不如我的仆人约伯在理！蠢笨，nebalah，比作约伯妻"蠢妇"，2:10。

⁹ 特曼人以利法、书河人比尔达和南玛人祖法赶紧照耶和华说的办了。果然，耶和华恩待了约伯。

¹⁰ 约伯帮朋友祈祷之后，耶和华便扭转了他的命运，shebuth，囚牢、苦难，转指命途，诗 14:7 注。而且耶和华按他原先有的加倍赐予。再次重叠圣名。¹¹ 约伯的兄弟姊妹，所有从前相熟的人，都来他家探望，同他一起吃饭，安慰他，为他遭受耶和华降下的种种灾祸而深表同情。好人受苦，责任在救主而非撒旦，9:24, 12:10 注。每个人还送他一封银币和一只金环。封，qesitah，古钱单位，详不可考，一说合银子四块，sheqel。七十士本作羊羔，或指银币上的图案。

¹² 约伯的后半生，耶和华的赐福远胜于他的前半生：他拥有一万四千只羊、六千骆驼、一千对牛、一千母驴；¹³ 并且又生了七子三女，亚兰语译本加倍：十四子。¹⁴ 长女取名鸽媛，yemimah，七十士本：白天。或另有所本。次女

桂君，qezi`ah，桂皮，原产华南，可蒸馏制精油，出 30:24，诗 45:8。**幼女眼影**。qeren happuk，矿物颜料，妇女用来画眼影、睫毛或描眉。[15] **世上找不出一个女子，如约伯的女儿那般美丽；父亲还让她们与兄弟一样继承家业**。意谓约伯巨富。通常无子承业，才会传给女儿，民 27:1 以下。

[16] **此后，约伯又延岁一百四十**，由此推算，约伯罹祸时七十岁。**得见儿孙四代膝下承欢**；四世同堂，古人以为至福；上帝降罚亦止于四代，出 20:5，申 5:9。[17] **颐享天年，始寿足辞世**。七十士本注：据载他将与主复活之人同起。并引家谱称其为以扫孙，娶阿拉伯妻，原名约巴，Iobab。

二○○五年秋初稿，二○○七年十一月定稿，二○一五年七月修订

诗　篇

卷　一

一　序：善恶二途

福哉！人若不依从恶人诡计　依从，halak，本义走，转指跟随。

不踏足罪人的路

不和讥诮中伤的同席，指亵渎神圣者，箴3:34。

²而把欢愉交给耶和华之法——　圣法乃幸福之源，119:70, 174。

那法啊，他日夜诵习！　yahggeh，沉吟、研习、默祷。旧译思想，误。

³就像一棵树植于溪畔　palge，引河水灌溉农田的水渠。

按时结果

绿叶不枯，套喻，耶17:8。

他做事啊，无不顺达——

⁴恰与恶人相反。

仿佛秕糠一阵风吹散　成语，形容恶势力本质虚弱，伯21:18。

95

⁵ 那些恶人禁不起审判，

当义民集会，拿问罪人。 倒装句：报应之日，恶人如糠，62：12 注。

⁶ 因为有耶和华看护义人之途

恶人必走上死路！ 直译：恶人路必亡。善恶二途实为生死选择，申 30：15。

二　受膏者

列国汹汹，异族嘈嘈 此章相传是大卫王所作，徒 4：25。

他们痴心妄想什么？

² 四方的藩主蠢蠢欲动 藩主，malke，大卫治下以色列的藩属。

称王的一同谋反 称王，roznim，本义重，借指人君，箴 31：4。

算计耶和华并他的受膏者：meshiah，弥赛亚。七十士本：基督。

³ 让我们挣断他们的枷锁

把身上的囚绳甩脱！ 囚绳 / 枷锁，贬圣法。此节为谋反者言，呼应 149：8。

⁴ 那高坐诸天的一声冷笑

我主将他们讥嘲， 我主，诸抄本作圣名：耶和华。

⁵ 又怒言呵斥，凛凛圣威

他们听了能不丧胆： 旧译不妥：惊吓他们。

⁶ 我的王乃是我亲自膏立 圣油膏头，象征上帝立王祝圣，撒上 10：1。

在锡安我的圣山！ 锡安山，ziyyon，提喻圣殿，神的居处，出 15：17。

⁷ 我要传耶和华给我的谕旨， 此段为受膏者 / 弥赛亚说话。

他说：你是我的儿子 近东古俗，王称神子，撒下 7：14。

今日生你的——是我。 此句基督教视为耶稣来世之预象，路 3：22。

⁸ 应你请求，我要把万国

赐予你，令你的产业囊括地极！ 'aphse-'arez，喻疆域辽阔。

⁹ 你将以铁杖击破他们 呼应 110：5。

如同瓦罐，捣成碎片！ 受膏者／基督如耶和华，最初也是战士，出 15：3。

¹⁰ 藩主们哪，现在该醒悟了

四方的判官，还不受教！ hiwwasru，经惩教而悔过，利 26：23。

¹¹ 畏惧了？ 快侍奉耶和华 判官，泛指威权，对上句藩主。

发抖的， ¹² 快吻他的脚； beraglayw，校读。原文：喜而发抖，吻子。

只怕他恼了，毁了你们去路——

他怒火说烧就烧！ 旧译不确：快要发作。

福哉，一切倚靠他的人。 倚靠，hose，避难、投靠，箴 16：20。序完。

三　祈救

（大卫赞歌，作于逃避其子押沙龙时） 事见撒下 15：13 以下。

耶和华啊，害我的人太多！

那么多人起来攻我

² 那么多人，指着我说：

没救了，上帝不会救他！ （停）selah，器乐过门或休止，无定解。

³ 可是你，耶和华，你是护我的盾

我的荣耀，你把我头抬得高高。 喻地位尊荣，27：6，110：7；申 33：29。

⁴ 每当我向耶和华呼求

他就从圣山应允。（停）切换人称，放慢节奏。

⁵ 而我躺下，睡去，然后

醒来，全靠耶和华佑助。 此句教父引为基督受难复活的预言。

⁶ 纵有千万军将我围剿 军，`am，本义民，转指大军，民 20：20。

我也毫无恐惧。

7 起来了，耶和华！ 引子民出征时摩西的祈祷，民 10：35。

救救我，我的上帝！

只有你能批我仇敌的脸颊 lehi，旧译腮骨，不妥，歌 5：13。

打碎恶人的门牙。同态报复，伤残犯罪器官，58：6，出 21：23 以下。

8 救恩之胜利，属耶和华： 救恩／胜利，yeshu`ah，参 18：50 注。

愿你的子民蒙福！（停）

四　　晚　祷

（大卫赞歌，交与乐官，丝弦伴奏）乐官，menazzeah，领唱者或指挥，无定解。

请回答我的呼求 接前章，背景仍是押沙龙造反。引申作义人遭陷害。

啊上帝，我的正义！旧译不通：显我为义的。

危难中你曾救我脱险—— hirhabta，使宽广，喻解救。

求求你，怜悯我，听我祷告！

2 人子呀，你们侮辱我的名誉 七十士本：你们心沉重，barykardioi。

醉心虚妄追逐谎言，还要多久？（停）虚妄／谎言，喻异教偶像。

3 须知耶和华已将虔敬的选定，hiphlah，分开、挑选，转义恩顾。

我呼唤，耶和华必垂听。

4 颤抖吧，再莫作恶；似规劝同胞。

扪心思过，床前默祷。（停）难句无善解，译文从圣城本注。

5 献上你们的义祭 强调献祭应虔敬，故谓义，申 33：19 注。

信靠耶和华。

⁶ 人人在问：谁能给我们幸福？ <small>tob，美好、善德，泛指幸福生活。</small>

愿你的慈颜之光照临我们 <small>形容上帝眷顾，民 6：25。</small>

啊耶和华！ ⁷ 我心中你恩赐的欢乐

远胜那五谷新酒的丰足。

⁸ 之所以能高枕安寝，是因为

有你，耶和华，保我宁居。 <small>呼应 3：5。</small>

五　　晨祷

（大卫赞歌，交与乐官，芦笛伴奏） <small>芦笛，neḥiloth，仅此一用，无确解。</small>

耶和华啊，求你听我一言！

求你俯察我的叹息

² 留意我的哀鸣 <small>或如七十士本：呼救声。</small>

我的王，我的上帝！ <small>同 84：3。</small>

我在向你祈祷，³ 耶和华——

黎明，你听见我的呼声， <small>长夜过后，神恩布施之时，17：15, 90：14。</small>

晨光里我对你倾诉衷情 <small>'e`erak，安排、举行，转指献祭、祈祷或陈情。</small>

苦苦把你盼望。 <small>原文无"把你"，从传统本注 / 据文意及格律补。</small>

⁴ 不，上帝，恶事你不可能喜欢

罪人你不会留宿。 <small>直译：不会与你同住。</small>

⁵ 你眼前，愚狂之徒无法站立 <small>愚狂，就信仰 / 道德立场而言，73：3。</small>

造孽的你都憎恶；

⁶ 散布谎言的你要灭除

流人血施诡计的

耶和华厌弃！

[7] 而我，却要藉着你无尽的慈爱　求神眷顾，始终不渝，出 34：6。

登上你的殿堂，特指耶路撒冷圣殿，2：6 注二。

朝你的圣所肃然下拜　同 138：2。

一片敬畏之心——[8] 啊耶和华！

仇敌当前，求你以公义

引领我，为我铺平

你的大道。参较赛 26：7。

[9] 是的，他们嘴上没有一句话可信　接第三阕斥恶人。

一肚子腐恶邪祟；

他们喉咙像敞开的墓茔

巧舌如簧谄媚。

[10] 愿你定他们的罪，上帝！定罪，ha'ashimem，钦定本：毁灭。

叫他们设圈套自己钻；

除掉他们，恶贯满盈的东西

竟敢对你造反！

[11] 喜庆呀，所有倚靠你的人！重申福之所在，2：12。

蒙你保佑，高歌永续；

愿一切爱你圣名的人

以你为欢愉！

[12] 是你，赐福予义人，耶和华

你恩泽如盾，四面护他。呼应 3：3。

六　忏悔

（大卫赞歌，交与乐官，丝弦伴奏，八音）sheminith，或指乐器、曲牌，不可考。

耶和华啊，请不要生气谴责我 同38：1。

不要震怒而降罚。

² 求你怜悯，耶和华，我实在虚弱

求你医治，我骨头打颤，耶和华！

³ 我的灵战栗不能自已，灵，naphshi，气、喉、转指性命、整个的人。

可是你，耶和华啊——还等几时？

⁴ 回来呀耶和华，求你保我性命 同上句"灵"。

本着你那慈爱，救救我！敦请施爱守信，包容千万，出34：6-7。

⁵ 因为人死了就不会记得你 当时尚无末日复活之说，30：9，赛38：18。

冥府有谁把你颂扬？意谓义人去世，上帝便少一个见证。参16：10。

⁶ 我已经哭得力竭

泪水伴着长夜 直译：夜夜泪浸床榻。

湿透枕席。⁷ 两眼

因悲恸而干涸，旧译干瘪，不妥。同31：10。

为仇敌迫害而昏暗——

⁸ 造孽的一伙，你们走开！耶稣引此句斥假先知伪信徒，太7：23。

因为耶和华已听到我的哀号

⁹ 垂听了我的恳求，耶和华

他要悦纳我的祈祷——耶和华！

¹⁰ 让我的敌人惊惶发抖

突然负辱，不及溃逃！"忏悔七章"之一，参32，38，51，102，130，143章。

七　清白

（大卫哀歌，为本雅明部古实言，献耶和华）参撒下 16：5, 18：21 以下。

耶和华啊我的上帝，我倚靠你。见 2：12 注二。
救救我，那些人在追我，求求你！
2 别让他狮子一般撕了我　他，指"那些人"，复数变单数求生动。
撕碎了也没人搭救！

3 耶和华啊我的上帝！
假如此事属实，我手上沾了不义　语气仿佛被恶人诬告。
4 假如我曾经以怨报德
或无缘无故放过害我的仇人：对敌懦弱，也是违反律法，3：7。
5 那就让顽敌把我掳去，
性命踏进污泥　喻下阴间。
荣誉碾作尘灰！（停）荣誉，kebodi，另读肝脏，kebedi，提喻生命。

6 起来呀，耶和华，降下你的圣怒　以下三阕祈求上帝审判。
仇敌狂暴，求你制伏！
醒来呀，我的上帝 'eli，另读为我，'elay。
主持你的正义。7 愿万民齐集
在你的四周，愿你回驾
坐于高处——8 人人听候　坐于，直译：其上。无定解。
耶和华判决。

宣判吧，耶和华
请以我的义行，还我清白。tummi，完好无瑕，伯 2：3, 9：20 注。
9 请你了断恶人的毒害

让义人立定不移

心肾一一查验，肾，kelayyoth，古人视为情欲直觉之官，16：7，智1：6。

公义之上帝！委婉敦促天父，莫使正义跛足。

¹⁰ 我的盾在上帝 重申3：3。

他拯救心地正直的人。

¹¹ 上帝公平明断

他不轻易发怒 从七十士本，出34：6。原文：上帝发怒。

却日日威吓—— 断句从传统本注/古叙利亚语译本。

¹² 若是人拒不悔悟。yashub，回转，特指返归正道，51：13。

呀，他磨刀霍霍 上接第5节。他，指顽敌；解作上帝，则文气稍滞。

弯弓蓄势待发；¹³ 然而

那只是预备自取灭亡的凶器——

一支支火箭点燃。¹⁴ 看哪

他既已怀上了邪毒

诞下的必是骗局。熟语，赛59：4，伯15：35。

¹⁵ 他掘陷阱，挖了又挖

到头来反而坑了自家：常见咒辞，57：6。

¹⁶ 毒计套中算计者的脑袋

暴徒被暴行要了头颅。直译：其暴行落上其头颅。

¹⁷ 赞美耶和华，彰显公道

歌颂耶和华，圣名至高！

八　圣名颂

（大卫赞歌，交与乐官，**迦特琴伴奏**）gittith，或指曲牌。迦特曾是非利士人的重镇。

耶和华啊我们的主

多么威严，无所不在你的圣名！ 威严，'addir，七十士本：高妙。

重霄之上你的尊荣有人赞颂， tinnah，从圣城本注。原文：给，tenah。

2 小童乳儿一齐开口，做你的干城 `oz，或作（你建）大力。

直面敌手——叫那些恨你的人

通通覆灭，不得报仇！ 极言圣名伟力。此节晦涩，或取材于失传神话。

3 每当我仰望你指头缔造的天穹， 指头，兼喻大能，出8：15注。

你安放的月亮和群星——啊

4 人算什么，你竟然关心他 或作惦念他。

区区人子，你竟然眷顾他？ 反衬人类之渺小，同144：3。参伯7：17。

5 竟然抬举他，乃至稍逊神灵 'elohim，上帝，或天庭神子。

而以光荣与尊严为他加冕， 人的形象脱胎于神，分享其智慧意志。

6 让他主宰你的亲手所造 主宰，旧译管理，误；创1：26注。

把芸芸万物置于他脚下——

7 牛羊家畜，山野的兽

8 空中的飞鸟

海里的游鱼，

所有巡弋大洋的水族。

⁹ 耶和华啊我们的主

多么威严，无所不在你的圣名！

九　受苦人的堡垒

（大卫赞歌，交与乐官，调寄"亡儿"）`almuth labben，曲牌或某种乐器，
不可考。

א 赞美你，耶和华，全心赞美你！藏头诗，各阕按字母顺序起头。

我要传扬你全部的奇功；

² 欢悦在你，我歌颂你

至高者，你的圣名！

ב ³ 敌人纷纷调头逃跑

在你面前摔倒殒命。

⁴ 只因你为我伸张了正义　呼应 7：8，89：14。

巍巍宝座啊，明断冤情！仿佛判决已定，报应日在即，伯 21：30。

ג ⁵ 你呵斥了异族，剪除了恶人　异族，goyim，泛指与子民为敌者。

你抹去他们的名字，永远——　申 9：14。

⁶ 敌顽覆灭，废墟无边

是你叫城邑倾圮，记忆沦亡。断子绝孙，被人遗忘，34：16，37：38。

ה 看哪，⁷ 耶和华居高而永恒　看哪，校读从传统本注。原文：他们。

早已为审判设下宝座；

⁸ 他要亲自以正义鞫问这世界　意同 96：13。

以公平替万民裁决。yadin，或如犹太社本：统治（万民）。

ו ⁹ 耶和华必为受苦人的堡垒 misgab，高地、庇护所，赛 25：4。

危难之时他们的庇佑。或作祈使句：愿耶和华做……庇佑！

¹⁰ 凡认你圣名的都信赖你

因为你不弃寻你的人，耶和华！

ז ¹¹ 歌颂耶和华，他常驻锡安 见 2：6 注二。

他的伟绩，要向万民宣告：

¹² 他追讨血债，笔笔记得

贫苦人的哀号他不会忘掉。参伯 16：18。

ח ¹³ 求你怜悯我，耶和华，求你看见

仇敌肆虐！是你拉我出死地之门，喻阴间，伯 38：17。

¹⁴ 让我在锡安女儿的四门尽情咏赞 锡安女儿，拟人爱称圣城。

欣喜若狂入你的救恩。

ט ¹⁵ 而异族就跌入自己掘的陷阱 意同 7：15。

一脚踏中自己埋的圈套；

¹⁶ 啊，耶和华如此显圣而处刑

令恶人困于恶手的制造！（弱音，停）弱音，本义低吟，1：2 注。

י ¹⁷ 愿恶人滚回阴间

一族族都忘却了上帝！婉言礼拜"邪神"。此阕不规整，似有脱文。

כ ¹⁸ 不，穷人决不会一直被遗忘

卑微者的希冀，永不消亡。意同箴 23：18。

¹⁹ 起来呀，耶和华，莫让人得逞！人，'enosh，特指恶人。参 7：6。

万族皆要在你面前受审——

²⁰ 让他们恐惧吧，耶和华

让异族明白——人只是人！（停）呼应全诗结尾，10：18。

十

ל 为什么，耶和华，你远远站开 此处七十士本、通行本不分章。

危难之时仍隐藏不露？

² 恶人骄横，欺凌弱小

追捕穷人，他诡计狠毒。另读：愿他们被自设的毒计捕捉。

³ 他无耻吹嘘自己的欲望，形容恶人愚狂，5：5。此句缺藏头字母。

贪婪之徒的祝辞，竟拿耶和华 祝辞，berek，反言亵渎，伯1：5注。

ם 鄙视：⁴ 他一脸傲慢——谁来追究？鄙视，原文紧接"祝辞"。

哪有什么上帝——恶人敢这么想！

⁵ 他运道时时亨通，你的审判 此阕亦不规整。

他抛在脑后，恨他的人他一顿贬斥，小人得志状，伯21：7以下。

⁶ 心说：谁动得了我？我生生世世

都不会有祸⁷遭诅咒！ 'alah，七十士本接下句：满口诅咒。罗3：14。

פ 他满口是谎言、恫吓

舌根流出怨毒与罪孽。

⁸ 他在村子外悄悄埋伏

找隐蔽处杀害无辜。

ע 他两眼紧盯不幸的人 盯，从七十士本，apoblepousin。原文不通：藏。

⁹ 犹如狮子藏身暗处——

在暗处他等待扑穷人的时机

一进网罗，便扑倒掳去！

צ ¹⁰ 他窥视，他蜷伏；窥视，zopheh，原文无。从圣城本注/参37:32补。

待不幸的一个个倒在他爪下 `azumayw，强力，转喻狮爪。

¹¹ 不禁心中得意：上帝也会忘记？

把脸藏起，他根本没在俯察！讽刺，对比9:18。参伯22:13。

ק ¹² 起来呀，耶和华！上帝呀求你举手

发力，莫把贫苦人忘记！

¹³ 恶人凭什么敢鄙视上帝

心想你不会追究？回放上文4节。

ר ¹⁴ 然而你明察一切：暴行惨剧

都看在眼里，要动手惩办。

所以不幸的人把自己交与你：呼应31:5。

你是孤儿唯一的救援。如圣法宣示，出22:21以下。

ש ¹⁵ 愿你折断恶人的臂膀

追究每一件罪行，除孽务尽。

¹⁶ 耶和华为王，万世不移；

异族必灭，绝迹于他的大地。以诅咒表信心和希望，9:5。

ת ¹⁷ 愿你应允卑微者的祈愿，耶和华

使他们心刚毅；愿你侧耳垂听 刚毅，旧译不妥：预备。

¹⁸ 为孤儿和受苦人申冤，化自申10:18。

让泥尘之物再无淫威可逞。泥尘，象征人性之卑微险恶，9:19注。

十一　小鸟

（属大卫，交与乐官）属大卫，ledawid，解作大卫赋或献给大卫，亦通。

我有耶和华倚靠——

怎么你们还催我快逃：你们，指友人。

往大山飞呀，小鸟！喻义人，55：6, 91：3。山中可避祸，创 19：17。

² 瞧那些恶人，开弓搭箭　意象同 7：12。此阕为友人劝告。

暗地里瞄准了正直的心。

³ 倘若根基已经塌陷　根基，指道德与伦理秩序。

是义人又能怎样?

⁴ 不，耶和华居于他的圣殿　诗人／祈祷者答友人。

耶和华，他宝座矗云霄！

他两眼看顾着尘寰　leheled，原文无；从传统本注／参七十士本补。

慧目将人子考验。好人受苦，视为不可避免的考验，创 22：1，伯 7：18。

⁵ 耶和华，义人恶人都要审察

但以残暴为乐的，他的灵最恨。灵，强调语气，不译亦可，6：3 注。

⁶ 他要向恶人降下红炭，漫天硫磺　红炭，从西玛库本。原文：圈套。

炽炽烈风——他们的杯中之份。杯，kos，喻命运，75：8，赛 51：17。

⁷ 啊，公义耶和华，独爱公义；

正直的人必能

瞻仰他的圣容。兼指朝拜圣殿，生活在上帝面前，17：15, 27：8。

十二 纯银

（大卫赞歌，交与乐官，八音伴奏）见第6章题记。

救救我，耶和华！人子中间

不见了虔诚，忠信的也已绝迹。passu，无确解；一读 saphu，攫去。

² 人与人彼此欺瞒，嘴皮子要滑

仿佛用两颗心说话。隐喻居心不良，口蜜腹剑，55：21，耶9：7。

³ 愿耶和华割掉那些个油滑嘴皮

每一根大言不惭的舌头！同态报复，惩罚诽谤亵渎，3：7注。

⁴ 他们说了：全靠不烂舌取胜，

亏得有这张嘴——谁能做我们主子？

⁵ 为了贫苦人的屈辱、卑微者的呻吟

我这就站起——耶和华说—— 想象求得神谕，至高者决意反击。

把哀叹求救的救出！哀叹，yaphiah，吹气，转指叹息。

⁶ 耶和华的允诺是圣洁的允诺

好似纯银

在大地的熔炉里炼过七次。七谓多，象征纯银／圣言完美，18：30。

⁷ 惟有你，耶和华，会看护我们 诸抄本：他们。

会佑我们永离这一世恶人。恶人，移自下句。

⁸ 看，他们四下逡巡游荡

人子里一时邪祟高昂。此句无定解。亚兰语译本：如毒虫吸人血。

十三　　多久

（大卫赞歌，交与乐官）

还要多久，耶和华，你遗忘我——
永远？多久，你还要对我把脸藏起？　如摩西预言，申 31：17, 32：20。
² 多久，我还要灵中苦愁　'ezoth，谋划，引申如古叙利亚译本：愁思。
日夜心头悲切？　原文无"夜"，从七十士本补。
多久，还要受仇敌欺压？
³ 求你看我，给我回答
耶和华我的上帝！
求你把光明赐予我的眼睛　光象征生命、幸福，38：10。
别让我一睡不起。　直译：睡死。

⁴ 不然恨我的人会说：我打败了他！
仇敌会因我跌跤而眉开眼笑。　跌跤，旧译摇动，误。
⁵ 可是我，只信赖你的慈爱
我的心，要欢庆你的救恩：
耶和华，他厚待了我——
我要咏赞。　七十士本多一句：歌颂耶和华，圣名至高。同 7：17b。

十四　　愚妄

（属大卫，交与乐官）　此章与 53 章重复，但不避讳圣名。

愚妄的人心说：哪有什么上帝！　愚妄，责其不敬或异教习俗，10：4。
他们腐败透顶，作恶多端
没有一个人行善。

² 耶和华从天上俯视人子，

看是否有一个明智

而寻求上帝。寻求，原文同追究；愚妄即不信神会追究罪责，10：15。

³ 全都背弃正途，沉迷污垢　ne'elaḥu，尤指道德腐败。

没有一个人行善，

一个也没有。七十士本此处插入三节描述恶人，保罗引用，罗 3：13-18。

⁴ 难道是无知，这造孽的一群——

吞我子民如食面饼　子民，泛指义人。

却从不向耶和华呼求？例如因侍奉异神而遗忘了上帝，9：17。

⁵ 然而他们将要在无须害怕处

被惊恐所攫取，原文脱"无须害怕"，据七十士本及 53：5 补。

因为上帝庇护义人一族。一说指亚述军遭瘟疫，圣城解围，王下 19：35。

⁶ 穷人的想头你们可以耻笑　想头，'azath，双关苦愁（复数），13：2。

但他有耶和华倚靠！此节似后人加工，参较 53：5。

⁷ 谁会从锡安带来以色列的救恩？疑问修辞，祈愿以色列复兴。

当耶和华扭转子民的命运　直译：扭转囚牢。喻苦尽甘来，伯 42：10。

看雅各狂喜，以色列欢腾！

十五　耶和华的帐幕

（大卫赞歌）此章一说为入圣殿应和之歌，朝圣者问，祭司答。

耶和华! 谁能投宿于你的帐幕　即圣殿，上承摩西立的会幕，出 40。

谁能入住你的圣山？

2 他——走正途，行义事　正途，tamim，本义完美，喻圣法，119：1。

心里认准了真理的人！　真理，'emeth，特指信仰执著。旧译实话，误。

3 他舌头从无诋毁

不伤害亲朋，不辱骂邻里；　谨守上帝之法，利19：16。

4 他眼中恶徒要受鄙视

敬畏耶和华的才受尊崇；

坚守誓言，他不计损失；

5 他从不放债牟利

不收贿赂不冤枉无辜。　出22：24，23：8，利25：37。

做人如此，方能立定不移。

十六　　生命之路

（属大卫，轻声）　miktam，无善解。一说有此标记的诗，公开诵读可能冒犯异族统治者。

保佑我，啊上帝，你是我的庇护！

2 我向耶和华表白：你是我主

除了你，我别无幸福。　从通行本。原文费解：我的幸福不在你之上。

3 对世上的圣者，所有尊贵之人　'addire，通说指祭司。

我只有仰慕之情。　圣者，解作天使亦通，89：5。此节晦涩，歧解纷纭。

4 而那些追随异神的只会痛上加痛　异神，'aher，七十士本：无力。

我绝不会给他们浇奠血祭　似指迦南"邪教"的童子祭，王下 16：3。

他们的名号我不会沾唇。

5 啊耶和华我的产业，我的杯中之份！　喻命运，11：6。

你掌中握着我的命阄——　产业，犹言上帝为唯一倚靠，民 18：20。

6 根根绳尺，为我丈量福地

我的产业一片锦绣。

7 赞美耶和华，谆谆教导

腰肾传习，中夜不辍。　专情圣法，梦寐以求。腰肾，见 7：9 注。

8 耶和华我时刻请至身畔　请至，直译：置于。

有他在我右手，我不会动摇。　右手，乃庇护之位，73：23，121：5。

9 于是我心喜，我灵乐　灵，kebodi，光荣，诗藻提喻：灵 / 人，7：5 注。

我的肉身也得了安宁——

10 因为你绝不会将我弃于冥府　后世引为耶稣复活之预言，徒 3：26。

不会让你的忠仆见到深坑。　shahath，即阴间。七十士本：圣者见腐朽。

11 你指给我的乃是生命之路：　与冥府 / 深坑相对，希冀永生。

在你面前，欢愉不尽

倚你右手，福祉无垠！　此诗蕴含后世亡灵复生观念的先声，但 12：2。

十七　醒来

（大卫祈祷）

耶和华啊，求你关注正义　七十士本：我的正义。照应结尾。

留意我的哀鸣，垂听我的祈祷

我的双唇不会欺蒙！

2 愿我这案子由你降旨发落　申诉者入圣殿，求得神谕。

愿你明察，凝眸公正。

3 我的心任你考验，半夜查问　意同26:2，伯23:10以下。

把我放火里炼也挑不出秽迹一丝。zimmathi，另读决意，zammothi。

我的嘴并无逾分，4 不像别人。此节有讹，无定解，断句从圣城本。

奉你的亲口训言，我一向警惕

残暴者的歧途。5 双脚跟定了

你的足迹，步履从不犹疑。

6 我向你呼求，等你答复，啊上帝！

请你侧耳，听一听我的祈愿——

7 愿你以神威彰显你的仁爱，神威彰显，从诸抄本。原文：凸显。

举起你的右手，让躲避侵害

向你求救的获庇佑。

8 愿你守护我，如眼中的瞳仁，申32:10。

让我安身于你翅膀的荫翳，隐喻圣殿，36:7，61:4。

9 摆脱那一伙凶恶的强盗

四面进逼的死敌。

10 他们的心已被脂油堵起　喻麻木冷酷。原文无“心”，从传统本注补。

满嘴是狂言妄语。

11 啊，他们追踪而至，从传统本注。原文不通：我们脚步。

将我团团包围，怒目眈眈

要把我打翻在地：12 像猛狮

急于撕碎猎物，又如小狮

在暗处埋伏。经书常用的套喻，7:2,10:9,57:4 等。

¹³ 起来呀，耶和华，迎头痛击

揍趴他！求你救我挣脱恶人——

挥动你的利剑，¹⁴ 耶和华

按下你的巨手，那些人命数已尽！ 直译：生命之份离世。

于是你所珍爱的，皆有温饱 此节晦涩，或有讹，译文从犹太社本。

儿女事事如意，家业代代增添。摩西传统，忠信者的回报。

¹⁵ 而我，在正义中得见你的圣颜； 后世解作义灵复起，16:11 注。

醒来，我周身充盈，啊你的荣耀！ temunah，形象，圣容之光华。

十八　　感恩之歌

（交与乐官；耶和华仆人大卫蒙耶和华拯救，脱众仇敌及扫罗毒手
之日，敬献耶和华之歌，如下）此诗渊源甚古，另一版本略异，载撒下 22。

我爱你，耶和华，我的力量！ 撒下缺此句。

² 耶和华，我的峭崖我的要塞

我的拯救在我的上帝。

我倚靠他，我的磐石 zuri，喻庇佑，申 32:4 注。

我的盾牌我的救恩之犄角 象征大力，申 33:17，喻救主，132:17。

我的高高城堡。此阕为经书中最长的一列上帝称号。

³ 耶和华，当受颂扬！

我一呼求

就摆脱仇敌而得救。或如七十士本：我以赞歌呼求耶和华……

⁴ 死亡的惊涛包围了我　惊涛，从撒下象征毁灭，伯 22：11。原文绳索。

百戾魔的恶浪要吞了我，百戾，传说中的恶魔，借喻死亡，申 13：14。

⁵ 阴府的囚索套中了我

夺命的网罗在等我——

⁶ 危急中我向耶和华祈求

向我的上帝呼救，

果然，他在宝殿听见了我哀鸣　宝殿，此处指天庭。

我的祷告上达他耳中。原文另有：他面前。从撒下 / 按格律略。

⁷ 立刻大地震颤，山基摇摇

只因他怒火迸发！以下借雷神形象写上帝降世之恐怖，出 19：16 以下。

⁸ 他鼻孔喷烟，口吐烈焰

四下红炭燃烧。此句一说是插注。

⁹ 他按下诸天，亲自降临　古人想象大神临世，垂天穹而触地。

脚底乌云滚滚。

¹⁰ 他骑一匹昂首展翼的神兽　kerub，宝座 / 战车的侍卫，出 25：18 注。

乘大风的翅膀疾飞；

¹¹ 忽又隐身于一片昏黑

挂起沉沉雨云的帐幕；

¹² 接着他面前白光灼灼　ba`aru，从撒下，原文（冰雹）穿云。

冰雹与红炭齐落！

¹³ 耶和华从云霄扔下雷霆

至高者声声霹雳；原文此处重复 12b，从撒下及七十士本删。

¹⁴ 一支支银箭，驱散仇敌

一道道闪电，他们溃败——

¹⁵ 啊耶和华！

你一句呵斥，微微鼻息

大海便藏不住沟槽　深渊的底部，伯38:16。海，从撒下，原文：水。

世界袒露了根基。　支撑陆地的地柱，24:2注。

¹⁶ 他从高处给我援手

把我从洪涛里拉起　洪涛，源于近东神话，象征对抗造物主的恶势力。

¹⁷ 自顽敌丛中救出——

那些人恨我，远比我力大。

¹⁸ 当我遭灾之日，他们乘机进攻

但是耶和华做了我的后盾：

¹⁹ 他引我去到一宽广之地，　merhab，意谓获得自由，出3:8。

他救了我

是因为他喜欢我。　反言敌人为上帝憎恶，5:4-5。

²⁰ 耶和华嘉许我的正义　此阕陈说获救理由，表以色列的理想君主。

以我双手洁净而垂恩赏赐——

²¹ 因为我谨守了耶和华之道

从无犯恶、背离上帝；

²² 因为他的敕令常在我眼前

他的法例我决不丢弃。

²³ 做完人，我跟他同在　完人，tamim，自比挪亚与上帝同行，创6:9。

严律己，我戒避恶行。

²⁴ 所以耶和华奖我的正义

他看得清楚，我双手洁净！

²⁵ 仁慈的人，你报以仁爱　hasid，敬而信谓仁，4:3。人，移自下句。

清白的，你还他清白，

²⁶ 纯洁的，你认他纯洁

但狡诈的，你偏要他中计！　狡诈，旧译乖僻，不妥。申32:5。

²⁷ 卑微的子民，你一定拯救

傲慢的眉眼，你却要鄙夷。

²⁸ 耶和华啊，你是我的明灯 从撒下，原文：点亮我的灯。似插注。

我的上帝为我放逐黑暗；

²⁹ 跟着你，我冲锋陷阵 gedud，军队。犹太社本：gader，垣壁、工事。

上帝佑助，我能跳越城墙！

³⁰ 这上帝，他大道完美 旧译完全，不妥，19：7。

耶和华的允诺至纯， zeruphah，熔炼，转指纯洁。重申 12：6。

惟有他

能给倚靠他的人为盾。 同篆 30：5。

³¹ 啊，耶和华之外，谁可称神，

除了我们上帝，谁是磐石？ 见上文 2 节注一。

³² 是上帝，将勇力赐作我的腰带

令我走上了正途； 见 15：2 注。

³³ 还使我双脚敏捷如鹿

稳稳立于险峰，

³⁴ 还教我的手战斗

张臂能开铜弓。

³⁵ 是呀，你给了我拯救之盾 呼应上阕末句。

右手把我扶持。 撒下无此句。

你的应允使我壮大 应允，'anothka，从撒下，原文：谦和，'anwathka。

³⁶ 让我阔步，拓展疆土 发挥上文 19 节。

再不会脚腕发抖。

³⁷ 于是我追击敌人捉拿穷寇

不剿除干净，决不收兵；

³⁸ 直打得他们爬不起来

栽倒在我脚下。

³⁹ 啊，你为我束上了战斗的勇力　合上文 32-34 节为一生动意象。

叫叛贼跪地，俯首就擒；　叛贼，qamay，直译：起来（反叛）我的。

⁴⁰ 仇敌见我，转身逃窜　意译如古叙利亚语译本。钦定本：给我颈背。

那些恨我的，我一一灭除。

⁴¹ 他们哀号，却无人救助；　对比义人祈祷，上文 6 节。

也呼求耶和华——但他不回答：　讥讽"番邦"多神崇拜。

⁴² 任我把他们捣成风中的飞尘

像街上的泥泞，随我践踏！　'adiqqem，从撒下，原文：倾倒，'ariqem。

⁴³ 你替我消弭了民忧　直译：救我出民纷。指平息以色列的内乱。

立我做列国之元首

将素不相识的一族给我为奴。　夸张修辞，喻藩属众多，2：8。

⁴⁴ 听，番邦之子闻风而降　番邦之子，bene-nekar，同下句异族之民。

纷纷归顺； ⁴⁵ **异族之民**

灰心丧气，战战兢兢

交出了关防！　misgeroth，本义关闭，转指边防要塞。

⁴⁶ 永生耶和华！赞美呀我的磐石！

愿拯救我的上帝独受尊崇

⁴⁷ 那为我申冤的上帝——是他

令万民向我臣服，

⁴⁸ 让我冲破仇敌的围堵：　直译：救我出众敌。

啊，你使我高踞叛贼之上

将我从暴君手里解放！　暴君，'ish hamas，撒下作复数，指暴民，亦通。

⁴⁹ 因此，我要在万国颂扬你，耶和华

歌咏你的圣名：

⁵⁰ 胜而又胜，他恩赐他的王　或作：一再拯救他的王，3：8 注。

把慈爱施与他膏立的王　见 2：2, 6 注。

施与大卫及大卫子裔——

慈爱永世不移。照应开头，为大卫王朝立百胜救恩之约，89：3-4。

十九　太阳

（大卫赞歌，交与乐官）此章 1-6 节咏诸天太阳，7-14 节赞圣法，风格迥异，渊源不同。

诸天数说上帝之荣耀

那巨手造化，穹苍宣告；巨手造化，旧译手段，不妥。参 92：4。

[2] 白天同白天讲他的启示　'omer，训言、教导，民 24：4，伯 6：10。

黑夜向黑夜传布知识。da`ath，指创世之宏图，诸天日夜见证，139：6。

[3] 无言无语，也不闻

它们开口；[4] 茫茫大地

却响彻了它们话音，从七十士本，原文：拉起绳尺。罗 10：18 借喻福音。

声声句句，达于地极。仿佛设谜自问：穹顶无言，如何礼赞天父？

他在高处为太阳安了帐幕：太阳在古代近东象征正义，玛 3：20。

[5] 就像新郎跨出洞房　化自巴比伦神话，日神 Shamash 巡天入新娘帐篷。

那一轮喜色，如勇士赶路——

[6] 从穹隆的一端升起

绕巡中天至另一端；参 65：8 注。

没有一物能躲过赤日炎炎。咏日起兴，为下阕铺垫。

[7] 耶和华的法完美　法, torah, 本义教导。

能复苏病灵；圣法乃子民生命之源，申 8：3。参箴 25：13 注。

耶和华的约信实　约, `eduth, 证言、誓约，特指十诫，出 16：34 注。

能启迪愚蒙；pethi, 无知、幼稚。七十士本：婴儿。

[8] 耶和华的训谕严正

能鼓舞人心；

耶和华的诫命圣洁 旧译清洁，不妥。

能照亮眼睛；

[9] 耶和华的诺言无疵 诺言，'imrath, 从传统本注。原文敬畏，yir'ath。

必永世常存！

耶和华的判决真确

而件件公允——

[10] 比金子，那大堆的赤金

还令人渴求；意同 119：127, 103。

比蜂蜜，那蜂房的沁滴

还甜美可口。

[11] 啊，你的仆人由此得了儆戒：nizhar, 或作教训，指圣法的裁判。

信守遵从，回报必丰。

[12] 然而谁能明察自身的过错？

那隐藏着的，也求你涤净！隐藏，喻疏忽触罪而不自知。

[13] 求你保仆人远离妄念 zedim, 或作狂傲者。七十士本：异神，zarim。

勿让它做我的主宰。

如此，我才可免罹大罪 pesha` rab, 尤指背弃上帝之罪。

一身清白。

[14] 愿我口中的言语、心头的默祷

在你面前蒙悦纳，啊耶和华，在，七十士本：常在。

我的磐石

我的救主！ go'el, 付赎金或报血仇的至亲，申冤者，利 25：25，伯 19：25。

二十　出征

（大卫赞歌，交与乐官）国王出征祈胜之歌，仪式要点见王上 8：44。

愿耶和华于危难之日应允你

愿雅各上帝以圣名举起你！ yesaggebka，护持以免受侵害，59：1。
[2] 愿他从圣所派下救援　例如遣天使助战，或雷劈敌军，撒上 7：10。
你的佑助来自锡安。

[3] 愿他记得你的种种奉献　minhoth，尤指素祭，利 2：1 注。
全燔祭——悦纳；（停）悦纳，yedashsheneh，肥壮，能取悦神明。
[4] 愿他满足你的心愿
成全你一切计划。

[5] 让我们欢呼，你全胜而得救　合唱。
奉上帝圣名，大纛高擎；nidgol，班师得胜。七十士本：壮大，nagdil。
愿耶和华成全，你所有的祈求！

[6] 现在我懂了　续接并回应 1-4 节的祈愿。
耶和华必赐他的受膏者全胜，后世据此演绎末日基督，2：2,6 注。
必从圣洁的天庭眷顾
以右手降救恩之大能。

[7] 有人信兵车，有人信战马　意同赛 31：1。参篇 18：10。
但我们只祷念上帝耶和华的圣名！祷念，nazkir，记住，转指祈祷。
[8] 他们终将屈膝倒地
我们却昂然屹立。

⁹ 啊耶和华！愿你赐胜 合唱。

吾王得救，愿你答应—— 另读：愿你赐胜，愿吾王答应我们……

每当我们呼求。

二一　凯旋

（大卫赞歌，交与乐官）国王凯旋谢恩之歌。词汇与主题结构衔接前章。

耶和华啊，你的大力使吾王欢欣

你的救恩是他的狂喜！

² 你满足了他的心愿 呼应 20:4。

他唇上的企盼，你没有不理。（停）

³ 你以美福相迎，将纯金之冕 一说此章原是加冕登基的颂诗。

加于他的头顶。

⁴ 他求你护命，你却赐他

日月悠悠寿数无垠。如上帝托梦给所罗门王的允诺，王上 3:14。

⁵ 他威名大振，靠你的救恩

荣耀与尊严皆拜你所举；美言其英雄气概，45:3。

⁶ 你令他蒙福，福至永远

永在你面前侍奉承欢。意同 16:11。

⁷ 因吾王信赖的，是耶和华；合唱。

他不会被撼动——凭至高者慈爱！受膏者感恩，18:50。

⁸ 愿你一手拿下所有的顽敌 你，解作国君或上帝，皆通。

右手将恨你的人捉捕。

⁹ 愿你把他们塞进火炉 直译：使之像火炉（里的柴禾）。参玛 3:19。

待到你怒容之日—— 怒容，喻上帝降罚，哀 4:16。

耶和华将以圣威吞噬仇雠 描写审判与报应之日，1:5。

拿他们喂食烈焰； 此句或是插注，解释前句"火炉"。

¹⁰ 要他们果实在大地上凋谢 果实，即子宫之果、后代，申 7:13。

苗裔从人子间灭绝。摩西传统，恶人的下场，伯 18:19。

¹¹ 虽然他们图谋害你

诡计多端，却无法得逞，

¹² 因为你已开弓瞄准了面门

吓得他们转身逃遁！ 参较 18:40。

¹³ 啊，伟力耶和华，独受尊崇； 合唱。

大能在你，我们歌颂！

二二　忠仆受难

（大卫赞歌，交与乐官，调寄"朝鹿"）'ayyeleth hashshaḥar，曲牌，参第 9 章题记。

我的上帝，我的上帝，你为何抛弃我？ 耶稣受难语，太 27:46。

为何远远站开，不来救我 意同 10:1。

任我呻吟？

² 我的上帝

我白天呼求，你不应允

我通夜哀号，一刻不息。

³ 可是圣洁在你， 典出利 11：44。

以色列的赞美是你的宝座。 或如七十士本：你居于圣所，以色列赞美。

⁴ 你为我们祖宗所信靠——

靠你，才蒙你解救 回顾子民的拯救史，士 2：11 以下。

⁵ 唤你，便赢得自由

信你，他们从未蒙羞。 反言背离正道，必亡国为奴，赛 29：22。

⁶ 然而我已是一条虫，不是人！ 忠仆自怜，赛 41：14, 52：14 以下。

人人辱骂，个个鄙夷 义民与罪人同命运。

⁷ 谁见着我都可以嘲笑

对我撇嘴、摇头： 表轻蔑。参较耶稣在十字架上受人嘲骂，可 15：29。

⁸ 滚去找耶和华呀，叫他救援！ 滚，gol，七十士本意译：他信靠。

看他怎么救法，这家伙耶和华喜欢！ 呼应 18：19。太 27：43 引用。

⁹ 是你，当初把我接出子宫

让我安睡在母亲怀抱。 安睡，另读如七十士本：我的希望。

¹⁰ 我甫一落地就归了你

才下娘胎，你就是我的上帝——

¹¹ 求你不要远远站开 重复开头的祈愿，节律犹如副歌。

可怜我祸患临头，无人援手！

¹² 啊，这么多公牛包围了我 公牛好斗，此处喻恶人，参 17：11-12。

一头头巴珊健牯； 巴珊，约旦河东北高原，以纯种牛羊著称，申 32：14。

¹³ 一张张大口对着我吼叫

活像撕食的狮子咆哮！

¹⁴ 我仿佛水泼在地，骨骼散架 水，喻精力。

心如蜡团，在胸中化掉；

¹⁵ 我的嘴干得像两片碎瓦　嘴，ḥikki，从传统本注，原文力气，koḥi。

舌尖粘着牙床：说不出话的样子，伯29：10。

你把我扔给了死地的尘埃。插入此阕，借病状写迫害之凶。

¹⁶ 看，恶狗一拥而上，歹徒结伙　上接13节，继续说仇敌围攻。

步步进逼，恨不得

砍去我的手脚。砍去，或作刺穿，从传统本注。原文不通：像狮子。

¹⁷ 我能数清自己的每一根骨头　想象受尽折磨惨死的情形。

遍体是他们贪婪的目光；

¹⁸ 他们分了我的衣裳

又为我的袍子抓阄。参观耶稣受难后士兵分衣，约19：23以下。

¹⁹ 求你了，耶和华，不要远远站开　反复恳求，如上文11节。

我的圣力呀，快来助我！圣力，'eyaluthi，婉称上帝。

²⁰ 求你为我的灵挡开刀剑

让这一条性命挣脱恶狗的利爪；原文无"性命"，按文意补，35：17。

²¹ 求你救我出狮子血口

从野牛的犄角下——给我回答！暗示拯救。另读：（救）我苦命。

²² 而后，我要向兄弟传扬你的圣名　兼指救恩与公义，40：9。

在会众当中把你赞美——

²³ 啊耶和华！

心怀畏惧的，都将他称颂

雅各的后裔呀，共举尊荣

以色列子孙哪，全体敬奉！

²⁴ 因为他从无鄙视

也不厌恶愁苦人的苦愁；反言义人受苦，不表明上帝不爱。

不把脸对他们藏起　他们，原文单数。脸喻恩惠，9:18, 10:11, 13:1。

而是垂听了每一次呼求。

²⁵ 礼赞出于你，当会众云集；　出于，或如钦定本：属于。

在敬畏他的人面前，我必还愿。

²⁶ 贫苦人定将餐餐餍足　双关：分享祭餐，与救主缔"永约"，赛55:3。

那寻求耶和华的，要放声歌颂——

愿你们的心永生！　享永福。你们，七十士本及古叙利亚语译本：他们。

²⁷ 愿寰宇四极牢记，皈依耶和华　牢记，旧译不确：想念，20:7注。

天下万族一齐向他敬拜。　他，从传统本注。原文：你。

²⁸ 因为王权独归耶和华

他是万国之主宰。

²⁹ 啊，凡领有丰腴之地的　dishne-'erez，引申作世上兴旺之人，亦通。

都要俯伏于他面前，　'ak lo，从传统本注。原文费解：'aklu，他们吃了。

凡终回尘土的，皆须叩拜他；　终回尘土，即人类，创3:19。

而那保不了命的，³⁰ 必由子裔　似指恶人死后。此句无定解。

侍奉他——传扬我主，代代相随

³¹ 教世世生民，宣明他的公义：　世世生民，直译：未来出生之民。

成了——他的作为！　成了，`asah，耶稣咽气语，约19:30。

二三　牧人

（大卫赞歌）咏"牧王"上帝率子民"重出埃及"，呼应赛40:3以下。

耶和华是我的牧人　ro`i，古代近东文学中常喻王权，80:1，结34:2。

我一定不会贫乏。

² 草场青青，他让我躺下

又领我去到休憩之水　me menuhoth，或如钦定本：静水之畔。

³ 让我的灵苏醒。灵，借指生命，6:3 注。

他引我踏上公义之途　喻遵从圣法，相对异教歧路，18:21。

一显他的圣名。意谓天父指引子民，昭示其博大之神性，31:3。

⁴ 纵然走进死影的幽谷　死影，常喻灾祸之恐惧或阴间，伯3:5注。

我也不惧险恶，因为有你

在我身旁：你的牧杖和拐棍　较牧杖短，头包铁，防身用，创32:11。

便是我的慰辑。

⁵ 就在我的仇敌眼前

你为我摆开筵席；如子民在荒野中曾屡受上帝赐食护佑，出16章。

又以新油为我膏首　橄榄油抹头洗脚，近东待客古俗，92:10，路7:46。

使我杯爵满溢。杯爵，双关暗示福分，11:6 注二。

⁶ 追着我的，惟有慈爱与幸福　追兵不见，守约执义者得福，申28:2。

在我一生的每一天；

当我入住耶和华的殿宇　隐喻迦南福地，非指耶京圣殿，耶12:7。

日日化作永远！直译：日日之长。

二四　城门

（大卫赞歌）通说此章 7-10 节写的是大卫王迎约柜入圣城，撒下 6:12 以下。

万物芸芸，充盈天下

世间所栖，皆属耶和华！

² 是他，向汪洋打下根基　上帝分大水立地柱，18:15，伯9:6注。

洪流之上立起了大地。 洪流，neharoth，入地成渊，喻造物主降敌。

³ 谁能登攀耶和华的山 锡安山，2:6注。以下问答如入圣殿应和之歌。
谁能在他的圣所驻足？

⁴ 那手净心纯，灵不沾虚妄 shaw'，兼指妄言、异教偶像。
不会发假誓行骗的人！ 列举参与圣所礼拜所需道德品格，参15章。
⁵ 他必蒙耶和华赐福
因上帝他的救主而称义。
⁶ 那，才是求索者的归宿， dor，世代，22:30，转指阶层、共同命运。
当他们寻见你的圣容 paneyka，借喻上帝"亲在"之处、圣殿，11:7。
啊雅各的上帝！ （停）原文无"上帝"，从二抄本及七十士本补。

⁷ 城门哪，抬起你们的头来！ 拟人：圣城翘首，救主凯旋。
敞开呀，一扇扇永恒之门 又名公义之门，118:19。
恭迎荣耀之王！ 约柜是上帝显荣耀、训示子民的宝座，出25:22。

⁸ 这荣耀之王是谁？
是耶和华——大力而英勇 天父本是战神，常比作勇士，出15:3。
耶和华战无不胜！

⁹ 城门哪，抬起你们的头来！
敞开呀，一扇扇永恒之门 敞开，se'u，直译：抬起。
恭迎荣耀之王！

¹⁰ 这荣耀之王是谁？
是耶和华——万军之主 约柜随军，如上帝亲临，撒上4:3以下。
他，就是荣耀之王！ （停）

二五　我把灵向你举起

（属大卫）此章为一完整的希伯来字母藏头诗，9:1 注。

א　**我把灵向你举起**　熟语，表仰慕、信赖、希望。同 86:4。
　　耶和华，² 我的上帝！

ב　**你是我的信靠，请别让我蒙羞**　或如犹太社本：失望，22:5。
　　让恨我的人得意。 ya`alzu，欢悦，5:11, 9:2。旧译夸胜，误。

ג　**³ 凡盼着你的，都不叫他蒙羞**
　　只有那无端背信的，才须负辱！　背信，改宗拜异神，即"恨我的人"。

ד　**⁴ 求你为我指明大道，耶和华**
　　教我走你的正路，

ה　**⁵ 并以你的真理引导我训诲我**
　　因为你是上帝，我的救主。

ו　**我每天的希望在你——**
　　⁷ᶜ 为了你的至善，耶和华　从传统本注 / 据文意及格律，前移此句。

ז　**⁶ 求你把怜悯与仁爱存心上**
　　耶和华，亘古及今勿忘。　直译：因其自永恒（如此）。

ח　**⁷ 我少时的违迕，愿你勿追究；** tizkor，记住，转指追索。
　　只求你，出于你的慈爱，记得我！ 违迕，对圣法而言。

ט　**⁸ 耶和华全善至直，所以**　至直，救恩之本，申 32:4。
　　罪人的迷津他要指破。 yoreh，扔、射，指点。

י　**⁹ 他引领卑微者循义**

为贫苦人指点通途：贫苦人，从古叙利亚语译本。原文重复：卑微者。

כ 10 耶和华的道，条条是爱是真理

如果人守他的约、他的证言。美称律法，尤指十诫，19：7 注三。

ל 11 为了昭示你的圣名，耶和华 圣名，提喻神性，23：3 注。

我的罪虽大，也求你赦免。

מ 12 敬畏耶和华的，无论是谁

必能承教而择正道——

נ 13 他的灵一定生活幸福

土地由子实承继；意同 37：9, 29。

ס 14 惟有敬畏者可亲炙耶和华

识他的约，得秘传。sod，兼有亲密友情之意，箴 3：32。

ע 15 我两眼时刻朝耶和华仰望

因为他要解开我脚上的罗网——

פ 16 求你转脸，求你怜悯 转脸，即结束藏脸而施恩，13：1, 22：24。

我实在孤苦伶仃！

צ 17 求你释放我心中的忧思 释放，从传统本注。原文（忧思）大增。

将我救出重重祸患，

ק 18 留意一下我的悲惨境遇 一如祖宗在埃及为奴，申 32：7。

免除我所有的罪愆。留意，qeshob，藏头从传统本注。原文同下节：看。

ר 19 看见了吗，我的仇敌无计数 反衬义人之孤立无援，上文 16 节。

他们恨我恨得疯狂！ hamas，凶狠状。旧译不通：痛痛地。

ש 20 求你保我性命，快拯救

别让我倚靠你还蒙羞。

ת   ²¹ 愿清白同正直当我的护佑，拟人，道德品格视若庇护天使。

你是我的希望，耶和华！原文无圣名，格律不整，从七十士本补。

²² 求求你，上帝，赎回以色列 同 130：8。

令他脱去一切苦愁。此节通说是后加的，转而替全体子民祈祷。34：22。

二六　　申冤

（属大卫）诗人力陈无辜，祈求上帝审判，参较第 7 与 17 章。

请为我申冤，耶和华！

我品行清白 就圣法而论。

信靠耶和华

从无一丝犹豫。'em`ad, 滑倒、蹒跚、摇晃，18：36，37：31。

² 请考验我试探我，耶和华

把我的肾和心放火里炼了看！意同 17：3。肾，见 7：9 注。

³ 你的慈爱，常在我眼前 意谓不忘天父对人子的眷顾，8：4。

我跟定了你的真理。直译：走在你的真理中。

⁴ 从未与虚妄之徒同席 虚妄，贬称异教神／偶像，24：4 注一。

也不和伪君子来往，伪君子，na`alamim, 掩藏，转指表里不一、伪善。

⁵ 最恨那造孽的团伙

绝不坐恶人身旁——

⁶ 我要洗净双手，申明无辜 古俗，洗手象征清白，73：13，申 21：6。

以便绕行你的祭坛，耶和华；绕行，形容祭司执礼。

⁷还要高声歌唱而谢恩

数说你的一切奇迹。像是诗人的一幅自画像。

⁸啊耶和华！我爱你宝殿至美 no`am，校读。原文：住所，ma`on。

你的荣耀之帐幕。mishkan，或作居处，特指圣殿，61：4，王上 8：13。

⁹求你不要把我和罪人一起拔除 以圣祖之问提醒救主，创 18：23。

跟负血债的一同毙命，

¹⁰那些人掌下藏着毒计 zimmah，兼指秽行乱伦，利 20：14，赛 32：7。

右手专收贿赂。恰与义人相反，15：5。

¹¹而我，品行清白——

求你赎回我，怜悯我。

¹²我的脚立于平坦之地 bemishor，象征正义、真理，上文 3 节。

会众云集，我赞美你，耶和华！原文无"你"，从七十士本补。

二七　怕谁

（属大卫）歌颂圣殿对忠信者的护佑。

耶和华是我的光，我的救恩—— 隐喻上帝乃生命之光，伯 33：30。

我还畏惧什么？或作：惧谁。

耶和华是我生命的堡垒

我还怕谁？

²正当造孽者步步进逼

恨不得生吃我的肉，比作野兽，状恶势力攻讦之凶，伯 19：22。

那跌倒了爬不起来的

却是他们——那些害我的仇敌！

3 黑压压他们四面扎营 　仿佛圣山被敌军围困。

我的心却毫无惧怕；

即便是一场恶战临头

我也信赖着他。　直译：对此信赖，9：10,21：7。旧译安稳，误。

4 只有一事，我曾恳请耶和华

并苦苦追求：即终生入住 　同23：6。

耶和华的殿宇，天天瞻仰 　圣美，no`am，婉称圣容，11：7。

耶和华的圣美，在他的圣所祈福。baqqer，寻求、祈祷，无确解。

5 当灾祸到来之日 　接着写上文3节的"恶战"。

他把我收进他的幕棚，借指圣殿，耶和华立名显圣之处，申12：11。

让我藏身于帷幄深处

将我高高举上磐石。见18：2注一。

6 于是，我得以昂起头 　胜利、奋发状，110：7。

藐视包围着我的仇敌，

并且在他的帐幕

伴着欢声献祭：

我要讴歌，我要赞颂——向着耶和华！

7 耶和华啊，请垂听我的呼唤

怜悯我，应允我。

8 想起你，我的心常说：想起你，leka，对你。另读：来！

寻他的圣颜去！他，校读从传统本注。原文：我。七十士本：你。

啊耶和华，你的圣颜我寻了又寻 　喻忏悔，申4：29。参17：15,24：6。

⁹ 求你莫把脸对我藏起。见 22：24 注二。

求你莫动怒赶你的仆人，呼应赛 54：8。

我的佑助一向是你；

千万别丢下我、抛弃我

上帝呀我的救主！

¹⁰ 纵然父母舍我而去 以高堂过世，反衬天父关怀备至。

耶和华必将我收留。

¹¹ 耶和华啊，求你把正道指给我 同 86：11。

引我踏上坦途。mishor，复指正道，26：12 注一。

他们在窥探，¹² 求你不要 窥探，shorray，直译：（为了）窥探我的。

把我交出，听凭仇敌泄愤；直译：交给敌人的气 / 灵。即任其蹂躏。

看，作伪证的四起发难 呼应上文 2 节。

一个个口吐凶言！

¹³ 我怎能不信，在此生者之地 指圣所或此生，142：5。

得见耶和华赐福？ tob，全善之福，31：19。后世引为义人永生之预言。

¹⁴ 盼着耶和华：此节像是神谕，由祭司或先知为朝圣者求得。

拿出勇气坚定信心

你要盼来——耶和华！

二八　受膏者的堡垒

（属大卫）此章结尾替受膏者 / 弥赛亚和子民祈福，或与国王的祭祀有关。

耶和华啊，我向你呼求

我的磐石，请勿缄默无言！

倘若你再不答理

我就不啻沉入了冥冥深渊！ bor，阴间的别名，赛 14:15。

² 求你垂听我的哀鸣，喻祷告，17:1, 18:6。

当我向你求救

朝着你的至圣所举起 至圣所，内置约柜，称上帝居处，出 26:33 注。

我的双手。祈祷发愿的姿势，王上 8:22。

³ 求你不要把我归于奸宄

跟造孽的一块攫去；意同 26:9。

他们对邻人口称平安 shalom，问候祝福语。

心里却十分狠毒。呼应 12:2。

⁴ 愿你按他们犯下的恶行，

照他们手上的劣迹

——报还——这等人

罪有应得。

⁵ 因为他们无视耶和华的丰功

他的亲手所造：解释犯罪的成因，赛 5:12。

愿他拆毁他们，再不复原！暗示恶人也出自全能者之手，申 32:39。

⁶ 赞美耶和华——他垂听了

我的哀告！回答上文 2 节。

⁷ 啊耶和华，我的大力我的盾

我的心只信靠着他；

得了扶持，我满怀忻喜　七十士本：肉身复活。是希腊化时期的信念。

我要用歌声赞颂他。

[8] 啊耶和华，子民之伟力　子民，从诸抄本及七十士本。原文：他们。

他是庇佑受膏者的堡垒。　受膏者，指国王、大祭司或子民均可。

[9] 愿你拯救子民，给你产业赐福　子民归圣，犹上帝置业，出 19：5。

当他们的牧人，永远看护！　nass'em，举、背，转喻保护，申 32：11。

二九　　雷声

（大卫赞歌）此章渊源甚古，通说本是迦南雷神巴力的颂诗，改编了用来祈雨、感恩。

全归耶和华：众神子呀　天庭使者，或美称圣民。参 82：1，伯 1：6。

荣耀与大力，全归耶和华！　同 96：7-9。

[2] 全归耶和华，圣名之荣耀

敬拜耶和华，璀璨而圣洁！　另读如乌迦利特语颂诗：当圣者出现。

[3] 耶和华之声降临大水，荣耀之上帝雷鸣　雷/声互训，出 19：19。

耶和华来到洪涛之上：　回放太初之混沌、黑暗，创 1：2。

[4] 耶和华一声，展现大能

耶和华一声，何其辉煌！　形容闪电。

[5] 耶和华一声，雪松折断

啊，耶和华劈碎了黎巴嫩雪松；

[6] 惊起的黎巴嫩像一只犊子

西连山如小野牛乱蹦。　西连，又名黑门，黎巴嫩南疆高峰，申 3：9。

[7] 耶和华一声，凿出根根火矛　lahaboth，火焰、刀刃枪尖，喻闪电。

⁸ 耶和华一声，荒野发抖

啊，耶和华震撼了加迪斯荒野；　雷暴自黑门直下南地，民 13：26 注。

⁹ 耶和华一声，母鹿落胎　母鹿，'ayyaloth，另读橡树，'eloth，摇摇。

森林脱净黄叶。　至此共七声雷霆，大能尽现。

于是殿上齐呼：荣耀啊荣耀！　殿，hekal，兼指天庭、福地圣殿。

¹⁰ 耶和华脚下，洪流漫漫　恶势力降服，联想彩虹之约，创 9：9 以下。

耶和华高坐，永世为王——

¹¹ 愿耶和华恩赐子民以勇力

愿耶和华祝福，子民平安！

三十　病愈谢恩

（大卫赞歌，圣殿祝圣时唱）圣殿为所罗门王所建，祝圣之礼见王上 8：62 以下。

我要颂扬你，耶和华，你取我

如汲水，不许仇敌幸灾乐祸。　汲水，dillithani，旧译提拔，误。

² 啊耶和华我的上帝

我一祈求，你便让我愈痊；　意同 107：19-20。

³ 耶和华，你把我的灵从阴间救起

保我生命免沉深渊。　除沉疴、脱绝境，后世引申为义灵重生，16：11。

⁴ 歌唱耶和华，虔敬的人！　病愈携亲友至圣所谢恩。参 97：12。

请记住他的圣洁而谢恩。　圣洁，言其救恩，婉称圣名，22：3。

⁵ 因为他的怒气只是一瞬　病痛灾祸源自圣怒，古人以为。

他的恩典却泽及一生；　恩典，razon，或如犹太社本：悦纳。

夜晚，泪水也曾留宿

黎明，就迎来了欢愉！　rinnah，庆贺康复。

⁶而我，诸事顺遂便夸口：回想大病或灾变之前。

我不会动摇，绝对！

⁷可是耶和华，虽然蒙你恩待

令我稳固如大山，直译：使力量立于我山。意译从犹太社本 /Saadia。

一旦你藏起脸来

我还是魂飞魄散——

⁸求求你，耶和华

向着我主，我连连祈告：提醒上帝，死者无爱恨恩仇，6:5 注，传 9:6。

⁹啊，何苦要我流血，要我落深坑？喻冥府，伯 33:18。

难道泥尘能赞美你，传布你的真理？旧译诚实，不妥，15:2。

¹⁰听呀，耶和华，可怜可怜我

求你佑助我，耶和华！

¹¹你使我的哀哭化作了旋舞

替我脱下衰衣，披上狂喜！衰衣，saqqi，羊 / 驼毛或粗麻缝制，黑褐色。

¹²心儿呀，就为你讴歌不停 心儿 / 肝，校读。原文：荣誉，7:5 注。

耶和华我的上帝，我永远赞美你！

三一 灵之托付

（大卫赞歌，交与乐官）此章精神近于先知耶利米的忏悔祈祷，强调无条件的信奉。

耶和华啊，我倚靠你。同 71:1-3。

求你永勿让我蒙羞

求你以公义为我解围

²侧耳垂听，速来营救！

求你做我磐石样的堡垒　或作：寻庇护的磐石。

一座拯救我的坚城；旧译不通：保障。

³ 是你，我的峭崖我的要塞　旧译山寨，误。

一显你的圣名，引我前行。套喻，18:2,23:3。

⁴ 求你为我解脱暗设的网罗　意同25:15。

因为你是我的庇护。ma`uzi，同上阕堡垒。

⁵ 我把我的灵托付与你的手　灵，ruah，气、命。路23:46，耶稣遗言。

靠你，才得了救赎——

啊耶和华，真理之上帝！真理，兼指圣法之道、圣言信实，25:10。

⁶ 你憎恶他们对虚妄顶礼　你，从一抄本及七十士本。原文：我。

而我，只信赖耶和华，虚妄，见24:4注。

⁷ 要尽情欢乐，享你的慈爱。

因为你见了我的苦楚

知悉我灵中的创伤，

⁸ 没有将我扔到仇敌的掌下

却使我立足于宽广之乡。熟语，形容自由独立，18:19注。

⁹ 耶和华啊，求你怜悯我这惨状！接回2a，变换节律，继续祈救。

我两眼因哀恸而干涸　同6:7。

心灵倍受煎熬。心，bitni，腹、子宫，借喻内心情感，箴20:27。

¹⁰ 生命为悲辛所耗尽

岁月给了叹息，

精力在愁苦中衰竭　愁苦，`ani，从七十士本。原文突兀：罪，`awoni。

骸骨根根枯裂。

¹¹ 到处是敌人在把我辱骂 反复出现的主题，22：6，38：11，伯 19：19。

四邻厌恶，朋友害怕， 厌恶，ma'os，从圣城本注。原文：非常，me'od。

路人遇见就赶紧躲开——

¹² 只想在心里忘了我，像个死人

像只破瓦罐，丢掉！

¹³ 啊，满耳是流言蜚语 同耶 20：10。

我已被恐惧围困；

他们聚一堆偷偷算计

阴谋置我于死地。

¹⁴ 然而我信靠的是你，耶和华

你是我的上帝，我宣誓！

¹⁵ 我的命数在你手里，救救我

让我摆脱追来的仇敌，

¹⁶ 让圣容照临你的仆人 求天父不再藏脸而眷顾，4：6 注二。

以你的慈爱把我拯救。

¹⁷ 耶和华啊，我在呼唤你

求你莫让我蒙羞；

只有恶人才应当负辱 参较 25：3。

无声无息，沉沦阴间——

¹⁸ 他们撒谎的嘴都堵住，

灭了，那中伤义人的妄言。

¹⁹ 啊耶和华，你的赐福多么丰厚 呼应 27：13。

专为你的敬畏者蓄积， 原文无圣名，据诸抄本及七十士本补。

给倚仗你的人领受

要芸芸人子看到！

²⁰ 圣容之下，你把他们掩藏　他们，指敬畏／倚仗上帝的义人。

而避开世人暗算；

让他们藏身于你的幕棚　sukkah，喻圣殿。旧译亭子，误，27：5。

免遭长舌的毁谤。

²¹ 赞美耶和华，围城之中　`ir mazor，或作坚城；呼应上文 13 节。

为我降示奇迹——他的慈爱！

²² 是的，我曾惊骇得高喊：

铲除我吗，从你眼前？　铲除，nigraztti，另读驱逐，nigrashtti，拿 2：5。

然而我一呼救，立刻

你应允了我的祈求。

²³ 热爱耶和华，全体虔敬的人！　或如七十士本：圣民。参 30：4。

凡是忠仆，耶和华都保佑，　忠仆，'emunim，旧译不妥：诚实人。

但那行事骄横的

他必狠狠报复。

²⁴ 拿出勇气坚定信心

一切寄望于耶和华的人！　重申 27：14。

三二　　获救的欢歌

（大卫训诲诗）maskil，本义见识、慎明，无定解。　此诗基督教称忏悔七章之二，6：10 注。

福哉！那忤逆得了赦免　忤逆，pesha`，特指蓄意违犯圣法，25：7。

罪愆被掩埋的人；　掩埋，kesuy，此处喻宽恕。

² 福哉，那免受耶和华归咎　能悔改故，51：2, 9。

灵中无诈的人！

³ 起先，我闭口不说 拒绝或出于无知而不愿认罪。

我骨头散架，终日呻吟。

⁴ 因为你的手无分昼夜

压在我身上，我的心 原文无"心"，据一抄本补。此句无定解。

如炎夏的田亩干裂。（停）田，lesaday，校读。原文：汁，leshaddi。

⁵ 而后我向你坦白了罪愆

一件错谬也不隐瞒，kissithi，同上文 1 节掩埋。参较伯 31:33。

说：我忤逆，要向耶和华忏悔。'odeh，感恩赞美，转指认罪，利 5:5。

你竟赦免了我的罪责。（停）

⁶ 所以虔敬的遭逢困厄 mazor，校读。原文不通：mezo' raq，仅找到。

都要向你祈祷，即使洪水暴发 喻恶人或敌族侵害，18:4。

也冲不着他。⁷ 啊，我的藏身处 隐喻圣殿，27:5。

祛灾的护主，你以获救的欢歌

将我环绕！（停）亲友庆贺罪人新生。以下变换节律，似箴言。

⁸ 我会开导你，指出你该走的路

也会规劝并注视着你。像祈祷者求得的神谕，或智者训诲。

⁹ 但是你不可像骡马那样鲁愚

非要套上了缰绳嚼环

才能驯服。直译：才肯挨近你（服从命令）。

¹⁰ 等待恶人的是苦痛无边，相信报应有时，62:12。

但信靠耶和华的

必有慈爱做伴。训诲完。

¹¹ 喜悦在耶和华——

庆祝呀，所有的义人

一起来欢呼，心地正直的人！

三三　十弦

欢呼吧，义人，朝着耶和华

正直，配颂扬才相称！

² 感恩耶和华，抱起三角琴　通为七弦，羊肠制，犹太法典 / 鸟巢 3：6。

拨动十弦，向他礼赞；　十弦，较三角琴大而昂贵，常用于礼拜，92：3。

³ 来，新歌一曲献给他

妙音弹奏，欢呼再三！　teru`ah，呐喊、战号，呼喊上帝，民 23：21。

⁴ 秉直昭昭，耶和华之言　神格使然，申 32：4。

他一切作为皆本于信实。　'emunah，旧译诚实，误。

⁵ 独钟正义，主持公道

耶和华的慈爱充盈大地。　同 119：64。

⁶ 耶和华一语，诸天造就　创 1：6 以下。

他启唇一呼，星空万象。　呼，ruah，如同中文，兼指嘘气吐言。

⁷ 他堆海水如垒高墙　ned，出 15：8。七十士本：（灌）皮囊，no'd。

深渊他贮于座座仓房。　指穹隆上的天河及地下深渊，伯 38：8, 22。

⁸ 愿茫茫大地敬畏耶和华

世上众生都惧怕他！

⁹ 因为他说"有"就有，yehi，是 / 在 / 有 / 生，圣名之词根，yhwh。

命"立"即立。　创世乃圣名的完美展现。

¹⁰ 啊，耶和华使列国图谋落空　以下三阕追溯救恩与人的命运。

万民的计策他一一挫败；万民，泛指不知或拒绝圣法者。

¹¹ 永立不移，惟有耶和华的宏图

他心中大计万世长存。归功于上帝创世之大智慧，箴 3:19, 8:22 以下。

¹² 福哉，那尊耶和华为神的一族　同 144:15。

那选作他产业的子民！出 19:5，申 7:6。

¹³ 重霄之上，耶和华放眼

将亚当子孙一遍遍视察，意同伯 34:21。

¹⁴ 从他的居处遥遥俯瞰

众生栖息，大地为家：

¹⁵ 是呀，哪一颗心不是他造？直译：那把他们的心一起抟的。

一举一动他无不知晓。

¹⁶ 军队再强，君王也未必安宁　nosha`，或作得救。

力气再大，勇士也难保性命；如少年大卫杀非利士巨人，撒上 17。

¹⁷ 靠骏马取胜？那是妄想——

它脚力再足也不得逃生！意谓人事成败皆在救主，20:7, 44:3。

¹⁸ 看哪，耶和华眷注敬畏他的人　呼应 32:8, 34:15。

他慈爱施与仰望他的人，

¹⁹ 决意要众灵挣脱死亡

获救而安度饥荒。

²⁰ 而我们的灵，盼着耶和华

他，才是佑助我们的盾；套喻，18:30, 115:9 以下。

²¹ 满心的喜悦，皆系于他

只因有他的圣名倚仗。

²² 啊耶和华，愿你以仁爱覆盖我们
　一如我们寄予你的——希望！

三四　　灵的骄傲

（属大卫，在亚比王面前装疯被逐）事见撒上 21：11 以下，但国王名不同。

א　我要赞美耶和华，每时每刻
　他的颂歌总在我口中：

ב　² 耶和华是我的灵的骄傲——
　愿卑微者听到，高兴！卑微者，贫苦而信靠上帝的人，9：18，25：9。

ג　³ 请跟我同唱，大哉耶和华 常用赞语，35：27，路 1：46。
　让我们齐声举扬圣名。唱/声，原文无，据文意补。

ד　⁴ 每次我求助，耶和华都应允
　为我驱散一切恐惧。

ה　⁵ 仰望着他，容光焕发　naharu，七十士本：被照亮。另读：盼望他。

ו　你们的脸就再不用羞惭。你们，校读从传统本注。原文：他们。

ז　⁶ 一如穷人的哀号耶和华必听
　必救他脱离重重苦难—— 上节或有脱文，藏头虽在，节律不整。

ח　⁷ 必有天使在敬畏耶和华的人
　四周扎营，做救兵。

ט　⁸ 啊，尝过才懂得，耶和华至善：好人受苦，证成救恩。彼前 2：3。
　福哉，那倚靠他的人！重申 2：12。

י　⁹ 敬畏耶和华，当他的圣民！

敬畏他，即告别贫乏：呼应 23:1。

ㅂ   ¹⁰ 小狮也未免挨饿断食 小狮，象征恶人，17:12。七十士本：富人。

那寻求耶和华的却不乏福祉。以下为智者教导，并分述善恶报应。

ㄥ   ¹¹ 来吧，孩子们，听我说

让我教你们敬畏耶和华。智慧始于敬畏，伯 28:28，箴 1:7。

ㅁ   ¹² 谁是爱惜生命的人 旧译不通：喜好存活。参彼前 3:10 以下。

谁想寿足，安享幸福——

ㄱ   ¹³ 谁就要当心，舌头莫沾恶语

莫让谎言弄脏了嘴唇；沾 / 弄脏，原文无动词，据文意补。

ㅁ   ¹⁴ 还要行善避恶 同 37:27。

觅和平而紧追不舍。和平，尤指人神关系，85:8, 10，太 5:9。

ㄨ   ¹⁵ 耶和华慈目眷顾义人

声声呼救，尽在耳中；

ㅍ   ¹⁶ 对造孽的，耶和华沉下脸 熟语，表厌恶、敌对，利 17:10。

要把恶名从世上铲净！恶名，zikram，记忆、声誉。铲名，犹言绝后。

ㄗ   ¹⁷ 人有哀鸣，耶和华必听 原文无"人"，参七十士本补。

必为之解除一次次危难；

ㅋ   ¹⁸ 破损的心离耶和华更近

碾碎的灵，有他救援。碾碎，dak'e，形容悔罪之痛。

ㄱ   ¹⁹ 义人的灾祸再多

耶和华也会前来解救：直译：从那一切将他解脱。

ㄨ   ²⁰ 他全身的骨头都要保全

一根也不许折断。参约 19:36，引作耶稣受难的预言。

ת ²¹ 而恶人终要死于邪恶

那仇恨义人的，必承罪。 ye'shamu，兼有毁灭之意，下句同。

²² 待到耶和华赎回众仆的灵 提喻生命，6:3注。赎灵，婉言赦罪。

凡倚靠他的，概不定罪。

三五　　诬告

（属大卫）主题同22章，也是危难中向神祈救。

诬告我的，都归你控告，耶和华！ 以司法比喻。

打击我的，求你打他——

² 拿上你的圆盾和长盾 zinnah，较圆盾大，能掩蔽全身。

这就起身驰援！　 兵器喻上帝大能，24:8注。

³ 亮出你的长矛与投枪 sagar，校读参死海古卷。原文：关闭，segor。

为我迎击追兵，

然后安慰我，只一句： 直译：对我的灵说。

我是你的救主。 呼应27:1。

⁴ 愿算计我性命的人

自取其辱，

愿那些谋害我的

仓皇逃窜！

⁵ 愿他们像秕糠遇上大风 见1:4注。

任耶和华的使者驱赶； 呼应34:7。

⁶ 愿他们退路又黑又滑 意同耶23:12。

被耶和华的使者捉拿。

⁷ 无缘无故他们对我暗布罗网

挖设陷坑，竟想夺我的命。参观 7∶15，赛 47∶11。

⁸ 愿他们毁灭临头，猝不及防

踏中圈套，栽下自己掘的陷阱！ shuhah，校读。原文：毁灭，sho'ah。

⁹ 而后，我的灵要以耶和华为喜悦

因他的救恩而欢愉，

¹⁰ 每一根骨头都言之凿凿： 骨头，借喻内心情感、信仰。参 6∶2。

耶和华啊，谁能与你相比？ 暗指异教神为虚妄，出 15∶11。

从强豪手里营救弱小 直译：从比他强的（手里）解脱。

佑穷人不受掠劫。 原文句首重复"弱小"，似误抄，从圣城本删。

¹¹ 恶狠狠证人们起身， 以下两阕回顾恶人恩将仇报。

拿莫须有的罪名 直译：我所不知的。

把我盘问；¹² 以怨报德

他们掏空了我的灵！ 极言哀痛，参 42∶4 注一。呼应 38∶20。

¹³ 而当初，他们病重

我披上衰衣，禁食苦行 表示同情，分担痛苦。衰衣，见 30∶11 注。

心里一遍遍祈祷， 直译：我的祈祷回来我腹。无定解。

¹⁴ 待他们就像朋友或亲兄弟

如一个痛失母亲的人

我伏地悲泣！

¹⁵ 然而我一跌倒，他们便兴高采烈

将我围住——卑鄙的败类！ nekim，打、杀，转指造孽、诽谤。

冷不防，他们扑上又撕又咬， 比作猛兽，7∶2，17∶12。

¹⁶ 这群亵渎者龇牙咧嘴 此节无善解，校读参七十士本。

肆无忌惮把我讥嘲。 la`age ma`og，（乞讨）糕点逗笑（的小丑）。

¹⁷ 主啊，你坐视不理还要多久？

救救我，别让他们毁了 sho'ehem，无确解。七十士本：免遭其作恶。

小狮爪下的这一条命——

¹⁸ 让我在盛大集会上向你谢恩

在无数子民中把你赞颂。无数，`aẓum，兼指强盛，10：10注，箴7：26。

¹⁹ 求你莫让那些骗子仇敌 旧译不通：无理与我为仇的。

拿我开心——他们没来由地

恨我，挤眼珠子觑我。yiqrezu-`ayin，表鄙视、恶意，箴6：13，10：10。

²⁰ 不，他们的问候不是平安，意同28：3。

对温良的国人 温良，rig'e，休息、安静，转指温和本分。

他们早想好了套套谎言。

²¹ 听，他们咧开大嘴一通诬告：

哈呀，那事我们亲眼看见！

²² 看见了吧，耶和华，别沉默了

主啊，请不要远远站开！反复出现的母题，22：1, 11, 19, 38：21。

²³ 醒一醒，起来，为我辩护

上帝呀我主，你替我申冤！求救主兑现诺言，申32：35。

²⁴ 审判我吧，照你的公义，耶和华

我的上帝，别让他们嗤笑，旧译（向我）夸耀，误。

²⁵ 不许他们心想：哈，正中下怀！直译：（遂）我们的灵。

抑或扬言：他已被我们吞掉。

²⁶ 愿幸灾乐祸的

全惊惶失措，

愿骑在我头上的 直译：在我之上称大。

以羞辱为衣！

27 愿乐于还我公道的

欢舞又歌唱，

愿他们说不完：大哉耶和华　同 34：3, 40：16。

他最喜他的仆人平安！

28 而我的舌头，必诵习你的正义　参 22：31。

日复一日把你咏赞！

三六　　恶人的神谕

（属耶和华仆人大卫，交与乐官）似由两片断合成：1-4 节儆戒不义，5-12 节
为一颂诗。

忤逆，是恶人的神谕　ne'um，常指圣言，赛 14：22，讥恶人不闻真理。

自他的心底发出；他，从诸抄本。原文：我。

他眼里从来就没有

对上帝的畏惧。罗 3：18。

2 只因把自己看得太高明　heḥeliq，奉承，自以为是。

以为罪孽不会败露遭忿恨，七十士本作主动态：不会发现并恨罪孽。

3 他满口阴毒与欺诈　阴毒，'awen，痛诋异教神，同下节阴谋。

丢了审慎和善行。

4 即便躺床上

他也在策划阴谋；

一旦踏上那不善之路　背离至善，34：8, 100：5。

就再没有他厌恶的罪尤！　厌恶，yim'as，或作拒绝。

⁵ 啊耶和华，你的慈爱托起诸天　以下转入颂诗，渊源不同。

你的信实高于霄汉，

⁶ 你的公义如巍巍神山　harre-'el，极言其高大，68：15，80：10。

你的判决如无底深渊。　喻其真确、不可逃避而永无解脱，19：9。

人与百兽你都护佑，耶和华

⁷ 多么珍贵你的慈爱，啊上帝！

所以亚当的子裔安身

全靠你翅膀的庇荫——

⁸ 饱尝你宝殿的膏泽　宝殿，复指上节的翅膀庇荫，即圣殿，17：8。

再畅饮你赐欢乐的清溪；　如先知所见，自圣殿门下流出，结47：1。

⁹ 啊，生命之源泉，在你，

藉你的明光我们看到光明！　蒙福而不死，得生命之光，约8：12。

¹⁰ 愿你把慈爱施与认你的人，　认上帝即忠信，圣民之标志。

公义给正直的心。

¹¹ 求你制止那傲慢的脚踩我

不许恶人的手赶我——

¹² 直至造孽的一个个打翻在地

仆倒了再也不能爬起！

三七　报应有时

（属大卫）藏头诗，9：1注。诗人坚信善恶报应均在现世；语汇风格类乎《箴言》。

א 不要因恶人而恼火

那行不义的，你不可羡慕；箴 23：17，24：1，19。

² 就像野草他们转眼凋落 yimmalu，另读同音词：割去。参伯 8：12。

又如绿叶终必干枯。绿叶，deshe'，旧译青菜，不妥，赛 15：6。

ב ³ 信靠耶和华而扬善

你就能留居福地，放牧平安；'emunah，坚定、安心、忠信。

⁴ 只要把欢乐寄予耶和华

他定会遂你的心愿。似已失去福地，频频翘望，9，11，22，29，34 节。

ג ⁵ 你的命途，也托付耶和华 托付，gol，滚、卷，引申作指望、依靠。

信赖他，他必成全——

⁶ 使你的义德四射如光 公义驱散黑暗，赛 58：10。理据，暗示受审。

理据似正午骄阳。zohorayim，双光，太阳升至最高点时。

ד ⁷ 耶和华面前要静谧，

等待须耐心；不要

因别人玩弄诡计

事事顺达，你就烦恼。事事，darko，道，转指行事、运道。

ה ⁸ 要息怒，戒愤恚

莫烦愁，以免陷于罪戾；

⁹ 因为作孽的终将被铲除

而企盼耶和华的，必承福地。又名奶与蜜之乡，出 3：17，象征拯救。

ו ¹⁰ 再过片刻，恶人即湮灭

你四处寻遍也不见踪影。

¹¹ 而卑微者却要领受福地 卑微，七十士本作恭顺，praeis。太 5：5。

尽享繁荣与安宁。或如钦定本：平安之繁荣。

ז　¹²恶人构陷义人

　　咬牙切齿，真狠；直译：朝他咬牙。熟语，35：16, 112：10。

　　¹³不意我主一声冷笑：意象同2：4。

　　觑着他来日无多！

ח　¹⁴他还拔剑挽弓，想撂翻 他，原文：恶人们。

　　贫苦弱小，屠杀走正道的人；旧译不通：行动正直。

　　¹⁵岂料利剑刺穿的是自己的心

　　强弓崩断，成了碎片。

ט　¹⁶诚然，义人安贫

　　但远比宵小发财要幸运。意同箴15：16。

　　¹⁷因为恶棍的臂膀必将折断 臂膀，zero`oth，喻权势，10：15。

　　耶和华只扶持义人。

י　¹⁸清白者每天为耶和华关注 清白者，temimim，指其品德，7：8注。

　　他们的产业永固；

　　¹⁹即便落入困境也不会蒙羞

　　饥馑之日，仍饮食丰足。

כ　²⁰而恶人与耶和华为敌

　　注定了覆亡：仿佛草场上 karim，另读如钦定本：羊羔。

　　鲜花消泯，又像青烟 鲜花，yaqar，珍贵，（花儿）绚烂。

　　他们倏忽消散。

ל　²¹正如恶人借贷从不偿还

义者总是乐善好施；

²² 那蒙他赐福的，必承福地　他，指上帝。

受他咒诅的，定被铲除。

מ　²³ 一个人之能够步履稳

是因为耶和华中意他走的道。参观箴 20：24。

²⁴ 万一失足，也不致摔坏——

有耶和华牵住他的手。

נ　²⁵ 从少时到垂暮之年，据此，通说诗人是一位智慧长者。

我不曾见义人被抛弃而子女

在乞食；²⁶ 那一生乐捐

善济的人，后裔保准有福。

ס　²⁷ 是呀，避恶行善　同 34：14。

即可长居久安，

²⁸ 因为耶和华独钟公道　重申 33：5。

虔敬的，他决不舍弃。

ע　不义的要永远消灭　不义，'awwalim，校读。原文脱字：他们永受保佑。

恶人的子实通通铲绝，

²⁹ 而义民将领受福地

世世安居乐业。

פ　³⁰ 智慧萦绕义人的唇　智慧，hokmah，言其敬畏上帝，34：11 注。

他舌头述说公道；

³¹ 心里存着上帝之法

他脚步再不晃摇。

צ　³² 恶人一直在偷窥

　　　想伺机残杀义人，

　　³³ 但耶和华决不会放过凶手　直译：不会将他（义人）弃于其手。

　　　不会判义人有罪。

ק　³⁴ 企盼耶和华，守他的道

　　　他一定将你高举——

　　　叫你领受福地，要你目睹

　　　恶人被一总剪除。

ר　³⁵ 当初看恶人嚣张

　　　如黎巴嫩雪松般高大。从七十士本。原文费解：如本地绿树展开。

　　³⁶ 后来再去，那儿空空如也

　　　怎么查访也觅不着他。变奏上文 10 节，参伯 20：6 以下。

ש　³⁷ 求你眷顾正直，守护清白　呼应 25：21。

　　　让和平之人子裔兴旺。子裔／后代，'aharith，或如犹太社本：未来。

　　³⁸ 但忤逆的要全数灭亡　和平，形容人神关系，34：14 注。

　　　恶人不留一个后代。直译：恶人的后代必剪除。

ת　³⁹ 而义民的拯救在耶和华

　　　危难之时他们的堡垒；ma`oz，旧译营寨，不妥，31：4 注。同 9：9。

　　⁴⁰ 蒙耶和华佑助，摆脱了恶人

　　　凡倚靠他的必获救恩。

三八　哀叹不对你隐瞒

（大卫赞歌，求主眷念）lehazkir，无定解，或指祭祀。基督教忏悔七章之三，
6：10注。

耶和华啊，请不要生气谴责我　常用祷辞，同6：1。

不要震怒而降罚。

² 因为你的箭射穿了我

你的手压着我，不放！箭／手，喻病痛灾祸，神的惩戒，32：4，伯6：4。

³ 我体无完肤，只因你一怒

我病入骨髓，全怪我的罪。

⁴ 那咎责高出了我头顶　意谓抵挡不住，被罪恶淹没。

如此重负，我承受不起！典出该隐杀弟负罪故事，创4：13。

⁵ 我的伤口发臭溃烂，

都怪我愚昧之极；

⁶ 可怜我佝偻着身子

日复一日悲戚。

⁷ 腰胯间似火烧灼　腰胯，kesalay，谐音蠢汉，kesil，49：10，箴1：22注。

全身没一处好肉。

⁸ 气息奄奄，几无知觉

只剩呻吟和满心苦愁——

⁹ 主啊，我的祈愿都在你面前

我的哀叹不对你隐瞒！

¹⁰ 心，还在悸动

精力，早已耗竭，

眼里的光辉也离我而去。参较 6:7, 31:9-10。

¹¹ 亲朋好友躲着我这副病相

邻人本家都远远避开。极言义人之孤立无援，31:11，伯 19:13 以下。

¹² 那谋我性命的设下罗网：

一意诋毁，他们散布恶言

成天为诡计而绞尽脑汁。

¹³ 可是我好像聋子无从听见

又如哑巴，不会启齿；参观赛 53:7，以沉默的羔羊喻上帝忠仆。

¹⁴ 简直成了一个失聪的人 此节意思重复，似插注。

有口不知分辩。

¹⁵ 啊，你是我的希望，耶和华 熟语，因信而望，25:21, 71:5。

惟有你会应允，主啊我的上帝！

¹⁶ 求你了，万勿让他们嗤笑—— 同 35:24。

我一跌跤，他们好吹嘘！呼应 13:4。

¹⁷ 虽然我撑不住要垮了

痛楚死死纠缠，

¹⁸ 但是我要坦承我的罪责 变痛为悔，立信于苦难，32:5 注。

为每一件错谬而坐立不安。'ed'ag，焦虑，谐音坦承，'aggid。

¹⁹ 无端我的仇敌不可一世，无端，hinnam，校读。原文活着，hayyim。

那数不尽的恨我、冤枉我的，

²⁰ 他们以怨报德跟我作对

只因我追求善德。tob，七十士本：义德。教父注经，借指耶稣受难。

²¹ 耶和华啊，求你不要抛弃我 回放 22:1，受难忠仆的祈祷。

不要远远站开，我的上帝。同 35：22。

²² 求求你，快来护佑

主啊，我的拯救！

三九　　人生如旅

（大卫赞歌，交与乐官耶杜顿）yeduthun，会幕 / 圣殿三乐官之一，代上 16：42。

我说了，我要审慎言行

以免因舌头而触罪；

要拿嚼环把嘴勒住 格言：祸从口出，人前慎言。参较 32：9。

若是有恶人在我身旁——

² 我不作声，沉默再沉默，他顺达，mittobo，校读从圣城本注。

可他事事顺达，令我越加痛苦！ 原文不通：从好而，mittob u。

³ 啊，多少愤懑郁结在心，直译：我的心烧在我内中。

想起就如火焚烧

就忍不住鼓舌倾吐：

⁴ 耶和华啊，求你让我知道

结局和命数，苟延残喘

我还剩几天？

⁵ 看，你给我的日子仅一两掌长 一掌等于 1/6 肘，约合 7.6 厘米。

这条命于你，几如乌有。

人虽站起，不过一口嘘气：（停）hebel，叹其虚幻徒劳，传 1：2。

⁶ 碌碌奔忙，不过一条幻影 zelem，喻空虚短暂，73：20。

财富堆积，无非一阵轻风 财富，hamon，校读。原文：忙乱，hamah。

不知道——将来归谁享用！ 近东智慧文学一大主题，伯 7：6 以下。

⁷ 主啊，如今我还能盼什么——

除了你，我的希望？

⁸ 求求你，救我摆脱忤逆之罪

别叫我受愚妄的人羞辱。愚妄，贬其异教信仰或习俗，14：1 注。

⁹ 我沉默，我不开口

既然这都是你的作为。

¹⁰ 还求你为我祛除苦疾　nig`eka，打击，泛指瘟疫灾殃，创 12：17。

你的手太狠，我经受不起。一说此诗作于病中，为祈求康复。

¹¹ 你以治罪来儆戒世人，病罪同源，皆彰示神意，30：5 注。

仿佛衣鱼，将他所钟爱的

——蛀蚀——而人

无非是一口嘘气。（停）重复上文第 5 节，有如副歌。

¹² 耶和华啊，求你垂听我的祈祷

留意我的哀号，我的泪水

你万勿不理！于你

我只是过客，一如我祖先

行旅匆匆。¹³ 求你移开怒目　过客 / 行旅，反衬救恩之永恒，利 25：23。

还我笑颜，在我临去之前！笑颜，'abligah，旧译力量，误。伯 10：20。

四十　盼来

（大卫赞歌，交与乐官）本章为感恩颂诗，接一祈祷哀歌，13-17 节；哀歌即 70 章。

盼哪，盼来了耶和华！

承他俯身垂听我的呼救：

² 他把我从祸坑和泥淖里拉起　祸坑/泥淖，喻沉疴或绝境，30：3注。

让我立足于磐石，站稳脚跟；　磐石，借喻上帝庇佑，18：2。

³ 还往我嘴里放一支新歌

赞美我们上帝。愿众人见了

无不心生敬畏而归信

啊耶和华！

⁴ 福哉，那非耶和华不信

不附和狂傲，也不走歧路

不追随谎言的人！　谎言，kazab，婉言异教神/偶像，4：2注。

⁵ 是你，耶和华我的上帝

造下这无穷奇迹，替我们

谋划一切——谁也不能比拟：　旧译不通：不能向你陈明。参89：6。

叫我如何宣明，数不胜数

你的伟绩！

⁶ 牺牲与供品你并不在意　供品，minhah，尤指素祭，利2：1注。

却为我挖通了耳朵，　喻聆受圣言，赛50：5。七十士本：为我预备肉身。

全燔祭、赎罪祭你也没要求。　听命胜于献祭，如先知言，撒上15：22。

⁷ 故而我说：看哪，我来了！

我的事已载于书卷，　天庭记述人类命运的名册，即生命册，69：28注。

⁸ 你的旨意我独爱遵循

我的上帝，你的圣法

常驻我心。　依摩西教导，申6：6以下。

⁹ 于是盛大集会，宣公义之佳音

听哪，我没有缄口不言，

耶和华啊，这你知道——

¹⁰ 我从未将你的公义在心扉后藏起

而不讲述你的信实与救恩，

从未对会众隐瞒遮蔽　婉言背离圣法，误导子民。参出 34:6-7。

你的慈爱，你的

始终不渝。'emeth，旧译诚实，不妥。下同。

¹¹ 啊耶和华，求你不要收回

你对我的怜悯；愿始终不渝

你的慈爱，时时给我护佑。颂诗完。下节过渡，转入祈祷。

¹² 因为，数不清的祸害

已把我包围，一桩桩罪愆

紧追不放——我不敢看！

简直比我的头发还多　形容祸害/罪愆，实指恶人，69:4。

令我胆战。直译：我的心抛弃了我。

¹³ 愿你开恩，耶和华，解救我　以下四阕同 70 章。

啊耶和华，求你速来佑助！

¹⁴ 一堆儿让谋我性命的　原文此处重复：夺她/命。据 70:2 略。

自取其辱——

让那幸灾乐祸的一败涂地

而蒙羞，¹⁵ 让他们愧恨交加

而气馁，再也不能笑我　气馁，yashommu，荒芜，喻丧气、惊呆。

"哈呀"！如 35:21, 25。

¹⁶ 愿所有寻求你的人

因加入你而忻喜；加入，犹言追随，蒙福。

愿一切渴望你救恩的　渴望，'ohabe，热爱，爱而欲得。

不停高呼：大哉耶和华！ 同 35：27。

¹⁷ 而我，虽然卑微贫苦

却依然蒙我主眷念。 参较 70：5。

求求你，我的庇佑我的救主

啊上帝！求你不要迟延。

四一　病榻上

（大卫赞歌，交与乐官） 如前章，也是感恩与祈救交织一体。

福哉，那关心贫弱的人，

患难之日，他必蒙耶和华解救！ 理同箴 14：21。

² 耶和华庇护他，赐他生命

以称福于世，而决不会 称福，ye'ushshar，因上帝赐福。

听凭敌人拿他泄愤。³ 病榻上 泄愤，直译：把他交给敌人的灵。

他有耶和华支撑——遇苦疾 转第二人称直呼救主，亲近而热烈。

全靠你，叠褥起床。 直译：翻转全床。

⁴ 而我，曾祈求耶和华怜悯：

求你治愈我，我触罪冒犯了你！ 旧译不确：得罪你。38：3, 39：11 注。

⁵ 那边我的仇敌却在咒骂：

他哪天才死啊，名字可勾销？ 从族中剔除，连同名下产业，民 27：4。

⁶ 这边来探望我的，只是堆空话， 责其虚伪，26：4。

一出门，他们心里积攒的恶语

就再也按捺不住！ 直译：就说出来。斥其毁谤，35：15-16。

⁷ 还有交头接耳，那伙人恨我

一块儿算计害我的招数：

⁸ 哼，他叫百戾魔捉去了　百戾魔，此处指致命恶疾，18：4注二。

这回病倒，他爬不起来！

⁹ 连我平素最信任的密友　'ish shelomi，友谊之人。

同我分吃面饼的知己，　一说指背叛大卫王的谋士亚希多弗，撒下 15：12。

也脚跟一抬，踢我！　耶稣引此句揭露叛徒，约 13：18。

¹⁰ 耶和华啊，求你怜悯我

让我重新站起，向他们报仇！　背友古人视为大罪，复仇乃法定义务。

¹¹ 这样我就知道，你真的喜欢我　呼应 18：19。

因为仇敌对我再也不喊胜利。

¹² 而我——蒙你的扶持

还我清白——在你面前

将永远侍立。暗示“入住耶和华的殿宇”，23：6。

¹³ 赞美耶和华，以色列的上帝　此节颂辞是后加的，标记一卷结束。

从永远到永恒。

阿门，阿门！

卷 二

四二　牝鹿

（寇腊裔训诲诗，交与乐官）寇腊后人曾负责看守圣所，代上 26：19。

像牝鹿渴望着清溪，　牝鹿，'ayyeleth，从传统本注。原文公鹿，'ayyal。

我的灵思念你　灵，阴性名词，提喻整个的人，6：3注。下同。

啊上帝！

² 她渴念上帝，我的灵，

永生的上帝！究竟何时　似回忆子民朝圣，11：7 注。

才能朝见你的圣容？　你，从古叙利亚语译本。原文：上帝。

³ 白天黑夜，我眼泪当面饼咽　写亡国入囚之痛，80：5, 102：9。

他们终日拿我讥讽：

你的上帝呢，在哪？

⁴ 啊，想起来我仿佛没了灵：　成语，形容悲伤，35：12，撒上 1：15。

从前我如何去到至尊者的帐幕　besok 'addir，从传统本注。

如何步入上帝的殿宇，　原文费解：率众人行进。

载歌载舞，一片颂歌——

守节的人真多！　一年三次，子民集合于圣所守节，出 23：14 以下。

⁵ 我的灵哪，为什么垂头丧气

何故烦躁不安？

你应该盼望上帝！

而且我还要赞美他　常在，panay，直译：我面（前）。

常在之救恩，⁶ 我的上帝。　从诸抄本及 11 节。原文：他面。

每当我的灵垂头丧气

我就想你：从约旦河源与黑门峰　或指诗人流亡之地，29：6 注。

从那座小山，想你。　小山，har miz`ar，即锡安，2：6。另说指河源某山。

⁷ 深渊对深渊呼叫　旧译响应，误。

应和你飞瀑轰鸣，你的怒涛

涌起，盖过了我的头顶。　陷于危难状，洪水象征灾祸，32：6。

⁸白天，愿耶和华布施他的慈爱

夜晚，他的歌与我同在

向永生的上帝祈祷。 永生，从诸抄本及上文2节。原文：我的生命。

⁹我要问问上帝，我的磐石：

你怎么就忘了我？ 到处仇敌压迫 到处，直译：走（丧）。

令我服丧，为什么？

¹⁰好似砸碎我的骸骨 好似，从少数抄本及西玛库本。原文：在/当。

那些仇家成天冲我辱骂：

你的上帝呢，在哪？

¹¹我的灵哪，为什么垂头丧气 叠句，重复上文5节。

何故烦躁不安？

你应该盼望上帝！

而且我还要赞美他

常在之救恩，我的上帝。

四三

上帝呀，求你为我申冤 此章误分，实为哀歌"牝鹿"之第三段。

向亵渎之民讨还公道， 亵渎，lo'-ḥasid，不虔敬，常指敌族。

救我摆脱欺诈和不义之徒！

²你是我的上帝我的堡垒， 另读如七十士本：我的力量。

你怎么就抛弃我？ 到处仇敌压迫 变奏42:9。

令我服丧，为什么？

³ 求你降示你的光明与真理，拟人，仿佛上帝派遣使者。参 25：21。

请它们指路，领我前往

你的圣山，你的居处——

⁴ 让我走近上帝的祭坛

来到赐我欢乐的上帝面前：或作：到上帝我的欢乐面前。

我要弹琴把你歌颂，上帝啊我的上帝！

⁵ 我的灵哪，为什么垂头丧气 叠句，42：5，11。

何故烦躁不安？

你应该盼望上帝！

而且我还要赞美他

常在之救恩，我的上帝。

四四　　国殇

（寇腊裔训诲诗，交与乐官）此章所述国殇，或指巴比伦攻陷圣城（前 587/586）。

上帝呀，我们亲耳聆听

祖先传述一件件你的伟绩，

悠悠岁月，² 你的巨手之功：断句从传统本注。

为他们立身，你曾驱散异族 指以色列进占迦南，78：55。

俾他们成长，你曾破坏列邦。

³ 是呀，夺来土地不靠掌中的剑

赢得胜利，亦非膂力过人，归功上帝，循圣法而戒骄，申 8：17 注。

他们凭的是你的右手你的巨臂

你的慈颜之光华——只因你　见4:6注。

将他们悦纳。

⁴ 你是我的王，我的上帝　原文无"我的"，从七十士本补。

是你赐雅各大胜。

⁵ 仰仗你我们推翻顽敌

踏住叛贼，奉你的圣名!　叛贼，见18:39注二。

⁶ 弓，不是我的倚靠

剑也决不了输赢; ⁷ 惟有你

能救我们挣脱仇寇

令恨我们的人蒙羞。

⁸ 向着上帝我们天天称颂　或作：以上帝而自豪。

永世谢恩，赞你的圣名!（停）借赞辞转折/器乐过门，引出哀歌。

⁹ 可如今你把我们丢给了

屈辱，你不再与三军

一同出征，¹⁰ 随我们节节

溃败，被仇敌肆意掳掠。虽然虔敬，仍获灾殃，利26:17，申28:25。

¹¹ 你将我们交出，如绵羊

待宰，让我们流放异邦，宰，ma'akal，直译：食。喻苦难。

¹² 不啻贱卖了你的子民　卖，犹言舍弃，申32:30。参赛50:1。

连价钱也不讨还!

¹³ 还让我们当四邻的笑柄　同79:4。

受尽众人的讥嘲；

¹⁴ 异族侮蔑，列国摇头　表厌恶，22:7。

谁都可以拿我们欺凌。

¹⁵ 终日是耻辱，横亘眼前

愧痛写在我脸上；　直译：我的愧颜覆盖了我。

¹⁶ 那一声声诟骂、亵渎

满目是仇恨与报复。

¹⁷ 啊，这一切飞来的横祸——

尽管我们从未忘记你

从未欺瞒，毁你的约；　理当受神的眷顾，伏笔呼应结尾"慈爱"，26 节。

¹⁸ 我们的心绝无畏缩

脚步也没有偏离你的正道。

¹⁹ 但你硬是把我们扔在了豺狗当中　豺狗，另读如犹太社本：海怪。

遍体鳞伤，再覆上死影。　家园已成废墟，加上 2:29。参 23:4 注。

²⁰ 倘若我们果真忘却了圣名　直译：我们上帝的名。

朝异神举起双手，　祈祷状，28:2 注。拜异神是违反十诫，出 20:3。

²¹ 难道上帝不会察觉——

既然他洞悉人心的隐秘？　暗示救主全能，不该延宕。

²² 可是，为了你的缘故

我们终日遭屠戮　似指义人殉教，是希腊化时期的事。罗 8:36。

如绵羊一般任人宰杀！　色琉西王曾亵渎圣殿，迫害犹太教，前 167-164。

²³ 醒一醒，主啊，为什么还沉睡？　天父不眠，却未尽其信约义务。

起来呀，永勿丢弃！　接回上文 9 节。

²⁴ 为什么，你要把脸藏起

不理会我们的痛苦、受欺压？ 意同 13：1。

²⁵ 看，我们的灵仆倒在尘埃 极言苦楚，宛如死去，119：25。

胸口紧贴地面。

²⁶ 快呀，快来救援，

赎下我们，一显你的慈爱！ 一语道出，救恩的根本和信心之所在。

四五　　爱之歌

（寇腊裔训诲诗或爱之歌，交与乐官，调寄"百合"）shoshannim，曲牌。

高贵的言辞自心中涌起

让我把诗章为吾王炼造，

舌头如书记的快笔： 通说此诗写国王婚庆，以下至第 9 节赞颂新郎。

² 人子里数你第一英俊， 理想化的大卫王式的君主，歌 5：10 以下。

双唇流布恩泽，难怪 谈吐高雅且爱护臣民。

上帝赐你洪福无垠。

³ 英雄啊，腰间佩上你的宝剑 腰间，直译：大腿（外侧）。

荣耀与尊严；⁴ 愿你秉持真理 呼应 21：5。

恭顺和正义，长驱而凯旋！ 恭顺，以先知摩西为典范，民 12：3 注。

愿你右手指挥，行事可畏， nora'oth，七十士本：神奇，thaumastos。

⁵ 你箭镞锋利，万民匍匐

在你脚下——吾王的仇敌穿心！

⁶ 你的宝座永归上帝， 或如七十士本：上帝呀，你的宝座永存。

王权的节杖乃公平之柄　强调君权神授。

7 你热爱正义，憎恶邪行。

所以上帝，你的上帝膏立了你：见 2：6 注一。

喜油敷首，俦类之上　喜油，即膏礼圣油，出 30：22 以下。

8 一身冕服，没药芦荟肉桂的芬芳。配制圣油的香料。

象牙宫阙，丝弦使你欢欣　象牙，常用于装饰王宫，王上 22：39。

9 宠幸之列，各国公主争妍：宠幸，yiqqeroth，宝贵，指嫔妃，歌 6：8。

你右手的佳偶，遍体俄斐纯金。俄斐，南阿拉伯黄金产地，伯 22：24。

10 女儿啊，请留意，想象腓尼基新娘即上节"佳偶"的父王说话。

侧耳细听：忘掉你的族人

你父亲的家，11 让君王钟情　嘱放弃异教，敬拜天父。参创 12：1。

爱你美貌；他是你的主公，后世附会，作救主与以色列 / 教会之结合。

你应叩拜。12 啊石城的女儿

将来人中巨富都想博你一笑

13 贡奉无数珍宝！石城，zor，希腊名推罗，Tyros，腓尼基繁华港城。

看，公主绫罗锦绣，金光灿灿　直译：内里锈 / 镶金。结 16：10 以下。

14 引入后宫，来到吾王面前；

童女随后，伴娘簇拥

一同觐见你；15 载歌载舞

登上宝殿——大王啊！

16 愿你子孙繁盛，承嗣先祖

处处为王，一统天下。万国万王同出一家，如上帝应允，创 17：6。

17 我要让你的英名世代相传

永永远远，万民颂赞。极言人君之伟大，几如讴歌神明。

四六　上帝的城

（寇腊后裔的歌，交与乐官，如女声）`alamoth，姑娘，或指童声或某种乐器。

上帝是我们的庇佑和力量

患难中最及时的援助。

[2] **故而哪怕地陷山崩**

堕入海心，我们也不必惊惶——　海心，犹言海底，出 15：8。

[3] **哪怕大水喧嚣白浪翻滚**

怒涛把群山摇晃！（停）撼动了支撑大陆的地柱，24：2 注。参 75：3。

[4] **一条河潺潺流去，令上帝的城**

忻喜——那是至高者的圣居。河出圣殿，"赐欢乐的清溪"，36：8。

[5] **上帝住的城绝不会动摇；**

天一亮，上帝定来营救。古人以黎明为神降恩之时，17：15，赛 17：14。

[6] **异族汹汹，列国倾圮**　通说指敌族如亚述入侵，围攻圣城。

他一声雷鸣，大地离析。呼应 29：3 以下。

[7] **万军之耶和华与我们同在**　合唱。上文 3 节后脱此副歌。

雅各的上帝是我们坚城。（停）

[8] **来呀，看一看耶和华的伟绩**

好一片骇人的景象！围城敌军遭了瘟疫，横尸遍野，王下 19：35。

[9] **他消弭刀兵，平靖四极**　意同赛 2：4。

断弓折矛，焚毁战车：战车，`agaloth，七十士本：长盾，thyreous。

[10] **都给我住手！然后认我为上帝**　住手，旧译休息，误。

为万族至尊，至尊于天地。直译：于大地。

¹¹ 万军之耶和华与我们同在 合唱。

雅各的上帝是我们坚城。（停）

四七　拍手

（寇腊裔赞歌，交与乐官）此章咏"耶和华为王"，主题同 93，96-99 章。

拍手啊，万民一起来 想象异族"降伏"皈依后的情形，下文 3 节。

向着上帝放声欢歌！

² 因为耶和华至高而可畏

统治世界，称王伟大。

³ 他为我们降伏万民 `ammim，泛指异族，45：5。

让列邦匍匐在我们脚下。

⁴ 他替我们选定了产业：双关：子民受赐福地，选为神的产业，申 32：9。

多么自豪，雅各，蒙他钟爱！（停）雅各，以色列的本名。

⁵ 啊上帝升殿，欢呼再三 见 33：3 注。

耶和华降临，号音相随。升殿，即入住圣殿，或恭迎约柜之礼，24：7。

⁶ 赞美上帝呀，尽情赞美

颂扬我们的王，一齐颂扬！

⁷ 因为上帝乃寰宇之王，

精心度曲，一同赞颂！精心，maskil，七十士本：审慎。见 32 章题记。

⁸ 上帝为王，君临万族

上帝高踞，宝座至圣。 指约柜施恩座，安放在至圣所，出 27：33 以下。

[9] **万民的首领聚集**

加入亚伯拉罕上帝的子民， 加入，'im，原文脱此词，据七十士本补。

因为大地的盾皆属上帝——

惟有他无上至尊! 盾，喻首领，负有保护臣民与土地的义务。

四八　　锡安山

（寇腊裔赞歌）此章 4-8 节或有历史依据，如叙利亚或亚述入侵，犹大抗击。

至大耶和华，至当赞颂 同 96：4。

在我们上帝之城； 断句从传统本注。呼应 46：4 以下。

巍巍圣山，[2] **美轮美奂**

喜悦啊整个大地!

锡安山哪，耸立北方 zaphon，或作北峰，迦南众神的居处，赛 14：13。

好一座大王之都——

[3] **重重宫阙，上帝亲自**

做了她的庇护。 她，指圣城；城，'ir，是阴性名词。下同。

[4] **看哪，藩主们串通一气** 藩主，见 2：2 注一。

兴师前来讨伐， 旧译不确：一同经过。

[5] **可是他们只望了一眼**

就惊恐万状，逃窜!

[6] **当场为战栗攫住**

阵痛如孕妇难产， 语出摩西凯旋之歌，出 15：14。

⁷ 又好似远航拓西的船队

忽然被东风吹翻。拓西，tarshish，一说为西班牙东南口岸，盛产宝石。

⁸ 传说中的一切，都见着了，

在耶和华万军之主

我们上帝的大城！

愿上帝保佑，圣城永固。（停）

⁹ 上帝呀，我们在你的殿宇

思念着你的慈爱。

¹⁰ 一如你的圣名，啊上帝

你的赞歌响彻地极。

你以右手执义——　直译：正义满你右手。

¹¹ 啊锡安山多么欢乐！

犹大的女儿们兴高采烈　女儿，拟人喻圣城周边的犹大 / 南国村镇。

领受你的判决。意谓得拯救。同 97：8。

¹² 环绕锡安，你们走一遍　旧译不通：周游锡安，四围旋绕。

数一数她的塔楼，

¹³ 她的宫阙，她的高墙

你们要细细瞻仰——　瞻仰，passgu，边走边看，无定解。

为的是将来好告诉后人：

¹⁴ 确实如此，上帝永远

是我们上帝，引导我们

万世不移。`olamoth，校读。原文至死，`al-muth。或作女声，归下章题记。

四九　富贵一场空

（寇腊裔赞歌，交与乐官）此章渊源不明，思想与《传道书》相通。

听哪，这一席话须入耳

世上栖居的万民，子民异族同为听众，诗人唱普世之智慧。参47章。

[2] 人子同人子一起

无分贵贱贫富。

[3] 我要张口道出智慧

心儿在默祷中领悟；

[4] 我要附耳采撷箴言　mashal，泛指诗意的讽喻，78：2。

用七弦琴解答谜语。hidathi，善恶人生的答案。七弦琴，见33：2注。

[5] 困厄之日，我何所惧？

哪怕骗子的毒谋把我包围——骗子，`aqubbay，奥利金读法。

[6] 让他们倚仗自己的权势　原文：我脚跟，`aqebay。喻夺福，创27：36。

一个劲地炫耀财富！参较箴10：15。

[7] 然而再富也赎不回人，然而，'ak，校读。原文：啊，'ah；或作兄弟。

上帝面前，谁交得起赎金？直译：交不起赎金。

[8] 魂灵的价太贵，从来　魂灵，犹言生命，6：3，23：3注一。

支付不尽——[9] 除非他可以

不死，不必见到那深坑！喻下阴间，16：10，30：9。

[10] 知道吗，人再聪明亦有一死，近东智慧文学的熟语，传2：16。

一如蠢汉笨伯，一样

把钱财留给别人。[11] 坟墓　qibram，校读。原文费解：内中，qirbam。

做了他们永久的归宿

万世的阴宅，虽然一度

大片土地冠了其名号。形容家产广大。

¹² 人得了富贵过不了夜，yalin，叹人生徒劳。七十士本：而不醒悟。

如同兽畜，他命数难逃。直译：死定。意同传 3：19。

¹³ 这，便是那些一意孤行

沾沾自喜的人的末路：（停）此句有讹，无确解，校读从传统本注。

¹⁴ 仿佛羊群被赶下阴间

"死亡"当了他们的牧人，拟人，对比 23：1。

统归正直者制伏；大地复归义人统治。

黎明到来，他们形影俱灭 原文"黎明"接上句，从圣城本／依格律断句。

被冥府幽幽所挽留。

¹⁵ 可是我的灵，上帝必赎回

从幽冥掌中将我接走！（停）坚信善有善报，义人挫败死亡，16：10。

¹⁶ 所以见人发财，门庭光耀

你一点不必畏忌。

¹⁷ 因为他死后什么也带不去

荣耀装不进墓茔。荣耀，kebodo，兼指财宝，创 31：1。传 5：14。

¹⁸ 尽管他生前洋洋得意：富人自白，也是诗人的讽刺。

自个儿成功，人就夸你！自个儿成功，旧译利己，误。

¹⁹ 但终不免陪着列祖列宗

永远告别光明。意谓光明不入冥府，伯 10：21 以下。

²⁰ 人得了富贵而不醒悟，少数抄本重复 12 节：过不了夜。

如同兽畜，他命数难逃。

五十　　上帝不会默然

（**亚萨赞歌**）亚萨，'asaph，会幕／圣殿三乐官之一，代上 16：7。

众神之神耶和华降言　众神之神，'el 'elohim，表至尊全能，申 10：17。

诏令日出日落之大地。日出日落，即从东方到西方。

2 从锡安那绝美之山

上帝映射辉煌：3 来了！

我们的上帝——［上帝］不会默然。

他前头烈火开道

他四周旋风怒号，"神现"之景象，出 19：16 以下，伯 38：1 注二。

4 他传唤天地作证　如圣法、摩西之歌一同见证，申 31：21, 26 以下。

要审判他的子民：

5 虔敬的给我这儿集合，虔敬的，钦定本意译：我的圣民。31：23 注。

所有献牺牲同我立了约的！摩西曾率子民与神洒血立约，出 24：4-8。

6 于是诸天宣布他的公义　同 97：6。

上帝乃亲自裁决：（停）

7 听着，我的子民，这一番话

以色列呀，我严正警告你——

我乃上帝，你的上帝！

8 不，不是为那些牺牲而谴责，

在我面前，你的燔祭没断过。重申 40：6。

9 公牛，我不必自你家取用

山羊，也无需你的圈栏。

10 因为森林百兽皆属于我

那千山放养的一切；

¹¹ 我认识空中每一只鸟儿 　空中，从七十士本等。原文：群山。

田间的虫豸也归我。　虫豸，ziz，动物，特指如亚兰语译本：爬虫。

¹² 即使我饿了，也不会问你要——

这世界及内中万物，全是我的！　意同24：1。

¹³ 难道我还须吃公牛肉

还得喝山羊血？　据摩西之律，脂肪与血归耶和华，利3：16以下。

¹⁴ 你就把感恩当牺牲奉献上帝吧

向至高者还你的愿；　忏悔之心胜于外在的祭礼，何14：3。

¹⁵ 而后，困厄之日若你呼求

我必救援，受你颂赞！

¹⁶ 但是对恶人，上帝却说：　此句或是插注，点明谴责对象。

凭什么你讲论我的律例　讲论，lesaper，旧译不妥：传说。

嘴上叨念我的约？

¹⁷ 明明恼恨管教，

我的话你抛在脑后。

¹⁸ 遇见贼人就拉帮结伙

跟犯奸淫的同流合污；

¹⁹ 满口邪恶，巧舌骗诳，

²⁰ 恬不知耻把亲兄弟诽谤　耻，bosheth，校读。原文：坐，tesheb。

辱骂你母亲的儿子！

²¹ 你这些坏事，我能缄口不言？　呼应上文3节。

你以为，我也和你一般？

不，我谴责你，一条条指控　仿佛据圣法起诉，追究罪责。

摆你眼前。

²² 想明白了，你们，忘了上帝的，

免得被我撕碎，无处求援！对应上文 15 节。

²³ 感恩为祭，才是尊崇上帝

走正道，必能见我的救恩。走正道，wesam derek，直译：置道。

五一　痛悔

（大卫赞歌，交与乐官；因先知纳丹责其与誓女苟合）事见撒下 12 章。

怜悯我，上帝，依你不变的爱！基督教忏悔七章之四，6：10 注。

求你以大慈悲抹去我的忤逆

² 洗刷我的咎责

涤净我的罪戾。

³ 凡我的忤逆我都承认

那些罪尤，无时不压在心头；直译：常在我跟前。

⁴ 我冒犯的不是别个，是你——

我做了你的眼中的恶事！罪不论害人与否，皆须悔改求恕，32：5。

因此你以宣判昭示公义

定我的罪，光大正直。tizkeh，纯洁，转指公正。

⁵ 啊，我甫一出世便入咎责　人有恶欲邪思，而赦免在天父，创 8：21。

怀胎伊始就已不洁！指产妇流血，伯 14：4。基督教引为原罪的暗示。

⁶ 然而，你喜欢内心诚实　内心，tuhoth，五内，智慧之官。伯 38：36。

深入隐秘，把智慧为我传授。或作：在隐秘处（内心）……

⁷ 求你用牛膝草祛罪，使我纯洁　牛膝草：洁礼用香草，利 14：4。

让我涤净了胜于白雪；

⁸ 让我聆听欢乐的喜讯　一说暗示重修圣殿，照应下文 18 节。

让这把骨头你打碎之后再起舞。tagelnah，旧译踊跃，不通。

⁹ 求你转过脸，别看我的罪，<small>转过，直译：藏起，13：1，22：24。</small>
将我的咎责通擦去。

¹⁰ 上帝呀，求你给我造一颗无瑕的心 <small>赦罪如造新人，结 11：19。</small>
使我内中重获坚定的灵。
¹¹ 切莫抛弃我、不眷顾，
莫把你的圣灵从我身上收回。<small>圣灵，此处指立信之根基，赛 63：11。</small>
¹² 求你让我重享你的救恩
以宽仁的灵将我扶持。<small>宽仁，nedibah，兼指进取、高贵。</small>
¹³ 我要教忤逆的返归你的道
要罪人垂首而皈依。

¹⁴ 啊上帝，上帝我的救恩
求你解脱我的流血之罪，<small>大卫王害死了誓女的丈夫，撒下 11：14-17。</small>
让我的舌头歌唱你的公义，¹⁵ 主啊
让我开启双唇，把你颂扬！
¹⁶ 牺牲你不喜欢，全燔祭 <small>见 40：6，50：8 以下。</small>
也不中意。¹⁷ 可我的祭品，上帝 <small>另读：上帝要的祭品……</small>
是破碎的灵，一颗破碎了的
痛悔的心——上帝你从不鄙视！<small>呼应 34：18。</small>

¹⁸ 愿你降恩，善待锡安 <small>似写子民囚巴比伦，祈祷光复圣城。</small>
求你重起耶路撒冷的城墙。<small>此阕脱离大卫王故事，渊源不同。</small>
¹⁹ 到那时，你定会喜享义祭，<small>见 4：5 注。</small>
一头头公牛——全牲烧献—— <small>此四字或是插注。</small>
敬奉于你的祭坛。

五二　　强人

（大卫训诲诗，交与乐官；红岭人督厄前来报告扫罗，督厄，扫罗的臣
仆。说大卫去过亚希米勒家）事见撒上 22：6 以下。

你怎么陷害忠信还敢吹嘘，忠信，'el-hasid，校读参古叙利亚语译本。
好个霸道强人！还天天　原文：上帝之慈爱，hesed 'el。
[2] 策划阴谋，一条毒舌
剃刀般锋利，你这诈骗老手！所指不详，似与督厄告发大卫无关。

[3] 你宁愿作恶而不行善
爱撒谎，没一个义字；（停）直译：甚于说义／真话。
[4] 吞人的流言，你最喜欢
听，又在鼓舌欺瞒！

[5] 但是，上帝会彻底击垮你，彻底，lanezah，或作永远。
从帐篷里把你攫去
一举剔出，从生者之地
连根拔除。（停）意同箴 2：22。

[6] 义人见到，无不敬畏，旧译惧怕，不妥，40：3。
转而将他嘲笑：[7] 看这家伙！他，指作恶的强人。
仗着财大气粗就不倚靠上帝
一味逞强，张扬邪祟。

[8] 而我，如橄榄树，郁郁葱葱
长在上帝的庭院，beth 'elohim，喻圣殿，意象同 92：12-13。
上帝的慈爱，我要信赖

直至永远，永远。

⁹ 我要谢恩，不停赞颂　不停／无穷，同上句"永远"。

你伟绩无穷，

我要在你的虔敬者面前　虔敬者，或如钦定本：圣民，50:5。

仰望圣名——你的至善之名。

五三　　因为上帝唾弃

（大卫训诲诗，交与乐官，调寄"病中吟"）mahalath，曲牌或某种乐器，不可考。

愚妄的人心说：哪有什么上帝！此诗与 14 章重复，但避讳圣名。

他们腐败透顶，作恶多端

没有一个人行善。

² 上帝从天上俯视人子，

看是否有一个明智

而寻求上帝。

³ 全都背朝正途，沉迷污垢

没有一个人行善，

一个也没有。

⁴ 难道是无知，这造孽的一群——

吞我子民如食面饼

却从不向上帝呼求？

⁵ 然而他们将要在无须害怕处　此阕文字迥异于 14 章，意思更清楚。

被惊恐所攫取，强调圣怒之神秘，14：5 注一。

因为上帝要把围攻者的白骨

丢撒一地，任凭你羞辱——

因为上帝唾弃。一说修订于亚述军围圣城遭瘟疫，退兵之后，76：3 以下。

6 谁会从锡安带来以色列的救恩？

当上帝扭转子民的命运

看雅各狂喜，以色列欢腾！

五四　我的灵有我主扶持

（大卫训诲诗，交与乐官，丝弦伴奏；有西弗人来见扫罗，西弗，犹大山区小镇，位于希伯伦东南。说：大卫就藏身在我们那儿）事见撒上 23：19 以下。

救救我，上帝，以你的圣名　参 20：1。

以你的大能替我申冤！

2 上帝呀，求你俯听我的祷告

侧耳留意我口中之言。

3 啊，狂傲者四起围攻　狂傲，zedim，从诸抄本。原文：异族，zarim。

暴徒要谋我性命，

完全没把上帝放眼里。（停）同 86：14。

4 可是看哪，上帝必来佑助

我的灵有我主扶持，从七十士本与通行本。原文：主在扶持我灵者中。

5 愿窥探我的遭灾祸报应　窥探，形容恶人，27：11。

为你的信实，耶和华，灭了他们！耶和华，校读 / 依格律移自下句。

⁶ 我要为你献上自愿祭的牺牲　法定节期献祭之外的感恩或平安祭。

赞美你的圣名，至善之名。呼应 52：9。

⁷ 因为每一次危难都靠你解救　你，从七十士本。原文：他。

我才亲眼见到仇敌覆没。原文无"覆没"，据文意补。

五五　　要是我长一双翅膀

（大卫训诲诗，交与乐官，丝弦伴奏）主题同前章，但文字晦涩，或有错讹。

上帝呀，求你侧耳留意

我的祷告，不要藏起不理

我的祈求；² 求你垂听，应允我，

我一腔郁愤只有叹息！　郁愤，'ariḏ，从七十士本。或作烦躁、悲伤。

我哀号，³ 因为敌人在吼叫，　哀号，'ahimah，或作惊悸、不安。

因为恶人专横：他们罗织罪名

害我，恨我恨得发狂！　专横，`aqath，另读如圣城本：喧嚷，za`qath。

⁴ 我的心在胸中剧痛

死之恐惧把我笼罩，

⁵ 啊，我怕，我浑身颤栗——

颤栗已将我击倒！　tekasseni，覆盖，转指压抑、打垮。

⁶ 我想：要是我长一双翅膀，像只鸽子

就可以飞走，有地方栖身——

⁷ 真的，就远远逃离

去荒野里歇宿！（停）百姓避祸常入荒野，此处喻坚守信仰，耶 9：1。

⁸ 我会赶紧寻一处庇护所

躲过风暴的扫荡。

⁹ 主啊，求你扭裂他们的舌头

叫他们一团内讧! balla`，吞、灭、混乱。典出巴别塔故事，创 11：7。

城里，我只见弱肉强食，堕落之城，对照上阕的荒野，耶 6：6 以下。

¹⁰ 他们日夜逡巡，在城头出没；

那儿罪孽丛生，¹¹ 一片邪祟

街市充斥暴虐与欺蒙。充斥，直译：不离。

¹² 倘若那辱骂我的 倘若 / 原是，从七十士本。原文费解：因为 / 不是。

原是仇敌，我尚可忍受；

假如那欺凌我的 higdil，旧译不通：向我狂大。

向来恨我，我还能避开。

¹³ 没想到是你——我的同道 'enosh ke`erki，同样价值 / 身份的人。

我的伙伴我的知己友人，一说指大卫王的谋士亚希多弗，41：9 注。

¹⁴ 曾几何时还推心置腹

那么和睦，一起进 和睦，从七十士本，en homonoia。

上帝的殿堂! 原文：跟喧闹人群，begaresh。下接 20 节。

¹⁵ 愿他们被死亡夺去 上接 11 节，继续控诉，谴责恶人。

活生生坠入阴府，这一帮 活生生：咒其不得好死，民 16：30。

跟邪恶住一屋的人!

¹⁶ 是呀，我要向上帝呼吁

求耶和华把我拯救——

¹⁷ 夜晚、早晨、中午

都要哀叹，要他倾听。一日三次按时祈祷，但 6：11。

¹⁸ 他定会赎下我的灵，保我

脱苦斗，哪怕纷争再多! beribim，从通行本。原文无善解：berabbim。

¹⁹ 因为上帝亘古高踞，yosheb，形容君临天下，统治万物，47：8。

必将垂顾，挫败群敌；（停）

因为他们冥顽不化 'en haliphoth，旧译不通：没有更变。

不敬畏上帝。

²⁰ 可是他玷污了信约，他，接回 14 节，指"知己友人"。

居然出手伤害盟友：玷污，喻毁约。

²¹ 满口阿谀，比奶油还滑腻

心里却暗藏杀机；qerab，开战、临敌，78：9。

巧语花言，恰似油脂柔软

不料是出鞘的剑！

²² 卸下你的担子吧，给耶和华，担子，yehab，所给，生僻词。

他一定扶持；是义人 或作命运（托付上帝），37：5。

他决不会允许

跌倒不起。此节通作诗人表白，读作阿谀者讥讽，亦通。

²³ 求求你，上帝，让他们滚下

那口无底井，嗜血的骗子，无底井，即阴间，69：15。

他们捱不过半世！再次咒仇人早死，上文 15 节。

而我——我的信靠在你。点题，25：2，31：14。

五六　生命之光

（属大卫，轻声，交与乐官，调寄"遥遥橡树鸽"；曲牌。橡树，'elem，从传统本注。另读如通行本：哑，'illem。作于被非利士人羁留在迦特时）事见撒上 21：10 以下。

怜悯我，上帝，有人要踩我！ sha'aph，喻迫害。旧译吞了，误。

他们终日欺侮打击

[2] 一刻不停地窥探，踩我，一刻不停，同上句"终日"。

那么多人，与我为敌！

居高者呀，[3] 惶恐之中我信靠你　居高者，marom，断句从通行本。

[4] 上帝的话啊，我字字讴歌，或作（敌人）高傲，归上句。

上帝为信靠，我一无所惧——

那肉躯之众，又奈我何？绝对信赖救恩之诺言，106：12，130：5。

[5] 他们一天到晚坏我的事情　debaray，或如七十士本：（歪曲）言辞。

挖空心思，图谋加害；

[6] 挑衅不算，还埋伏跟踪　挑衅，yaguru，通行本：聚集，yagoddu。

想伺机取我的性命。

[7] 啊上帝，此等罪行，岂能放过？

求你发怒，翻倒万民！泛称敌族，47：3，59：5 注一。

[8] 我颠沛流离，你每次都记，

我的眼泪，你以皮囊盛起　义人之泪由上帝抹去，象征报应，赛25：8。

登录在书，[9] 及至仇敌纷纷调头　前四字赘语破格律，或是插注。

逃窜——那一天，是我呼救。书，指天庭的生命册，40：7，69：28 注。

我明白了，这是上帝佑我。

[10] 上帝的话啊，我字字讴歌　宛若副歌，重复上文 4 节。

耶和华之言，我句句赞美，

[11] 上帝为信靠，我一无所惧——

那区区之人，又奈我何？同118：6。

¹² 上帝呀，我许的誓愿必还， 忠信者有约在身，50：14。

一定献祭谢恩。¹³ 因为你赶走死亡 直译：你从死亡。

救起我的灵，使我不再踉跄； 同116：8-9。

终于迈步在上帝面前

迎着生命之光! 参伯33：30。

五七　苍天之大不及你的慈爱

（属大卫，轻声，交与乐官，"勿毁"；'al-tashḥeth，曲牌，一说语出赛65：8。
吟于逃避扫罗，洞里藏身之际）事见撒上22：1。主题与风格皆似前章。

怜悯我，上帝，求你怜悯我

你是我灵的倚赖；

让我安身于你翅膀的荫翳 隐喻圣殿，同17：8。

直至祸暴平息。

² 我向至高之上帝呼求

那为我成就一切的上帝：

³ 愿他从天上施展救恩

让踩我的人受辱；（停）另读如犹太社本：当踩我的人辱骂。56：1注。

愿上帝降示他的慈爱

他的始终不渝。 或作真理，43：3。旧译诚实，不妥，40：10。

⁴ 可怜我倒在了一群吃人

如火燎的狮子中间， 火燎，lohaṭim，形容仇敌之贪婪。17：12注。

他们牙齿是两排矛镞

血舌如一把利剑。 兼喻毁谤，64：3。

⁵ 啊，上帝至尊，高踞诸天 副歌，同末节。

愿你的荣耀照临尘寰！

⁶ 他们布下罗网套我的脚　以猎人喻对手，7：15-16。

要把我的灵捆倒，kaphaph，从犹太社本。或作（使我）屈从 / 憔悴。

又在前方挖好陷坑——

到头来，却自家踏中！（停）自作自受，同态报应，3：7 注三。

⁷ 我的心已坚定，上帝，心已坚定　以下五节感恩颂，同 108：1-5。

我要歌唱，我要颂扬。

⁸ 荣灵呀，你醒醒！荣灵，kebodi，同副歌"荣耀"，双关提喻，16：9 注。

醒来呀，十弦与七弦　泛称琴瑟，33：2 注。

让我把曙光唤起！黎明为救主施恩之时，5：3 注一。

⁹ 主啊，我要在万民之中赞美你

走遍列国，把你传扬。

¹⁰ 因为苍天之大

不及你的慈爱，

你的信实高于霄汉。意同 36：5。

¹¹ 啊，上帝至尊，高踞诸天

愿你的荣耀照临尘寰！

五八　众神

（属大卫，轻声，交与乐官，"勿毁"）曲牌，见前章题记。

众神哪，你们真能仗义执言　众神，'elim，校读。原文：哑然，'elem。

为人子秉公断案？指控神灵危害人间，82：1。解作以众神喻权贵，亦通。

² 不，你们心里想的是不义

世上只重手中的暴力。重，tephallesun，称量，转指重视、倚重。

³ 才出母腹，那些恶人就丢弃正道

落地伊始，便走邪路撒谎：

⁴ 满口毒液，堪比蛇毒，参申 32：33。

恰似一条聋蝮堵了耳朵　蝮，pethen，通说即埃及小眼镜蛇，伯 20：14。

⁵ 不肯听舞蛇人的咒语　不肯，讽其愚顽。

无论他法术多么灵妙。

⁶ 上帝呀，求你打断他们的门牙　直译：他们嘴里他们的牙。

拔掉小狮的利齿，耶和华！套喻，3：7，57：4。

⁷ 愿他们像流水消逝

如踏扁的野草枯黄；野草，hazir，从圣城本 / 参 37：2。原文：箭，hizzaw。

⁸ 愿他们像蜗牛留下的一道黏液　旧译错乱：消化过去。

如流产的死胎，不遇阳光——　意象同伯 3：16。

⁹ 不待他们的锅觉察到荆棘，他们，校读。原文：你们。

管它烧着与否，都一阵风卷走！此节突兀，无定解。

¹⁰ 要义者目睹复仇而欢欣　想象报应之日，申 32：35，赛 34：8。

用恶徒的血洗濯双脚，救恩已定，圣者不幻想和平，68：23，太 10：34。

¹¹ 人才会说：果然

义有义报，这世界确实

有上帝行审判。旧译不通：施行判断。

五九　上帝为我永施慈爱

（属大卫，轻声，交与乐官，"勿毁"；曲牌，同前两章。吟于扫罗动了杀心，派人监视其寓所之时）事见撒上 19：11 以下。

请救我摆脱仇敌，我的上帝

自围攻者中把我举起，护持状，20：1注。

²面对这帮造孽嗜血的凶徒

求求你，给我佑助！

³看哪，他们四下埋伏

强寇寻衅，要夺我性命；寻衅，yaguru，另读如通行本：聚集，56：6注。

我什么罪过也没有啊，耶和华

⁴一无咎责，却受他们堵截！直译：他们跑而摆开（阵势）。

醒一醒，快来助我，快看——　呼应44：23。

⁵啊，耶和华万军之上帝

以色列的上帝，求求你

起来，严惩一切异族，一说诗人流亡他乡，饱受欺凌，故控告万族。

背信的恶人一个也不姑息！（停）子民犯法，亦不饶恕，赛24：16。

⁶披着暮色他们回来

野狗似的长嗥，绕着城转。狗不洁，喻恶人，22：16。

⁷听，他们口喷狂言

唇上挂刀：谁呀，谁听见了？亵渎神明，如10：4，14：1。

⁸然而你，耶和华，一声冷笑　呼应2：4，37：13。

是异族便逃不脱你讥嘲！救主首先是民族神，106：5注。

⁹啊我的大力，我在翘望你　我的，从诸抄本／参17节。原文：他的。

因为你，上帝，是我的堡垒。见9：9注。

¹⁰愿上帝施爱，不弃；直译：来会我。

上帝呀，让我看尽窥伺之敌！看尽，婉言破敌或拒敌。参54：7。

¹¹ 但是千万别杀光了　允许苟延残喘，以见证神的公义或末日审判。

免得子民忘记；以你的大能

驱散、降伏他们，主啊我们的盾！

¹² 罪愆填嘴，恶语叼唇

愿他们被"傲慢"捕去；　拟人。箴18：7。

若是还不断咒骂骗诓，

¹³ 你就怒火爆发，灭了他们

一个不剩：让人人明白

直至地极，雅各乃上帝主宰！（停）雅各，借喻福地，47：4。

¹⁴ 披着暮色他们回来

野狗似的长噪，绕着城转，同上文6节，叠句。

¹⁵ 四处觅食，没吃够

他们还猣猣不休。weyallinu，从七十士本。原文：weyyalinu，宿夜。

¹⁶ 所以我要歌唱你的大力

每日清晨，欢呼你的慈爱；

多亏有你，做我的堡垒

危难之时我的庇护。

¹⁷ 啊我的大力，我要赞美你

因为你，上帝，是我的堡垒：同上文9节，叠句。

我的仁爱之上帝。

六十　为了你的所爱

（属大卫，轻声，交与乐官，调寄"百合为证"，shushan ʿeduth，曲牌，

参45章题记。命练习；其时大卫与河间亚兰及琐巴亚兰交战，岳牙回师，

岳牙，大卫王的外甥和大将军。在盐谷击杀红族一万二千）事见撒下 8:2 以下。此诗

背景似 44 章，写国殇。

上帝呀，你抛下我们一片残败　被异族征服而亡国。

你动怒了——求求你，赶快回来。或如犹太社本：让我们复兴。

2 大地在颤抖在崩塌，求求你

合上裂隙——它晃得厉害！惊恐，如临末日，赛 24:19-20。

3 啊，你使子民遭逢大难

让我们喝下苦酒，踉跄不前；形容神的惩罚，赛 51:17。

4 却给敬畏你的人竖起大旗　nes，指引方向，象征救恩，出 17:15。

教他们提防弓箭。（停）qoshet，真理；读作 qesheth，如七十士本。

5 为了你的所爱获救，以下至末尾同 108:6-13。

求你右手制胜

答应我们！下阕神谕渊源不同，比照大卫王时代，勾勒复国后理想版图。

6 于是上帝自圣所传谕：自圣所，或作：以其至圣。

大喜之日，我要分割石肩　shekem，迦南中部重镇，创 33:18。

并丈量苏克的谷地。苏克，sukkoth，在约旦河谷东面，创 33:17。

7 基列归我，玛纳西也归我　死海以北、约旦河东岸山区，民 32 章。

以法莲是我的头盔　以法莲，北国以色列诸部之首，创 48:19。

犹大是我的权杖。犹大，即南国。典出创 49:10。

8 再叫摩押做我的脚盆　摩押西傍死海。

把鞋子扔在红岭——古俗，脱鞋覆地，象征取得所有权，得 4:7。

非利士呀，看你还冲着我庆功！讥讽仇敌溃败，对比 108:9。

⁹ 谁能率我攻打坚城　指堡都，红岭首府，创 36：33。

谁能领我直捣红岭，'edom，子民世敌，称红族，立国于死海以南山区。

¹⁰ 除了你，抛弃我们的上帝？

可是上帝，你不再与三军一同出征！同 44：9。

¹¹ 求求你，佑助我们脱险

靠人营救，是枉然。

¹² 上帝同在，我们才拿得出勇气　俾以色列扬威，民 24：18。

惟有他，能踏倒顽敌。呼应 44：5。

六一　　天涯

（属大卫，交与乐官，丝弦伴奏）听声气，像是圣殿祭司在流亡中的祈祷。

听哪，上帝，我的哀鸣

请留意我的祈祷！

² 我从地角天涯向你呼救，暗示流亡异邦，或泛指灾祸。

一颗衰惫的心求你

引我去到那高不可及的磐石。隐喻圣殿，27：5，43：3。

³ 因为你是我的庇护

抗拒敌寇的碉楼；

⁴ 我愿常住你的帐幕

在你翅膀的荫翳里安身。（停）熟语，17：8 注。

⁵ 是呀，上帝，你听到了我的誓愿，

那一份敬畏圣名者的产业　指迦南福地，16：6，47：4。

是你恩赐！

⁶ 愿你，为吾王增寿

岁岁绵延，世世不绝。呼应 21：4。

⁷ 愿他的宝座永在上帝面前——

你布施慈爱与信实

将他护佑。盼救主眷顾，以色列复国。参 72：5, 85：10 以下。

⁸ 为此我要赞颂你的圣名

每一天——永远

还我的誓愿。

六二　　大力属上帝

（大卫赞歌，交与乐官，耶杜顿曲）`al，意为耶氏所传，见 39 章题记。

惟有上帝能给我的灵以安宁，

我的拯救得自于他；

² 有了他，我的磐石我的救恩

我的堡垒，我就决不会被撼动。救恩延宕，仍绝对信赖，21：7。

³ 还要多久，你们这样摧残人

一拥而上往死里整，

如同推一堵倾圮的墙

一面半塌的壁？

⁴ 为颠覆尊位，他们刻意谋划　　尊位，se'eth，似乎作者是领袖人物。

以撒谎为乐：嘴上祝福，

心里，却在狠狠咒诅。（停）呼应 28：3, 55：21。

⁵ 惟有上帝能给我的灵以安宁，叠句，同第一阕。

我的希望得自于他；

⁶有了他，我的磐石我的救恩

我的堡垒，我就再不会被撼动。

⁷啊，上帝是我的胜利我的荣耀　胜利，兼指拯救，3：8，18：50注。

我的大力之磐石

我的庇护在上帝。

⁸子民啊！

他，你们要时时信靠；

当他的面，泼出你们的心，　成语，形容哀痛，42：4，哀2：19。

只有上帝可庇护我们。（停）当他的面，婉言圣所祭坛。

⁹真的，人子不过一口嘘气，　意同39：5-6。

人上人，无非一道幻景；　kazab，谎言，转指错觉、虚幻。

放上天平他们什么也压不住　直译：他们升起。参观赛40：15。

搁一起比轻风还轻。

¹⁰莫求信于欺侮　对应上文8节"信靠"。

莫因劫获而骄浮；　tehbalu，虚浮而骄妄，词根同上节"嘘气"。

哪怕财力结了果子　财力，相对救主之大力。

也不应念念在心。　戒避不义之财，49：16以下。

¹¹上帝说一遍，我两遍聆听：　一遍/两遍，叠加修辞，加强语气。

大力属上帝，¹²慈爱源于你——我主！

因为人人要按自己的行事

受你报应。　明确功罪个人承担，伯34：11，结14：12以下。

六三　渴念

（大卫赞歌，作于流浪犹大荒野时）事见撒上 23：14 以下。

上帝呀你是我的上帝，我寻你好苦！旧译不通：切切地。赛 26：9。

我的灵渴念你啊，肉身憔悴

如一片干涸焦裂了的瘠土，如，ke，从诸抄本。原文：在，be。

我盼你。

² 从前我曾在圣所朝你仰望

注目于你的大力、你的荣光。或指至圣所内的约柜，132：8。

³ 因你的慈爱更比生命可贵　生命源于上帝之爱。

我的嘴唇要把你颂扬，

⁴ 如此我终生赞美你

奉圣名举起双手。祈祷状，28：2 注。

⁵ 我的灵仿佛饱餐了肥馔珍肴　喻圣殿祈福，36：8。

每当我启齿欢歌。直译：我唇欢口歌。

⁶ 就寝在床，我想起你　旧译记念，误。

长夜听更，我思念你；

⁷ 因为你不吝佑助

让我安乐于你翅膀的庇荫。约柜施恩座上有神兽展翼，出 25：18-20。

⁸ 啊，我的灵依恋着你　恍若夫妻一体，创 2：24。旧译不确：紧紧跟随。

愿你以右手扶持！

⁹ 愿那些谋害我性命的

堕入地下的深坑，即阴间，55：23。

¹⁰ 愿他们被刀剑攫去

给豺狗分吃！ 豺狗，shu`alim，西亚金豺，状似大狐，故七十士本：狐狸。

[11] 而吾王将以上帝为欢愉：

凡指他立誓的皆要得赞誉 他，指上帝或王皆通，申 6：13，创 42：15。

但诓骗的口，必封住。意同 31：18。

六四　上帝的箭

（大卫赞歌，交与乐官）接前章末句，斥敌人毁谤。

求求你，上帝，垂听我的哀号

保我生命不受仇敌恐吓，

[2] 让我藏起，躲开恶人阴谋

远离造孽者的喧嚣。

[3] 他们长舌如尖刀霍霍，

谤言似挽弓搭箭

[4] 暗地里瞄准清白的人　套喻，11：2, 55：21, 57：4。

冷不防射倒——毫无忌惮！

[5] 他们铁了心坏事做绝，　dabar ra`，或如犹太社本：恶言（怂恿）。

津津乐道的是布设罗网

说什么：谁能看见我们？ lanu，从古叙利亚语译本。原文：他们，lamo。

[6] 那些罪行，谁查得出？ 谁，校读。原文：他们。参 59：7。

啊，愿掩藏着的毒计通通败露 此节有讹，歧解纷纭。

无论人心多么叵测！ 掩藏，tamnu，从诸抄本。原文：完成，tamnu。

[7] 但是，上帝的箭已对准了他们

猝然间一记重创——　箭，喻圣言判决，对应上文 3 节"谤言"之箭。

[8] 那条长舌将他们绊倒，　从犹太社本。原文：使他跌倒，舌头对他们。

谁见了都禁不住摇头。yithnodadu，或作躲开。厌恶状，22：7, 44：14。

9 于是人人敬畏，纷纷传颂

上帝的作为，幡然省悟

缘何而起，他的大功。揭示上帝惩恶之目的。

10 愿义人以耶和华为欢愉，

倚靠他；

愿所有心地正直的人

赞美他。

六五　山岗系上了欢笑

（大卫赞歌，交与乐官）通说为祈求丰收的感恩颂诗。

赞美属于你，啊上帝

在静静的锡安；静静，dumiyyah，通读如七十士本：合适，修饰"赞美"。

许你的愿必还，2 愿你

垂听我的祷告。原文无"我的"，从七十士本及古叙利亚语译本补。

凡肉身都要来你面前，接受审判。肉身，basar，泛指人类。

3 带着种种过犯；

当我们被忤逆压倒之时

是你把罪责赦免。守诫命除罪恶，方能求得时雨和丰登，申 11：13-14。

4 福哉，那蒙你拣选、亲近

而入住你庭院的人！

愿我们尽情享受你的居处

你的圣殿之美福。

⁵ 你以可畏的神迹

为我们降示公义，啊上帝

我们的救恩——天涯地角　普世立场，获救者包括异族，赛 66：19。

海岛遥遥，除了你谁可信靠。　岛，'iyyim，原文无，从亚兰语译本补。

⁶ 你神威束腰，施展大力　你，从七十士本与通行本。原文：他。

将群山立定；

⁷ 四海汹汹，白浪惊涛

——平复安靖。　此阕表天父创世之功，89：9，伯 26：12。

啊，嘈嘈万邦，⁸ 四极之民

为你的征兆所震慑；　征兆，'othoth，复指上文 5 节"神迹"。

然后，从日出到日落之门　moza'e，进出处，喻东方西方。

处处是笑语欢歌。

⁹ 大地你眷顾，甘霖润泽

一派富饶景象；

上帝的渠水盈盈流溢　指穹隆之上的天河，创 1：7，7：11。

送来新谷满仓。　直译：为他们预备五谷。

这一切，全是你的设计：　福祸同源，39：11 注。

¹⁰ 灌溉畦沟，平整田垄

降时雨泡软泥土，

青苗儿得了赐福。

¹¹ 终于，年岁头戴你的恩典，　拟人，下同。

你的轮辙淌下脂膏　想象上帝座驾巡视大地，繁育万物，68：17。

洒落在荒野牧场，

山岗系上了欢笑——

¹² 片片草地，羊群为衣 自然界与人类同庆，96：11 以下。

条条溪谷，麦浪为裳

同声庆祝，复又咏唱！

六六 赐我们的灵以生命

（赞歌，交与乐官）本章前后两半渊源不同，1-12 节子民颂上帝，13-20 节写诗人还愿。

欢呼上帝呀，整个大地！

² 赞颂圣名之荣耀

以荣耀谱写他的颂辞。

³ 唱上帝：

多么可畏你的作为！

因你的大力，仇敌只有投降；异族归顺，18:44。

⁴ 全世界都要敬拜、礼赞你

都把你的圣名赞扬。（停）至此三赞。

⁵ 来呀，看上帝的造化

那震慑了亚当子孙的奇功：亚当子孙，即人子／人类。

⁶ 他把海床变作干道 摩西率子民跨芦海出埃及，出 14:15 以下。

让人徒步穿越激流。约书亚渡约旦河攻迦南，书 3:14 以下。

从此，我们以他为欢愉——

⁷ 他神威永远主宰

他眼睛明察万邦

决不许叛乱者张狂。（停）

⁸ 万民哪，请赞美我们的上帝　插入此阕，邀异族一同谢恩。

他的颂辞要响彻四方；

⁹ 是他，赐我们的灵以生命　旧译不确：使性命存活。

不让我们失足倒下。此节基督教引申为义灵重生，用于复活节礼拜。

¹⁰ 当初你考验我们，啊上帝　解释子民为何屡遭祸难，上接第7节。

炼银子一般熔炼，祛不洁、除罪愆而成圣，18：30,105：19。

¹¹ 听任我们掉进罗网

腰胯被灾殃绑缠；灾殃，mu`aqah，无定解。七十士本：苦难，muzaqah。

¹² 还让人骑我们头上！旧译怪诞：坐车轧我们的头。

可是，一旦熬过了火和水

你便领我们去到那丰腴之乡。rewayah，谐音自由呼吸，rewahah。

¹³ 我愿携全燔祭来你的殿宇　另起一题，诗人至圣殿守节、献祭。

向你实践我的誓愿，

¹⁴ 就是困厄之时我启唇

我许下的诺言。直译：我口所说。重复以加强语气。

¹⁵ 是的，我要烧献肥美的牺牲

为你奉上公绵羊的馨香，

连同公牛与山羊。（停）

¹⁶ 来，敬畏上帝的人，都过来

听我数一数他给我做的一切。

¹⁷ 我的嘴曾一声声呼唤

舌头将他尊崇。

¹⁸ 假如我心里想的是作恶　强调自己清白无辜。

我主必不会垂听；

¹⁹ 然而他确实听了，上帝

他留意了我祈祷的哀声！

²⁰ 赞美归于上帝：

我的祷告，他不会不理

他的慈爱绝无舍弃。

六七　　慈颜照耀

（赞歌，交与乐官，丝弦伴奏）秋收感恩或住棚节之歌，出 23：16。

愿上帝怜悯而赐福，

愿他的慈颜照耀我们！（停）语出大祭司祝词，民 6：25。

² 于是你的正道为大地传习　大地，转喻世人。

万族得知你的救恩。

³ 啊上帝，万民赞美你，副歌，想象异族归顺，下同。

愿万民一齐

赞美你。

⁴ 忻喜呀，列国要欢唱！

因你以正义鞫问这世界　原文无"以……世界"，据西奈山抄本补。

以公平给万民判决　同 9：8，参 98：9 注。

指引着大地万邦。（停）

⁵ 啊上帝，万民赞美你，

愿万民一齐

赞美你。

⁶ 大地，已果实累累

上帝我们的上帝，已赐福；<small>如普降时雨，85：12，利 26：4。</small>

⁷ 愿上帝常为我们降福

寰宇四极，人人敬畏！

六八　狂喜在他面前

（大卫赞歌，交与乐官）<small>此诗铺陈子民圣史，间或不太连贯，或有传抄讹误。</small>

起来呀上帝，叫仇敌溃散　<small>语出摩西约柜之礼，民 10：35。</small>

让恨他的人撞上他，逃不及！<small>直译：从他面前逃遁。</small>

² 仿佛轻烟当风，蜡傍火焰

倏地恶人覆灭消失——

就在上帝面前。

³ 然而义人要欢庆，再欢庆

向着上帝，翩跹起舞；

⁴ 讴歌上帝啊，礼赞圣名

为驾云的那一位修平大路，<small>sollu，或作颂扬。申 33：26，赛 19：1。</small>

那圣名就叫——耶和华！　<small>yah，回放摩西凯旋之歌，出 15：2-3。</small>

啊，狂喜在他面前：⁵ 孤儿的慈父

寡妇的庇护，上帝已入圣居！<small>即耶路撒冷圣殿，46：4。</small>

⁶ 是上帝，替流浪者安家　<small>流浪者，yehidim，孤独，泛指失去家园者。</small>

把被掳的人引向自由，<small>kosharoth，或繁荣，生僻词 / 参乌迦利特语文献。</small>

但叛逆之徒，只给一片焦土。<small>序曲完。</small>

⁷ 上帝呀，当你率子民出发

踏上那茫茫荒野，（停）

⁸ 大地震颤，骤雨滂沱　经典的"神现"，50：3，出 19：16-19。

只因与你照面，啊上帝

西奈之上帝，以色列的上帝！　西奈，或是插注，说明地点，士 5：5。

⁹ 甘霖丰沛，是你所降，上帝

你使困乏的产业恢复了生机。　耶和华降鹌鹑、吗哪的神迹，出 16 章。

¹⁰ 于是你的亲族得以入住，　亲族，复指上句"产业"，以色列会众。

全靠你——上帝的恩典

卑微者有了家园。

¹¹ 我主一声令下，子民出战迎敌。

报喜讯的女人便成群结队：　大卫凯旋，受各城妇女欢呼，撒上 18：6-7。

¹² 番王们带着残兵逃跑啦

逃跑啦！缴获来的

归各家主妇分配。　如"以色列之母"黛波拉之歌所唱，士 5：30。

¹³ 正当你们靠着羊栏酣睡，　像是谴责不愿参战的兄弟支族，士 5：16。

鸽翅已裹上白银　鸽子，象征以色列，何 7：11。

片片翎羽，鎏金绚烂。　直译：绿闪闪的金。形容子民用战利品装饰。

¹⁴ 看，全能者扫除了番王

势如大雪覆盖黑山！　zalmon，一说在石肩附近，象征毁灭，士 9：48。

¹⁵ 啊神明之山，巴珊的山　神明，'elohim，或作众神，喻山势雄伟。

层峦叠嶂，巴珊的山！　bashan，今约旦北部、叙利亚南部高原，民 21：33。

¹⁶ 你巍巍群峰，为何还要嫉妒

那上帝钟爱而定居之山， <small>强调其宏图所系，"亲手"所立，出 15：17。</small>
耶和华永久的帐幕？

¹⁷ 上帝的战车千千万万 <small>如先知以利沙所见，王下 6：17。</small>
我主自西奈驾临圣所。 <small>校读参申 33：2。原文费解：主在其中，西奈圣洁。</small>
¹⁸ 你登上山巅，身后串串俘虏， <small>山巅，marom，指圣殿山。</small>
将众人连同当叛贼的都收作贡品——
耶和华上帝立了帐幕。 <small>或作：向众人尤其是反抗……帐幕的收贡品。</small>

¹⁹ 赞美我主，将我们背负 <small>ya`amas，形容悉心护佑，申 32：11。</small>
日日救恩，惟有上帝。（停） <small>诗章中间略作停顿而祈愿，如创 49：18。</small>

²⁰ 上帝于我们，乃百般施救之上帝
跟着他，主耶和华，可抛却死亡。 <small>呼应 33：19，56：13。</small>
²¹ 是呀，上帝必打碎仇敌的脑壳
叫那颗披长发的头颅
沉溺罪恶！

²² 主说了：
我要把他们从巴珊捉回 <small>他们，指下节"仇敌"，摩 9：3。</small>
哪怕藏在海底，也要逮起——
²³ 让你用鲜血洗濯双脚 <small>洗，tirhaz，校读参 58：10。原文粉碎，timhaz。</small>
让饿狗舔一块你的死敌。 <small>暴尸喂狗，如牙哈王背教丧命，王上 21：19。</small>

²⁴ 啊上帝，你的仪仗有目共睹，
浩浩荡荡，我的上帝我的王
驾临圣所：²⁵ 唱歌的在前
奏乐的在后，中间是拍铃鼓的姑娘—— <small>喜迎救主，出 15：20。</small>

²⁶ 会众同声，赞美上帝 插入一节应和之歌。

以色列的源泉，在耶和华！ 源泉，maqor，认定生命之本源。

²⁷ 那儿是本雅明，年幼的领头 扫罗王出自本雅明支族。

犹大的王公彩袍鲜艳 riqmatham，校读。原文：成堆，rigmatham。

还有，西布伦和拿弗他利的贵胄。 代表或泛指北国以色列诸部。

²⁸ 求你展示大力，啊上帝 以下二阕晦涩，格律不整，或有脱文。

一如既往，上帝，为我们运大能！ 旧译生造：坚固所成全的事。

²⁹ 因你的圣殿耸立耶路撒冷

番王必一一纳贡。

³⁰ 求你喝退苇荡里的野兽 鳄鱼或河马，贬称埃及。

那群公牛并拜犊之民； 番王及信奉异教的敌族。

令他们匍匐着献上堆堆白银 或作：踏扁一块块银子。无善解。

那好战之民，随你驱散！

³¹ 直至埃及派出朝觐的公侯 hashmannim，生僻词。七十士本：使节。

古实急急向上帝举手。 古实，kush，今苏丹、埃塞俄比亚、也门一带。

³² 世上的万邦哪

请讴歌上帝，礼赞我主，（停）进入尾声。

³³ 那驾御诸天的亘古上苍之主！

听，他隆隆话音，如此大力——

³⁴ 大力永归上帝。

他的威仪笼罩以色列 兼喻保护、统治。

他的大能闪现云端

³⁵ 上帝在圣所，何其可畏！ 圣所，复数泛称；通行本作单数，指圣殿。

啊，以色列的上帝

他赐予子民无穷之伟力。

赞美属于上帝。

六九　大水

（属大卫，交与乐官，调寄"百合"）曲牌，同45章。

救救我，上帝——大水 mayim，复数表大。旧译众水，误。

淹到了我的灵！ `ad-naphesh，犹言水涨齐脖，6:3注。

² 泥淖里越陷越深 灵喻生命，存于呼吸，创2:7。

我探不着踏足的地；

忽又掉进了洪水，乱流

把我卷走——³ 喊不动了，

喉咙火烧，眼前一片昏黑 旧译不妥：眼睛失明。

还在等上帝！

⁴ 比我的头发还多啊

那些无端恨我的人！ 或指教派冲突，内斗而非外患，40:12。

他们如此强横，仇我诬我 强横，`ozmu，或如犹太社本：众多。

毁我——我没偷没抢，

凭什么要赔偿？

⁵ 上帝呀，你知道我有多笨 'iwwalti，兼指不义。

我的罪过，瞒不了你。 承认有罪，但拒绝敌人毁谤。

⁶ 啊耶和华万军之主，愿企盼你的

不要因我而蒙羞，愿寻求你的

不要因我而受辱，

以色列的上帝！ 委婉自辩，暗示忠信者蒙冤，影响子民对救主的信心。

[7] 为了你，我饱尝攻讦 点明主题，耶 15：15。

脸上写满了冤屈。 写满，直译：覆盖，44：15。旧译：满面羞愧，误。

[8] 兄弟都拿我当外人 兄弟，泛指族人。

我母亲的儿子不肯认我！ 意同 38：11，伯 19：13 以下。

[9] 只因思念你的殿堂而被那狂热的 旧译：心里焦急如同火烧，误。

思念所吞噬，被中伤你的谤言

击中。[10] 我禁食苦身

却遭人辱骂，[11] 披上衰衣 表示忏悔或举哀，30：11，35：13 注一。

反成了他们的笑柄：

[12] 城门口闲坐的人戳戳点点 yasihu，议论、流言蜚语，取笑状。

连醉汉也哼着曲儿把我戏弄！

[13] 所以我向你祈祷，耶和华 上接第 6 节，求摆脱大水／仇敌。

当此悦纳之时，啊上帝！ 悦纳之时：婉言上帝不睡，一定垂听。参较 44：23。

求你以博大的慈爱应允我：

以你的救恩之信实

[14] 拉我出泥淖，躲过灭顶，

让我从那帮恨我的——从洪水中

脱身。[15] 求求你，莫让乱流

把我卷走，深渊将我吞没，

冥井对我张开大口。 直译：合上她的口。冥井，be'er，喻阴间，55：23。

[16] 耶和华啊

求你应允，因你的慈爱最是慷慨； 上接 12 节，继续忠仆的哀歌。

求你以至大之怜悯眷顾我

¹⁷ 万勿藏起脸不理你的仆人。脸，喻恩惠，22：24 注二。

啊，灾祸重重，请快答应

¹⁸ 靠拢我，救赎我，直面仇敌

将我赎回！

¹⁹ 你明察我受的屈辱

欺侮和耻笑，我的冤家对头

全在你眼前。²⁰ 那一次次的辱骂 此阕对句不齐，一说语序有误。

碎了我的心，令我绝望—— 'anushah，或作重病，无善解。

还指望有人来同情，来安慰？

不，一个也不会遇上！

²¹ 我饿了，他们乘机下毒 ro'sh，一种苦味毒草。七十士本：苦胆。

渴了，却给我喝酸醋。饿，直译：食物里。参太 27：34,48，写耶稣受难。

²² 但愿他们的宴席变成一桌圈套 诅咒敌人。

一张罗网织他们的太平；shelomim，或转喻佳肴，对上句宴席。

²³ 愿他们两眼昏昏，不得看视 七十士本：报偿。

腰杆无力，颤抖不止。

²⁴ 愿你把激愤向他们倾泻

让怒火追上他们；

²⁵ 叫他们营地沦为废墟

帐篷空空，无人居住。参徒 1：20，引以说叛徒下场。

²⁶ 因为你打过的，他们还要迫害 radaphu，旧译逼迫，误。

还要津津乐道那伤者的痛楚。七十士本：对你创伤的，痛上加痛。

²⁷ 愿你判他们罪上加罪

无由进你的恩义。进，犹言领受。

28 再把他们从生命册里抹除 见40：7，出32：32注。

不许录在义人之列。

29 而我，那么卑微，受痛——

愿你的救恩，啊上帝，将我托起！ tesagbeni，形容护佑，20：1注。

30 我要歌咏上帝的圣名 颂辞收尾，忠仆祈愿。

感恩而将他尊崇；

31 如此取悦于耶和华

胜似献公牛，角蹄无损。作者淡化祭礼，强调虔诚祷告，40：6，50：14。

32 卑微者见了，无不欢喜

寻求上帝的人哪，愿你们心儿复苏！ 直译：心儿得生命，22：26。

33 因为贫苦人耶和华要垂听

入囚的，他决不鄙弃。入囚，喻困苦生活，或特指巴比伦之囚，皆通。

34 愿天地、海洋连同其中游动的一切

赞美他！

35 因为，上帝必拯救锡安，光复圣城和福地。

重起犹大诸城

让人进占：

36 让他忠仆的子实承继

让热爱圣名的建家园。直译：入住其中。

七十 开恩

（属大卫，交与乐官，求主眷念）见38章注。此诗重复40：13-17，文字略有变动。

愿你开恩，上帝，解救我 原文脱"开恩"，据40：13补。

啊耶和华，求你速来佑助！

² 一堆儿让谋我性命的　原文无"一堆儿"，从40：14补。

自取其辱，

让那幸灾乐祸的一败涂地

而蒙羞，³ 让他们愧恨交加

而溃退，再也不能笑我

"哈呀"！ 溃退，yashubu，谐音气馁，yashommu，40：15注。

⁴ 愿所有寻求你的人

因加入你而忻喜；

愿一切渴望你救恩的　见40：16注。

不停高呼：大哉上帝！

⁵ 而我，虽然卑微贫苦——

上帝呀快来我身边! 参较40：17。

求求你，我的庇佑我的救主

耶和华! 求你不要迟延。

七一　老者的证言

耶和华啊，我倚靠你，同31：1-3。

求你永勿让我蒙羞；

² 求你以公义为我解围

侧耳垂听，前来营救。

³ 求你做我磐石样的庇护　ma`on，诸抄本另读如31：2：堡垒，ma`oz。

一座拯救我的坚城。从七十士本及31：2。原文费解：常来，你命令救我。

你是我的峭崖我的要塞

⁴ 我的上帝，求你从恶人手中
从歹徒凶犯的掌下，将我解脱。

⁵ 因为你，主耶和华，是我的希望
幼年所立，我的信靠。
⁶ 子宫里就有你扶持　参 22：9, 139：13。
出母腹，全仗你接生，gozi，割、凿；生僻词，无确解。
一刻不息，我把你赞颂！

⁷ 众人当我是个异兆，mopheth，惊其惨状；常人不解为何好人罹祸。
而你才是我的力量之倚靠。或如亚兰语译本：大力和倚靠。
⁸ 依然，我满口你的赞歌　不因蒙冤受难而动摇。
终日吟咏你的荣耀。

⁹ 啊，求你不要抛下我——我老了　道出"异兆"的来由。
衰朽之躯，你万勿遗弃。
¹⁰ 因为仇敌正窃窃私语
觊觎这条老命的，在合谋：
¹¹ 瞧，上帝不要他了！追上去
抓住他，没人会搭救。

¹² 上帝呀，求你不要远远站开，如忠仆所祈祷，22：1, 11。
速来佑助啊，我的上帝——
¹³ 让我的灵的对头　sotne，做"撒旦"的，指诬告者，109：20, 29。
蒙羞、灭亡，灵，犹言生命，6：3 注。
叫陷害我的人
被耻辱埋葬！

¹⁴ 而我，始终怀着期望

只想赞美，再赞美：

¹⁵ 张口便列举你的义行 承上（第8节）启下（末节），回旋咏叹。

天天传布你的救恩——

尽管那伟绩无从计数。此句失对／破平行，一说是插注。

¹⁶ 我要宣告主耶和华的大能 宣告，'abbia`，从圣城本注。原文：来。

称颂你，恩义独具。称颂，或作牢记，赛63：7，歌1：4。

¹⁷ 上帝呀，我自幼即蒙你教诲

迄今，仍在证实你的神迹。藉义人受苦，宣明而证成，22：31，40：5。

¹⁸ 哪怕我老了，两鬓苍苍

求求你，上帝，也不要将我离弃，接回上文9节，反复申说。

待我给后代证成了你的臂力：zeroa`，提喻神迹，赛51：9。

你的大能 ¹⁹ 你的公义

直上云天，啊上帝！

上帝呀，这件件巨功，谁及得上你？

²⁰ 你使我见识了那么多祸患 见识，犹言经受，73：4。

是要我生命复元！旧译复活，不确。

愿你把我从地下深渊拉回 深渊，tehomoth，兼喻冥府、仇敌。

²¹ 允我延年，予我安慰。延年，直译：增大（岁数或地位）。

²² 真的，让我弹琴感恩 登圣殿献祭还愿，50：14，56：12。

赞美你的信实，我的上帝；

让我奏起七弦为你吟唱

以色列的圣者！婉称子民的救主，赛1：4。

²³ 我要翕动双唇，向你欢歌，

发自灵中，你赎下的灵；喻重获新生。

24 还要终日不停，舌头诵读 同 35:28。

你的公义——看那陷害我的 看，ki，连词，通作因为、当。

自取其辱！

七二 吾王

（属所罗门）或作献给所罗门。以理想化的国君"预示"企盼中的受膏者，赛 45:1。

上帝呀，求你赐吾王以明断之柄

将正义赋予国君之子；复指吾王。子，类别虚词，如人子＝人/人类。

2 愿他秉公统治你的子民

替你的卑微者执义。主持公道乃君权神授或"膏立"的基础，2:6。

3 一如高山低岭造福于民

他必以公义 4 为贫苦人申冤，明君的道德秩序契合自然法则。

粉碎强豪，扶危济困——

5 愿他延寿，与日月同光 但诸天万象皆受造物，凋落有时，赛 34:4。

万世无尽！延寿，ya'arik，从七十士本。原文：他们惧怕你，yira'uka。

6 又如细雨洒落新割的草地 gez，七十士本/参士 6:37：剪下的羊毛。

一阵阵甘霖滋润田园，

7 在他的治下，义人花发 治下，直译：日子。义人，另作：公义。

处处和平，至明月朽烂。beli，意谓世界终了。旧译长存，误。

8 他的王权贯通两海 地中海、波斯湾。

从大河直达地极。夸张修辞。大河：幼发拉底河或尼罗河。

9 荒漠里的野兽向他屈膝 荒漠里的野兽，ziyyim，贬称游牧部落。

他的仇敌要舔尘土； 降服状。

[10] 拓西和诸岛，番王朝贡 拓西，见 48：7 注。诸岛，尤指爱琴海一带。

示巴与色巴，酋长献礼：效仿示巴女王携厚礼访所罗门，王上 10 章。

[11] 是呀，四夷无不俯首称臣 示巴 / 色巴，统称阿拉伯诸部，赛 60：6。

列邦一起殷勤服侍。

[12] 因为穷人哀号，他必援手 呼应 9：12，34：6，伯 29：12 以下。

不让卑微者失护佑；

[13] 病弱贫寒，他都怜恤

受苦人的灵是他拯救，后世视为预言义灵复活，116：15 注。

[14] 是从残暴的欺凌下将其赎回——

人的血在他眼中最可宝贵。人，直译：他们。血，七十士本：名。

[15] 啊，吾王万寿，享示巴之黄金！吾王，原文：他。

愿祷告不停，为他念诵 他，指吾王；解作穷人，接前阕，亦通。

日复一日，替他祈福：

[16] 愿举国五谷丰登，山顶

果实摇曳，如黎巴嫩富饶

城邑人烟似野草繁茂。yazizu，开花、发亮，茂盛状。

[17] 愿他的尊号常存 祈望君位永续，福地昌明。

英名像太阳恒久；

愿万族因他而蒙福 实现上帝对圣祖的允诺，创 12：3。

愿万邦称他为福。万邦，从七十士本。原文：他们。

[18] 赞美耶和华，以色列的上帝 此阕颂辞是后加的，结束卷二。

唯独他，可降示神迹。

¹⁹ 愿他荣耀之圣名永受赞美

他的荣耀充盈大地。

阿门，阿门！

²⁰ 耶西之子大卫的祈祷完。耶西，yishay，伯利恒人，路得之孙，家谱载得 4：18 以下。

卷 三

七三　有了你我别无所求

（**亚萨赞歌**）以下至 83 章，为一组归于乐官亚萨的诗，见 50 章题记。

多幸福——上帝善待以色列 另读：善待正直者，37：37。

善待心地纯洁的人！ 纯洁，就圣法而言，51：10。旧译清心，误。

² 可是我，我的脚险些没站稳

一步闪失，差点儿跌跤。

³ 只因我见着恶棍享福

就嫉恨那伙愚狂之徒！ 诗人不解，为何神的正义迟迟不张，伯 21：7。

⁴ 是的，伤痛与他们无关， 传统本：就是死，lemotham，也无剧痛。

滋滋润润，那一身肥肉。 滋润，lamo tam，校读。原文：他们的死。

⁵ 常人的不幸，亚当的灾 亚当，'adam，兼指人／旁人。

轮不着他们承受。

⁶ 难怪他们把高傲围在颈脖

拿凶残当衣袍裹体， 套喻，参 35：26，65：12。

⁷ 脂肪里渗出一滴滴罪恶 'awonamo，校读。原文（突）眼，'eynemo。

心井流溢邪思。

⁸ 还侮慢讥嘲、恶言哄闹

得势便欺压恐吓，

⁹ 一张嘴恨不得啃下苍天　喻亵渎神圣。

一根舌头全世界搅乱。　直译：走遍。暗示圣法不彰，信约动摇。

¹⁰ 竟至于子民也追随了他们　此节晦涩，无善解。

去灌了一肚子"满水"，me male'，所指不详，或是巫术仪式。民5：18。

¹¹ 说：上帝怎么会晓得？　狂言又一例，10：4，11。

至高者能有啥智慧？

¹² 看，这就叫为非作歹：resha`im，复数表抽象品质，通作恶人。

安安逸逸，大发其财！

¹³ 那么我洁了心，我洗净双手

申明无辜，都是徒劳？　自省自问，苦闷之极。对照26：6。

¹⁴ 若是因为自己日日遭灾　参伯7：18。

惩罚朝朝不绝，

¹⁵ 便也学样胡言乱语——

啊，我就背叛了你子民一族！　dor，圈、代、族类。意谓应除籍定罪。

¹⁶ 但这事我越想弄明白

越觉得困惑痛苦，

¹⁷ 直至我走进几爿神庙　复数称异教。七十士本作单数，指上帝圣所。

才看清了他们的结局：

¹⁸ 是呀，你把人置于滑坡之上　halaqoth，光滑，转指地形、言辞。

令其坠入死地，

¹⁹ 转瞬间遭遇灭亡

被恐惧攫走，一个不留。暗示神庙是毁弃了的。

²⁰ 啊，仿佛噩梦惊醒，我主，此节晦涩，注家莫衷一是。

回过神来多么厌恶，那些幻影！喻恶人或众神，39：6，伯20：8。

²¹ 当初我心里真苦

腰肾两边刺穿，形容精疲力竭，7：9注。

²² 那么愚顽，懵懵懂懂

于你简直像头畜生。behemoth，巨兽，此处象征愚顽，伯40：15以下。

²³ 然而我一直在你身畔　未放弃信仰。

我的右手有你搀扶——

²⁴ 有你以宏图指导，后世拿此节比附义人永生的信念，16：10。

而后，将我收归你的荣耀。或如圣城本：接我去跟随荣耀。

²⁵ 天上除了你，我还靠谁？原文无"除了你"，从传统本注补。

有了你，我世间别无所求。

²⁶ 我的肉、我的心虽然憔悴，因长久思念天父，42：1。

但心中的磐石，我立的业　helqi，自谓神的产业，仿佛祭司，民18：20。

永远在上帝！

²⁷ 看哪，背离你的，注定覆没

弃你而行淫的，你必剿除。行淫，喻背教拜异神，何1：2。

²⁸ 而我，走近上帝，乃是幸福，呼应开头，表白信仰，4：6注一。

只需主耶和华，让我倚靠

再把你的大功一一传布。七十士本多一句：在锡安女儿的门前。

七四　哀圣殿

（亚萨训海诗）子民怀念耶路撒冷圣殿的哀歌，通说作于巴比伦之囚期间（前587~前538）。

上帝呀，你为何丢下我们

那么长久，怒火对准

你牧育的羊群? 喻以色列子民。

² 求你记得，这会众是当初你亲选 出 19：5，申 7：6。

赎下作产业的一族，

这锡安山，是你的圣居！

³ 求求你，移步来这无沿的废墟 前 587/586，巴比伦灭犹大，焚圣殿。

看敌寇施暴，圣所的惨状：

⁴ 你的仇人在会幕里咆哮

悬他们的旗帜与图符。'othoth，敌军旗号、异教神像。

⁵ 一个个好似樵夫斫木 此节有讹，无确解。耶 46：22。

抡战斧劈倒大门，劈倒，yigdd`u，校读。原文不通：著称，yiwwada`。

⁶ 接着，斧锤齐上

雕金器皿一堆儿砸烂；

⁷ 然后纵火焚毁你的圣殿

肆意亵渎，将你圣名的篷帐

夷平。⁸ 心说：让我们一举

灭了他们——当上帝的会幕 mo`ade，复数，指各地的耶和华祭坛。

被一把火烧光，在福地。暗示上帝出离，信约悬置。

⁹ 看不见了，我们的军旗

先知，也已绝迹，因锡安沦陷，祭祀中断，无处求神谕，哀 2：9。

谁也不知，还得苦熬到几时。先知曾预言入囚七十载，耶 25：11。

¹⁰ 啊上帝，还要多久，任敌人辱骂？

你的圣名，岂能容仇寇蔑视？

¹¹ 为什么，掣回你的手　责其放任敌族／巴比伦。

将右手藏在怀中？　藏，kelu'ah，从传统本注。原文费解：毁，kalleh。

¹² 上帝呀，我的终古之王

救恩遍施寰宇——

¹³ 是你，运大力分开汪洋　此细节似迦南神话的创世故事，89：9-10。

大水之上，打碎怪物的脑袋；怪物，tanninim，或作巨鲸，创 1：21。

¹⁴ 是你，砸扁海龙的头颅　海龙，liwyathan，象征混沌，伯 3：8。

将它喂了荒漠野兽。`am leziyyim，见 72：9。另读海鲨，`amlezey yam。

¹⁵ 是你，开清泉，发洪流

又使滔滔江河干枯。如摩西磐石出水、约书亚渡约旦等神迹，66：6。

¹⁶ 白天属于你，夜晚也归你

天灯与太阳是你安放；天灯，ma'or，单数指月亮，创 1：15-16。

¹⁷ 大地的疆界你一条条划出

冬夏寒暑，皆你所创。

¹⁸ 求求你，耶和华，切记仇敌诟辱

愚妄之民如何侮蔑圣名；愚妄，犹言不敬，14：1 注。

¹⁹ 你斑鸠的灵，莫交与恶兽，斑鸠，穷人的祭品，利 5：7，喻以色列。

永不忘贫苦人在求生！

²⁰ 愿你谛视着信约，反言上帝藏脸，不顾诺言，44：24,69：17。

因为这片土地每一个黑暗角落

都住满了强暴。

²¹ 求你别让受欺凌的

溃退、蒙羞；要叫穷困的

人人歌颂你的圣名。

22 起来呀上帝，发出你的指控　ribah ribeka，司法用语，伯9：3。

求你记住，那些妄人天天在诟骂。

23 千万别忘了仇敌怎么吼叫

一刻不停，那进犯者喧嚣！　进犯者，qameyka，站起、攻击，18：39注。

七五　　犄角

（亚萨赞歌，交与乐官，"勿毁"）曲牌，同57章题记。

向着你，上帝，我们感恩——

感恩，因你的圣名已近　意谓拯救在即。七十士本：我们呼唤你的名。

人在传颂，你一件件奇功！

2 既已定下了日期　此阕为上帝训示。

我必以公道判决。

3 大地摇晃，居民瘫倒，nemogim，溶、软、瘫。旧译不通：消化。

是我，将地柱撑牢。（停）造物主支配一切，24：2，46：3。

4 我勒令愚狂的：勿愚狂！

命恶人：不得举犄角——　qaren，喻力量、地位，18：2注二。

5 你的犄角不许高扬

说话不许挺颈项！　愚顽不驯状，出32：9。神谕完。

6 因为东方西方都不会高举　harim，喻护持，20：1，59：1。另读：群山。

也不能指望荒野，　泛指南方或西奈半岛。

7 那行审判的，是上帝　审判，旧译断定，误。

他决定人的沉浮——

8 那酒爵就在耶和华掌中

斟满了，调好的起沫的酒！ 喻神的惩罚，11：6 注，耶 25：15。

他要倒出来叫天下的恶小

喝尽——喝到渣滓入口。

9 而后，我要永远宣讲 'aggid，另读如七十士本：忻喜，'agil。

礼赞雅各的上帝。

10 恶小的犄角，我全要斫去 我，口吻似会众首领。一作他，指上帝。

待义人把犄角举扬。

七六　你一声呵喝

（亚萨赞歌，交与乐官，丝弦伴奏）七十士本另有：（大败）亚述人歌。主题同 46 章。

啊，上帝在犹大被认定 通过战胜入侵之敌。

以色列光大圣名！ 南北两国，合称子民。

2 他的帐幕立于撒冷 即耶路撒冷，谐音和平，shalom，创 14：18。

居所建在了锡安——

3 那儿，他折断强弓的飞焰 喻敌军箭矢。参 46：9。

争战的盾牌与利剑。（停）前 701，亚述军围圣城不克，14：5, 53：5 注。

4 啊，你荣耀至尊

战利品成山； 5 勇敢的心 战利品，ṭereph，七十士本：永久，aionion。

缴械，睡了长觉，

没有一个力士能还手。 讽刺敌人。

6 你一声呵喝，雅各的上帝 呵喝，形容子民吹响耶和华的战号。

骑兵战马一块儿惊厥！

7 如此可畏，除了你，有谁？

225

谁能站在你的面前，承圣怒？

8 你从诸天掷下隆隆判决　圣言雷鸣。

大地惶恐，一片悄寂——

9 看上帝起身，审理而拯救

全世界的卑微之民。（停）卑微，`anwe，旧译谦卑，不妥。

10 人再凶暴，也得向你坦白　toḏeka，认罪认主。此节晦涩，无确解。

当你把暴怒之余系在腰间。之余，指获宽赦者，比作腰布，耶 13：11。

11 许愿须还愿，对耶和华上帝，

凡围绕他的都要给可畏者献祭。围绕，仍以腰布作喻，指义民。

12 只因他剪了众酋的气焰　可畏者，婉称上帝，承上文 7 节。

令天下君王，个个恐慌。

七七　大水见了你

（亚萨赞歌，交与乐官，耶杜顿曲）见 39 同 62 章题记。此章由哀歌接一颂诗而成。

我向上帝呼求，一声声

呼喊——上帝呀，愿他垂听！

2 困厄之日，寻觅我主，呼应 50：15。

一双手通夜举着不知麻木

我的灵，不肯受安慰。祈祷了却依然绝望。

3 思念上帝啊，我止不住叹息　旧译不妥：烦躁不安。

我怨他，我精气枯竭！（停）

4 是的，你不让我合眼

我忧悴已极，说不出话—— niph`amti，被推、扰，形容忧伤。

⁵ 啊，回首往昔，追忆当年！ 一叹再叹，怀念慈恩，照应 11 节以下。

⁶ 长夜里想起他们编我的歌谣 neginathi，被人戏弄，蒙羞，69：12。

便心中恨恨，我的灵默默自问： 直译：寻觅。

⁷ 难道一旦丢弃， 呼应 74：1。

我主就再不愿恩顾？

⁸ 难道他的慈爱已永远消失

他的诺言万世不复？ 因绝望而质疑圣法的信条，出 34：6 以下。

⁹ 上帝，他也会忘却仁心

一怒之下闭了怜悯？ （停）

¹⁰ 只好说：我的病根在此， 怨救主冷漠。旧译不妥：我的懦弱。

变掉了，至高者的右手！ 变掉，shenoth，或如钦定本：当年。哀歌完。

¹¹ 然而我还铭记着耶和华的丰功 上接第 5 节伏笔，转调，起颂诗。

不忘你亘古之奇迹， 铭记，旧译提说，误。

¹² 我要沉思你的无所不能 旧译不通：思想你的经营。

吟诵那桩桩伟绩。

¹³ 上帝呀，你的正道圣洁！

上帝之大，何神可比？ 意同 18：31，89：6。

¹⁴ 惟有你，上帝，能行神迹

万民之中彰显你的大力，

¹⁵ 并以巨臂救赎你的子民

雅各和约瑟之后裔。（停） 约瑟子孙领北国诸部，一说颂诗源于北国。

¹⁶ 大水见了你，上帝，

见了你，大水痛得打滚 yahilu，扭动，形容剧痛，赛 13：8 注。

战栗抓住了深渊！ 以造物主降伏混沌，喻分芦海出干路，66：6，106：7。

¹⁷ 黑云倾泻暴雨　联想上帝降世，18：7 以下。

重霄滚滚惊雷

你的银箭，四下乱飞：

¹⁸ 呀，你霹雳搅动旋风　西奈山神现，授摩西十诫，出 19：16-19。

你闪电将世界照亮，原文无"你的"，据七十士本及古叙利亚语译本补。

大地震颤不已。同 97：4。

¹⁹ 你大道穿越汪洋

你坦途开万顷波涛，

你的足迹，却无人知晓。足迹，暗示上帝行踪／神迹之奥秘。

²⁰ 藉着摩西与亚伦的手

你引领子民，如牧羊群。意象同 78：52。

七八　圣史的教训

（亚萨训诲诗）作者取《申命记》立场，主张耶京圣殿和大卫王室的正统地位。

子民哪，请聆听我的教导　祭司或长老的口气。

侧耳留意我口中的话。

² 我要启齿道出箴言

揭开古老的谜语。见 49：4 注。

³ 无论我们的亲身见闻

还是祖先所述，

⁴ 都不应对子孙隐瞒

而要告诉后代——　依圣法的要求，出 10：2，申 4：9。

赞颂耶和华，他的大力

他造下的种种神迹！

⁵他在雅各立下誓约　`eduth，特指摩西所传约版十诫，19:7注。

在以色列颁布圣法

命我们祖先传诸子裔，

⁶以便后人包括尚未出世的

儿孙都能学习，长大

再告诉他们的儿女。申4:9, 6:6以下。

⁷如此，人就会立信于上帝　立信，kislam，旧译不确：仰望。

不忘上帝大功而谨守诫命；

⁸就不会学祖宗，那愚顽叛逆

心志不坚的一辈——不会灵中

对上帝不忠。旧译：心不诚实，误。序曲完。

⁹以法莲的子孙个个佩弓

临阵之日却抱头逃窜。似谴责北国领袖，60:7注。参下文67节。

¹⁰他们没有守上帝的约

不肯遵行他的圣法；

¹¹全然忘记了他的功业

给子民降示的奇迹，子民，直译：他们。

¹²在埃及，在锁安之野　zo`an，尼罗河三角洲东北古都，民13:22注。

自家祖先亲历的神威：

¹³他把海劈开，领他们穿越

垒起波涛似高墙；语出摩西凯旋之歌，出15:8。

¹⁴他白天云柱，为他们指路　出13:21。

通夜是灼灼火光。

¹⁵大漠里，他拍裂磐石

如汲引深渊供人畅饮——　吵架泉故事，出17章，民20章。

¹⁶那峭岩涌出清溪

宛若长河，潺潺流去。

¹⁷ 然而，他们的罪行变本加厉　有如副歌，接应下文 32, 40, 56 节。

走进枯地，还反叛至高者；　枯地，ziyyah，喻西奈荒野，107：35。

¹⁸ 竟然有心把上帝试探　出 17：7。

为满足贪欲而讨吃，

¹⁹ 狂言冒犯上帝：荒野深处

上帝能摆一桌筵席？

²⁰ 没错，他敲了那磐石

一股泉水也算湍流；

但是面饼，他也能供给？

或是替做子民的弄一顿好肉？　不仅抱怨摩西、亚伦，出 16：3。

²¹ 啊，耶和华听见，忍无可忍　复述民 11 章。

他点燃天火对准了雅各

以色列被怒气笼罩！　直译：怒气对以色列升腾。

²² 只因他们对上帝不忠　重蹈覆辙，如先人忤逆，上文 8 节。

不信靠他的救恩。

²³ 而他，却传令云汉

开启穹隆的道道闸门：　比作天河倾泻，暗示圣怒未息，创 7：11。

²⁴ 吗哪如雨，让他们果腹

家家领受上苍的口粮

²⁵ 人吃着了天力士的面饼——

他赐下美食，尽他们餍足！　天力士，'abbirim，美称众天使，智 16：20。

²⁶ 接着自高天刮起东风

运大能将南风驱赶；

²⁷ 那一场肉雨，肉如土尘

飞鸟若海沙之数，

²⁸ 恰好落于营地中央

堆在了帐篷周围：

²⁹ 吃呀，放开肚子吃

叫他们解馋，撑个饱! 直译：把他们馋的给他们带来。

³⁰ 可是馋欲尚未填满

美味还嚼在嘴里

³¹ 上帝的怒气已经升腾： 馋鬼坟故事，民 11：33。

将他们的壮健一举屠灭 壮健，mishmannehem，肥，精华，赛 10：16。

以色列菁英摧折。 菁英，bahure，精选之人，泛指青年。民 14：29 以下。

³² 虽然如此，他们照旧犯罪 插入此阕，总结教训，强调上帝至仁。

照样不信他的神迹。

³³ 所以他使人的日子如一口气 虚幻徒劳而充满苦楚，39：5，49：12。

消失，年年陷于惊恐；

³⁴ 待他取了性命，人才寻他

才反悔了，又央求上帝，

³⁵ 才记得上帝是他们的磐石 参申 32：15。

上帝至高，乃救赎之主。

³⁶ 但他们张口仍是诓骗

要不就鼓舌讨好，

³⁷ 心里却毫无定力 直译：对他不坚定。

不忠于跟他立的信约。 斥其伪善、形式主义，赛 29：13。

³⁸ 幸而他慈悲为怀，赦免咎责

没有剿了他们，且一次次

忍住，不让怒火迸发：

³⁹ 因想到他们不过是肉躯

一阵风而已，吹过即无踪迹。 直译：去了不回。

⁴⁰ 啊，多少遍了旷野里他们反叛　接回 31 节，继续敷陈圣史。

盘桓大荒，令他悲伤！　旧译不妥：担忧。指拜金牛犊等，申 9：7, 24。

⁴¹ 一而再、再而三试探上帝

触怒以色列的圣者；　见 71：22 注。触怒，hithwu，或作掣肘。

⁴² 居然淡忘了他的巨手　喻大能。淡忘，直译：没记住。

他们获赎而克敌之日：

⁴³ 他如何在埃及布下征兆

施奇迹于锁安之野，　见上文 12 节注。

⁴⁴ 变长河为一江血污　以下写埃及十灾，顺序细节与出 7-12 章略异。

断了百姓的饮用。

⁴⁵ 还降狗蝇，叮咬他们　狗蝇，`arob，某种成群飞舞的昆虫，无确解。

放青蛙肆虐全国；　直译：毁他们。

⁴⁶ 片片庄稼喂了蛴螬　hasil，无定解，一说为沙漠蝗的若虫。

辛劳的果实让飞蝗糟蹋。

⁴⁷ 忽又下冰雹，砸葡萄园　白霜，hanamal，仅此一用，从七十士本。

白霜冻毁他们的榕树；　shiqmoth，埃及榕，果可食，木为棺椁料。

⁴⁸ 成群的牛羊扔给雹打　barad，另读如西玛库本：瘟／畜疫，deber。

一头头牲畜听任雷劈。

⁴⁹ 他满腔的怒火向他们烧去

激愤化作祸殃——

好一队灾难使者　即取人畜性命的死亡天使，出 12：23 注。

⁵⁰ 在帮他的圣怒拓路！

他们的灵，他不许免死

性命皆交付瘟疫；

⁵¹ 埃及的头生子一总击杀，　同 105：36。

入炎炎帐篷，夺了　炎炎，ham，挪亚之子，代称埃及，创 10：6。

他们膂力的初熟之果。　喻头生子，创 49：3。

⁵² 终于，他领出了子民

犹如赶着羊群，走在荒野；　意象同 77：20。

⁵³ 有他指引，他们安然无惧，　子民跨芦海 / 红海，出 14：15 以下。

看，仇敌被海浪淹没！

⁵⁴ 而后，他率众抵达圣地　gebul qodsho，七十士本：圣所之山。

那以右手赢取的山峰。　或泛指迦南丘陵，亦通。

⁵⁵ 异族他一一驱散；　约书亚渡约旦，进占迦南，74：15。

再用绳尺丈量，替以色列

划分产业，由各支族

搭帐篷入居。

⁵⁶ 又一回，他们试探了上帝　此阕写扫罗王背教，子民遭屠戮。

向至高者造反，拒守誓约。

⁵⁷ 一如先人，刚转身就背信　呼应申 32：15 以下。

诡诈多变似一张歪弓，

⁵⁸ 到处筑丘坛，挑衅圣威

雕像神柱，招惹天怒——　即耶和华容不得不忠之怒，出 20：5 注。

⁵⁹ 啊，上帝闻知怒不可遏，

好个以色列，厌恶之极！

⁶⁰ 他抛下示路的会幕　示路，shiloh，早期的耶和华祭坛和圣所。

那一顶他安在人世的帐篷，　或毁于非利士人之手，耶 7：12 以下。

⁶¹ 甚而让大力被人掳去　大力，对下句"荣耀"，喻约柜，63：2，132：8。

任荣耀落入敌手。　约柜曾为非利士人缴获，撒上 4：11。

⁶² 然后将子民扔到剑下

怒火掷上亲选的产业：　即以色列，28：9，33：12。

⁶³ 让青年被烈焰吞吃

姑娘们没有婚歌祝福；　hullalu，反喻举丧，故七十士本：epenthesan。

⁶⁴ 让祭司被利刃砍倒

寡妇们无处哀哭。参申 32：25。

⁶⁵ 直到我主仿佛从沉睡中醒来 尾声。

如勇士醉酒咆哮，mithronen，申冤之日上帝降怒。或如七十士本：酩酊。

⁶⁶ 他打痛了仇人的尻尾 'aḥor，后部，婉称痔疮或下体肿瘤，撒上 5：6。

叫他们永世蒙羞。

⁶⁷ 从此他舍弃约瑟的帐幕 前 722/721，亚述灭北国，称神之刑鞭。

丢开以法莲一家，

⁶⁸ 转而拣选了犹大支族 点明主题，以犹大为正宗，寄望于大卫之家。

他的至爱，锡安之山：

⁶⁹ 高高建起他的圣所 高高，ramim，或作（像）高天。

一如大地，立定不移。参观 48：2。

⁷⁰ 啊，他选中了大卫为仆 事见撒上 16：11 以下，撒下 7：8。

自羊圈将其擢立——

⁷¹ 要忠仆放下哺乳的母羊 少年大卫本是羊倌。

来牧育雅各他的子民 七十士本：他的仆人。

以色列他的产业。

⁷² 果然，其牧育如纯正在心 纯正，tom，完美，言明君之德，18：23。

其引领在手之慎明。赞大卫治国有方。呼应上文 52 节。

七九　　血泼了有你申冤

（亚萨赞歌）背景同 74 章，但强调复仇。犹太传统以此诗及 137 章纪念圣殿之殇。

上帝呀，异族霸占了你的产业 异族，指巴比伦及其盟友，137：7 注。

他们玷污了你的圣殿

耶路撒冷废墟一片！

² 看，你仆人的尸首

任飞鸟啄食，虔敬者的肉

喂了野兽；³ 耶路撒冷周遭

他们泼血如水，无人掩埋—— 　正如先知预言，耶 7：33，14：16。

⁴ 我们当了四邻的笑柄

受尽众人的讥嘲。同 44：13。

⁵ 还要多久，耶和华，你怒气不平？同 89：46。

你愤激似火，要烧到永远？承认子民遭灾，一如蒙福，也是神意。

⁶ 你一定要泼怒，就烧光异族 　泼怒，犹言泄恨。

那些不认你也不呼圣名的番邦！参 14：4。

⁷ 因为他们吞吃了雅各

正蹂躏他的家乡。

⁸ 先人的咎责，求你莫向我们追讨 　直译：对我们记住。

愿你的大慈悲快快降临，

我们已沦于绝境。直译：落到极低。同 142：6。

⁹ 求求你，上帝我们的救主

为了圣名的荣耀，佑助我们

赦免我们的罪愆，一显你的圣名！见 23：3 注三。

¹⁰ 为什么要让异族訾议：同 115：2。

在哪儿呀，他们的上帝？

让万族明白——愿我们亲眼看见

仆人的血泼了，有你申冤！视若至亲，负报血仇的义务，利 25：25 注。

¹¹ 愿囚徒的呻吟上达天庭，直译：来你面前。

求你以巨臂之大力

保全待毙之子。bene themuthah，死囚，喻义人。子，类别虚词，72：1 注。

235

¹² 主啊，这些邻邦加于你的嘲骂

求你加七倍，掷还他们怀中！ 七，虚数谓多。参拉麦之歌，创4：24。

¹³ 而我们，你的子民，你牧育的羊群 意象同前两章结尾。

要永远谢恩，

世世代代把你赞颂。

八十 复兴

（亚萨赞歌，交与乐官，调寄"百合为证"）七十士本另有：关于亚述人（入侵）。

以色列的牧人哪，求你垂听！

你引领约瑟如牧羊， 约瑟，以法莲与玛纳西之父，提喻北国，77：15注。

从神兽护守的宝座上放光 神兽，上帝宝座的侍卫，18：10注。

² 在以法莲、本雅明和玛纳西之前。 代表为亚述所灭的北国诸部。

求求你，抖擞神威，来救援！

³ 上帝呀，求你让我们复兴！ 副歌合唱，下同。

你慈颜照临，我们得救。 慈颜，喻神的眷顾，4：6注二。

⁴ 啊耶和华，万军之上帝

你一腔怒气喷子民的祈祷 参79：5注。

要到几时？

⁵ 你拿眼泪做面饼给他们充饥 形容国破家亡之惨象，42：3。

三份泪水，要他们吞掉； 三份，shalish，无确解，或是干/液量单位。

⁶ 还任我们被邻邦抢夺

受尽仇敌的耻笑。

⁷ 万军之上帝呀，求你让我们复兴！

你慈颜照临，我们得救。

⁸ 一株葡萄你移自埃及　葡萄，喻以色列子民，赛 5：7。

赶走了异族，把树栽上；

⁹ 开一片地，它便深深扎根

处处爬满，¹⁰ 绿荫覆盖群山：

大枝强似神一般的雪松　'arze-'el，极言其高大，36：6, 68：15。

¹¹ 小枝伸展，远拂海岸　地中海。

藤蔓尖尖，依傍大河。幼发拉底河。勾勒出理想中福地的疆域。

¹² 可是你为什么拆了它的篱笆

让过路人入内摘吃？

¹³ 林子里的野猪也来糟蹋　野猪，凶恶不洁，喻仇敌。

完了再让虫豸啃食。见 50：11 注。

¹⁴ 万军之上帝呀，求你回来！似副歌回音，略停，照应节奏。

愿你从天庭俯视

关注这葡萄——¹⁵ 当初

你右手栽种的那一株。原文此处重复 17b，似误抄：你领养的儿子。

¹⁶ 有人放火烧它、砍它，kesuhah，另读如圣城本：如粪，ordure。

愿你怒容呵斥，灭了他们！

¹⁷ 只要你右边的一位获你援手　右边，暗示受膏的王，110：1。

那归了你而坚强的人子，另说指波斯治下犹大省长泽鲁巴别，该 1：1。

¹⁸ 我们就决不会背离你——

生命复得，我们一定

呼唤你的圣名。表白信仰，企盼救恩，75：1。

¹⁹ 啊耶和华，万军之上帝

求你让我们复兴！

你慈颜照临，我们得救。

八一　住棚节

（属亚萨，交与乐官，迦特琴伴奏）见第8章题记。此诗纪念子民出埃及、领受圣法。

歌唱上帝，我们的大力

欢呼啊，朝雅各的上帝！

² 奏起乐章，手摇铃鼓

七弦曼妙，伴以十弦；

³ 羊角号到新月吹响

到满月，到节日来临！七月初一新年，七月十五住棚节，利23：24, 34。

⁴ 因为，这是以色列的法例　最初一年三节，出23：14 以下。

雅各上帝的圣裁

⁵ 他命约瑟信守的誓约——

当他踏上埃及大地。踏上，婉言降罚。七十士本：走出。均暗示住棚节。

只听得一个陌生的话音：以下二阕为神谕，由圣所先知或祭司传达。

⁶ 是我，把重负卸下他的肩膀　他，指以色列。话音，直译：唇。

让他的手松开砖筐。提喻子民的苦役，给法老为奴，出1：14。

⁷ 危难中你呼求，我便营救，转第二人称，仿佛面对面，不容回避。

从惊雷的藏身处应允　追忆西奈山神现，天父鸣雷，出19：19。

在吵架泉将你考验。（停）出17章。

⁸ 听着，我的子民，我得警告你　'a`idah，见证、告诫，申31：26。

以色列呀，只要你肯听从！

⁹ 你们中间不可有异神　十诫之一，出20：2-3。

不可叩拜外邦的神。

¹⁰ 我，乃耶和华你的上帝

是我把你领出埃及——

只消张口，我保你吃够！插入此句，照应结尾。

¹¹ 怎奈我的子民偏不听话 继续警告，申9：7。

以色列就是不服我；旧译不确：理我。

¹² 只好由他们死硬了心 成语，形容愚顽，出4：21注。

一意孤行不悟。

¹³ 啊，若是我的子民肯听从

以色列愿走我的道，

¹⁴ 立刻，我制伏他们的仇人

对那帮顽敌下手，

¹⁵ 直至恨耶和华的都来献媚 yekahashu，欺骗，阿谀奉承。

被无期的厄运锁定。厄运，`ittam，时间，转指命数。旧译百姓，误。

¹⁶ 而我，将以麦粒的脂肪赐食 脂肪，喻精白细面。我，原文：他。

磐石取蜜，尽你享用。典出摩西之歌，申32：13-14。

八二 众神

（亚萨赞歌）一说此诗以神子喻王公判官，谴责其滥用权力。

上帝驾临天庭 `edath-'el，众神/天使之会，89：7，伯1：6以下。

往众神当中掷下判决：呼应76：8。

² 还要多久，你们枉法裁断 谴责众神/天使在人世作恶，58：1-2。

几时，才能不偏袒恶人？（停）

³ 本该为孤儿贫弱讨公道

为卑微者主持正义，如圣法所要求，出23：6以下。

⁴ 扶危济困，解救百姓

从恶人掌下脱身。

⁵ 无知呀愚昧！大地的根基在脚下

塌陷，他们却还在黑暗中徘徊。他们，转第三人称表轻蔑。

⁶ 从前我说：你们也算神明　参观耶稣的引申诠释，约 10：34 以下。

毕竟都是至高者的儿子。故名神子，创 6:2 注。

⁷ 可现在你们要像人一样死掉

像人世的王公，仆倒！判恶天使不得长生，终要下阴间。神谕完。

⁸ 起来呀，上帝，审判这世界

因为万族皆是你的产业。祝祷收尾，祈愿列国皈依。

八三　十族

（**亚萨赞歌**）祷词，求上帝佑助抗敌，历史背景（十族联盟与子民为敌）不可考。

上帝呀，求你不要缄口无语

不要漠然不动，啊上帝！参较 28：1，50：3。

² 看，你的仇敌汹汹而来

那些恨你的，头昂得好高；形容气焰嚣张。

³ 早就在阴谋害你的子民

一同算计你的珍爱，zephuneyka，珍藏、宝爱之物，17：14。

⁴ 说：来呀，咱们把这一族灭了

叫以色列的名再无人记得！

⁵ 背地里他们结一条心

订盟约与你为敌——以下共十族。

⁶ 住帐篷的红族和以实玛利人　阿拉伯诸部，创 25：18。参 60：9 注。

摩押跟夏甲的苗裔，hagrim，游牧于约旦河东岸，代上 5：10。

7 戈巴尔、亚扪、亚玛力 死海以南山区部族，出 17：8。

还有非利士同石城的居民；石城，迦南北部腓尼基港城，45：12 注。

8 再加亚述与他们串通

做罗得子孙的后盾。（停）摩押、亚扪以罗得为祖，创 19：37-38。

9 求你处置他们，一如米甸，以色列世敌，被勇士基甸征服，士 7 章。

如基顺河畔的西将军雅宾王 yabin，被女先知黛波拉击败，士 4 章。

10 在恩多尔覆灭 当在加利利湖西南。西将军，sisera'，领雅宾王大军。

变成肥田的粪土。

11 求你待首领，似待老鸦恶狼 `oreb/ze'eb，米甸酋长名，士 7：25。

宰王公，似宰牺牲与黑影，zebah/zalmunna`，米甸王绰号，士 8：5。

12 因为他们叫嚣：把上帝的牧场

夺来，归我们自个儿享用！

13 啊我的上帝，愿你的处置

像旋风卷尘土，像疾风吹碎秸，意象同 1：4，赛 17：13。

14 又如火烧森林，焰笼群山：旋风卷尘土，galgal，或作：风滚草。

15 是呀，让你的风暴驱散他们

发你的狂飙，吓倒他们，

16 在他们脸上写满羞辱 回应上文 2 节。

以便他们寻你的圣名，耶和华！

17 愿他们陷入惊恐绝望

永远蒙羞而丧亡。

18 于是人都认了你——圣名耶和华

大地之上，独有你，至高至大。同 97：9，呼应 47：2。

八四　流泪树

（寇腊裔赞歌，交与乐官，迦特琴伴奏）朝圣者之歌，见 120 章题记。

啊，多么可爱，你的帐幕

万军耶和华！

2 我的灵因思念而憔悴　呼应 42：1，73：26。思念，旧译羡慕，误。

为了耶和华的庭院，　hazroth，特指耶京圣殿的内院，65：4，王上 6：36。

我的心我的肉身要欢呼

向着永生的上帝。

3 是呀，连麻雀安家

燕子筑窝育雏

也可以挨着你的祭坛，

万军耶和华，我的王我的上帝；

4 多么幸福，那入居你的殿宇

常在赞美你的人！（停）诗人羡慕圣殿里的小鸟和祭司。

5 福哉，那求得你的庇佑，　'oz，或作大力（在你）。

一心上路朝圣的人：

6 他们来到流泪树之谷　流泪树，即乳香，茎皮渗出树脂似流泪，故名。

就地掘一眼井——果然蒙福　一说此谷近圣城，连接南北西三条商路。

那井要涨满秋霖。　moreh，暗示住棚节朝圣祈雨。此节晦涩，无善解。

7 于是气力越走越旺，去锡安

他们觐见的是众神之神！　犹言上帝至高，50：1 注一。

8 耶和华啊万军之上帝

求你垂听我的祈祷，

雅各的上帝呀，请侧耳留心。（停）

⁹ 求你谛视，上帝我们的盾 <small>盾作"谛视"宾语，象征君王，亦通。</small>

眷顾你膏立的人！ <small>国君或第二圣殿时期（前538～后70）的大祭司。</small>

¹⁰ 流连于你的庭院一天

胜似别处千日； <small>原文无"别处"，据文意补。</small>

我宁愿给上帝的殿宇看门

也不在恶人的帐篷投宿。

¹¹ 因为耶和华上帝是太阳是盾， <small>套喻，3：3, 7：10, 18：2, 59：11。</small>

荣耀与慈恩，是他赐予； <small>太阳，shemesh，一作城垛，赛54：12。</small>

凡是走正道的，耶和华降福

从不吝惜。

¹² 啊，耶和华万军之主

人信靠你，多么幸福！

八五　　公义同和平相吻

（寇腊裔赞歌，交与乐官） <small>通说作于巴比伦之囚结束，子民重修圣殿时。</small>

耶和华啊，你恩待了你的福地

扭断雅各的囚锁； <small>shebuth，或引申作扭转命运，126：1, 4，伯42：10。</small>

² 你赦免了子民的咎责

掩埋那重重罪过。（停） <small>掩埋，喻宽恕，32：1 注二。</small>

³ 一切愤恚，均已收回，

断了你的熊熊怒火。 <small>断，直译：转／离开。同上文"扭断"。</small>

⁴ 求你让我们复兴，上帝呀救主 <small>同80：3。</small>

收起愠色，饶了我们!

⁵ 莫非你要对我们一直恼恨

世世代代怒气不休？

⁶ 你真的不愿意我们复生

让子民以你为欢愉？ 旧译不通：靠你喜欢。

⁷ 求求你，耶和华，彰显你的慈爱

为我们垂赐救恩。会众祷词完；以下为先知 / 祭司祈告及求得的神谕。

⁸ 让我聆听，上帝耶和华

有何谕旨；因他对子民

对虔敬者必应许和平，shalom，泛称福祉，国泰民安。下同。

只消他们不复死抱愚顽。七十士本接"虔敬者"：及对他回心转意的。

⁹ 确实，他的救恩

离敬畏他的人最近，

以使荣耀常驻我们家园。圣殿重起，耶和华再临锡安。结 43：4 以下。

¹⁰ 那时慈爱与忠信相会 忠信，'emeth，旧译诚实，误，15：2 注。

公义同和平相吻；

¹¹ 忠信要遍地生发 喻天国来人世、入人心，赛 45：8。

公义由高天俯瞰。暗示救主审判。

¹² 啊，耶和华要亲自降福 如时雨，67：6-7，结 34：26 以下。

令大地物产丰饶——

¹³ 而公义，乃是他的前驱 拟人，喻上帝的惩罚，5：8。

为他的步履铺道。或如七十士本：当他（上帝）迈步上路。

八六　善德之标记

（大卫祈祷）哀歌夹一感恩颂诗，8-13 节，集经文诗句和母题，"拼贴"而成。

耶和华啊，求你侧耳，应允我

因为我卑微，我穷！ 上帝属于穷人；参耶稣福音的纲领，太5：3，19：24。

² 求你保佑我的灵，我虔敬； 呼应4：3，37：28。

救救你的仆人，让他信靠——

你是我的上帝呀，³ 我主 原文"你是……"接上句"仆人"，破格律。

请怜悯我，我无时不在祈告。 无时不，直译：终日。

⁴ 求你赐仆人心欢愉

因为主啊，我把灵向你举起！ 同25：1。

⁵ 主啊，你至善而宽仁

凡呼唤你的，都蒙你眷爱无尽。 照应下文15节引文。

⁶ 求求你，耶和华，垂听我的祈祷

留意我乞救的哀鸣；

⁷ 危难之日，我向你呼号

是因为你定会答应。 此句原文音节不足，或脱字，可移下句"主啊"补之。

⁸ 主啊，诸神之中谁也不能与你相比 化自摩西凯旋之歌，出15：11。

谁也不及你成就的大功。 成就，从传统本注／依格律移自下句。

⁹ 万族皆要来敬拜你，我主 想象或预言天下皈依，22：27。

人人光耀圣名，

¹⁰ 只因你伟大，行奇迹

你独一无二，是上帝。 申6：4。

¹¹ 耶和华啊，求你把正道指给我 同27：11。

让我跟从你的真理，

心里仅存一念：敬畏圣名。

¹² 主啊我的上帝，我要全心谢恩

光耀圣名，永无止境，

¹³ 因你的慈爱于我至大

自幽冥深处你救起了我的灵。极言痛楚，仿佛已死，30：3 注一。

¹⁴ 上帝呀，狂傲者四起围攻　同 54：3。

暴徒结伙要谋我性命，

完全没把你放眼里。直译：放他们面前。

¹⁵ 可是主啊，上帝慈悲不轻易发怒　申明神性，出 34：6，民 14：18。

施爱守信，他始终不渝——

¹⁶ 求你转脸，求你怜悯；同 25：16。

将大力赐予你的仆人

拯救你婢女的儿子，谦称，犹言卑微之极，对上句仆人，116：16。

¹⁷ 一显那善德之标记。'oth，实为信约承诺，创 9：12。旧译不确：凭据。

让恨我的人见了个个蒙羞

因为你，耶和华助我，给我慰辑。

八七　　母亲锡安

（寇腊裔赞歌）预言异族归信，认上帝之城为母，天下大同，赛 2：2 以下。

奠基于圣山，² 啊锡安的城门　呼应 24：7。

耶和华最爱，远胜

雅各的顶顶帐篷。或指统一祭祀，各地圣所为耶京圣殿所取代，78：68。

³ 荣耀的传说都归于你

上帝之大城！（停）

⁴ 凡认我的，我都会记下：上帝说话。

无论骄龙和巴比伦　骄龙，rahab，原始混沌之怪，借喻埃及，赛30：7。

抑或非利士、石城与古实——　见45：12, 68：31 注。

每一个那儿出生的人。　出生，喻皈依耶和华。

5 还要在锡安一一宣布　七十士本意译：人要叫锡安母亲。

这人那人是她的子女，　她，指锡安，48：12 注。

因为她乃至高者所奠立。　列族降顺，加入子民，如浪子回归慈母。

6 耶和华为万民造册

是要登录，谁生在这里，（停）　入名册／获救者一律平等，40：7 注。

7 王公一如舞伎——啊　王公，sarim，校读。原文：歌手，sharim。

我所有的源泉，在你！　源泉，视锡安为生命与幸福之源，36：9, 46：4。

八八　　幽暗

（寇腊裔赞歌，或族人希曼的训诲诗，交与乐官，调寄"病中吟"，
痛苦时唱）le`annoth，或指曲牌，无定解。希曼，heman，宫廷视者兼乐官，代上25：5。

耶和华啊，我的救恩上帝

日日夜夜我向你呼号；

2 愿我的祈祷上达天庭　直译：来你面前，79：11 注一。

你听到我的哀告！　此章三段皆以求救起头，下文9和13节。

3 因为我的灵受够了痛楚　参较伯10：15。

生命已濒临阴间

4 入了沉沦深渊的队伍。　深渊，bor，复指阴间，28：1 注。

就像一个人耗尽精力

5 被遗弃在死人堆里，　遗弃，hophshi，释放，反言天父不应抛下义人。

247

不啻遭屠杀，扔进坟坑——

那些人，你不会再记得

你的手与他们隔绝！ 手，喻大力、拯救。

⁶ 如此你把我丢在了冥冥之下

禁闭于深深的幽暗， 几近指责上帝不公，绝望故，伯23：17。

⁷ 再重重压上你的愤怒

你的巨浪将我淹没。（停）巨浪，象征毁灭，18：4，42：7。

⁸ 还让我的朋友都远远躲开 意同31：11，38：11。

我对他们竟成了秽恶： to`eboth，入罪者须从族中铲除，利18：29。

关起来，不得外出！

⁹ 啊，我两眼因忧伤而昏暗， 呼应6：7。

日复一日，耶和华，我呼求

我向你伸出双手。

¹⁰ 莫非你要给死者行神迹？ 自比亡灵，如上文6节。

那些魂影，能起身颂扬你？ （停）魂影，repha'im，指亡灵，6：5注。

¹¹ 能在墓穴里说你的慈爱

"永灭"之中讲你的信实？ 永灭，'abaddon，阴间的别名，伯26：6注。

¹² 难道你的奇功可为幽暗所明了

遗忘之乡也记得你的公义？ 其时尚无亡灵复活、末日审判的观念，30：9。

¹³ 但是耶和华，我依然向你求救

清晨，我的祈祷要来你面前：

¹⁴ 为什么，耶和华，你抛下我的灵

对我藏起你的慈颜？

¹⁵ 可怜我从小受苦，奄奄一息

担着你的威吓我的麻木。 'aphugah，校读参77：2。原文无解：'aphunah。

¹⁶ 你的怒火横扫一切 接回上文7-8节，稍加发挥，收尾。

惊恐，正把我吞灭，熟语，伯6:4。

¹⁷ 仿佛洪水天天围困

四面一起进逼。

¹⁸ 啊，亲友邻人弃我而去

只剩幽暗做我的伴侣！全诗不言信靠上帝，亦无认罪感恩，风格近约伯。

八九　慈爱不收回

（族人艾丹的训诲诗）艾丹，'ethan，智者或乐官，王上5:11，代上6:29。

耶和华的慈爱，我要永远歌唱

向万代启唇，传扬你的信实。'emunah，与慈爱并举，凸显主题。

² 因为你说了，慈爱降世必常存　你，从七十士本。原文：我。

一如天上立定你的信实——　降世，直译：建立。

³ 我已同我拣选的人立约　上帝回顾与大卫王立约，撒下7:8以下。

向大卫我的忠仆起誓：

⁴ 你的子实，我将永远扶植

万代不移立你的王座。（停）引子完。

⁵ 啊，诸天赞美你的奇迹，耶和华　以下两阕为一完整的颂诗。

圣者集会，颂你的信实。圣者，此处指天庭神子，伯5:1注。

⁶ 重霄之上谁能与耶和华相比？参40:5,86:8注。

哪一位神子，及得上他？

⁷ 上帝威严，圣者环侍

至大可畏，高踞天庭，直译：在所有围着他的之上。

⁸ 耶和华啊万军之上帝，谁能似你

信实围绕，伟力耶和华？

⁹ 汪洋傲慢，有你降伏

狂涛涌起，唯你平息；

¹⁰ 是你，把骄龙如尸首刺穿　骄龙，喻埃及，87：4注。

巨臂发力，仇敌驱散。回顾摩西领子民出埃及，所行的神迹。

¹¹ 苍天属你，大地也归你

寰宇万物皆是你开创；

¹² 北方造了，又造南方——

塔博山黑门峰，欢呼圣名！塔博山，tabor，加利利湖东南圣山。

¹³ 勇力出自你的巨臂　黑门峰，见29：6注。

你掌握大能，右手高举；

¹⁴ 正义与公道是你宝座之根基

慈爱同信实，为你开路。参较85：13。

¹⁵ 福哉，那学会了欢歌之民：欢歌，teru`ah，指节庆礼赞，33：3注。

走在你慈颜的明辉里，耶和华　呼应4：6,67：1,80：3。

¹⁶ 因你的圣名，日日忻喜

靠你的公义，赢得尊荣！

¹⁷ 你是他们力量的精粹——　tiph'ereth，美、光彩，转指精华。

藉你的恩惠，我们犄角高昂。见18：2注二。转第一人称，热烈。

¹⁸ 因为我们的盾在耶和华　盾，转喻君王，亦通，47：9。

以色列的圣者，乃我们的王。颂诗完。

¹⁹ 当初，你通过异象传旨　神谕。

对虔敬之民降言：通过先知纳丹，撒下7：1以下。

我已给一位强者加冕　nezer，校读参39节。原文：佑助，`ezer。

从子民中擢拔了一名青年；bahur，选中，转指精英、年轻战士。

²⁰ 我找到大卫我的仆人

用我的圣油将他膏立。

²¹ 让他扶我的手站起

因我的臂膀而坚强，

²² 既不受敌人压榨　yashshi'，放高利贷，榨取。

也不向邪恶之子屈服。邪恶之子，ben-`awlah，即恶人。

²³ 抵抗他的，我必粉碎

仇恨他的，我必击杀；

²⁴ 我的信实我的慈爱与他同在

凭我圣名，他犄角高扬！照应上文 17 节。

²⁵ 我要拿他的手劈开大海　直译：放上大海，78：13。

江河统归他右手指挥。形容疆域广大，72：8。

²⁶ 还要他叫我：你是我父亲　呼应 2：7。

我的上帝，我的救恩之磐石！

²⁷ 于是我立他为长子，

为世上最高之王；

²⁸ 并且永葆对他的慈爱

坚守同他的信约。即大卫之约，先知称为"永约"，105：10，赛 55：3。

²⁹ 他的子实，必千秋不败

他的王座如诸天恒久。再申誓约，上文 4 节。

³⁰ 但如果他的儿孙背弃圣法

不遵循我的判决，

³¹ 若是他们违犯我的法例

不谨守我的诫命，

³² 我就要举杖惩罚他们的忤逆　杖，shebet，此处象征上帝的主权。

一次次挥鞭追究罪责。鞭，nega`im，或作瘟疫。

³³ 然而，我的慈爱决不收回　'asir，从诸抄本。原文：打碎，'aphir。

决不允许我的信实落空，

³⁴ 决不废除我的永约　呼应耶 33：20 以下。

更不会改变双唇的许诺：直译：我唇间所出。

³⁵ 我一旦起誓，指着我的圣洁，qodshi，婉称圣名，22：3 注。

便决计不会让大卫受骗！

³⁶ 他的子实，必永世传承，三申誓约，上文 29 节。

他的王座像太阳，在我面前 享神恩而与日月同光，72：4。

³⁷ 又如月亮万古常新——

云天里一轮忠实的见证。（停）神谕完。

³⁸ 可如今，你已将他唾弃、抛开 哀歌，回到现实。

朝自己膏立的王降怒，

³⁹ 废了同仆人的信约 诗人始终不提国君或子民犯圣怒的具体罪行。

任他的冠冕踏入尘埃。王朝覆灭。

⁴⁰ 他的城墙你一道道攻破 城墙，旧译篱笆，不妥。

一座座要塞夷为平地，要塞，旧译保障，不通。

⁴¹ 听凭过路人掠夺

叫他受四邻诟骂。

⁴² 啊，你举起了他仇家的右手

让他们好不高兴！

⁴³ 却使他刀剑卷刃

战场上站立不稳。

⁴⁴ 你折断了他闪亮的权杖 matteh hodo，校读从传统本注。

把宝座推翻在地。 原文费解：他的洁净，mitteharo。

⁴⁵ 终于，他未老先衰 直译：缩短他青春的日子。

为重重耻辱所覆盖。（停）哀歌完。

⁴⁶ 还要多久，耶和华，你隐藏不露？同 79：5。祷告结尾。

你盛怒似火，要烧到永远？

⁴⁷ 求你记得我性命短促—— 记得，旧译想念，误。

何等虚妄，你造的亚当子孙！双关暗示：人子脆弱，造人徒劳，66:5。

⁴⁸ 什么人可以长生，免见死亡？

谁的灵，能逃脱幽冥之掌？（停）对照49:15。

⁴⁹ 主啊，你先前的慈爱哪里去了？

那可是你的信实，你对大卫的誓言！直译：以你的信实向大卫起誓。

⁵⁰ 求求你，我主，记住仆人的屈辱

我怀里盛着的万民的嘲骂；ribe/dibbath，校读。原文：众多，rabbim。

⁵¹ 那是你的仇敌在欺侮，耶和华

欺侮你受膏者的脚步！意谓紧追不舍。

⁵² 愿耶和华永受赞美。此节是后加的颂辞，卷三完。

阿门，阿门！

卷 四

九十　人子呀你们回来

（**上帝之人摩西的祈祷**）托名摩西，或因诗中多处文字源自五经。上帝之人，即先知。

主啊，你是我们万世不移的家。ma'on，或作庇护，71:3。

² 远在群山诞生、大地寰宇

娩出之前，你已是

从永远至永恒的上帝。娩出，teholel，视造物主为慈母，申32:18。

³ 而人终要碾为尘泥，dakka'，碾碎之物、齑粉，34:18，创3:19。

因为你说：人子呀，你们回来！因为，从传统本注，移自下句。

⁴ 啊，一千年在你眼里不啻昨天

逝去，或如一更夜黯。古人一夜分三更，每更约四小时，出 14：24 注。

⁵ 睡梦中将他们攫去：zeramtam，如洪水卷走。叹人生苦短如梦。

黎明，还仿佛新发的绿茵

⁶ 晨曦里一片青翠欲滴——

傍晚，已枯叶凋零。意同伯 14：1-2，赛 40：6 以下。

⁷ 忽然间毁于你的怒气

因你的激愤我们惊惶；

⁸ 你把我们的罪孽一一揭破 直译：放在你跟前。

隐恶暴露于圣容之光。救恩无处不在，139：7。

⁹ 每一天都在你的圣怒下煎熬

年岁到头，一声叹息。

¹⁰ 我们的寿数，说是七十

身子骨硬点可望八十，不及至高者规定的寿限，创 6：3。

可再硬，也无非是劳苦悲愁；硬，rahbam，骄傲、倔强。

转眼耗尽，我们飞走! 喻下阴间。耗尽，gaz，旧译不妥：成空。

¹¹ 啊，谁能懂你怒气的威力？

你的圣怒，如你可畏之极! 或作：如你应得的敬畏。无定解。

¹² 求你教我们数好日子

让我们得一颗智慧的心。认识到人生短暂、人性孱弱而敬畏神，箴 1：7。

¹³ 回来呀，耶和华! 还等何时？

求求你，怜悯你的仆人。怜悯，旧译后悔，误，135：14，申 32：36。

¹⁴ 愿你以慈爱一早就满足我们

让我们无日不尽情欢歌，

¹⁵ 让我们安享幸福，一天不缺

抵你苦我们、叫我们罹祸的岁月。先祸后福，报应在主，62：12。

¹⁶ 愿你，为仆人彰显你的大功

让其子孙领受你的尊荣。善报及于后代，出 20：6。

¹⁷ 愿我主上帝之圣美照临 圣美，婉称圣容，27：4 注二。

成全我们双手所做的一切——

一切作为，由你成全! 原文重复上句；少数抄本及七十士本无此句。

九一　一心爱我的我必解救

你藏身于至高者的幕棚 喻庇佑，或圣殿，27：5。你，泛指忠信之人。

宿夜在全能者的荫翳，

² 请告诉耶和华：我的庇护啊坚城 请，从七十士本。原文：我。

我的上帝，我信靠你!

³ 他会救你逃脱捕雀人的网罗 捕雀人，yaqush，喻仇敌。

躲过致命的瘟疫；deber，另读如七十士本：debar，谗言。

⁴ 他会张开翎羽护你

让你在翅膀下栖身，熟语，形容上帝保佑，17：8，36：7。

他的信实，做长盾与圆盾。见 35：2 注。

⁵ 你无须怕黉夜的惊悸 如梦魔、夜鬼狸狸之类，赛 34：14。

白天箭矢乱飞，箭矢，hez，或喻毒日头，亦通。

⁶ 抑或黑地里瘟病潜行 申 32：24。

正午恶疾肆虐。

7 纵然你身旁倒下一千

你右手死去一万，

那祸害也挨不着你。

8 相反，你只消睁开眼睛

就看到恶人得了报应。

9 因为庇护于你，只在耶和华，于你，校读。原文：你，我的庇护。

你认了至高者为家。呼应 90：1。

10 再不会有灾殃拦路

或疬疫逼近你的帐篷，

11 因为他要遣天使看护你 子民的庇护天使，出 23：20。

无论你去到何方。直译：在你一切道路。

12 他们会把你托在掌上 恶魔试探耶稣，曾引此句，太 4：6，路 4：11。

以免石子磕你的脚；

13 而你将脚踩狮子和蝰蛇 熟语，喻恶人，17：12, 58：4 注二。

小狮大蟒通通踏倒。大蟒，tannin，或作海怪，74：13。

14 那一心爱我的，我必解救 此阕是神谕，应许七事。

认我圣名的，我必高举 护持状，20：1, 37：34。

15 呼求我的，我必应答；

危难中，必与他同在

必援手，必赐他尊荣——

16 颐养天年用足寿数

我的救恩，必为他彰明。至此"必"字重复七次。

九二　义人如海枣

（安息日赞歌）感恩兼训海，发挥善恶报应的传统学说，与 37, 49 章相近。

感恩耶和华——多好！

颂扬你的圣名，至高者：

² 清晨传布你的慈爱

夜夜聆听你的信实，或暗示谨守圣法，早晚献祭，出 29:38 以下。

³ 十弦拨动，七弦和鸣 见 33:2 注。

琴音婉转，吟咏礼赞。

⁴ 啊耶和华，你的丰功赐我喜悦

你巨手造化，令我欢歌：

⁵ 何等的伟绩呀，耶和华

多么奥妙，你的大计！ maḥsheboth，创世、布法、拣选子民等，33:11。

⁶ 这一切，蠢汉自然不懂

愚顽的更不明白。指其背弃正途，不知敬畏造物主，55:19。

⁷ 尽管恶人如野草蔓生 熟语，喻恶人不久，37:2, 58:7, 90:5-6。

造孽的猖獗一时，

但他们终究逃不脱灭顶

⁸ 因为你，耶和华至高而至万世。

⁹ 看，你的仇敌，耶和华，部分抄本无此句，或属误抄／重字重行。

看你的仇敌如何覆亡

那些造孽的如何溃散！

¹⁰ 而我的犄角要昂起像野牛

当你用新油为我膏首，ballothi，拌、浇，无确解。膏首喻恩泽，23:5。

¹¹ 让我两眼看清谁在窥探 beshorray，校读，原文有讹：beshuray。

耳朵听见害我的阴谋。直译：作恶的（商议）起来害我。

¹² 愿义人如海枣般旺盛

茁壮似黎巴嫩雪松，

¹³ 植于耶和华的殿宇

在我们上帝的庭院里开花；庭院，复指上句圣殿，52：8, 72：7。

¹⁴ 直至高龄仍果实累累

丰满多汁，一片葱翠——

¹⁵ 从而昭示耶和华至直，

是我磐石，在他

绝无不义。呼应 58：1-2, 申 3：24。

九三　　耶和华为王

耶和华为王，威严为衣　七十士本题记：大卫赞歌，唱安息日前夕

威严耶和华，他腰束大力。　入居大地。

于是世界奠定，不可动摇；同 96：10。参 24：2, 104：5。

² 你的宝座自亘古矗立

无始亦无终，是你。直译：从永恒，你。

³ 涌起了洪波，耶和华，写降伏混沌大水，77：16, 89：9。参 29 章。

涌起了滚滚洪涛

涌起洪流怒号！

⁴ 盖过大水的喧嚣

胜于汪洋巨浪之威力，胜于，mi，校读。原文作"威力"复数词尾，im。

啊耶和华，至尊至高！

⁵ 你的誓约绝对可靠 ne'emnu，坚固。誓约即圣法，神的主权之基石。

你的殿宇极美而归圣，所罗门迎约柜入圣殿，获上帝祝圣，王上 9：3。

啊耶和华，永日而永恒。另作：圣洁永合你的殿宇，耶和华。

九四　申冤的上帝

申冤的上帝呀耶和华 申冤，neqamoth，或作复仇，申 32：35。

申冤的上帝，求你照临! hophia`，在祥云中降临，50：2。

² 起来呀，这世界的审判者 引圣祖语，恳求上帝，创 18：25。

骄横的人该你报应!

³ 那些恶人还有多久，耶和华

多久，恶人还能得意?

⁴ 全都口喷妄言 喷，yabbe`u，骄狂状，59：7。旧译自撰：絮絮叨叨。

造孽者自吹自擂，

⁵ 他们在碾你的子民，耶和华

蹂躏的是你的产业。

⁶ 寡妇客人一样敢杀

连孤儿也不放过，公然践踏上帝之法，出 22：21，申 24：17 以下。

⁷ 还说：耶和华瞎了吧 直译：看不见。参 10：11，59：7，64：5。

雅各的上帝，他晓得个啥? 旧译思念，误。

⁸ 该清醒了，你们这些人皮畜生! bo`arim，斥其野蛮愚昧，结 21：36。

愚氓哪，几时才能明白?

⁹ 难道那给人安耳朵的反是聋子 化自上帝诘问摩西语，出 4：11。

造眼睛的，倒是瞎子?

¹⁰ 他训诫万族，教人知识

却不懂如何惩治？

¹¹ 耶和华当然洞悉人的算计——

那，不过是一口嘘气。剌其愚妄、徒劳无益，39：5，62：9，传1：2注。

¹² 福哉，那蒙你的训诫，耶和华　呼应伯5：17，箴3：11。

从你领受圣法的人！

¹³ 困厄之日，你赐他安宁

直至为恶人掘好陷阱。

¹⁴ 不，耶和华决不会丢下子民

抛弃他自己的产业；

¹⁵ 而公道将重返义人之中　义人，zaddiq，从二抄本及西玛库本。

凡心地正直的，必跟从。　原文：义，zedeq。

¹⁶ 谁可挺身替我击退恶人

谁能站起，直面造孽之徒？

¹⁷ 若不是耶和华及时佑助

我的灵早已沦于死寂。dumah，喻阴间，形容与阳世隔绝，115：17。

¹⁸ 只要我说，我脚下滑，

你的慈爱便来挽扶，耶和华；呼应66：9。

¹⁹ 无论我心头多么焦虑——　旧译蛇足：多忧多疑。

有你安慰，我灵中欢愉！

²⁰ 那高椅腐恶，能与你交好，高椅，kisse'，或宝座，提喻法官、王权。

玩弄法条制造冤屈？

²¹ 他们纠集党羽，害义人性命

拿无辜的血滥加罪名。血，对上句性命；犹言定死罪。

²² 但耶和华已是我的堡垒　见9：9注。

我的上帝，乃庇护我的磐石。

²³ 他必报还他们的罪戾　点明谁是最终的审判者，上文 2 节。

叫作恶多端的自取灭亡——　或如钦定本：因其作恶而灭之。

啊，耶和华我们上帝

定要他们灭亡！

九五　　欢声与咒誓

来，让我们歌唱耶和华

向救恩之磐石欢呼！　伏笔，忆摩西举杖击石开泉，下文 8 节。

² 让我们感恩，进到他面前　头三阕写圣所祭祀，风格明朗。

献上欢声，发为咏赞。

³ 因为耶和华上帝伟大

万神之上，至大之王。　万神，统称异教神，或众神子，89：6-7。

⁴ 大地深渊尽在他掌中

层峦叠嶂全归他所有，

⁵ 海洋属他，是他所造

干陆成形，于他的巨手。

⁶ 来呀，让我们俯伏敬拜　登上了圣殿。

跪于耶和华我们的造主之前。

⁷ 他，才是我们上帝，

我们是他牧育的子民

他亲手引领的羊群。　套喻，23：1, 74：1, 78：52 等。

啊但愿今天，他的话你们肯听：　音调突变，祭司求得一道神谕。

⁸ 再不要像吵架泉，死硬了心

像荒野里那一天"考验"，　事见出 17 章，民 20 章。

⁹ 像你们的祖宗，试探我

诱惑我，那样领教我的大功！ 或作：尽管见识了我的大功。

¹⁰ 整整四十年，那一代令我厌恶！ 旧译不确：厌烦。民 14:27 以下。

我说：他们总是心术不正 总是，‘ad，校读。原文：民，‘am。

不愿认我的正途。

¹¹ 于是一怒之下这道咒誓： 子民受诅，赞歌一如祭礼失效。

他们断不能入我的休憩！ 兼指迦南和圣殿，上帝自备的居处，出 15:17。

九六　　新歌

新歌一曲，献给耶和华。 同 98:1。此颂诗另一版本，见代上 16:23 以下。

歌颂耶和华呀，整个大地

² 歌颂耶和华，赞美圣名！

他的救恩是每日的佳音，

³ 他的荣耀，列邦传遍

他的神迹，万民聆受。

⁴ 啊，至大耶和华，至当赞颂 同 48:1。

万神之上，他至为可畏， 暗示异教神只是偶像，95:3 注。

⁵ 而列国的神祇实为虚无。 ‘elilim，七十士本：小神／恶灵，daimonia。

诸天是耶和华开辟，

⁶ 尊荣与威严，常在他面前 形容神现时祥云的光辉。

他的圣所有华美和大力。 美称约柜，63:2。华美，少数抄本：欢愉。

⁷ 芸芸宗族，全归耶和华， 企盼异族皈依，上帝一统天下，47:9。

全归耶和华，荣耀与大力

8 全归耶和华，圣名之荣耀。同 29：1-2a。

请带上祭品，进来他的庭院 少数抄本：面前。指圣殿，52：8, 84：2。

9 敬拜耶和华，璀璨而圣洁；同 29：2b。

在他脚下，整个大地打颤！ 在他脚下，意译。原文：从他面前。

10 而后通告列邦：耶和华为王！ 古拉丁本：树上为王。

世界奠定，不可动摇 教父解作十字架耶稣之预象。

他要秉公裁断万民。同 93：1, 9：8。

11 愿诸天欢愉，大地忻喜 庆祝风调雨顺，神恩浩荡，65：9 以下。

愿大海轰鸣，充盈水族，直译：及充盈它的。同 98：7。

12 愿田野高兴，一片生机 直译：及内中一切。赛 55：12。

看，林树一株株起舞——

13 都在耶和华面前！因为他已降临 同 98：9。

他已降临，要审判大地：诸抄本脱前四字，代上 16：33。

以正义鞠问寰宇

以信实判定万民。

九七　云幕

耶和华为王，大地忻喜 熟语搭配，按修辞程式，93：1。主题同前章。

群群岛屿，一起欢愉！ 岛屿，特指爱琴海一带，72：10 注一。

2 云幕昏黑，层层环绕 神现之景象，出 19：16 以下。

他宝座的根基：正义同公道。同 89：14。

³ 烈火做他的前驱　参较 50：3。

烧毁四周的仇敌；

⁴ 他闪电将世界照亮　同 77：18。

大地见了，颤抖不已。

⁵ 群山如蜡烛熔化，在耶和华

在寰宇之主面前。

⁶ 于是诸天宣布他的公义　同 50：6。

他的荣耀，万民目击。

⁷ 凡侍奉偶像、靠虚无自夸的　虚无，贬称异教神，96：5 注。

一定蒙羞——还不向他叩拜，

你们这帮所谓的神明！　'elohim，七十士本另读：他的天使。

⁸ 啊锡安山听了，多么欢乐　同 48：11。

犹大的女儿们兴高采烈　女儿，喻南国村镇。

领受你的判决，耶和华！

⁹ 因为大地之上，独有你　同 83：18。

耶和华至高，至尊

而超乎万神。

¹⁰ 凡恨邪恶的，耶和华都爱；　校读从传统本注。

他一直守护着虔敬者的灵　原文失对：你们爱耶和华，应恨邪恶。

挫败造孽的手。　挫败，直译：救他们出。

¹¹ 光明，已给义人播下　zarua`，另读如部分抄本：照亮，zarah。

心地正直的，要收获欢欣——　比作农事，种福得福。

¹² 欢欣在耶和华，全体义人！

请记住他的圣洁而谢恩。同 30：4。圣洁，婉称圣名。参 22：3。

九八　至圣之臂

（赞歌）续前两章及 93 章"耶和华为王"主题，信念旨趣似《以赛亚书》中编"安慰书"。

新歌一曲，献给耶和华　同 96：1。

因为他行了神迹；

救恩来自他的右手　典出摩西凯旋之歌，出 15：6, 16。

他的至圣之臂。　兼喻审判，赛 52：10 注。

[2] 耶和华已展现他的救恩　兼指胜利，3：8 注。展现，旧译发明，误。

万族眼前，他降示了公义。　即亲自审判，下文 9 节。

[3] 对以色列家他一向记得　旧译记念，误。

广施慈爱与信实，

要大地四极全都看见

胜利，属于我们的上帝。

[4] 欢呼耶和华，整个大地　此阕写圣殿节庆，42：4, 81：1 以下。

载歌载舞啊庆祝！

[5] 向耶和华拨动七弦

七弦拨动，声声颂歌，

[6] 银号羊角号一齐吹响　召集圣会子民守节，利 23：24, 民 10：10。

欢腾吧，耶和华为王！　直译：在耶和华王面前。

[7] 愿大海轰鸣，充盈水族　同 96：11。

连同世上栖居的一切；

[8] 愿江河鼓掌，愿山岭合唱

[9] 在耶和华面前。因为他已降临　同 96：13。

要审判大地：

以正义鞠问寰宇

以公平判定万民。普世拯救寓于公平，mesharim，或实质正义，67:4。

九九　　脚凳

耶和华为王，万民颤栗！

神兽展翼护他的宝座；直译：他坐于神兽。形容约柜施恩座，63:7注。

啊大地摇摇，² 巍巍锡安

耶和华至大，凌驾万国。

³ 愿他们赞美你的圣名　人间一如天上，赛6:3。

至大而可畏——圣洁之名！直译：圣洁他。名，shem，是阳性名词。

⁴ 大力之王啊！校读。原文：而王的大力爱公道，你确立了衡平。

你独钟公道，确立衡平

是你，在雅各实施了公义。

⁵ 尊崇耶和华我们上帝

俯伏朝拜他的脚凳——　喻约柜/宝座，或锡安山圣殿，上文1节。

圣洁之凳！直译：圣洁他。凳，hadom，也是阳性名词。

⁶ 摩西与亚伦，当了他的祭司

撒母耳也加入，呼求圣名。撒母耳，膏立扫罗王的先知，撒上10:1。

他们一祈告，耶和华便应允

⁷ 从云柱里传下他的训示——　出33:9，民12:5。

那誓约并条条敕令

他们信从。

⁸ 啊耶和华上帝，你应允了他们　泛指子民，与上阕不同。

惟有你，上帝，能赦免不究，

但他们的罪行你必查办。noqem，报复，转指问罪，利26：25。

⁹ 尊崇耶和华我们上帝

俯伏敬拜他的圣山，

圣洁耶和华——我们上帝！

一百 至善

（感恩赞歌）至此结束"耶和华为王"一组颂诗，93,95-100章。

欢呼耶和华，整个大地！同98：4。

² 侍奉耶和华，无上欢愉

载歌载舞啊来他面前。万族皈依，普世同庆，96：7注。

³ 认定耶和华，他是上帝。语出申4：35,39。

他造了我们，我们属他 lo，另读：而非（lo'）我们造了自己。

当他的子民，他牧育的羊群。同79：13,95：7。

⁴ 满怀感激，跨进他的大门 朝拜圣殿，95：2。

步入他的庭院，吟咏礼赞

向他谢恩，赞美圣名！

⁵ 因为，耶和华至善：同106：1,136：1以下。

永世不移他的慈爱 古歌词，应答轮唱常用，耶33：11，代下5：13。

他的信实，代代相传。

百一 何时你才会到来

（大卫赞歌）理想中的以色列明君的自白，风格寓意颇似《箴言》。

慈爱与公道我咏唱　暗示国君或受膏者贤明。

赞歌献给你，耶和华！

² 我一定审慎走清白人的路——　呼应 26：1, 11。

何时，你才会到来？后人遂称受膏者 / 救主 "要来的那一位"，太 11：3。

宫中我事事依从纯洁的心　意谓遵循圣法，王上 9：4。

³ 百戾魔之类，不摆眼前。禁止膜拜偶像、追随异神，18：4 注二。

那背弃正道的我最恨　恶上帝所恶，箴 11：20。

陋习我绝不沾染；

⁴ 狡诈的心哪，离我远点

邪恶我不要结识！

⁵ 谁暗布流言诽谤邻友

我就灭谁；傲慢的眼光　箴 17：20, 21：4。

狂妄的心，我一概不能忍受。'ukal，七十士本另读：同席 / 吃，'okel。

⁶ 我看顾的是天下的诚信之民　我，上帝语。此阕为王求得的神谕。

要他们跟我同住；

人只有走上了清白之路

方可做我的忠仆。

⁷ 所以，玩弄诡计的

不得入居我的殿，

撒谎行骗的不许

站在我的眼前！呼应 5：5。以下是王的保证。

⁸ 那么，每天早晨

让我灭一遍全国的恶人，古制，首领晨起至城门口听讼，撒下 15：2。

从耶和华的大城剪除

所有造孽之徒。

百二 离群的小鸟

（卑微者的祈祷，困惫中向耶和华倾诉苦情）基督教忏悔七章之五，6：10 注。

耶和华啊，求你垂听我的祈祷
愿我的哀鸣上达。
[2] 求求你，当我危难之日
莫把脸对我藏起；同 27：9, 69：17。
愿你侧耳，我一呼唤
你即刻救援！直译：回应/答。

[3] 因为我的日子如烟云消散 此阕语气激烈，如约伯控诉。
我骨头烧焦，似在火炉；kemo-qed，从诸抄本连读：如烧火。
[4] 仿佛枯草，我的心已憔悴
全然忘了饭食。
[5] 我叹息，我悲哭
只剩一层皮包一具骸骨。直译：骸骨贴我肉。
[6] 就像鸮枭盘桓荒野 鸮枭，qe'ath，某种不洁飞禽，或作塘鹅。
或是猫头鹰出没废墟 猫头鹰，kos，亦属秽物，利 11：17-18。
[7] 我通夜不眠，恍若屋顶
一只离群的小鸟。
[8] 我的仇敌整天辱骂不休
从前夸我的，如今指着我诅咒。夸，mehallay，从七十士本。
[9] 啊，尘土竟成了我的面饼 原文：恼怒，meholalay。
伴着眼泪往肚里咽，极言子民亡国、异乡为奴之痛，42：3, 80：5。
[10] 只因你勃然动怒

你将我捡起复又猛摔！ 形容命运多舛。

¹¹ 日子，已如黄昏斜影， 熟语，90：6，109：23。

而我，像荒草凋零。 以下插入一祈求光复圣城的颂诗，至 22 节。

¹² 可是你，耶和华，永踞宝座 呼应哀 5：19。

千秋万代要把你铭记。

¹³ 求求你，起来，怜悯锡安

因为降恩于她的日期

那既定的时辰已到；

¹⁴ 因为你的仆人珍惜她 旧译不通：原来喜悦他。

每一块石头，为她的泥尘动情！ 子民思念圣城，渴望重返家园。

¹⁵ 要万族敬畏耶和华的圣名

天下君王慑服你的威严，

¹⁶ 当耶和华重建锡安

再现于他的荣耀—— 如先知预言，赛 60：1，结 43：1 以下。

¹⁷ 他必转脸，受赤贫者祈求 天父不再藏脸，穷人有福，25：16。

不会嫌憎他们祷告。 回应哀歌开头，上文 1-2 节。

¹⁸ 这一切须记下，传诸后世

以使尚未受造之民将来也能颂扬： 参较 78：6。

¹⁹ 耶和华！他从至高圣所俯瞰 至高，指天庭。死海古卷：圣居。

自诸天眷顾人间，

²⁰ 为了垂听囚徒的呻吟

释放待毙之子； 犹言死囚，79：11 注二。

²¹ 为了锡安宣布耶和华的圣名

耶路撒冷将他赞誉，

²² 直至万民汇聚一堂—— 憧憬异族皈依，朝拜圣殿，96：7。

侍奉耶和华，列国同礼！ 颂诗完。

²³ 然而，他让我中途力竭　　上接 11 节，继续哀歌。

剪短了我的时日。²⁴ 我说：

上帝呀，我不要半生就夭折

求求你——你的岁月岂止万代！

²⁵ 开始，是你奠立大地　　见 24：2 注。

诸天你亲手缔造。

²⁶ 但天地终会湮灭，你却常在；

万物似华服必朽

如一件破衣，随你更换——　　今世终了，天地更新，赛 51：6。

²⁷ 惟有你，才是 "他"，　　意谓上帝唯一，永恒不变，申 6：4, 32：39。

你的岁月无边无沿。

²⁸ 愿你仆人的后裔久安　　仆人，复数统称子民，同上文 14 节。

子子孙孙，侍立于你面前。

百三　　冠冕

（属大卫）感恩颂诗，生动阐发上帝之爱。

赞美耶和华，我的灵

我全身五内跪拜圣名；　　全身五内，kal-qerabay，犹言全心全意。

² 赞美耶和华，我的灵

勿忘他，洪恩浩荡——

³ 一切罪尤皆是他宽恕

种种疾病靠他治疗；

⁴ 你的生命，他从深坑救出　　深坑，即冥府，16：10，泛指沉疴、厄运。

用仁爱和怜悯做你的冠冕。形容蒙恩，参 8：5。

⁵ 他赐你一生不缺幸福 一生，`odeki，校读。原文：饰物，`edyek。

使你如雄鹰，青春常驻。春天鹰换羽，古人视若精力复生，赛 40：31。

⁶ 啊，有耶和华主持公义

受欺凌的就能申冤；

⁷ 他向摩西昭示了正道

一番番伟绩，为了以色列子孙！

⁸ 耶和华慈悲，不轻易发怒 同 86：15，引出 34：6。

施爱守信，他始终不渝——

⁹ 既无永远的谴谪

也不久久怀恨；

¹⁰ 降罚，没有依我们的罪戾 天父至仁，宽恕多于严惩。

报应亦不按咎责。

¹¹ 地阔天高，容不下

他对敬畏者的大爱；

¹² 日出日落，路途遥遥

不如我们的忤逆被他赶得远远。

¹³ 犹如慈父疼爱儿女

凡敬畏他的，耶和华都怜惜。

¹⁴ 因为他知道我们的来历 yizrenu，七十士本作造型，亦通。

记得我们不过是尘土。记得，旧译思念，误。创 2：7。

¹⁵ 是呀，人的日子就像荒草 意同赛 40：6 以下。

像野地的花，烂漫一时，

¹⁶ 一阵风吹过便无踪影 参较 78：39。

从此被故土遗忘。

¹⁷ 但耶和华的慈爱从永远

到永恒，非敬畏他的人莫属；

一如他的公义要子孙秉承，

¹⁸ 要人谨守信约

牢记他的训谕而遵从。 既是条件，也是子民信心之所在，出 15：26。

¹⁹ 耶和华在诸天之上立定宝座 呼应 22：28。

他的王权主宰万国。 王权，malkuth，七十士本：天国，basileia。

²⁰ 赞美耶和华，众天使

所有奉圣谕聆圣言的力士！

²¹ 赞美耶和华，万万天军 复指上节天使。

执行旨意的每一位忠仆！

²² 赞美耶和华，一切受造

在在处处他的治下——

愿我的灵

赞美耶和华！ 首尾呼应，同下章。

百四 创世颂

赞美耶和华，我的灵

何其伟大，耶和华我的上帝！

你以尊荣与威严为衣 熟语，93：1。

² 身披光明如方袍。 salmah，披肩裹体的方形布袍或毡袍，出 22：25。

苍天你铺开作帐幕 以下描述渊源甚古，细节较创 1-2 章丰满。伯 9：8。

³ 大水之上起你的殿梁， 大水，指穹隆托着的天河。

朵朵乌云造你的战车 你，校读。原文：他。参 18：9-10。

驾狂风的翅膀疾行——

⁴ 四方的风，当他的使者 修辞性人称转换，意趣似国画之散点透视。

烈焰是他的仆从。

⁵ 你给大地奠定了根基　见 24:2 注。

使之永世不可动摇；

⁶ 复以洪流如大氅覆盖，　参观方舟故事，创 7:19-20。

群峰没入了波涛！　直译：山上站立大水。

⁷ 直至你一声呵斥，大水

惊逃，慌忙躲你的雷霆，　呼应 18:15。

⁸ 冲上山岗，流进峡谷　另读如犹太社本：千山升起，万壑下沉。

缩回你指定的去处：

⁹ 疆界已划分，不得逾越

不许回头，将大地再次淹灭。　联想彩虹之约，创 9:11 以下。

¹⁰ 他使清泉涌流，汇合溪涧　他，或作：你。

在峦嶂间蜿蜒。

¹¹ 于是百兽都有了水喝

野驴得以解渴，

¹² 飞鸟在岸畔营巢

枝头唧啾鸣唱。

¹³ 他从天宫浇灌山野　形容时雨，65:10。

造化结果，令大地丰饶。

¹⁴ 青草为牛羊生长，

五谷菜蔬，沃土发力　leaḥ，从传统本注。原文：粮，leḥem。

不负人的劬劳：　另读：以服务于人类。

¹⁵ 美酒，以快活人心　兼写农时，八月摘葡萄酿酒。

膏油，使容颜皎洁　十月榨橄榄油。

面饼，能维持生命。　从犹太社本，原文重复：人心。五月收小麦。

¹⁶ 啊，耶和华的大树棵棵滋润

他手植的黎巴嫩雪松！

¹⁷ 那儿小鸟飞来筑窝

白鹳找丝柏歇足，丝柏，beroshim，一作冷杉、杜松。

¹⁸ 峻岭给野山羊为家

峭壁做岩狸的庇护。岩狸，shephannim，又名非洲蹄兔，利 11：5。

¹⁹ 他造了月亮，标记节期 以举行祭典。他，或作：你。

太阳自知何时西沉。古人以黄昏为一日之始。创 1：14-18。

²⁰ 还指挥黑暗，降下夜幕

让百兽出林逡巡；

²¹ 小狮咆哮，追逐猎物

向上帝乞食充饥。如下文 27 节解释。

²² 旭日东升才纷纷藏匿

各自回洞穴蜷伏。

²³ 这才有人出门劳作

不辞苦累，直干到天黑。照应上文 14 节。

²⁴ 多么丰富，耶和华你的创造！参观箴 8：22 以下。

万物皆是你的智慧设计

一样样把大地充盈。旧译不通：遍地满了你的丰富。

²⁵ 看这汪洋，何其浩淼，

群群水族浮游其中

大小无计其数。

²⁶ 那儿，航船往返

还有，你抟的戏水海龙！混沌怪物在上帝眼中犹如玩具，74：14 注一。

²⁷ 这一切都仰仗你

按时喂食：²⁸ 靠你恩赐

才有获取，你摊开手掌 喻赏赐、援手，申 15：8, 11。

个个餍足；²⁹ 一旦你藏起脸，

它们大乱，一口气收回

立时就死，就变为一撮泥尘。见 90：3 注。

³⁰ 啊，你微微气息化育万物，生命之气源于上帝的灵，rua<u>h</u>，创 2：7。

大地脱旧貌而更新。

³¹ 荣耀永归耶和华：

愿受造的蒙耶和华喜爱！

³² 蒙他注视，大地颤抖　形容上帝降世 / 神现，114：7，出 19：18。

他轻轻一碰，群山冒烟。同 144：5。碰，旧译不妥：摸。

³³ 耶和华，我要毕生歌咏

活着，便不停颂扬我的上帝。

³⁴ 一如我以耶和华为欢愉

愿我的默祷取悦于他。默祷，强调心志虔诚，19：14。

³⁵ 愿罪人从世上绝种

造孽的尽去——愿我的灵

赞美耶和华。

哈利路亚！　halelu-yah，赞美耶（和华）。七十士本置于下章开头。

百五　　永恒之约

感恩耶和华，呼唤圣名　以下至 15 节的另一版本，见代上 16：8 以下。

对万民宣告他的大功！

² 歌唱他，赞扬他

吟诵他的全部神迹；呼应 77：12。

³ 奉他的圣名，何等荣耀，

寻求耶和华的心哪，同欢笑！

⁴ 求靠耶和华，求他的大力 喻约柜，78：61, 132：8。

无时不求他的慈颜。 形容上帝眷顾，4：6, 67：1。

⁵ 他降示的奇迹须铭记

那一趟趟征兆，亲口宣判，

⁶ 啊，忠仆亚伯拉罕的后裔

雅各的子孙，他已拣选！ 亚伯拉罕，另读：以色列，代上 16：13。

⁷ 他，是耶和华是我们上帝

他的统治，遍及寰宇。 统治，兼指审判。旧译不妥：判断。

⁸ 他的约，他永志在心 旧译记念，误。

圣言一诺千代；

⁹ 那是他与亚伯拉罕

与以撒，盟誓所订， 见创 15：1, 26：3 以下。

¹⁰ 是他为雅各颁行的法例 创 28：13-14。

以色列的永恒之约——

¹¹ 我必赐你迦南之地，他说， 你，死海古卷：你们。创 15：18。

丈量给你们作产业。

¹² 当时他们人丁还少

在哪里都寄人篱下，

¹³ 从一国到另一国流浪 申 26：5。

漂泊于异族之乡。

¹⁴ 但是他不许人欺侮他们

为之，曾训斥诸王：

¹⁵ 切勿刁难我膏立的人 以色列已归圣，称"祭司之国"，出 19：6。

我的先知，不可损伤！ 如"我父王"误娶圣祖夫人，创 20 章。

¹⁶ 后来，他召饥荒肆虐福地 此阕讲约瑟传奇，创 37 章以下。

将面饼之杖尽数折断。意谓断粮。杖，喻支撑、粮源，利 26：26。

¹⁷ 却派一人先他们而行——

约瑟被卖作了奴隶：

¹⁸ 沉沉脚镣，颈扣铁枷，颈，naphsho，气、灵，借指咽喉、要害。

¹⁹ 直到他的预言应验 约瑟为司酒、司厨圆梦，创 40 章。

耶和华降旨，还他清白。zeraphathhu，熔炼，转喻考验、证明无辜。

²⁰ 于是国王传令释放

且立即起用，万民之尊 美称法老。

²¹ 拜奴隶为相，请他 奴隶，原文：他。

执掌朝政号令天下，直译：号令 / 统领（法老）所有的一切。

²² 可随意惩戒公侯 惩戒，yasser，从七十士本。原文：绑，'esor。

以智慧教导长老。

²³ 终于，以色列南来埃及

雅各寄居在了炎炎之地。炎炎，挪亚之子，借指埃及，78：51 注。

²⁴ 接着，他使子民人丁兴旺 他，指上帝。以下写以色列出埃及。

渐渐壮大，超过敌族；

²⁵ 又令后者变心，仇视子民

使诡计折磨他的仆人。

²⁶ 他这才指派忠仆摩西

并亲自拣选了亚伦，

²⁷ 让两人在炎炎之地

一次次显征兆，施神迹——

²⁸ 他降下昏暗，昏黑之极：复述十灾，但顺序细节与五经略异。

那些人竟敢抗拒圣言！竟敢，校读参七十士本。原文不通：没有。

²⁹ 遂叫江河变为污血

鱼儿通通毙命；

³⁰ 岸上则青蛙成灾

甚而跳进了国王寝宫。

³¹ 他一声令下，狗蝇飞来

四境内蚊蠓成阵。 蚊蠓，kinnim，七十士本作虱子，钦定本从之。

³² 接着，冰雹如雨

电光闪闪，轰遍埃及， 直译：他们的地／国。

³³ 葡萄无花果一并打毁

处处是断树残枝。

³⁴ 又一声令下，飞蝗遮天

蚂蚱，数不胜数， 蚂蚱，yeleq，一说是飞蝗的幼虫。

³⁵ 田里的庄稼转眼吃尽

沃土的出产荡然无存。

³⁶ 全国的头生子，他一总击杀

埃及膂力的初熟之果； 同 78：51，见该节注。埃及，原文：他们。

³⁷ 杀毕，率以色列披金戴银出发 以色列，原文：他们。

十二支族无一病弱！ koshel，跌、绊，转指腿软、虚弱。

³⁸ 庆幸吧，埃及，子民走了 法老被迫放行，摩西率子民踏上征途。

想起他们实在恐惧！

³⁹ 他升起云柱掩护他们

夜晚，灼灼火光。同 78：14。

⁴⁰ 他们一央求，他就送来鹌鹑 对比 78：24 以下。

天赐的食粮任人享用；

⁴¹ 还拍开磐石，泉水涌出

大漠里一条河潺潺流去。参 78：15-16。

⁴² 只因他记着那神圣的诺言

并亚伯拉罕他的忠仆。

⁴³ 就这样，他领出的子民满怀喜悦

蒙他拣选的，一片欢歌。

⁴⁴ 因为他恩赐了异族的土地　即迦南福地，申 4：38, 40。

让子民收获别人的辛劳，`amal，转喻劳动果实。

⁴⁵ 以使他们信守他的法例　点明主旨。

遵从他的教导。

哈利路亚！

百六　以色列的忏悔

哈利路亚！

感恩耶和华，他乃至善　同代上 16：34。

因他的慈爱常在。

² 谁能道尽耶和华的伟绩

把赞歌一一唱来？　旧译不确：表明他一切的美德。

³ 福哉，那守持公道

时时行义的人！

⁴ 求你记得我，耶和华

当你眷顾你的子民

以你的救恩，保佑我，

⁵ 让我见到蒙你拣选的蒙福　即享受"选民"之福，出 19：5。

因你的族人欢笑而欢笑　族人，goyeka，上帝本是民族神，赛 26：15。

为你的产业而自豪。

⁶ 我们学了祖宗，犯了罪　亡国之民痛定思痛，下文 47 节。

都造了孽，要担咎责。呼应 78：11 以下。

⁷ 那是在埃及，先人

未体悟你的神迹，复述子民跨芦海 / 红海故事，出 14 章。

没有铭记你的慈爱无边

才到芦海，就把至高者冒犯。至高者，'elyon，校读参 78：17, 56。

⁸ 幸而圣名昭昭，他来营救　　原文：在海边，'al-yam。

以彰显他的大能：

⁹ 一声呵斥，芦海干涸

让人穿行海底如走荒野；

¹⁰ 托他的救恩，挣脱敌手

仇人掌下，子民得救。子民，原文：他们。

¹¹ 滚滚巨浪卷走了追兵

大军覆没一个不剩。

¹² 他们这才信了他的诺言　呼应 105：42。

欢歌把他赞颂。

¹³ 然而不久，便忘了他的丰功　吗哪与鹌鹑故事，出 16 章。

不再盼望他的指示。犹言信仰不坚，怀疑上帝。

¹⁴ 荒野里，他们馋欲大发

大漠之中拿上帝试探！

¹⁵ 于是他赐下众人所求

却耗竭了他们的灵。耗竭，razon，或指瘟疫，民 11：33。

¹⁶ 安了营，他们又嫉恨摩西　　七十士本：饱食，mazon。

并耶和华的圣者亚伦。

¹⁷ 结果大地张口，吞了达三　见寇腊作乱故事，民 16 章。

埋葬了阿臂一伙；

¹⁸ 天火对准他们的党羽

烈焰攫去了恶徒。

¹⁹ 何烈山下，他们造一牛犊　何烈山，即西奈山。事见出 32 章。

居然叩拜自铸的偶像；

²⁰ 宁愿将他们的荣耀　kebodam，婉称天父，3：3，19：1。

换成吃草的公牛那副模样！

²¹ 完全忘了上帝即救主

他在埃及所行的大功，

²² 对炎炎之邦降示的神迹　炎炎，复指埃及，78：51 注。

芦海之滨，那可怕的一役。

²³ 所以他说了要灭掉他们——

若不是他亲选的摩西

站在豁口，挡住他的怒气，　豁口，perez，如城墙被攻破，形势危急。

那些人早成了灰烬！

²⁴ 之后，他们又把那乐土唾弃　刺探迦南故事，民 13：25 以下。

不肯信他的诺言；　出尔反尔，拒绝圣言；上文 12 节。

²⁵ 躲在帐篷里一个劲叫苦

不听耶和华的话。

²⁶ 终于，他举手发誓：

这帮人必倒毙荒野，

²⁷ 而子实则要在异族中流浪　haphiz，校读。原文重复：倒毙，hapil。

放逐于大地四方。　利 26：33，民 14：29 以下。

²⁸ 他们还套上毗珥巴力的轭　子民膜拜迦南大神，民 25：3-5。

分食供奉死偶像的祭品。　毗珥，巴力的圣山，死海东北尼波峰附近。

²⁹ 如此邪行，惹动圣怒

一场瘟疫朝他们爆发；

³⁰ 直至菲尼哈奋起　菲尼哈，亚伦之孙，圣殿祭司的先祖，代上 5：30。

制止奸恶，那疬疫才平息。

³¹ 这，便是他的义举

一经认定，万代之楷模。

³² 可是在吵架泉，他们又冒犯天威

还连累摩西为之负罪；wayyera`，或作受屈。即不得入福地，民 20 章。

³³ 因他的灵被那些人激怒

一语不慎，冲口而出。暗示摩西违命，谩骂会众，民 20：12 注。

³⁴ 而且，他们没灭绝异民

违背了耶和华的旨意，依照圣战之咒，申 7：2，20：16 以下。

³⁵ 反而同外族交欢 如违禁通婚，申 7：3。

效法他们的陋习。

³⁶ 跟着侍奉那些个偶像

心甘情愿钻圈套，

³⁷ 乃至把亲生的儿女

当祭品，烧献给群魔！ shedim，亚述语借词，原指庇护神，申 32：17 注。

³⁸ 啊，无辜的鲜血在流淌——

凡是用亲生儿女的血

祭祀迦南偶像的，

那鲜血，必玷污家园。语出民 35：33。

³⁹ 那陋习也败坏了他们自己：

淫乱浑如娼妓！

⁴⁰ 啊，耶和华对子民雷霆震怒

他憎厌自己的产业！

⁴¹ 遂将众人交在异族手中 参士 2：14-15。

任凭仇家宰割，⁴² 敌人压榨

暴虐欺凌。 ⁴³ 他一趟又一趟

解救，但他们偏要谋反，

沉溺于罪孽而不拔——

⁴⁴ 尽管他一听见哀声

便垂顾了他们的苦情。

⁴⁵ 为此，他记起了信约， 呼应利 26：42。

出于他慈爱无尽，昭示怜悯 旧译不通：后悔，90：13。

⁴⁶ 使被俘的在俘获者面前

赢得同情之心。波斯居鲁士大帝灭巴比伦，准许子民回返家园，拉 9：9。

⁴⁷ 求求你，拯救我们，耶和华 同代上 16：35-36。

我们的上帝！

求你将我们从异族中召回

让我们向圣名谢恩

因歌颂你而自尊。此诗通说作于子民入囚巴比伦期间，74 章题记。

⁴⁸ 赞美耶和华，以色列的上帝 此节是后加的颂辞，卷四完。

从永远到永恒。

愿万民同声：阿门！ 七十士本重复两遍，如前三卷末尾。

哈利路亚。

卷 五

百七　感恩颂

感恩耶和华，他乃至善 同 106：1。
因他的慈爱常在。

² 唱吧，耶和华救赎的人， 唱，直译：说。

所有被他从仇敌掌下救起

³ 从异国他乡，从东西南北 南，yamin，校读。原文：海，yam。

领回来的人！ 引子完。以下四阕分述四类获救者，并为之祈祷。

⁴ 他们曾迷失于荒漠 呼应申 8:15。

找不着通往城邑人居的路，

⁵ 又饥又渴

奄奄一息——

⁶ 危急之中他们向耶和华求救 副歌，同下文 13, 19, 28 节。

绝境，便得了解脱：

⁷ 他引他们走一条正道

直抵那安居之城。 或指迦南福地，赛 40:3。

⁸ 啊，感谢耶和华，他的慈爱 副歌，同下文 15, 21, 31 节。

他为人子所行的神迹！

⁹ 他给干渴的灵喝足

赐饥饿的以美食。 形容子民重返家园，赛 49:10。

¹⁰ 他们曾坐进黑暗和死影 喻灾祸，23:4 注。

拖着铁镣的悲惨囚徒，

¹¹ 因为抗拒上帝的训示

鄙视至高者的宏图。 呼应 33:11, 106:13。

¹² 故而他用苦役挫其心志

跌倒了也无人扶助——

¹³ 危急之中他们向耶和华哀求 yiz`aqu，谐音上文 6 节求救，yiz`aqu。

绝境，便得了解脱：

¹⁴ 他领他们走出黑暗与死影

将枷锁通通打碎。

¹⁵ 啊，感谢耶和华，他的慈爱

他为人子所行的神迹！

¹⁶ 铜门他一一砸翻

铁闩，也都斩断。形容上帝无往不胜，赛45：2。

¹⁷ 他们曾行事忤逆，十分愚蠢 'ewilim，特指不敬、亵渎，伯5：2。

终因罪孽而吃足苦头，

¹⁸ 样样食物都令他们恶心

就像敲了死亡之门——

¹⁹ 危急之中他们向耶和华哀求

绝境，便得了解脱：

²⁰ 他一言降下，百病痊愈

从深坑把他们救出。意同103：4。

²¹ 啊，感谢耶和华，他的慈爱

他为人子所行的神迹！

²² 愿他们献上感恩的牺牲 称平安祭，利7：11以下。

欢歌数说他的伟力。

²³ 他们曾下海，驾起航船

漂泊大洋追逐生意，

²⁴ 直至目睹耶和华的大功

深渊之上他的奇迹。

²⁵ 他一道命令，风暴骤起 联想拿1：4。

刹那间巨浪滔滔。

²⁶ 抛上天空忽又摔下波谷

直叫人魂灵溶化，这飞来横祸！魂灵溶化，惊惶失措状。参42：4。

²⁷ 他们头晕脚软，仿佛醉汉

神志全丢一筹莫展——

²⁸ 危急之中他们向耶和华求救 同上文 6 节，副歌。

绝境，便得了解脱：

²⁹ 他使风暴化作耳语，

惊涛平息，³⁰ 大海

重归宁静，他们喜出望外

安抵思念已久的港湾。

³¹ 啊，感谢耶和华，他的慈爱

他为人子所行的神迹！

³² 愿子民会众一齐把他尊崇

长老入座，将他赞颂。感恩祈祷完，转入颂诗。

³³ 是他，变江河为荒野 隐喻审判之日，赛 50：2。

清泉为旱地

³⁴ 沃土为碱滩，

只因那里的居民邪恶。

³⁵ 他又变荒漠为水乡 迎子民回归福地。

焦土处处泉涌，

³⁶ 让饥饿的人前去安家 照应上文 4 节以下。

兴建城邑定居。

³⁷ 他们耕田播种，开葡萄园

收获丰硕的果实。

³⁸ 蒙他赐福，人丁兴旺

牛羊成群从无减损，

³⁹ 虽然他们一度伤亡惨重

饱受欺凌、灾殃与悲痛——

⁴⁰ 是他，以羞辱浇淋了权贵

逼他们流浪荒原，无路可寻；此节同 / 或源于伯 12：21a，24b。

⁴¹ 而贫苦人则从危难中举起 喻护佑，20：1 注。

亲族繁盛，多似羊群。

42 啊，正直的见了个个欢欣，

一切邪恶都闭了嘴！ 拟人，如伯 5：16。

43 谁若明智，稍稍留心 一说末节是补注，参何 14：10。

耶和华的慈爱，就定能领会。旧译不确：思想。

百八　心已坚定

（大卫赞歌）合成作品，缘起不明；前二阕感恩颂取自 57：7-11，后四阕神谕等源出 60：5-12。

我的心已坚定，上帝，心已坚定 原文无此四字，从诸抄本补。

我要歌唱，我要颂扬，

唱吧，我的荣灵！ kebodi，同下阕 "荣耀"，16：9 注。参 57：8a。

2 醒来呀，十弦与七弦

让我把曙光唤起！ 一说此诗本是晨祷。

3 耶和华啊，我要在万民之中赞美你

走遍列国，把你传扬。

4 因为苍天之大

不及你的慈爱，

你的信实高于霄汉。

5 啊，上帝至尊，高踞诸天

愿你的荣耀照临尘寰！

6 为了你的所爱获救，

求你右手制胜

答应我！ 即子民。下阕神谕，人名地名注释见 60：6 以下。

⁷ 于是上帝自圣所传谕：自圣所，或作：以其至圣。

大喜之日，我要分割石肩

并丈量苏克的谷地。

⁸ 基列归我，玛纳西归我

以法莲是我的头盔

犹大是我的权杖。

⁹ 再叫摩押做我的脚盆

把鞋子扔在红岭——

非利士呀，看我胜了你，庆功！此句直白，参较 60：8c 的反讽。

¹⁰ 谁能率我攻打坚城 我：子民自谓，单数强调语气。

谁能领我直捣红岭，

¹¹ 除了你，抛弃我们的上帝？

可是上帝，你不再与三军一同出征！同 44：9。

¹² 求求你，佑助我们脱险

靠人营救，是枉然。

¹³ 上帝同在，我们才拿得出勇气

惟有他，能踏倒顽敌。

百九　右手

（大卫赞歌，交与乐官）诗人受了毁谤与诬告，祈求上帝降祸于恶人。

上帝呀我赞美你，求你不要沉默！

² 那一张张邪恶、欺蒙的嘴

朝我掀开，一起摇唇鼓舌

陷害。[3] 我已被狠毒的谎言

包围，无缘无故遭暗算。

[4] 对我的友爱，他们还以诬告

而我却一直在为他们祈祷！原文无"为他们"，从传统本注补。

[5] 啊，他们居然以怨报德，熟语，35:12，耶 18:20。

我一片爱心

换来了仇恨。下阕是诽谤者言，非诗人祈祷。

[6] 让我们派一个恶徒，跟他作对 旧译辖制，误。他，指诗人。

做控告人站在他的右手。控告人，satan，非特指撒旦，伯1:6注。

[7] 愿他受审，判决有罪

连他的祷告也算上一条！回应上文4节。

[8] 愿他命数夭折

职位给别人占据。职位，pequddah，或财富。诅咒语，徒1:20。

[9] 愿他子女沦为孤儿

妻子变成寡妇；

[10] 儿孙四处流浪乞食 罪及后代，伯5:4以下。

被人赶出家园的废墟。赶出，yegorshu，校读。原文：寻找，darshu。

[11] 愿债主拿走他所有的财产

辛劳所得，为外人劫掠。伯20:18。

[12] 愿他不见世人的关爱

遗孤也无人怜悯；

[13] 断子绝孙，一代过后

名字就湮没无闻。意同赛 14:20。

[14] 愿他祖辈的咎责被耶和华记住

母亲的愆尤亦不抹去；

[15] 愿这一切常在耶和华面前——

好把恶名从世上铲除！讥诮义人，摹仿他祈祷。恶名，见34:16注。

¹⁶ 因为他从来不记得施爱，诗人语，祈求同态报复。

只晓得欺压贫弱 此阕若读作恶人谤言，亦通。

把破碎的心置于死地：

¹⁷ 他爱诅咒，就让诅咒缠他

不喜祝福，就叫祝福离他远点！

¹⁸ 既然他披着诅咒当衣裳，

那就让诅咒如水，灌他肚里 典出盛了诅咒的"苦水"，民 5：18。

如油脂沤他的骨骸，

¹⁹ 再变作长袍将他裹起

或一条腰巾，他每天系戴。

²⁰ 这，就是那些诬告我中伤我的人

由耶和华得来的工钱。讽刺。

²¹ 求求你，耶和华我主

恩待我，一显你的圣名；

本着你的慈爱至善，救救我！

²² 因为我实在卑微贫苦，心

已被刺穿，²³ 像黄昏的斜影 熟语，102：11。

黯淡，又似一只蝗虫

被人抖落。²⁴ 双膝因禁食

而乏力，身子不能再羸瘦。禁食以志哀，暗示丧亡不断，35：13。

²⁵ 是的，我当了他们的笑柄

看见我，人人摇头。表示厌恶，22：7 注。

²⁶ 佑助我，耶和华我的上帝

依你的慈爱，拯救我！

²⁷ 叫人知道，这是你的手

是你，耶和华，你的作为。呼应 22：31。

²⁸ 随他们诅咒去，只要你赐福，

他们反叛只会蒙羞，让你的仆人欢笑；

²⁹ 凡诬告我的，都要穿骂名

罩上自己的耻辱做外袍。me`il，贵族与祭司的装束，出 28：31。

³⁰ 我要启唇向耶和华尽情谢恩

在万众之前，将他咏赞，

³¹ 因为他立于贫苦人的右手 出庭证人的位置，喻上帝保佑义人。

免了我定罪的审判。我，从诸抄本及七十士本。原文：他。

百十　义王

（大卫赞歌）通说为耶京加冕之颂。基督教解作救主来世、耶稣复活之预象，徒 2：34。

耶和华晓谕我主：你坐我右手 主，指受膏的王。右手是尊位。

待我把仇敌给你做脚凳。hadom，把战败者踩在脚下，书 10：24。

² 耶和华要伸出你的权杖 巩固王权、拓展疆土。

让你从锡安降伏顽敌。

³ 当你率大军登圣山之日 山，harari，校读。原文：光辉，hadre。

百姓会欣然投效；七十士本另读：王权归你。

从黎明的子宫，落下露珠 喻兵刃闪亮。此句晦涩，无善解。

啊，你的壮士云集！七十士本：从黎明前的子宫，我生了你。

⁴ 耶和华起了誓，决不翻悔：神谕，接应开头。

你可永为祭司，继义王之品位。义王曾向圣祖献饼酒，创 14：18。

⁵ 主啊，他已在你右手。他，指受膏的王或上帝，皆通。

他一旦动怒，必击破诸王；如藩主叛乱，国王镇压，2:9。

⁶ 必拿问万族，令尸首堆积

头颅打碎，血染大地四方。世界末日，敌族／恶人的惨状。

⁷ 途中，他还要畅饮溪水 途中，追击残敌或大军凯旋，皆通。

抬头，更意气高昂！

百十一　耶和华赞

哈利路亚！藏头诗，每行开头藏一希伯来字母，共二十二行。

א　我要一心向耶和华谢恩

ב　当正直的人会聚一堂。

ג　² 多么伟大，耶和华的功绩

ד　凡为之喜悦的都应研习。derushim，寻求，转指研究。

ה　³ 尊荣与威严，在他的作为　参 96:6, 104:1。

ו　他的公义永远屹立。同 112:3, 9。

ז　⁴ 一桩桩神迹要我们铭记 以便按时为上帝守节，出 23:14 以下。

ח　啊耶和华，至仁至慈！

ט　⁵ 敬畏他的，他降赐食粮 如吗哪与鹌鹑故事，出 16 章。

י　一刻不忘他的信约。

כ　⁶ 又事事为子民彰显他的大能

ל　让他们领受异族的产业。

מ　⁷ 他巨手所行，信实而公道

נ　一切训谕皆真确不易，

ס   ⁸ 千秋万代牢牢奠定

ע   成全于信实、正直。

פ   ⁹ 是他，为子民带来赎救

צ   订立信约，诫命永垂；

ק   他的名为圣洁，为可畏。反复申明，22：3, 76：11, 99：3。

ר   ¹⁰ 敬畏耶和华，乃智慧之开端 熟语，伯28：28，箴1：7。

ש   惟有践行者可称明睿。

ת   愿他的赞歌，世世相传！他，指耶和华。

百十二 义人赞

哈利路亚！上章的姊妹篇，主题、风格、结构均一脉相承。

א   福哉，那敬畏耶和华

ב   而把欢愉交给他诫命的人！

ג   ² 他的子实要在世上强大

ד   正直的一族，必蒙赐福：

ה   ³ 荣华富贵，都住在他家

ו   他的义德永远屹立。义德，在上帝则为公义，37：6。同111：3。

ז   ⁴ 黑地里为正直者提灯照明 直译：升起光明。呼应97：11。

ח   他又仁慈又急公好义。对应救主之神性，111：4。

ט   ⁵ 乐善好施，所以有福 旧译不确：事情顺利，37：26。

י   他做事必秉持公道；旧译乖谬：被审判的时候要诉明自己的冤。

כ   ⁶ 故而他从不会失足

ל　　人永远记得，他的义举。

מ　　7 噩耗凶信，他不惊慌

נ　　信靠耶和华，他意志坚强；意志，直译：心。

ס　　8 心中沉着，无所畏惧

ע　　他终将目睹仇敌的下场。

פ　　9 贫苦人他一向散财周济

צ　　巍巍义德永远屹立；

ק　　他犄角高昂，必享尊荣。坚信善有善报，18：2, 75：4 注。

ר　　10 恶人看见，恼怒不已

ש　　咬牙切齿却泄了勇气。wenamas，溶化、消解。参 107：26 注。

ת　　邪恶的想望，终归落空！意同伯 8：13，箴 10：28。

百十三　　圣名赞·

哈利路亚！由此至 118 章六首，习称小赞或埃及赞，子民守逾越节吟唱。

赞美呀，耶和华的仆人　同 135：1。
赞美耶和华的圣名，
2 愿耶和华的圣名备受礼赞
从现时直到永远。
3 日出日落，东方西方　意谓全世界。
愿耶和华的圣名普受颂扬！

4 啊，耶和华高踞万族之上

他的荣耀超乎诸天。

5 谁能比拟耶和华我们上帝？ 呼应89:6,8。

他宝座立于霄汉，

6 俯瞰天地 俯瞰，旧译不妥：自己谦卑。

明察万端。

7 弱小的，他从泥尘里扶起 同撒上2:8。

穷乏的，自粪土中救拔， 泥尘／粪土，喻义人处境之悲惨，伯2:8。

8 让他们与王公同席

加入子民的贵族。

9 是他，赐不育的女人安坐而当家 做主母，无须似妾婢辛劳。

享多子的母亲之欢愉。 如莎拉晚年得子，创21:1以下。

哈利路亚！

百十四　逾越节赞

当以色列迈出埃及 故此组赞美诗又名埃及赞，113:1注。

雅各家甩脱了蛮语之国， 蛮语，lo`ez，贬敌族口齿不清，赛28:11。

2 犹大，就成为他的圣所 或如犹太社本：他的圣者。出19:5。

以色列归他统治。 他，指上帝。

3 大海见了，仓皇窜逃 摩西举杖，子民跨芦海，出14:29。

约旦河急急后退， 约柜断流，以色列渡约旦河入迦南，书3:14以下。

4 大山惊起，好似公羊

小山乱蹦，宛若羊羔。 由地震想到上帝创世之伟力，29:6。

5 大海呀，你逃避什么？ 呼应104:7。

约旦河又为何倒流？

⁶ 为什么，大山你像公羊惊起？

小山啊如羊羔乱蹦？

⁷ 发抖吧，大地，在主的面前　形容神现，68：8。

降临了，雅各的上帝！　降临，直译：在面前。

⁸ 是他，把磐石变为清潭　出 17：6，民 20：8 以下。

峭岩化作甘泉。　诸抄本和古译本此处不分章，将此诗与下章合为一首。

百十五　　上帝赞

不，荣耀不归我们，耶和华——

因你的慈爱，因你的信实

愿荣耀归于圣名！

² 为什么要让异族訾议：

在哪儿呀，他们的上帝？　同 79：10。

³ 我们的上帝高踞重霄

一切造化，皆是他的意愿。　同 135：6。

⁴ 而那些偶像，非金即银　偶像，贬称异神，申 4：28。同 135：15-18。

不过是人手所制。

⁵ 它们有嘴，却不能言

有眼，却不能看，

⁶ 耳朵不能听

鼻子不能闻，

⁷ 手不能探，足不能行

喉咙，也发不出声响。

⁸ 愿所有造偶像、信偶像的

跟它们同样下场！

⁹ 以色列呀，要信靠耶和华！ 呀，诸抄本及七十士本：家。指会众。

他，才是佑助他们的盾。 下句应答上句，下同。

¹⁰ 亚伦之家啊，要信靠耶和华！ 亚伦家，指圣殿祭司。

他，才是佑助他们的盾。

¹¹ 凡敬畏耶和华的，都信靠耶和华！ 敬畏的，指皈依者，拉6:21。

惟有他，是佑助他们的盾。

¹² 耶和华眷念着我们，他必赐福：

赐福以色列全家

赐福亚伦之家，

¹³ 凡敬畏耶和华的，无分贵贱

他都一一赐福。

¹⁴ 愿耶和华佑你们蕃衍 如上帝允诺，申1:10-11。

子子孙孙不绝；

¹⁵ 愿你们常蒙耶和华赐福，

天地，是他开辟——

¹⁶ 诸天之天属耶和华 诸天之天，犹言重霄。

大地，他给了亚当后裔。 令人类统治三界生灵，创1:28。

¹⁷ 死人不能颂扬耶和华 死人，暗喻异神/偶像的追随者，上文8节。

凡沦于死寂的，概不可以。 死寂，喻阴间，94:17。参6:5注。

¹⁸ 然而我们生者要咏赞 生者，hoi zontes，原文无，从七十士本补。

耶和华，从现时直到永远。

哈利路亚！

百十六　　感恩赞

我爱耶和华，因为他垂听了

我的祈祷哀鸣，

² 因为他侧耳向我

在我呼求之日。

³ 不幸被死亡的囚索套中　喻沉疴等灾祸，18：4以下。

为冥府的磨难劫持

陷于这悲惨的境地，

⁴ 我只有呼唤耶和华的圣名：

求求你，耶和华，救我的灵！

⁵ 耶和华，他仁慈而公正

我们的上帝怜爱为怀。

⁶ 天真汉也有耶和华看护——

我落难，他必救援。天真汉，petha'im，兼指幼稚。七十士本：婴儿。

⁷ 我的灵啊，请复归安宁　表信心，62：1。

确实，耶和华恩待过你。

⁸ 他曾赶走死亡，救起我的灵　他，从七十士本及通行本。原文：你。

使我眼睛不再流泪　少数抄本及古叙利亚语译本无此句，同56：13。

步履也不再踉跄：

⁹ 终于，我走在耶和华面前

在生者的大地之上。参27：13，52：5。七十士本、通行本此处起另一章。

¹⁰ 从此我坚信不疑，即便我说

我千般苦楚；¹¹ 即便一时

惊骇，管世人都叫骗子！惊骇，behaphzi，旧译急促，误，31：22。

· 299 ·

¹² 啊，如何才能报答耶和华

他恩待我的一切？

¹³ 我要举起那救恩之杯　醑祭，后世视为圣餐礼的先声，林前 10：16。

呼唤耶和华的圣名；

¹⁴ 还要向耶和华还愿

由全体子民见证。leneged `ene，校读。原文：面前，negdah-nna'。

¹⁵ 虔敬的人去世

在耶和华眼里格外沉痛。yaqar，或如七十士本：宝贵。暗示义灵复活。

¹⁶ 求求你，耶和华，我是你的仆人

是你的仆人，你婢女的儿子！谦称，86：16 注二。

我的枷锁，是你打开。

¹⁷ 我要为你献上感恩的牺牲　即平安祭，107：22 注。

呼唤耶和华的圣名；

¹⁸ 还要向耶和华还愿　如叠句，上文 14 节。

由全体子民见证，

¹⁹ 在耶和华圣居的庭院

在你的中心——耶路撒冷！

哈利路亚！

百十七　　慈爱赞

赞美耶和华，天下万族　祈愿天下皈依，加入以色列敬拜上帝。

万民同声，把他歌颂！保罗曾引此节，说基督的普世福音，罗 15：11。

² 因为他给我们的慈爱至大　我们，指子民。

耶和华的信实永恒。

哈利路亚！此为《诗篇》中最短的一首。

百十八　　住棚节赞

感恩耶和华，他乃至善　住棚节子民列队入圣殿，唱此应和之歌。

因他的慈爱常在。同 106：1，代上 16：34。

2 愿以色列说：他的慈爱常在。说，七十士本：家说，115：9 注一。

3 愿亚伦之家说：他的慈爱常在。

4 愿敬畏耶和华的都说：

他的慈爱常在！引子完，以下由祭司领朝圣者分组应和。

5 困厄中，我曾向耶和华呼求　我，指以色列子民。

耶和华即应允，还我自由。merhab，宽广处，转喻自由，18：19 注。

6 有耶和华同在，我一无所惧——

那区区之人，又奈我何？同 56：11。

7 有耶和华同在，为我佑助

就定能见到恨我的人覆没。原文无"覆没"，据文意补，54：7。

8 多好，倚靠耶和华，

远胜于信赖人力——

9 哪怕是王公贵胄

也不如，倚靠耶和华。意同 146：3。

10 啊，四方异族把我包围

奉耶和华圣名，我砍倒他们；'amilam，一作割包皮，即强迫皈依。

11 他们簇拥而上，紧紧包围

奉耶和华圣名，我砍倒他们；

¹² 他们蜂拥而来，似荆棘焚烧 ba`aru，从七十士本。

奉耶和华圣名，我一总砍掉！ 原文：熄灭，do`aku。

¹³ 你狠狠进逼，我险些倒地 你，指敌人。七十士本：我（被狠推）。

幸而耶和华伸出了援手。

¹⁴ 耶和华啊，我的力量我的歌 语出凯旋之歌，出 15：2。

每次，都是他来营救。

¹⁵ 于是胜利的欢呼四起 胜利，或作获救，3：8 注。

响彻义人的帐篷：

耶和华右手发威

¹⁶ 耶和华右手高举 七十士本：将我高举。

耶和华的右手，大发圣威！

¹⁷ 我不会死；活着

我必传扬耶和华的伟绩。 解释获救的原因，赛 38：19。

¹⁸ 耶和华，他惩戒虽重

却从未将我扔在死地。

¹⁹ 请为我敞开公义之门 队伍来到圣殿门口。参观 24：7 以下。

我要入内，向耶和华谢恩。

²⁰ 这大门，属耶和华

只有义人可以入内——

²¹ 我要感谢你及时应允

又亲自降赐的救恩。

²² 那块匠人丢弃的废石 也是惩罚以色列、挡道的绊脚石，赛 8：14。

竟然成了屋角基石。 ro'sh pinnah，奠基、拱顶或墙角之石，赛 28：16。

²³ 此乃耶和华的作为

让我们目睹的奇迹；耶稣曾自比此石，太 21：42，徒 4：11。

²⁴ 是耶和华造下的那一天　翘望已久，拯救与审判之日，107：33 注。

让我们欢庆志喜!　合唱。

²⁵ 求求你，耶和华，速来拯救　hoshi`ah-nna'，后世欢呼语，太 21：9。

求求你，耶和华，佑我们成功!

²⁶ 愿进来的人蒙福，奉耶和华圣名!　祭司语，回答朝圣者的欢呼。

我们在耶和华的殿上为你们祝福。

²⁷ 耶和华，是上帝

他恩赐我们光明。喻救恩。下句似写住棚节绕祭坛行进之礼。

捆好你们的祭牲，持青枝　`abothim，海枣枝、柳枝等，利 23：40。

去祭坛的四角绕行!　直译：以青枝捆祭牲，至祭坛四角。

²⁸ 你是我的上帝，我要谢恩

我的上帝我必颂扬——

²⁹ 感恩耶和华，他乃至善

因他的慈爱常在。小赞完，113：1 注。

百十九　圣法颂

א 福哉，那品行无瑕　此章每阕八节，以同一字母藏头。

跟随耶和华圣法的人!　每节含一词，意指圣法，122 节除外。

² 福哉，那信守他的誓约　复指圣法，下同；原指摩西十诫，78：5 注。

一心寻求他的人：

³ 他们戒不义，走正道　derakayw，复数泛称圣法的教导。

⁴ 你颁布的谕旨，一概遵从。谕旨，piqqudey，神的训谕，19：8。

⁵ 啊，但愿我步履坚定　直译：道路坚定。

你的法令我全部执行！法令，huqqeyka，镌、立，统称法规律令。

⁶ 如此，就不会蒙羞

当我凝眸注视你一切诫命，mizwoth，相传摩西五经载诫命 613 条。

⁷ 就能以至诚的心向你谢恩　至诚的心，直译：心的直 / 正 / 诚。

当我学了你的公义之律例。mishpete，审判、案例、公道，出 21：1 注。

⁸ 凡你的法令，我必依循——

千万啊，别把我抛弃！

⁹ 年轻人如何保持操行洁净？操行，'orho，路，转指品行、命运。

惟有谨守你的圣言。dabar，总括圣法之言、事、理，申 30：14 注。

¹⁰ 你是我一心的追求

请勿让我背离你的诫命。

¹¹ 你的允诺我心底珍藏　允诺，'imratheka，指上帝与子民立约。

以免触罪冒犯——¹² 赞美你

耶和华！你以法令谆谆教诲

¹³ 你口中的律例，我双唇传扬。

¹⁴ 我的欢愉在你誓约之大道　对应罪人的歧途，下文 67 节。

财富再多，也不能相比。摩西之律乃大智慧，箴 3：13 以下。

¹⁵ 我要诵习你的训谕

凝目于你的通途；圣法是方向，上文 6 节。

¹⁶ 你法令里有我的欣忭

永志不忘，你的圣言。

¹⁷ 求你恩待你的仆人，让我活着——

我一定守持圣言。义人因此而获得真生命，申 4：1。

¹⁸ 求你开开我的眼睛

让我凝视圣法的奇功。凝视，专心学习状。旧译不妥：看出。

¹⁹ 请不要对我，大地的过客　ger，或婉言亡国，子民入囚巴比伦。

藏起你的诫命；²⁰ 我破碎的灵

渴望你的审判，已经太久。盼救主干预，惩罚仇敌。

²¹ 你曾呵斥那些受诅的狂傲之徒 zedim，另读异族，zarim，19：13。

他们背弃了你的诫命。

²² 求求你，替我扫除讥嘲与屈辱

我信守的是你的誓约！表忠诚，上文 2 节。

²³ 哪怕诋毁我的都是王公贵胄 诋毁，直译：坐下说我。

你的仆人也要诵习你的律令：

²⁴ 你的誓约赐我忻喜，教我智谋。七十士本：你的律令教我智谋。

ﬠ ²⁵ 我的灵仆倒在尘埃 极言痛苦，如沉阴间，同 44：25。

求你圣言应验，让我复生！喻获救。

²⁶ 我的行事已向你坦白，你答应的——

要传授你的律令，²⁷ 教我明白

你的训谕，思考你的奇功。

²⁸ 啊，我的灵在伤痛中流泪，dalphah，旧译消化，误。

求你圣言应验，让我站起

²⁹ 远离谬途，蒙恩于你的圣法。

³⁰ 一旦选定了忠信之道

你的审判就常在眼前，shiwwithi，意谓遵从。七十士本意译：不忘。

³¹ 我依恋的便是你的誓约

啊耶和华，莫叫我蒙羞！

³² 朝着你的诫命，我急奔

只因你拓宽了我的心。喻获得自由，18：19, 118：5 注。

ﬢ ³³ 耶和华啊，求你教导我

你的律令我至死服从；至死，`eqeb，或作到底。无定解，参 112 节注。

³⁴ 求你赐我悟性，以信守圣法

全心一意将它看护。悟性，binah，即敬畏者享有的智能，下文66节。

³⁵ 再引我走你的诫命之路，

我的宝爱，³⁶ 将我的心对准

你的誓约，而非贪欲；

³⁷ 再替我的眼睛祛除虚妄 贬称异教或异端，4：2, 24：4 注。

以你的正道让我复生；正道，二抄本及亚兰语译本：圣言。

³⁸ 再履行给你仆人即敬畏者的

允诺，³⁹ 剥去那可怕的羞辱，

因为，你的判决至公。tobim，成全一切善、美、幸福。

⁴⁰ 看，我如何慕求你的训谕 同下文 159 节。

愿你以正义使我重生！

⁴¹ 耶和华啊，愿你的慈爱降临

你实践允诺，赐我救恩！

⁴² 全靠你的圣言，我才能回应

那些人的侮慢。⁴³ 所以求你

莫把真知从我口中夺走，原文：夺光。校读从古叙利亚语译本。

我的希望在你的审判。旧译不确：仰望你的典章。

⁴⁴ 我要谨守圣法，恒久不懈 化圣法为生活准则而自觉实践。

⁴⁵ 因求索你的训谕而脚步自由。直译：走在宽广处。参上文 32 节。

⁴⁶ 即使面对君王，讲你的誓约

我也不至于羞怯。或作蒙羞，如上文 6 节。

⁴⁷ 啊，我爱你的诫命

那寄寓我的欢乐的诫命——

⁴⁸ 向我心爱的诫命举起双手 祈祷状，表崇敬，28：2 注。

你的律令我研习不休。研习，'asihah，思考，或如七十士本：吟诵。

⁴⁹ 求你记住你给仆人的诺言 记住，旧译记念，误。

有它即有我的希望，

⁵⁰ 那是我苦难中的安抚：

盼你的允诺来救生！

⁵¹ 任狂傲之徒百般嘲骂，狂傲，或指敌族，上文 21 节注。

决不背叛圣法；⁵² 想起你，耶和华

恒久的判决，我就得了慰藉。

⁵³ 每当圣法被恶人摒弃

我便被狂怒攫住；⁵⁴ 你的律令

是我的歌，无论我寄居何处。或暗示巴比伦之囚，上文 19 节注。

⁵⁵ 长夜里记诵圣名，耶和华 呼应 42：8。

我看护的是你的圣法。

⁵⁶ 之所以我一生如此

是因为我信守了你的谕示。

ח ⁵⁷ 耶和华是我的产业 ḥelqi，自谓圣民，祭司之邦，16：5, 73：26 注。

我说了，一定恪守圣言。

⁵⁸ 我一心恳请你施恩 直译：请你的脸。

实践允诺，对我怜悯——

⁵⁹ 让我反省前路，举步回归

你的誓约，⁶⁰ 毫无疑虑执行

你的诫命；⁶¹ 虽陷于恶人缧绁

也不敢忘却你的圣法。

⁶² 我中夜起身，向你谢恩 呼应 16：7。

奉你的公义之律例。或作判决，上文 7 节注。

⁶³ 所有敬畏你、守你训谕的

都是我的朋友。⁶⁴ 耶和华啊

你的慈爱充盈大地，同 33：5。

愿你为我把律法传授！

ט
65 耶和华啊，你圣言应验

善待了你的仆人；66 求你赐我

明断的智能，因我信赖你的诫命。明断，ta`am，旧译不确：精明。

67 我落难前曾误入歧途

但现在，我信从你的诺言。

68 是的，至善在你，所行必善—— 承认子民受苦亦属宏图。

求你以法令谆谆教诲。同上文 12 节。

69 狂傲者尽自污蔑中伤

依然，我一心守持你的谕旨；

70 他们蠢笨，如油脂堵心，成语，17：10 注。

圣法却是我的欢愉。71 其实苦难

于我也是好事，让我学习你的律令：

72 多好，你亲口颁赐的圣法

远胜那千万金银！

י

73 你亲手造我、扶我站起，呼应伯 10：8。

求你赐我悟性，以通达诫命。参上文 34 节。

74 凡敬畏你的，见了我都高兴 引为同道，上文 63 节。

是因为我寄望于圣言。75 耶和华啊

我知道你审判公正，是藉我的苦

彰显信实。76 愿你以慈爱安慰我，信实，旧译诚实，误，33：4 注。

一如允诺你的仆人；77 愿你施恩

存我生命，圣法成就我的欢乐，指明生命与幸福之源，申 8：3。

78 愿无端攻讦我的狂傲者蒙羞

而我，却要研习你的训谕；

79 愿敬畏你的人来我身旁

一同把你的誓约领会—— 因知而行，而确认，而觉悟。参 104 节。

⁸⁰ 愿我的心在你的律法上

清清白白，不染丝毫的羞愧。清白，tamim，旧译不通：完全。

ɔ ⁸¹ 憔悴了我的灵——思念你的救恩

希望，已托付圣言。

⁸² 昏暗了一双眸子——盼你的允诺

何时，你才来抚慰？原文句前有"说"字，似误抄，从传统本注略。

⁸³ 仿佛一只黑烟熏干的皮囊，干裂无用，转喻生活困苦，56：8。

但你的律令我怎敢遗忘—— 至此三申不忘圣法，上文 16, 61 节。

⁸⁴ 你的仆人还要熬多久？多久

那迫害我的才会受审？⁸⁵ 他们狂傲

目无圣法，掘我的陷坑⁸⁶ 无端加害——

请佑助我，一显你诫命之信实！

⁸⁷ 差一点他们将我从世上杀绝，我，代称子民。

可是我仍无背弃你的谕旨。

⁸⁸ 求求你，降慈爱，保我性命

你亲口立的约，**我必遵从**。以下变调，由哀伤转为希望、安宁与赞美。

ל ⁸⁹ 耶和华啊，你的圣言永矗诸天

⁹⁰ 世代不移，你的信实。圣法为神的誓约而必具的品质，33：4。

茫茫大地是你开辟

⁹¹ 按你的判决屹立至今，判决，七十士本：安排，diataxei。亦通。

万物皆是你的仆役。

⁹² 若非圣法鼓舞，我早已为灾殃

毁灭；⁹³ 而你的训谕我永志不忘

是因为藉此你赐我生命。

⁹⁴ 救救我！我属于你

且一直在求索你的训言。

⁹⁵ 那些恶人想伺机害我

但我惦念的，是你的誓约。冀望上帝不忘，履行信约义务，111：5。

⁹⁶ 我看见，天下万事各有穷期

唯独你的诫命汗漫无极。

מ ⁹⁷ 圣法啊我的至爱，我终日沉思其中！呼应1:2。

⁹⁸ 有你的诫命常存我心

我就比仇敌聪明；⁹⁹ 周详审慎

超过各位教书先生，

因你的誓约归我诵习；

¹⁰⁰ 甚而比长老们还要睿智

因我信守的是你的训谕。同上文56节。

¹⁰¹ 邪路，我绝不踏足，

只遵行你的圣言；¹⁰² 你的律例

我从无偏离，那是你亲赐的教导。

¹⁰³ 啊多么甘美，品尝你的允诺 比作佳肴或生命的食粮，19：10。

胜似我口中的蜂蜜。

¹⁰⁴ 通过你的训诫我才觉悟

从此，痛恨一切骗人的歧途。

נ ¹⁰⁵ 圣言是我脚前的灯 引导前行，18：28。

暗路上一盏光明！

¹⁰⁶ 我已起誓，且定会坚持

恪守你的公义之律例。

¹⁰⁷ 可是我实在太苦，耶和华

求你圣言应验，让我复生！同上文25节。

¹⁰⁸ 耶和华啊，请悦纳我双唇的献祭 喻祈祷、唱赞美诗。

将你的律例传我。¹⁰⁹ 我的灵

常在你掌中，圣法我怎敢忘记？ 你，从七十士本。原文：我。

[110] 尽管恶人为我设下罗网

你的训谕我不曾背离。

[111] 你的誓约是我万世的产业， 呼应上文 57 节。

啊，喜悦在心头，[112] 我倾心遵从

你的律法——那永远的报应。 `eqeb，结果，转指回报，上文 33 节注。

ם [113] 人有二心，我恨；你的圣法

我爱——[114] 你是我护身的盾， 二心，se`aphim，分裂，喻动摇不忠。

我的希望，已托付圣言。 同上文 81 节。

[115] 走开，造孽的一群! 呼应 6：8。

让我侍奉上帝的诚命。

[116] 求你实践允诺，扶持我存活

莫听任我的冀盼蒙羞；

[117] 举起我，让我得救而时时瞩望 喻诵习之勤。

你的律令；[118] 凡背离律法的

则通通唾弃，叫他们骗局成泡影。

[119] 世上的恶人，你当渣滓铲走 hishbatta，休止，转指去除。

所以我热爱你的誓约。

[120] 啊，肉身因惧你而发抖——

令我敬畏，是你的判决!

ע [121] 我事事符合公义

请勿撒下我，任人欺凌。

[122] 求你保仆人幸福 ṭob，呼应 4：6，34：12。旧译不妥：使我得好处。

不受狂傲之徒的迫害。 仆人，`abdeka，一读圣言，debarka，意指圣法。

[123] 啊，两眼昏瞀，盼你的救恩

你允诺的正义——[124] 求求你

为你的仆人降慈爱，授律令；

¹²⁵ 我是你的忠仆，求你赐我悟性 同上文 34, 73 节。

让我领会你的誓约。领会，旧译得知，不确，上文 79 节注。

¹²⁶ 时辰已到，出手吧，耶和华 原文：为了耶和华。

他们竟敢破坏圣法！ 从一抄本及通行本略介词。

¹²⁷ 是的，我爱你的诫命，胜似纯金

¹²⁸ 因而步步依循你的训谕，从七十士本。原文费解：一切训谕皆直。

痛恨一切骗人的歧途。同上文 104 节。

ơ ¹²⁹ 多么奇妙你的誓约，由我的灵侍奉！

¹³⁰ 圣言开开，诞生光华 开，七十士本：昭示。亚兰语译本：铭刻。

就连天真汉也能明白。天真汉，见 116:6 注。

¹³¹ 我大口喘息，我渴念你的诫命。

¹³² 求你转脸，求你怜悯 同 25:16, 86:16。

一显你的公道，为了爱圣名的人！

¹³³ 再按你允诺的，坚定我的步伐

决不许邪恶把我主宰。

¹³⁴ 求你赎我，脱世人的欺凌 世人，'adam，泛指迫害者或敌族。

让我守护你的训谕。

¹³⁵ 愿你慈颜照临你的忠仆 祈求上帝眷顾，4:6 注二。

为我传授你的律令—— 同上文 26, 124 节。

¹³⁶ 我满眼苦泪，长流如溪

就因为他们对圣法不敬。直译：不守。他们，指上文"世人"。

 צ ¹³⁷ 执义在你，耶和华，你的审判至直。呼应 25:8, 92:15。

¹³⁸ 你指派公义做你的证人 'edotheyka，彰显公义，见证信约。

立定你巍巍信实。

¹³⁹ 啊，我被狂热的思念烧灼，旧译：心焦急如同火烧，误，69:9 注。

因仇敌忘了圣言；[140] 而你的允诺　似乎迫害者是同胞，非外族。

至纯，乃是你仆人的至爱。　至纯，zeruphah，喻圣言完美，18：30 注。

[141] 虽然我弱小、遭鄙视

却不忘你的训谕：　重申忠信，上文 93 节。

[142] 你的公义乃万世之公义

惟有圣法可称真理；

[143] 纵然危难困苦压身

有你诫命，便有我的欢愉。

[144] 你的誓约永远公正

求你赐我悟性，让我复生。　一再祷祝，上文 25, 37, 107 节。

ק [145] 我一心呼求，求你应允，耶和华

你的法令我一定遵行。

[146] 求求你，救我，让我守你的约！

[147] 天未明，即起身呼救

把希望托付圣言；[148] 长夜听更　呼应 63：6。参 90：4 注。

我睁着眼，沉思你的允诺。

[149] 求你降慈爱，垂听哀鸣，耶和华

愿你的判决赐我生命。

[150] 那些谋划奸恶的咄咄逼近　谋划，rodphe，追逐，转指迫 / 谋害。

巴不得远离你的圣法。

[151] 可是你，耶和华，就在身边

条条诫命无不是真理；

[152] 而我跟从日久，早已懂得

你的誓约必永远屹立。

ר [153] 求你明察我的苦难，伸援手

圣法我未敢忘怀；

¹⁵⁴ 求你替我申冤，行救赎

实践允诺，让我复生。见上文 144 节注。

¹⁵⁵ 救恩必远离恶人，他们不寻　远离 / 不寻，婉言抛弃、抗拒。

你的律令。¹⁵⁶ 你的慈悲何其博大

耶和华，愿你的判决赐我生命！同上文 149 节。

¹⁵⁷ 尽管迫害我的仇敌无数　呼应 150 节。

我不曾偏离誓约；¹⁵⁸ 那些背信的　bogdim，指背教的族人，25∶3 注。

我见到就厌恶——竟然不守护诺言！指其背叛信约。

¹⁵⁹ 看，我如何慕求你的训谕，耶和华　同上文 40 节。

求你降慈爱，保我性命。同上文 88 节。

¹⁶⁰ 信实，乃圣言之开端　ro'sh，头、始，转喻精粹，111∶10。

永世常存，每一次你公义之审判。

ψ　¹⁶¹ 无端受权贵迫害

我的心依然敬畏圣言，

¹⁶² 依然为你的允诺而忻喜

宛如得了大堆的掳获。shalal，战利品，泛指所得宝物，赛 8∶4。

¹⁶³ 谎言我憎恶，圣法我慕求；

¹⁶⁴ 每天七遍，我把你赞美　七，象征完满，12∶6 注。

颂扬你公义之审判。同上文 160 节。

¹⁶⁵ 愿热爱圣法的享大平安

绝无绊跤的危险；

¹⁶⁶ 我盼着你的救恩，耶和华

你的诫命我一一执行。

¹⁶⁷ 我的灵要守你的约，守我的至爱

¹⁶⁸ 遵从你的训谕和誓言——

因为无论走哪条路，我都在你眼前。全能者无所不察，箴 5∶21。

ת   ¹⁶⁹ 愿我的哀声上达天庭，耶和华 见 79：11 注。

你圣言应验，赐我悟性。同上文 107, 125 节。

¹⁷⁰ 愿我的祈求来到你面前

你实践允诺，将我解救；

¹⁷¹ 愿我的双唇高唱赞歌

因你为我传授了律令；同上文 135 节。

¹⁷² 愿我的舌头吟诵你的诺言

因你的诫命无不公正。

¹⁷³ 愿你出手佑我，我选了你的训谕

¹⁷⁴ 慕求你的救恩，圣法是我的欢愉，耶和华！

¹⁷⁵ 愿我的灵复生，赞美你，得你的判决扶助。

¹⁷⁶ 啊，我像一只迷路的羔羊—— 借用先知名喻，赛 53：6，耶 50：6。

求求你，寻回你的忠仆

你的诫命我未曾敢忘。不忘圣法，全诗共表白九趟。

百二十 红 炭

（朝圣歌）shir hamma`aloth，通说为子民登圣城守节，路上所唱。至 134 章共十五首。

危难中，我向耶和华呼求

求他应允：

² 耶和华啊，救救我的灵——

不要撒谎的唇，不要诈骗的舌！似乎诗人受了诬陷，52：2 以下。

³ 你究竟要什么，要多少才够 你，指诬陷者。

你毒舌一味诈骗？

⁴ 当心勇士的箭镞 诅咒敌人，或解作"毒舌"的同位语，皆通。

连同杜松烧就的红炭！杜松，rothem，从通行本，无定解，伯 30：4 注。

⁵ 可怜我不得不寄居米设　meshek，小亚细亚的黑海"蛮族"，创10：2。

借宿在基达人的帐篷。基达，qedar，北阿拉伯游牧部落，创25：13。

⁶ 太久了，我的灵跟仇视和平的人

相处。⁷ 和平啊──　shalom，双关谐音（耶路）撒冷，shalem。

我才说出一个字

他们就挑起了战争！

百二一　举目

（朝圣歌）应和之歌，朝圣者问，祭司或"庇荫"里的灵答，第3节起。参观15章。

举目瞻望群山──　朝圣城方向，125：2，耶3：23。

我的佑助从哪里来？

² 我的佑助从耶和华来　同124：8。

天地是他创造。

³ 他不会让你失足，呼应66：9，箴3：26。

你的护佑啊，他不睡觉；

⁴ 看哪，他不睡也不倦乏

以色列的护佑。

⁵ 耶和华是你的护佑与庇荫

耶和华在你右手；双关：庇护之位／南方，遮挡阳光，16：8注二。

⁶ 白天，太阳再不会晒痛你

夜晚，月亮也不会伤害你。古人相信月光／月神眼睛可令人神志不清。

⁷ 耶和华护佑你，脱一切祸患

他护佑着你的灵，

8 你来去都有耶和华护佑　yishmar，至此重复六遍。

从今天起，直到永远。来去，暗示子民出埃及入福地的征程。

百二二　　和平

（朝圣歌，属大卫）歌颂锡安山 / 圣殿，虔敬之极，参较 48, 84, 87 章。

多么高兴，人来邀请：

走，上耶和华的殿去！呼应 42：4，赛 2：3。

2 于是我们的脚就跨进了

你的大门，啊耶路撒冷。

3 耶路撒冷造起了大城　重建圣城，是民族统一和复国的象征。

四方联结一体。

4 城里众支族汇聚，耶和华的支族

要见证以色列感恩　见证，'eduth，死海古卷另读：会众，'edath。

赞美耶和华的圣名。按摩西之律，一年三次到圣殿守节，申 16：16。

5 因为那儿立了审判的宝座　kis'oth，复数提喻王权、末日审判。

大卫家的王位。以色列的救主或"膏立的王"，将出自大卫后裔，2：2 注三。

6 来，请为耶路撒冷祈和平：谐音圣城，120：6 注；泛称福祉，85：8 注。

愿爱你的人安宁！爱你的，'ohabayk，另读你的帐篷，'ohalayk，喻圣殿。

7 愿和平入住你的高墙

愿你宫阙安宁！

8 为了我的兄弟和朋友

我要说：祝你平安！

⁹ 为了耶和华我们上帝的殿宇

我要替你求福。

百二三　眼睛

（朝圣歌）通说作于巴比伦之囚结束，子民复国初年。末句暗示遭希腊人迫害，或是后加的。

我向你举目，你高踞诸天——

² 啊，就像奴隶的眼睛

望着主人的手，

又像婢女的眼睛

望着主母的手，

我们举目，向着耶和华我们上帝

盼哪，盼他垂怜！

³ 求你怜悯，耶和华，怜悯我们——

我们忍受了太多的欺侮，参见 44：13 以下，尼 3：36。

⁴ 心灵啊，怎禁得住

无所事事的人万般讥嘲，无所事事，sha'anannim，反讥富人、压迫者。

再遭骄纵者凌辱！骄纵，ge'eyonim，谐音：希腊人骄纵，ge'e yewanim。

百二四　逃生

（朝圣歌，属大卫）

若不是耶和华在我们这边——

以色列呀，唱起来：一人领唱，请会众跟着合唱。

² 若不是耶和华在我们这边

当世人群起围攻 世人，指敌族。

³ 怒火对准我们发作，

我们早被活活吞了。关进阴间，民16：31以下。

⁴ 洪水，也早将我们卷去 洪水，喻仇敌，18：16。

乱流漫过头颈，naphshenu，或如下节：我们的灵，105：18注。

⁵ 滚滚波涛，大发淫威

淹没我们的灵。

⁶ 赞美耶和华，他没把我们抛弃

扔给利齿撕碎！利齿、下节捕雀人，亦喻仇敌，58：6，91：3。

⁷ 我们的灵像小鸟

挣脱了捕雀人的网罗。意象按上帝创世的顺序，水兽鸟依次写来。

那面网捣破 熟语，箴6：5。

我们逃生；

⁸ 佑助就在耶和华的圣名 同121：2。

天地是他创造。

百二五　　恶徒的权杖

（朝圣歌）

信靠耶和华的人，仿佛锡安山

屹立，永世不会动摇。

² 就像耶路撒冷有群山环绕 如造物主安置的屏障。

子民有耶和华的怀抱，sabib，围、抱，喻护佑。

从今天直至永远。

³ 啊，恶徒的权杖必不能安歇　权杖，暗喻异族统治。

在义人分得的产业；goral，石阄；子民十二支族曾拈阄分地，民26：55。

以免义人伸手

也沾染恶习。为生活所迫，或受"邪神"勾引。

⁴ 求求你，耶和华，善待善良

与心地正直的人。

⁵ 而那些沉湎邪道的，愿耶和华

扫除——连同造孽的群小！

愿以色列平安。同128：6。此句出格律，或是后加的。

百二六　　扭断

（朝圣歌）感恩颂诗，由追忆巴比伦解放，1-3节，转而祈求末世救恩，以丰收象征。

当年耶和华为锡安扭断囚锁　shebuth，囚、苦。另读：回归，shibah。

我们仿佛在梦中！前538年，居鲁士大帝敕命释囚，子民返迦南。

² 接着就笑得合不拢口　直译：笑满我们口。伯8：21。

舌头只晓得欢歌。

而后列国纷纷赞叹：耶和华

为他们造下何等伟绩！

³ 是呀何等伟绩，耶和华为我们，

直让人欣喜若狂！

⁴ 求求你，耶和华，扭转我们的命运　shebuthenu，囚、苦，14：7注。

一如南地的枯河重流；

⁵ 让洒泪播种的　十月秋雨，干涸一夏的季节河涨水，是来年丰收的保证。

收获欢歌——

⁶ 他去时一步一哭　意象同耶 31：9。

背一袋谷种；一袋，meshek，拖、拉，无定解，从犹太社本。

回来，他一路歌唱，

沉甸甸的麦穗!　直译：背着他的麦捆。

百二七　箭袋

（朝圣歌，属所罗门）所罗门又名"耶和华所爱"，yedidyah，撒下 12：25。

屋宇，若不是耶和华要盖　屋宇，bayith，双关暗示：圣殿 / 王室。

工匠再费力也是白搭。

城池，若不是耶和华要守

卫兵再警觉也是枉然。

² 全是枉然——

你们起早贪黑

为一口面饼不辞劳苦——

惟有他，能赐所爱的人安睡。所罗门曾梦见上帝赐福，王上 3：5。

³ 是呀，儿孙皆是耶和华恩赐　nahalah，神所应许的产业，申 28：11。

子宫的果实，他的奖赏。喻胎儿。

⁴ 青春得子，如同战士

手握一支支箭：

⁵ 福哉，那箭袋插满了的人!　多子多福，家族兴旺。

这样的人在城门口　听讼、攻防之地，101：8 注，创 22：17。

同仇敌争拗　直译：说话。

一定不会蒙羞。

百二八　　嫩枝

（**朝圣歌**）主题承前章，站在男主人角度，分写理想家庭与朝圣祈福。

福哉，一切敬畏耶和华

走他正道的人！

² 你食粮来自双手的劳作

安享美福，事事顺达：

³ 妻子如一株坠籽粒儿的葡萄

婷婷于她的内室；yarkthe，深处，转指院舍内女眷居室。

儿女围绕你的长桌　富裕大家庭的写照；穷人无桌。

像橄榄树新插的嫩枝。shethile，幼枝，插种或嫁接成活。参 144：12。

⁴ 是呀，那敬畏耶和华的人

必会这样蒙福。

⁵ 愿耶和华从锡安赐福与你，同 134：3。

让你一生天天得见

耶路撒冷繁盛，

⁶ 见到你的儿孙的儿孙！四世同堂，创 50：23 注，伯 42：16。

愿以色列平安。同 125：5。

百二九　　犁沟

（朝圣歌）

我年幼时，他们经常迫害——
以色列呀，唱起来：一人领唱，请众人合唱。同 124：1。
² 我年幼时，他们经常迫害 指以色列在埃及为奴、流浪西奈荒野等。
但从未把我战胜。

³ 朝我的背脊，他们按下铧犁
犁沟又深又长。犁沟，ma`anoth，七十士本误读：罪，`awonoth。
⁴ 可是耶和华至公，一下斩断
那些恶人的囚绳。`aboth，象征奴役。

⁵ 愿所有仇恨锡安的人
蒙羞而溃逃！
⁶ 愿他们像屋顶上的细草
才长半截就干枯，另读如亚兰语译本：被东风烤焦。死海古卷 / 赛 37：27。
⁷ 割了不足一把
捆起不满一抱。
⁸ 没有一个路人会向他们招呼：
愿耶和华赐福！见面问候语，得 2：4。合唱结束，来到圣殿门前。

奉耶和华圣名，我们祝福你们。祭司语，118：26。作路人祝福，亦通。

百三十　　深渊

（朝圣歌）基督教忏悔七章之六，6：10 注。

我从深渊向你呼唤，耶和华 深渊，象征灾难深重，42：7, 69：1-3。

²主啊，求你垂听

侧耳留意，我的哀鸣！

³假如罪愆都被你一笔笔记下 原文重复圣名，从一抄本及古译本略。

主啊，有谁还能站立？ 婉言抵抗、活命，5：5。

⁴然而，你宽恕为怀， 王上 8：39 以下。

故而你受人敬爱。tiwware'，敬畏之爱。七十士本：本着你的圣法／名。

⁵盼着耶和华，我的灵在苦盼 呼应 40：1。

我的希望，已托付圣言。同 119：81, 114, 147。

⁶我的灵等着我主

胜似守夜人翘望天明

守夜人翘望天明——⁷愿以色列

盼来耶和华！

因为耶和华慈爱不渝 见出 34：7, 赛 30：18。

他救赎之恩至巨；

⁸惟有他，能把以色列

从一切罪恶中救赎。参观 25：22, 86：15。

百三一　孩儿

（朝圣歌，属大卫）感情细腻、体贴入微，似女子手笔。

耶和华啊，我的心不骄傲

我的眼睛不高； 形容卑微、恭顺，18：27。

那些大事超出我的能力

奇巧，我不敢奢求。直译：不走在大事奇事里，超出我的（能力）。

² 不，我的灵已平和已安宁，

宛若断奶的孩儿

偎在母亲怀抱，我的灵

仿佛那孩儿恬静。直译：在我内／怀中。联想赛66：12-13。

³ 愿以色列把耶和华翘盼 同130：7。

从今天直至永远。

百三二　　约柜

（朝圣歌）大卫王曾想建约柜圣所，上帝却另有安排。此诗写大能者对忠仆的允诺。

耶和华啊，求你记得大卫，

他经受的一切苦难，

² 因为他曾发誓，向耶和华

向雅各的大能者许愿：大能者，'abir，耶和华的号，创49：24。

³ 我决不进自家帐篷　大卫王立誓，撒下7：2，代上28章。

不会上我的床榻，

⁴ 不会让我的眸子安歇

睡意落上眼帘——

⁵ 除非我为耶和华觅着了圣居　以供奉约柜。

一座雅各的大能者的帐幕！下阕合唱，重演约柜入圣城，撒下6章。

⁶ 是呀，我们听说约柜在以弗拉　大卫诞生地，近伯利恒，创35：16。

找去，就来到林田。sede-ya`ar，又名林镇，在圣城西面，撒上7：1。

⁷ 一块儿走进他的帐幕 他，指上帝。

俯伏朝拜他的脚凳。喻约柜，天父在子民中间的宝座。同 99:5。

⁸ 起来呀，耶和华，请移驾安息

带上你的大力之约柜！所罗门祈祷曾引以下三节，代下 6:41-2。

⁹ 让你的祭司身披公义

让虔敬之民欢呼。

¹⁰ 求你看在忠仆大卫的份上

你的受膏者，莫弃而不顾。直译：莫转开你受膏者的脸。合唱完。

¹¹ 耶和华既已对大卫立誓 以下二阕由祭司唱。

那信实之言就不会收回：旧译反复，误。参 110:4。

我要从你腹中的果子 喻儿孙。

挑一个登你的王位。做受膏者/弥赛亚，解放子民，2:2 注三。

¹² 若你的儿孙守我的约

遵从我传授的诫命，

那么他们的后裔便也能

永世坐你的宝座。意同 89:3-4。

¹³ 因为，耶和华选定了锡安

欲留作自己的居所：

¹⁴ 这儿，我可休憩乃至永远 指耶京圣殿，大卫之子所罗门修建。

此处，我已决意安家。

¹⁵ 我要赐福，令她食粮丰裕 她，指锡安。

贫苦人餐餐面饼，

¹⁶ 众祭司以救恩为衣 套喻，35:26, 93:1。

虔敬者高声欢唱。

¹⁷ 那里，我将使大卫犄角挺起 喻战胜敌族，王朝兴盛，18:2 注二。

点燃明灯，照膏立的王；应许大卫后裔万世为王，王上 11:36, 15:4。

¹⁸ 还要逼他的仇敌穿上羞辱

而他的头顶，冠冕放光。

百三三　兄弟

（朝圣歌，属大卫） 祈祷家庭和睦或民族团结。

看，兄弟同心，一块儿住

多美——多幸福！

² 仿佛头顶淋了赐福的圣油， 赐福，ḥaṭṭob，或作珍贵，27：13，31：19。

淌下胡须

亚伦的胡须，

淌下他外袍的领口—— 比作大祭司受膏归圣，出 30：30。

³ 仿佛黑门山的甘露 黑门山，见 29：6 注。降露锡安，暗示南北统一。

落上锡安的群峰： 古人以为露水是天降的，民 11：9，箴 3：20。

那里，有耶和华敕令降福

有永恒之生命。 强调圣殿乃唯一圣所，耶路撒冷为国都。

百三四　值夜

（朝圣歌） 众人与祭司应和之歌。

来，赞美耶和华

所有在耶和华的殿上值夜 照看长明灯是祭司的职守，利 24：3-4。

侍奉耶和华的人！ 七十士本多一句：在我们上帝宝殿的庭院，135：2。

² 举起你们的双手，向着圣所 祈祷状，28：2 注三。

赞美耶和华。

³ 愿耶和华从锡安赐福与你 　祭司祝福众人。同 128：5。

天地是他开辟。 　十五首朝圣歌至此结束。

百三五　　耶和华伟大

哈利路亚！ 　此诗集句而成，但结构严整，层层递进，首尾呼应。

赞美耶和华的圣名

赞美呀，耶和华的仆人！ 　同 113：1。

² 站在耶和华的殿上

在我们上帝宝殿的庭院 　参 134：1 注。

³ 赞美耶和华，耶和华至善，

歌唱他的圣名，圣名之欢乐！ 　na`im，或作美妙，81：2，147：1。

⁴ 因为，雅各已为耶和华拣选

以色列归了他的产业。 　见 33：12，出 19：5。

⁵ 因为我深知，耶和华伟大 　同 95：3。

我们的主，超乎万神。 　化自摩西岳父语，出 18：11。

⁶ 一切造化，皆是耶和华的意愿 　同 115：3。

无论天上地下、大海深渊。

⁷ 是他，从地极召来云雾 　同耶 10：13，51：16。

电光里泼下雷雨，

又打开库房，让狂风呼呼！ 　解释风雨雷电的来源，伯 37：9，38：22 注。

⁸ 是他，击杀了埃及的头生子

人畜无一幸免，

⁹ 他对准埃及，向法老和臣民

降下种种征兆与神迹。十灾不一一列举，参 78：43 以下。

¹⁰ 接着，又灭了无数敌国　同 136：17-22。

剪除强悍的君主——

¹¹ 亚摩利王西宏，巴珊王斡格　故事见民 21：21 以下。

以及迦南的大小番邦——

¹² 将他们的土地分作产业

恩赐了自己的子民：以色列。

¹³ 耶和华啊，你的圣名永存　中段，略慢，如间奏。

你的丰功万代铭记，耶和华！呼应 77：11。

¹⁴ 因为耶和华要为子民

主持公道，怜悯自己的仆人。语出申 32：36。怜悯，旧译后悔，误。

¹⁵ 那些异族的偶像，非金即银　同 115：4 以下。

不过是人手所制。

¹⁶ 它们有嘴，却不能言

有眼，却不能看，

¹⁷ 耳朵也不能听

嘴上，更没有一丝气息。

¹⁸ 愿所有造偶像、信偶像的

跟它们同样下场！

¹⁹ 以色列家啊，请赞美耶和华！参较 115：9 以下。

亚伦之家啊，请赞美耶和华！

²⁰ 利未之家，也请赞美耶和华！利未家，泛指侍奉圣所者，民 3：6-9。

凡敬畏耶和华的，都赞美耶和华！

²¹ 愿耶和华入居耶路撒冷

从锡安得赞颂。原文结尾：哈利路亚。从七十士本归下章。

百三六 大赞

哈利路亚！此诗习称"大赞"，犹太传统，逾越节晚餐咏唱，承接"埃及赞"，113-118 章。

感恩耶和华，他乃至善 同 106：1。每节上句领唱，下句合唱。

　　因他的慈爱常在。

² 感恩，向着众神之神 喻上帝至尊，50：1 注。

　　他的慈爱常在；

³ 感恩，向着万主之主

　　他的慈爱常在！

⁴ 唯独他，可降示神迹 原文：大神迹。校读从传统本注。同 72：18。

　　因他的慈爱常在。

⁵ 他以悟性造起诸天 悟性，tebunah，人的觉悟之本、之源。箴 3：19。

　　他的慈爱常在；

⁶ 洪流之上铺展大地 参较 24：2。

　　他的慈爱常在；

⁷ 然后，制大盏天灯 造日月星辰，创 1：16 以下。

　　他的慈爱常在；

⁸ 用太阳统辖白昼

　　他的慈爱常在；

⁹ 月亮和星星掌黑夜

　　他的慈爱常在。

¹⁰ 埃及的头生子，他一总击杀 同 78：51。

　　　因他的慈爱常在；
[11] 亲自将以色列领出

　　　　他的慈爱常在；
[12] 又运大能伸巨臂　语出申 4：34, 5：15。

　　　　他的慈爱常在；
[13] 将芦海切为两截　出 14：21 以下。

　　　　他的慈爱常在；
[14] 让以色列从海底穿越

　　　　他的慈爱常在；
[15] 却把法老同大军淹没　原文此处重复"芦海"，从传统本注 / 依格律删。

　　　　他的慈爱常在。

[16] 是他，率子民走进荒野

　　　　因为他的慈爱常在；
[17] 剿灭强大的君主　同 135：10-12。

　　　　他的慈爱常在；
[18] 剪除他们的赫赫威名——　直译：著名的君主。民 21：21 以下。

　　　　他的慈爱常在；
[19] 亚摩利王西宏

　　　　他的慈爱常在；
[20] 巴珊王斡格——

　　　　他的慈爱常在；
[21] 将他们的土地分作产业

　　　　他的慈爱常在；
[22] 恩赐了子民以色列

　　　　他的慈爱常在。

[23] 每当我们落难，他都记得　上帝不忘信约义务，出 2：24。

　　　　因他的慈爱常在；

²⁴ 把我们救出敌手　出埃及、解放巴比伦、释囚等。

　　　　他的慈爱常在；

²⁵ 并为一切肉身赐食　肉身，泛指生灵。呼应 104：27, 145：15-16。

　　　　他的慈爱常在。

²⁶ 啊，感恩向着天庭之上帝

　　　　因他的慈爱常在！

百三七　　巴比伦河畔

在巴比伦河畔

我们坐下。想起她

想起她，就止不住泪，啊锡安！　亡国子民怀念圣城的哀歌。

² 岸畔的杨柳　ʿarabim，或指幼发拉底杨树，populus euphratica。

挂起我们的琴，象征志哀。

³ 因为监工想听个曲儿　监工，shobenu，俘获，转指监押。

那些掳掠我们的要取乐：掳掠，sholelenu，从亚兰语译本。

来，给我们唱一支锡安的歌！　　原文生僻无解：tolalenu，一作折磨。

⁴ 啊，沦落于异国

叫我们如何唱耶和华的歌？圣殿已毁，子民为奴陷于不洁，无法礼赞。

⁵ 若是我忘了你，耶路撒冷

愿我的右手萎缩！　tikhash，校读。原文：忘记，tishkah。似谐音委婉语。

⁶ 愿我的舌尖黏在上腭　变成哑巴，不能歌唱，伯 29：10。

若是我没有思念你，

没有眷恋着耶路撒冷

胜似我最大的欢愉！

7 耶和华啊，求你记住红族的子裔　视为巴比伦的帮凶，俄 11-14。

耶路撒冷蒙难的那天，　前 587/586 年，巴比伦军陷圣城，焚圣殿。

他们吼叫：把她剥光，剥光，`aru `aru，裸露，利 20：18，转指夷平。

剥到她的根基！　以强奸喻毁城。参较哀 4：21-22。

8 啊，巴比伦的女儿，你在劫难逃！　女儿，拟人喻城，48：11 注。

幸福，属于那一报还一报

替我们复仇的人；　居鲁士大帝灭巴比伦，但并未夷平大城，耶 50-51 章。

9 愿他蒙福，抓起你的婴孩

往岩石上狠狠地摔！　同态报复，诅咒仇敌，何 10：14，14：1。

百三八　　耶和华要做成

（属大卫）由此至 145 章，颂诗与哀歌交织，是全篇结尾前的最后单元。

赞美你，耶和华，全心赞美你　原文无圣名，据诸抄本及 9：1 补。

在众神之前，我歌颂你！　七十士本另有：因你垂听了我口中的话。

2 朝你的圣所肃然下拜，　同 5：7。众神，指天庭神子。

奉你的慈爱，奉你的信实

向圣名感恩——啊高于一切　圣殿乃上帝亲选立名之处，申 12：11。

你的圣名你的诺言：　校读。原文费解：因你使诺言高于你全部的名。

3 我呼求之日，你曾应允

使我的灵勇气倍增。　tarhibeni，或作骄傲，无定解。

4 耶和华啊，天下万王都要听见

你的谕旨，要交口感恩

5 齐声咏唱耶和华的正道：想象万国皈依，67：4, 126：2。

大哉，耶和华的荣耀！

6 耶和华至尊，卑贱必眷顾 秉其公义，扶持穷苦，113：7，赛57：15。

而骄横的，再远，他也能认出。婉言降罪惩罚。

7 纵然我走在危难之中

你仍赐我生命——气死我的仇敌！

伸出你的巨手，右手施救——

8 耶和华要做成，为了我！ ba`adi, 旧译不确：关乎我。参较57：2。

啊耶和华，你的慈爱永世不移 熟语，100：5注。

你的亲手所造，求你，莫遗弃。

百三九　　深夜如白天明亮

（大卫赞歌，交与乐官）礼赞上帝全知，至18节，仿佛回应约伯的质疑，伯7：17以下。

耶和华啊，你审查过我，一定认得——

2 我何时坐下何时起身，你知道 呼应44：21，伯31：4，耶12：3。

我想法离你再远，也瞒不了；

3 无论走路睡觉，你都明察 zeritha, 筛拣，转指衡量查验，伯23：10。

一举一动皆不出预料。直译：也熟悉我所有的路。

4 一句话还没上我舌尖

啊耶和华，你早已洞悉。

5 你巨掌覆我头顶

前后把我罩起；形容庇护，照应下文10节。

6 那知识妙不可言 知识，指上帝创世所预定的宏图，19：2注二。

实在高深而无由企及。

⁷ 哪里可去躲你的圣灵？

你的圣容，哪里可逃避？ 修辞设问。

⁸ 就算我飞上重霄，那儿有你

躺进冥府，还是有你！ 否定阴间与神隔绝的传统说法，6：5, 88：5, 94：17。

⁹ 即使骑上黎明的翅膀 喻曙光，玛 3：20。

住到大洋的尽头，飞越地中海，至 "西地极"。

¹⁰ 那儿，你的手仍是我的向导

你右手将我扶定。

¹¹ 若是我说：愿黑暗遮掩，

长夜做我的缁衣！ 'ezor，从死海古卷。原文费解：'or，光明。

¹² 然而黑暗绝非你的目障 直译：黑暗不黑于你。

深夜如白天明亮。 原文此处有插注：黑暗不啻光明。从传统本注略。

¹³ 是你，造就我的腑脏 kilyothay，腰肾，转指内脏、内心，7：9 注。

子宫里织我成形。 怀胎生产，均天父安排，22：9, 创 30：22。

¹⁴ 赞美你，因你神迹之可畏

化育万千，无不奇妙。

我的灵，你早已熟识： 原文无 "你"，从圣城本补。

¹⁵ 几时在暗中受造

于地下极深处编织， 地下，喻子宫。借近东地母神话，暗示抟土造人。

这副骨架，对你不藏秘密

¹⁶ 刚结胎母腹，就进了你眼帘。 结胎，golmi，裹／叠起，转指胎儿。

你的名册记下我命定的日数 见 40：7, 69：28 注，伯 14：5。

虽然一生尚未有一天。 此句晦涩，注家歧解纷纭。

¹⁷ 上帝呀，你的意图我何其宝重 yaqru，或作深奥。参较赛 49：5。

计划了的又何其浩瀚！

¹⁸ 数一数，更比沙粒还多，

就算数完，我依旧在你面前。数完，从三抄本。原文不通：醒来。

¹⁹ 但愿上帝，你杀了那些恶人——

嗜血的凶徒，给我滚开!

²⁰ 他们肆行诋毁 此节晦涩，无确解。

竟敢小觑你的意图。re`eka，从圣城本。原文：你的城，`areka。

²¹ 耶和华啊，恨你的人我怎能不恨

反叛你的，我能不厌恶?

²² 对他们我痛恨已极

你的，便是我的，死敌。

²³ 求你审查我，上帝，认一认我的心 尾声祈祷，对应开头。

再考验我，体察我的顾虑;

²⁴ 看着我，别让我走那毁人的路

引领我，迈上永生之途。直译：永恒之途。

百四十　礼瞻圣容

（大卫赞歌，交与乐官）哀歌，背景不可考，主题与64章相近。

救救我，耶和华，摆脱恶人

护佑我不惧暴徒。

² 他们心里盘算阴谋

终日挑拨争斗,

³ 巧舌尖尖好似盘蛇 谴责敌人造谣诽谤，58：4。

双唇含着角蝰的毒液。（停）角蝰，`akshub，另读蜘蛛，`akkabish。罗3：13。

⁴ 求求你，耶和华，挡开恶手

护佑我不惧暴徒。

他们图谋绊我的脚　婉言害命，57：6。

⁵ 拉绳索架网罗，

骄横的人暗设圈套

掘了陷阱只等我路过。（停）

⁶ 我求过耶和华：你是我的上帝　如31：14, 143：10。

请垂听，耶和华，我祈祷的哀鸣。

⁷ 耶和华我主，救恩之大力

战火中，你曾覆盖我的头顶。庇护状，139：5。

⁸ 求你莫满足罪人的贪欲，耶和华　战火，nasheq，武器，转指战争。

别让他们诡计得逞！（停）

⁹ 看，那些围攻我的，头抬得高高　yarumu，移自上句"停"字前。

愿他们被自己唇上的谤言所淹没；此节晦涩，无定解。

¹⁰ 愿红炭如雨落他们身上，雨，yamter，校读。原文：抖，yamitu。

再抛下深渊，无人能爬起；红炭，喻雷霆。深渊，暗示阴间。

¹¹ 愿大地不容摇毒舌的站立

暴徒被灾祸一顿捕光！对应前文，祈同态报复，咒敌人自食其果。

¹² 我深知，耶和华必为卑微者申冤

替贫苦人主持公道。

¹³ 同样，义人必赞美你的圣名

正直者安居，礼瞻圣容。直译：在你面前。呼应11：7, 17：15。

百四一　义人捶打我

（大卫赞歌）

耶和华啊，我唤了又唤，请快来
请俯听我的哀号，我求求你！
2 愿我的祈祷似香烟缭绕在你面前
我双手高举，如献晚祭。每日与羊羔同献的素祭，出 29：39。

3 耶和华啊，求你派人看住我的嘴　看住，shomrah，旧译禁止，误。
给双唇的门站上警卫；
4 切莫让我的心为邪念所动　戒邪念、防恶行。
跟为非作歹的同流合污——
不，我不要尝他们的美味！

5 愿义人捶打我，如善意的责备　捶打，yehelmeni，喻训诫。
但绝不许恶人给我的头膏油，恶人，从七十士本。原文：上好。
免得我卷入他们的罪行。卷入，从死海古卷。原文不通：一再祈祷。
6 他们要落在那审判一切的磐石之手　磐石，象征上帝，18：2, 42：9。
才会觉得我的话中听：嘲讽敌人不能及时醒悟。此阕有讹，无善解。
7 像一扇磨盘，砸碎在地　磨盘，从西玛库本。原文：裂开。
他们的骸骨要撒进冥府大口！他们，从传统本注。原文：我们。

8 可是我两眼望着你，主耶和华
我倚靠你，求你别扔下我的灵；喻毙命。
9 让我挣脱他们布下的圈套
造孽者挖的一个个陷阱。
10 愿恶人一总掉进自家的网罗　呼应 35：8, 140：11。

而我，却安然前行。

百四二　　身边围起义人

（大卫训诲诗，洞中避难时的祈祷）见57章题记。基督教传统，引此诗说耶稣受难。

我向耶和华高声哀求

高声，向耶和华恳求，

² 当他的面，倾吐我的苦情

冲着他诉说我的不幸。

³ 啊，无论这口气多么虚弱　气，即灵、命、整个的人，6：3注。

有你关注，我的前程！　关注，yada`ta，知晓、照顾，139：24。

在我行走的道上

他们埋下了圈套。

⁴ 我往右手看去　庇护人或证人/辩护人的位置，16：8，109：31。

没有一个人认得我——

还能找哪儿躲避？　直译：躲避对我已失。

无人在意，我的死活！

⁵ 所以我向你哀求，耶和华

我认你做我的庇护，　如16：1，91：2。

生者之地，我独有的产业。　见16：5，119：57注。

⁶ 请务必垂听我的哀鸣

我已经沦于绝境。　同79：8。

救救我，那些人紧追不放

太强，我抵挡不了；

7 求你领我的灵出牢狱 masger，双关喻迫害、阴间。参30：3注。

让我颂扬你的圣名。

而后，我身边必围起义人 围起，yaktiru，欢迎状。七十士本：盼望。

因你为我降了大恩。隐喻获新生；后世解作义灵复活。

百四三　活人无一可以称义

（大卫赞歌）七十士本另有：遭其子追击时。见第3章题记。基督教忏悔七章之七，6：10注。

耶和华啊，请垂听我的祷告

侧耳留意我的恳求；

以你的信实与公义，答应我

2 不要传你的仆人受审。暗示救主究责过甚，伯7：17以下。

因为在你面前，活人无一

可以称义。常言与信念，51：5，130：3，伯4：17，9：2。参罗3：20。

3 啊，仇敌狠命追逼

将我踩倒在地，

强迫我在冥冥中煎熬

仿佛一个死了许久的幽灵—— 同哀3：6。

4 我气息奄奄，心里还在惶恐！ yishtomem，旧译悽惨，误，伯21：5。

5 忆往昔，追怀你的伟绩 呼应77：11-12。

吟诵你巨手的作为。

6 我向你伸开双手，祷告状，上文1节。

我的灵渴念着你

犹如一片焦裂的地。（停）意同63：1。

⁷ 求求你，耶和华，快应允

我的精气已耗尽； 精气，ruhi，灵、命，同上文 4 节气息，142:3 注一。

莫对我藏起你的脸， 脸，喻恩典，同 22:24, 27:9。

我不要像他们，沉下深渊！ 深渊，指阴间，28:1 注。

⁸ 愿黎明送来你的慈爱，让我聆听

因为你是我的信靠；

愿你教我认得那该走的道

因为我向你举起我的灵。 熟语，形容信靠、寄望。同 25:1。

⁹ 求求你，耶和华，救我脱仇敌，

你是我的庇荫； 直译：我躲藏于你。

¹⁰ 求你教我遵行你的旨意

你是我的上帝。

愿你至善的灵引导我

踏上平坦之地。 部分抄本如 27:11：坦途。

¹¹ 为了你的圣名，耶和华，赐我生命

以你的公义，带我的灵出危难；

¹² 以你的慈爱，灭我的仇家 爱即是恨，忠信者不行恕道，54:5。

把迫害我的一一剪除，

因为我，是你忠仆。 虽有罪孽，知悔改仍是好仆人，116:16。

百四四　身为子民而蒙福

（属大卫） 前四阕集句而成，为国王的哀歌，接一会众祈祷；两者渊源不同，风格迥异。

赞美耶和华，我的磐石， 同 18:46。

他教我的手如何战斗 同18：34。

让我十指学会厮杀！

² 啊，我的峭崖我的要塞， 峭崖，从18：2及撒下22：2。原文：慈爱。

高高的城堡我的救主

那庇护我的盾牌——是他 一切胜利皆是神的安排，20：7，127：1。

令万民向我臣服。 万民，从诸抄本及18：47。原文单数。

³ 耶和华啊，人算什么，你竟然关注他 同8：4。

区区人子，你竟然眷念他?

⁴ 人，就像是一口嘘气 意同39：5。

时日匆匆，恍若拂影。

⁵ 耶和华啊，你按下诸天，亲自降临 同18：9。

轻轻一碰，群山冒烟； 同104：32。

⁶ 一道道闪电，驱散仇敌

一支支银箭，他们溃败。 同18：14。

⁷ 求求你，从高处伸下巨手， 同18：16。

把我从汹汹洪水里拉起 洪水，兼指灾祸、仇敌。

自异族手中救出—— 叠句，如下文11节。

⁸ 他们开口不离谎言

举着右手，假装信誓旦旦。 直译：他们右手，假的右手。

⁹ 上帝呀，新歌一曲，献给你 同33：2-3。

拨动十弦，向你礼赞。 大卫善琴，素有美名，撒上16：18。

¹⁰ 是你，赐君王胜而又胜， 同18：50。

从致命的剑下，拉起了大卫 暗示救主出于大卫后裔，结34：23。

你的仆人，¹¹ 把我自异族手中救出——

他们开口不离谎言

举着右手，假装信誓旦旦。哀歌完。

¹² 愿我们儿子如一棵棵树苗　会众祈福。

栽下便茁壮成长，

愿我们女儿像一根根角柱　zawiyyoth，亚兰语借词，一作角石。

雕刻了立于王宫。仿佛支撑大殿的女像柱，karyatides。

¹³ 愿我们粮仓堆满五谷　参较利 26：3 以下。

牧场上羊群万千，

¹⁴ 母牛怀仔，只只肥壮。mesubbalim，负载，转指长膘、怀胎。

愿我们城墙不破，百姓不逃　城墙／百姓，原文无，据文意补。

大街小巷再不闻哀号。

啊，身为子民而如此蒙福——

福哉，那尊耶和华为神的一族！同 33：12。

百四五　　受造之物他皆怜恤

（大卫颂诗）藏头诗，9：1 注，111 章题记。

א　我要颂扬你，上帝我的王

　　永远赞美你的圣名；

ב　² 日复一日，向你礼赞

　　讴歌圣名，万世无疆。

ג　³ 至大耶和华，至当赞颂　同 48：1，96：4。

　　颂其至大，无从探量！呼应伯 36：26。

ד　⁴ 你的伟绩，代代诵习

　　大能作为，世世赞誉。

ה   ⁵ 都要讲你的尊荣与威严   都要讲，从死海古卷。原文：话 / 事迹。

      种种神迹，令我深思；

ו   ⁶ 且要称述你可畏的大力

      惟其至大，我必传扬；

ז   ⁷ 还要纪念你丰硕的恩典

      欢歌庆祝你的公义。

ח   ⁸ 耶和华慈悲，不轻易发怒   同 103：8，引出 34：6。

      施爱守信，他始终不渝。

ט   ⁹ 耶和华至善，泽被众生

      凡受造之物，他皆怜恤。

י   ¹⁰ 耶和华啊，受造的皆须谢恩

      虔敬的要把你赞美。

כ   ¹¹ 愿他们宣扬你天国的荣耀

      称颂你的大能，

ל   ¹² 让亚当子孙认识你的丰功

      天国的尊荣与威严。   你，从七十士本及古叙利亚语译本。原文：他。

מ   ¹³ 你的天国乃永世之国

      你的统治，万代不变。   同但 3：33。

נ   耶和华信守所有的诺言   原文脱此二行，据七十士本和死海古卷补。

      一切行事，彰显仁慈。   同下文 17 节。

ס   ¹⁴ 凡滑倒的，耶和华必扶持   呼应 94：18。

      使受欺压的——站起。   同 146：8。

ע   ¹⁵ 人人的眼睛都在盼你

      等你按时供给饮食：   呼应 104：27-28，申 11：14。

פ   ¹⁶ 等你手掌张开

众生果腹，心满意足。

צ   ¹⁷ 耶和华执义，大道至公   化自申 32：4。

他一切行事，彰显仁爱。

ק   ¹⁸ 呼求他的，耶和华都亲近——   申 4：7。

所有出于忠诚而祈告之人。

ר   ¹⁹ 敬畏者的心愿，他必成全

一听他们求救，即施援手；

ש   ²⁰ 凡爱他的，耶和华必护卫

但作恶的，他一定灭绝。 盼救恩速来，报应不漏。

ת   ²¹ 我要启唇把耶和华歌颂，

愿肉身芸芸，永赞圣名。 首尾呼应。

百四六   佑助赞

哈利路亚！ 以下五篇赞美诗结束全篇，犹太传统用作晨祷之赞。参 113：1 及 136：1 注。

赞美耶和华，我的灵！

² 我要终生赞美耶和华

活着，就把我的上帝来歌颂。 同 104：33。

³ 什么王公贵胄都别信

人子怎能靠人子营救？ 命运已托付了救主，118：8-9。

⁴ 一口气断掉，便复归泥尘 呼应 90：3, 104：29。

立时，他的谋虑化为乌有。

⁵ 福哉，那得了雅各的上帝佑助

只冀望于上帝耶和华的人！

⁶ 啊，天地海洋

及内中万物之造主，

他守护真理直至永远；

⁷ 为被凌虐的主持公道 _{意同 103：6。}

恩赐饮食，救济饥寒。

啊耶和华，还囚徒以自由，_{如先知所言，赛 49：9, 61：1。}

⁸ 耶和华让盲眼开开

耶和华使受欺压的站起；_{同 145：14。}

⁹ 耶和华保佑寄居之民 _{gerim，婉言子民流散，给人为奴，出 22：20-21。}

并扶持孤儿寡妇；_{呼应 68：5。}

^{8c} 耶和华最爱义人 _{移行从传统本注。}

^{9c} 故而必扭断恶人的路。_{喻挫败、毁灭仇敌，1：6 注。}

¹⁰ 耶和华为王，永世不移 _{至此圣名重复九遍。}

锡安哪，千秋万代属你的上帝。

哈利路亚！

百四七　全能赞

哈利路亚！_{此诗七十士本分作两章，自 12 节另起一赞，通行本从之。}

多好，颂扬我们上帝

多美妙，这首赞歌，献给他！_{或作：配他，33：1。}

² 耶和华，他重建耶路撒冷 _{其时子民已从巴比伦返迦南。}

召回以色列的流民；

³ 破碎的心一颗颗医治　形容忏悔者，51：17。参观伯5：18。

伤口他亲自包扎——

⁴ 恰如他规定星星的数目

并为之一一命名。　行宇宙主宰之权，33：6。

⁵ 啊，我们的主至大而全能

他的悟性无从测度。　参136：5注。呼应赛40：28。

⁶ 卑微者有耶和华扶持

恶人他打翻在地。

⁷ 唱吧，向耶和华感恩

弹起琴来，把我们上帝歌颂！　同146：2。

⁸ 他以乌云遮蔽天空

为大地预备甘霖

让绿茵长满山冈；　七十士本多一句：及碧树供人享用。或化自104：14。

⁹ 还给走兽赐食，喂饱

那嗷嗷待哺的小鸦。　喻弱小无助者，伯38：41。

¹⁰ 他不喜骏马矫捷

也不欣赏人的快腿；　反言成败不在人为，全靠上帝，20：7，33：16-17。

¹¹ 耶和华只中意敬畏他的人——

一切翘盼着慈恩的人。　七十士本此处分章，插入"哈利路亚"。

¹² 赞美耶和华，耶路撒冷

锡安哪，请颂扬你的上帝！

¹³ 是他，令你城门的铁闩坚固　参较107：16。

赐福与你膝下的儿女，　膝下，直译：中间。

¹⁴ 又使你四境和平 兼指繁荣，85：8 注一。

餐餐麦粒的脂肪。喻精白细面，81：16 注一。

¹⁵ 是他，向大地降旨

道道敕命，飞送四方：

¹⁶ 大雪像羊毛舒展 呼应伯 37：10。

白霜似炉灰撒落，

¹⁷ 忽而又砸下块块冰雹 或作：砸冰雹如扔饼屑。

如此严寒，谁能忍受？

¹⁸ 直至他一言，冰雪融消

微风拂煦，河水重流。

¹⁹ 那圣言，他晓谕了雅各 圣言，指圣法或摩西之律，申 31：24 以下。

典章律例为以色列颁布；

²⁰ 而异族无一蒙此恩泽 申 4：7-8。

无一知晓，他的判决。mishpaṭim，提喻神的公义，9：8, 58：11, 119：160。

哈利路亚！

百四八　　同声赞

哈利路亚！诗人要天地万物和子民一起礼赞上帝，气氛热烈。

赞美耶和华，诸天同声

赞美他，于云汉之巅；

² 赞美他，所有的使者 即天庭神子。

赞美他，天军万万。同 103：20-21。

³ 赞美他，太阳和月亮

赞美他，星空璀璨，

⁴ 赞美他，诸天之天　极言其高，115：16 注一。

穹苍之上，大水涟涟。　形容天河，创 1：7 注。

⁵ 愿它们齐赞耶和华的圣名，　七十士本此处插入 33：9a。

全凭他一言，万物造就

⁶ 一切立定，乃至永恒：

依照那不移之敕命。　hoq，或如犹太社本：秩序。参观耶 31：35-36。

⁷ 赞美耶和华，茫茫大地

巨鲸与汪洋的深渊，　巨鲸，或作海怪，74：13 注二。

⁸ 连同火、雹、雪、雾　火，喻闪电，出 9：23。

还有飓风，执行他的圣言！　旧译不通：成就他命。

⁹ 大山偕同小山　联想 114：4, 6。

雪松牵着果树，

¹⁰ 野兽家畜

飞鸟爬虫——

¹¹ 天下君主率领万民

四方的首领判官，

¹² 少男少女

老人孩童——

¹³ 愿他们齐赞耶和华的圣名，

惟有他的名，至当尊崇

他的荣耀超乎天地。　呼应 113：4。

¹⁴ 是他，使子民犄角高昂　勇往直前状，75：10, 89：17 注二。

让以色列子孙亲近自己：上帝入住圣所，来到子民中间，出 25:8。

虔敬之民，同声颂扬。虔敬之民，七十士本：圣民，31:23 注。

哈利路亚!

百四九　　利剑赞

哈利路亚!　一说是希腊化时期，犹太圣战者的"新歌"或战歌，加上 4:24。

新歌一曲，献给耶和华　同 96:1, 98:1。

虔敬者集会，赞美他!

2 愿以色列以造主为欢愉，

愿锡安的儿女因自己的王

而忻喜，3 而旋舞摇鼓

弹琴歌颂，他的圣名!　化自女先知米莲之歌，出 15:20-21。

4 因为耶和华悦纳了子民

要用救恩做卑微者的头巾。yepha'er, 装饰、包头。

5 愿虔敬的载誉而还：想象大军凯旋。

坐上床榻仍不停咏赞　呼应 63:6。

6 引吭高歌，颂扬上帝

而手握双刃之利剑——

7 要向异族复仇　参较亚 9:13 以下。

要拿列邦问罪，

8 要把他们的王套上枷锁

公卿贵胄捆进铁镣：

9 那写下了的判决必将执行——　判决，指先知书中对敌族的预言。

那全体虔敬者的荣耀。

哈利路亚!

百五十　　生命赞

哈利路亚! 对应前四卷的尾声颂辞，41:13, 72:18, 89:52, 106:48, 普天同庆，结束
全篇。

赞美上帝，于他的圣所
赞美他，穹隆之上他的大能! 另读: 在他大能之穹隆。
² 赞美他，那一桩桩伟绩
赞美他，他至大无匹。旧译不确: 极美的大德。

³ 赞美他，羊角号吹响
赞美他，十弦与七弦，见 33:2 注。
⁴ 赞美他，铃鼓和旋舞
赞美他，琴瑟伴笛箫，
⁵ 赞美他，铙钹要欢唱
赞美他，铜钹可铿锵! 如军队呐喊，欢呼上帝，33:3 注，民 10:5 注。

⁶ 愿一切呼吸着的生命
赞美耶和华! 忠信者的根基和预言，启 5:13。

哈利路亚。

二〇〇六年夏初稿，二〇〇七年十二月定稿，二〇一五年六月修订

箴　言

主　旨

一章

以色列大卫王之子所罗门的箴言。mishle，成语、预言、讽喻、诗。参王上5∶12。

² 为了汲取智慧与教训　musar，尤指父母、老师或神的教诲、训诫。

领悟那觉悟之言，旧译不通：分辨通达的言语。

³ 为了求得慎明之规诫　慎明，haskel，旧译处事，误。

伸张正义和公平；

⁴ 为了教会天真汉用心　`ormah，旧译灵明，不确。

年轻人谨饬思考，天真汉，指懵懂轻信，但尚可教育挽救者，诗116∶6。

⁶ 为了理解箴言及讽喻　melizah，如下文20-33节，旧译譬喻，不妥。

智者论说的谜语——hidoth，或谚语，如30∶15以下，诗49∶4注。

⁵ 愿智者聆听而增长学问　与第6节对调，以通文意。

愿明辨的藉此寻着指引。

⁷ 敬畏耶和华，乃知识之开端；点明主旨，9∶10，诗111∶10，伯28∶28。

蠢人，才鄙薄智慧与教训。以下至 9：18 为一训诲诗，可看作序言。

拒罪人

[8] 孩子呀，要听你父亲的训诫　孩子，智者 / 老师呼学生为儿，beni。

莫丢了你母亲的教诲；torah，兼指戒律、圣法，28：4。同 6：20。

[9] 因为那是你头顶慈恩之花环　liwyath，或花冠，4：9。

你颈上的金链。原文无"金"，从七十士本。

[10] 孩子呀，若有罪人来勾引　呼应诗 1：1。

你万勿依从。[11] 若他们说：

走，咱们去捞件流血的活；

埋伏好，叫那无辜的猝不及防　熟语，诗 10：8。

[12] 就能阴间似的把他们活活吞了

吃光，像那无底的坑！　bor，复指阴间，诗 28：1，赛 14：19 注。

[13] 然后样样珍奇，都会到手

屋里塞满掳来的财富。

[14] 怎么样，跟我们一块抓个阄　入伙，共同命运。

一只钱袋，大伙儿用！

[15] 孩子呀，不要走他们的道　derek，泛指道德言行、生活方式。

莫踏足他们的路——

[16] 因为他们双脚追着邪恶

迫不及待要流人的血。七十士本无此节，通说是插注，引赛 59：7。

[17] 然而在鸟儿眼皮下

搭雀罗，哪能不白搭？成语：罪人的暗算 / 雀罗，骗不了警觉者 / 鸟儿。

[18] 他们"捞"着的是自己的血

"埋伏好"，害了自家的灵：naphshoth，喉、气、命、灵，伯 7：11 注。

[19] 这，便是一切不义之财的结局　'aharith，校读，伯 8：13。原文：路。

谁拿了它，谁丢性命！ 直译：攫去它主人／拥有者的灵。

智慧的儆戒

[20] "智慧"在呼唤——她在街上 拟人。智慧，hokmoth，是阴性名词。

在广场，[21] 在闹市高声呼求 闹市，七十士本另读：城墙头。

在城门口谆谆告诫： 犹如一个热忱的先知，到处启迪民众。

[22] 天真的人哪，还要多久

你们才肯割舍天真， 见1:4注二。割舍，直译：爱（到何时）。

讥诮的才能不以讥诮为乐 讥诮，旧译亵慢，不确，13:1。

愚顽的不仇视知识？ 愚顽，kesilim，就道德而言，尤指不虔敬，诗92:6。

[23] 回来吧，听一听规劝！

我的灵要向你们倾诉 灵，ruhi，气、精神、整个的人。

把话儿合盘托出。

[24] 但既然我唤过，你们拒绝 呼应赛65:2,12。

我伸手，也无人理会，

[25] 反而罔顾我的一再劝说

不愿意受我儆戒， tokahti，包括定罪惩罚，诗39:11,73:14。

[26] 那我就只好笑看你们遭灾 恶有恶报，当是上帝安排，申28:63。

任你们恐惧，供我一哂——

[27] 当恐惧扑来，如一场风暴

灾祸像旋风，把你们卷走

磨难与痛苦骤然临头。

[28] 之后，他们会呼救，但我不答 他们，修辞性转换人称，求生动。

急着要寻我，却找不见。

[29] 只因他们仇视知识

竟选择不敬耶和华， 故谓愚顽，上文22节。

[30] 不愿意让我劝说

又蔑视我的一回回儆戒;

³¹ 所以，他们要尝那歧途的苦果 歧途，喻恶行，耶6∶19。

被自己的恶谋噎住。

³² 是啊，不走正道天真就没命

自以为是，便毁了愚顽! 自以为是，shalwath，安宁，而自得、自满。

³³ 但那听从我的，必得安居

享平宁而不惧祸乱。告诫完。

向善的通途

二章

孩子呀，我这些话若你收下 犹言受教，4∶10。

我的诫命，你若肯珍藏， 愿传承"知识"，敬畏上帝，1∶7，下文5节。

² 将耳朵朝向智慧

心儿对准悟性， tebunah，智慧赋予人的品质，或人习得智慧的能力，3∶13。

³ 若你吁求的是觉悟 binah，求知、明辨而觉解的智能或悟性，伯28∶12。

是为悟性而发声，

⁴ 寻她似寻白银 她，合称智慧/悟性/觉悟，皆阴性名词。

觅她如觅宝藏——

⁵ 那么，你就会懂得要敬畏耶和华

发现什么叫认识上帝。

⁶ 因为，智慧乃耶和华赐予

知识和悟性，出自他的双唇。参伯32∶8注。

⁷ 他给正直者存了佑助 tushiyyah，助人成功、获救的智慧，伯6∶13。

一面盾，保品行无瑕之人，

⁸ 以守护一切公道 旧译不通: 保守公平人的路。

照看他的虔敬者的路——

⁹ 如此，你可领悟正义与公平

每一条向善的通途！

¹⁰ 一旦智慧入你的心　心主思想感情和意志，古人视为生命之官，4：23。

你的灵以知识为欢娱，

¹¹ 慎思就会来把你看护

悟性当你的卫兵——

¹² 要救你出恶人的歧途

摆脱妄言忤逆之辈：忤逆，tahpukoth，翻转、诡骗、背叛，申 32：20。

¹³ 那抛开了正道走黑路

¹⁴ 以作恶为乐、诓骗为荣

¹⁵ 百般腐败而又狡诈的一群！　直译：他们的道腐败、路狡诈。申 32：5。

¹⁶ 还要助你拒"番女"　'ishshah zarah，贬称犯奸的有夫之妇，5：3 以下。

那个甜言蜜语的淫妇；nokriyyah，异族女人，借指娼妓，6：24。同 7：5。

¹⁷ 她背弃了青春年华的良友　美称结发丈夫。

把上帝的约扔在脑后。违犯十诫，出 20：14。参观玛 2：13 以下。

¹⁸ 结果，她的家沉沦死地

被她拖下了亡灵冥府；repha'im，指阴间，7：27。

¹⁹ 找她的人全都一去无回

断了生命之路。断，直译：没抵达。

²⁰ 所以，你应走好人的道

坚守义人之通途。

²¹ 因为这片地只许正直的居住　指义人的福地，诗 37：9，29，太 5：5。

惟有完满的能留存；完满，temimim，品行无瑕者，上文 7 节，申 18：13。

²² 而造孽的必将从世上铲除

背信的须连根拔去。背信的，bogdim，或泛指奸诈之徒，11：3，6。

心坎的石版

三章

孩子呀，莫忘记我的教诲　旧译不妥：法则，1:8 注二。

心里要守我的诫命；　见 2:1 注。

² 如此，可增添你的时日

令你延寿而生活安宁。　熟语，9:11，申 5:33。

³ 莫让慈爱与信实离去　信实，'emeth，旧译诚实，误。

要把它们围在颈脖　同 6:21。

镌于你心坎的石版，　luah，比作上帝授摩西的约版，出 24:12。同 7:3。

⁴ 以使你在上帝和世人眼里

蒙恩而常获嘉许。　sekel-tob，慎明而成功，得褒扬。旧译聪明，误。

⁵ 信靠耶和华，须全心

不可仗恃自己那点聪明；　binathka，或作理解。呼应 28:26。

⁶ 每行一步，皆要将他认定

他必铺平你的前途。　保佑忠信者成功，4:26，诗 5:8。

⁷ 不可自视为智慧化身

要敬畏耶和华，远离恶事；　做一个好人，伯 1:1。

⁸ 那是医你病体的良方　体，she'ereka，校读。原文：肚脐，shorreka。

复苏骨髓的琼浆。

⁹ 尊崇耶和华，献上你的财富

并一切初熟之果；　此诗偶尔提及圣所献祭，出 23:19，申 26:1 以下。

¹⁰ 你的仓廪便会堆满五谷　sheber，从七十士本。原文：充满，saba`。

酒池溢出新酿。

¹¹ 孩子呀，耶和华的教训莫拒绝　意同伯 5:17。

受了惩戒，勿怨尤，

¹² 因为耶和华深爱，才会惩戒

犹如慈父将爱儿斥责。典出申 8：5。

智慧赞

¹³ 福哉，那寻着智慧

得了悟性的人！悟性，旧译聪明，误。

¹⁴ 是的，智慧远较银子价高

收益超乎黄金，

¹⁵ 名贵更胜似珍珠　peninim，或作珊瑚，伯 28：18。

你宝爱的，无一可比。同 8：11，

¹⁶ 她右手托起长寿　拟人写智慧，4：6 注。

左手掌握财富、荣耀；画像生动，借自埃及正义女神 Ma`at，8：18。

¹⁷ 她走的是安乐之道

条条通往和平。

¹⁸ 对守持她的，她乃生命之树　借自近东神话，象征永福。创 2：9。

拥有她的，人人幸福。

¹⁹ 耶和华以智慧奠定大地　参观 8：22 以下。

以悟性立起诸天；

²⁰ 又以知识使深渊崩裂　洪水涌出，对应下句天雨 / 夜露，诗 133：3 注二。

露珠滴落云端。

²¹ 孩子呀，你要守住明智而慎思　明智，即人获救的智慧，2：7。

目不转睛地看顾　直译：不让它们离开你的眼睛。

²² 那充盈你的灵的生命

围绕你颈项的大恩。仿佛美丽的项链，1：9。

²³ 而后，你就能坦然上路

不怕绊脚跌跤。

²⁴ 躺下，你无忧惊扰　躺下，tishkab，七十士本另读：坐下，tesheb。

上床，即恬适入梦，

²⁵ 不必担心惶恐骤临　呼应诗 91：5 以下。

突如其来恶人的袭击。sho'ath，或作毁灭。

²⁶ 因为，你有耶和华倚靠

保你不踏足圈套。

²⁷ 若是你有能力周济　或指借贷，如 6：1 以下。

不可拒绝对求助的行善。求助，be`alayw，直译：有份（得救助）。

²⁸ 不可打发邻人：走开，没啦，邻人，不分子民外族，利 19：34 注。

明天再给！如果你手上有余。七十士本此处插入 27：1b。

²⁹ 他老老实实与你为邻

不可耍手段害他。

³⁰ 不可无故与人争拗

倘使你并无委屈。

³¹ 不可羡慕强暴　如见其富裕、成功一时，23：17。

不可效法他的行径，羡慕，teqanne'，旧译嫉妒，不妥。

³² 因为耶和华憎厌腐败之徒　naloz，邪曲诡诈而堕落者，2：15。

只同正直者为友。

³³ 耶和华诅咒恶人的家

赐福与义人的屋宇：

³⁴ 讥嘲的，他报以讥嘲　同态报应，诗 18：25-27。

卑微的，他却恩顾；

³⁵ 智慧的，要分得荣耀

愚顽的，必继承羞辱。继承，morishim，校读。原文：高升，merim。

父亲的嘱咐

四章

要听父亲的训诫，我的孩子

专心培养觉悟。培养，直译：认识。

² 我传你们的都是至理名言

勿背离我的教诲。

³ 从前我也是父亲的爱子 联想大卫王爱子所罗门继位故事，王上1章。

母亲膝下娇宠无双，

⁴ 父亲曾对我殷殷嘱咐：父亲，原文：他。

我的话，你务必牢记在心

谨守我的诫命，方可存活。同7：2。

⁵ 求得智慧，求来觉悟，此句重复第7节，七十士本无。

莫遗忘莫逃避我的苦口督促。求得，qeneh，比作求婚下聘礼。

⁶ 你不舍弃她，她就保护你 她，即智慧，视若贤妻，31：10以下。

爱她，她将你照看——

⁷ 求得智慧，乃智慧之首功；re'shith，开端、初熟/头生，宗旨，9：10。

倾你所有，求来觉悟！七十士本脱此节。一说应与上节对调，删5a。

⁸ 你珍惜她，她就抬举你 珍惜，salsleha，或作赞扬。

拥抱她，她给你光荣—— 七十士本意译：四周挖堑壕。

⁹ 为你戴上慈恩之花环 见1：9注。

美名为冕，加于你头顶。回忆完。

¹⁰ 听着，孩子，收下我的话 收下，犹言记住，2：1。

你的生命即可延年。

¹¹ 我已为你讲解了智慧之道

引你走上了正途，

¹² 让你举步不会绊脚 <small>重申回报，3:23。</small>

奔跑也不致跌跤。

¹³ 秉持训诫吧，勿松弛

守护好——她是你的生命。<small>她，指智慧，即训诫的内容。</small>

¹⁴ 作恶的行旅，莫加入

罪人的路不踏足；<small>熟语，诗1:1。</small>

¹⁵ 要避开它，绕过去

背转身，再向前!

¹⁶ 那些人不造孽，睡不着觉

不使绊子便要失眠。

¹⁷ 他们吃的面饼叫"邪恶"

喝的美酒名"暴行"。

¹⁹ 恶人的末路，昏昏如�夜 <small>从传统本注，与下节对调。</small>

跌倒了还不知何故；

¹⁸ 而义人的征程像一缕曙光

渐露辉煌，要迎来正午!

²⁰ 孩子呀，我的话你细细听

一言一语皆入耳，

²¹ 要目不转睛地看顾 <small>同3:21。</small>

铭记在你心间。

²² 因为寻着它们，即找回生命

肉身，有了良药。

²³ 守护你的心，提高警惕

那儿，你的生命涌流! <small>旧译不通：一生的果效。参2:10注。</small>

²⁴ 诓骗的嘴，你莫答理

诡诈的唇，赶快躲开。

²⁵ 愿你两眼直视，盯紧了前程；<small>古人以眼为心之门户。</small>

²⁶ 愿你铺平脚下的路

条条坚固而畅通——

²⁷ 绝无偏离，往右往左 　熟语，申 5：32, 17：11 等。

你步步远离邪恶。

淫妇与发妻

五章

孩子呀，我这智慧你细细听

这悟性你要入耳，悟性，旧译不妥：聪明的言词。

² 以便保持你的慎思

双唇把知识守护。

但是千万别理睬那个贱妇—— 原文无此句，从七十士本补，2：16。

³ 她淫荡的朱唇滴着蜜

一根甜舌比香脂还柔滑，甜舌，hikkah，腭，喻言辞，伯 6：30, 12：11 注。

⁴ 到头来却苦艾般的苦 苦艾，la`anah，七十士本：苦胆。申 29：17 注。

锋利如双刃的剑。 直译：一剑双口。兼指痛苦、罪罚。

⁵ 她两脚已陷于死地 名喻：荡妇害命，femme fatale，传 7：26。

一步步堕入冥府；

⁶ 她走的绝非生命的坦途

迷了路，却浑然不知。

⁷ 所以你要听话，我的孩子 你，从七十士本及通行本。原文复数。

这苦口良言你莫背弃：

⁸ 离她远点，行你的路

别靠近她的房门。暗示其通奸或卖淫，7：10 以下。

⁹ 免得你把荣誉拱手送人 荣誉，hodeka，七十士本：生命。

大好年华被无情糟蹋，古叙利亚语译本：力量。

¹⁰ 免得陌生人吞了你的财产

辛劳所得通归异族人家；或作外人，创 31：15。

¹¹ 末了，大限来临

你肉躯衰萎，只剩哀叹：nahamta，七十士本另读：后悔，niḥamta。

¹² 哎呀，我怎会憎恶那番教训

我的心，敢蔑视惩戒! 悔罪而觉悟，呼应 3：11。

¹³ 老师的话，我一句不听 老师，旧译师傅，不确。

忠告都当作耳边风。

¹⁴ 如今我不啻遭了大劫

在会众中身败名裂!

¹⁵ 饮水要上自己的池子 蓄水池，迦南 / 巴勒斯坦人家常见。

源头在自家井中。池 / 井 / 泉，皆喻发妻或"约妻"，象征智慧。参 2：17 注。

¹⁶ 自家的甘泉怎好外流

变成街头几道水痕?

¹⁷ 那眼井让你一人独占

岂可由外人分享——

¹⁸ 愿她蒙福，你的醴泉! 参观歌 4：15。

愿你以发妻为欢愉：发妻，直译：青春之妻。

¹⁹ 她可爱如牝鹿，优雅似羚羊 ya`alah，西亚小羚羊，或野山羊。

一对乳峰常令你陶醉 yerawwuḳa，旧译知足，误。意象同歌 4：5。

无时不沉浸于她的爱情。

²⁰ 为什么，孩子，你还迷恋番女 见 2：16 注。

拥抱那淫妇的酥胸? 以色列曾禁止与异族通婚，拉 9-10 章。

²¹ 须知人的路皆在耶和华眼前

一切行止他都要放上天秤：mephalles，秤量，喻审判。

²² 恶人终将被咎责捕去

套上自己罪愆的囚绳；

23 愚而不义，必入歧途

不听训诲，能不丧命！　下接6：20。以下四段箴言是插入的，互不衔接。

作 保

六章

孩子呀，若你给邻人作保　邻人，此处与亲朋相对，复指下句外人。

同外人击掌立约，　古俗，保人与债务人击掌，是立誓约的要件，伯17：3。

2 你就被双唇的应允套住　双唇，从古叙利亚语译本。原文：口。

为自己的诺言束缚。　责其不慎，随便给人作保，担风险，11：15, 20：16。

3 你得这么办，孩子，才有救——

既已落在那邻人的掌中：　恐其违约逃债，或以此要挟保人。

去，弯下腰，央求他。　直译：求你的邻人。即请求解约。

4 别让你的眸子睡觉

眼皮也不许打盹；　形容不停地想方设法。

5 要像羚羊挣破网罗　mazod，从七十士本。原文重复下句：手，yad。

如鸟儿自捕雀人手上逃脱！

蚂 蚁

6 懒汉哪，你去看看蚂蚁　nemalah，阴性名词，象征勤劳，30：25。

瞧她做事，学聪明些！

7 没有人对她发号施令　qazin，首领、统治者，赛1：10, 3：7注。

既无工头也无主子，

8 然而夏天她晓得预备口粮　未雨绸缪，对比懒汉的怠惰，20：4。

入仓在秋收时节。　七十士本此处多一段，描绘蜜蜂勤劳智慧，受人钦佩。

9 可是懒汉，你还要睡多久？

几时你才肯起床？

¹⁰ 再睡会儿，再眯会儿　学懒汉腔调，同 24：33-34。

再抱着胳膊躺会儿——

¹¹ "贫苦" 若贼，就要来找你　贼，mahallek，疾走，转指游民、盗贼。

"穷困" 上门，像持盾的武士！　喻堕入贫困而不能自拔，10：4，20：13。

无　赖

¹² 无赖呀恶棍，四处转悠　无赖，直译：百庹魔的人，伯 34：18 注。

他开口便是谣诼！

¹³ 挤一挤眼珠，脚会说话　挤眼，不怀好意的表情，10：10，诗 35：19 注。

手指头不停比划，

¹⁴ 狡狯心肠，一肚子坏水

终日搬弄是非。

¹⁵ 为此他将来必遭横逆

瞬时崩溃，救治不及。同 29：1。

七　恶

¹⁶ 有六样东西，耶和华厌恨——

七样，连同他心头的大恶：六／七，数字修辞格，谚语常用，30：15 注。

¹⁷ 傲慢的眼，诓骗的舌　心头，直译：灵。

洒了无辜鲜血的手，

¹⁸ 生出诡计的心

跑去作恶的脚，参较 1：16。

¹⁹ 作伪证的口吐谎言　同 14：5。

兄弟当中谁挑拨离间。兄弟，泛指亲族。

戒淫妇

²⁰ 孩子呀，要谨守你父亲的诫命　上接 5：23，继续训诲。

莫丢了你母亲的教诲。同 1：8。

²¹ 父母的话要时时绑在心间　喻牢记，申 6：6 以下。

围在你的颈脖，同 3：3。父母的话，原文：它们。

²² 让它引导你向前

看护你安睡

醒来，又同你交谈。

²³ 因为父命是一盏灯，母教是光明　联想圣法施教，诗 119：105。

那劝诫责罚乃生命之道：

²⁴ 可保你避开番女　番，zarah，从传统本注 / 参 7：5。原文：恶，ra`。

远离淫妇的柔滑巧舌。淫妇，见 2：16 注。呼应 5：3。

²⁵ 你心里莫贪恋美色

莫做她的秋波的俘虏；秋波，直译：眼帘。

²⁶ 娼妓要价，不过一张面饼　要价，从传统本注。原文：为了。

奸妇却要猎取宝贵的灵！通奸危及家庭血统和继承，是死罪，利 20：10。

²⁷ 谁能怀里藏火

而不烧着衣裳？

²⁸ 谁能踏上红炭

而两脚不灼伤？

²⁹ 那私通邻人妻的也是如此：

与她有染，必负罪难逃。

³⁰ 小偷行窃，如果为了充饥

未必会受人鄙弃；

³¹ 可一旦捉住，须七倍偿还　七，虚数谓多，如 24：16。

赔上全部的家产。按摩西之律，赔二至五倍不等，出 21：37 以下。

³² 而私通人妻，实属丧心病狂　旧译无知，误。

不啻把自己的灵毁掉——　呼应上文 26 节。

³³ 换来一顿痛打和臭名

再也抹不去的耻辱。按圣法，得处死刑，上文 26 节注。

³⁴ 因为那丈夫妒火中烧　参较 27：4。

报仇之日决不留情，

³⁵ 什么赎金，他理都不理

礼物再厚，也不肯罢休！

七章

孩子呀，记住我的话

每一条诫命，都要珍藏；呼应 2：1。

² 是啊，谨守我的诫命方可存活——　同 4：4。

我的教诲，如你眼中的瞳仁！化自申 32：10。

³ 要把它们系上手指　如同护符或经匣，不离身，申 6：8。

镌于你心坎的石版，同 3：3。

⁴ 要对"智慧"说：你是我的姊妹！爱称情人或新娘，歌 4：9。

称"觉悟"为你的亲族，moda`，或如通行本转指密友。

⁵ 请她保你拒番女　她，指智慧/觉悟，2：4 注。

那个甜言蜜语的淫妇。同 2：16。

⁶ 那天，我在家里一扇窗前

透过窗棂朝楼下观望，

⁷ 只见不少未经世事的青年　未经世事，即前文"天真"，1：4 注。

内有一人分明丢了心。ḥasar-leḇ，喻失去理智与道德判断，6：32，8：5。

⁸ 他穿过街，拐进一条巷子　直译：挨近她的拐角/巷子口。

径直去到某人的住宅。

⁹ 正是黄昏，天色朦胧

夜的眸子刚刚睁开……　直译：当夜的眸子与黑暗。"黑暗"或是插注。

¹⁰ 啊，迎面闪出一个女子

穿着好似娼妇！她心思不轨　nezurath leb，警觉、诡秘，无定解。

¹¹ 声气尖尖，放荡惯了　另读：蒙着面纱，nezorath lot。

一双脚哪肯在家歇息；　放荡，sorareth，忤逆、不守本分。

¹² 一会儿上街，招摇过市

一会儿又躲在巷子口伺机——

¹³ 她上前一把搂住那青年

边亲吻，边厚着脸皮哄他：

¹⁴ 我许过愿，要献平安祭，　部分祭肉归献祭者，可带回家吃，利 7：16。

今天刚巧还了愿

¹⁵ 所以就出来会你；　欲以祭肉招待相好。

找得我好苦哇，你这脸蛋！　活灵活现，近东智慧文学的成熟风格。

¹⁶ 床，我已经铺好

盖的是绣花的埃及线毯，

¹⁷ 还用没药芦荟和肉桂　也是配制膏礼圣油的香料，诗 45：7-8 注。

熏了我的卧榻。

¹⁸ 来，咱们把爱情尝个遍

直到天明，爱个痛快！

¹⁹ 是呀，我老公不在家

出了老远老远的门，

²⁰ 手里攥着他的钱袋　丈夫是生意人。

不到月圆不会回来！　献祭在新月，距丈夫回家尚有两周。

²¹ 她一句句花言巧语，迷他

朱唇柔滑，诱逼他。

²² 不一时，他便乖乖上钩　直译：他便跟了她。

像一头公牛被牵去屠宰；

又如一个疯子戴上足枷受刑　疯子, 'ewil, 七十士本：公鹿, 'ayyal。

²³ 只等一箭射穿他的肝；　喻丧生；古人视肝为活力之源, 诗 7:5 注。

或如一只撞进罗网的小鸟

不识那要命的圈套。

²⁴ 所以你要听话, 我的孩子　你, 原文复数, 同 5:7。

留意这苦口良言：

²⁵ 切莫让你的心跟了她去

误入她的歧途。

²⁶ 因为她戕害了性命无数　夸张, 言其罪大恶极。

多少男人徒然强壮!　直译如钦定本：众强壮（男人）全遭她杀害。

²⁷ 她屋里一条道接通冥府　呼应 2:18。

直下死亡之卧房。　ḥadre-maweth, 双关复指阴间。

智慧吁求

八章

那可是"智慧"在呼唤?　拟人, 参较 1:20 以下, 德 24 章。

是"悟性"的喊声?

² 是她——站在山冈头

在通衢要道, ³ 在城门前

在村口, 她这么吁求：

⁴ 人哪, 我在唤你们

人子呀, 这是我的喊声!

⁵ 我要天真汉学会思考　呼应 1:4。

要愚顽的重拾心智。　直译：懂得心, 7:7 注。

⁶ 听吧, 待我道出高尚之言　negidim, 王公, 转指高贵、公正。

启齿讲论何为正直。

⁷ 因我的嘴传扬的是真理

最厌恶摇唇诈骗；从七十士本／参 12：22。原文：邪恶为我的唇所恶。

⁸ 我口中只教导公义

绝无邪曲欺瞒，

⁹ 是明白人就能听懂

有知识的，都觉得正确。

¹⁰ 愿你们宁要我的训诫而不取白银　重申 3：14。

选择知识而舍弃纯金。

¹¹ 因为，智慧较珍珠更美丽

人宝爱的，无一可比。同 3：15。

大匠的身旁

¹² 我——智慧——以审慎为屋　或如路德本：与审慎同住。

我掌知识和谋虑。掌，'emza'，找到、获得。谋虑，兼指慎思，2：11，3：21。

¹³ 敬畏耶和华，即以邪恶为敌；此句突兀，或是插注。参 3：7，16：6。

故骄横同恶道、亵渎的口

我都痛恨。

¹⁴ 宏图与明智属于我，呼应伯 12：13。

我乃觉悟，我有勇力。

¹⁵ 藉着我，君主登基

王公立法执义；近东传统，王称神子，分享神的智慧而立法治国，德 4：15。

¹⁶ 依凭我，首领统治

高贵者做了大地的判官。大地，从诸抄本同七十士本。原文：正义。

¹⁷ 爱我的，我必回爱　做判官，犹言统治。另作：大地的判官皆称高贵。

渴求我的，定能把我寻得。参见太 7：7 以下。

¹⁸ 财富和荣耀在我　意同 3：16。

一如恒久的产业与公义。

¹⁹ 我的果实，胜似黄金甚而纯金

我的收获，超乎极品之白银。

²⁰ 我走的是正义之路

条条通往公平，

²¹ 为的是要爱我的

人人承业，库房座座充盈。　下阕"智慧"自述出身。

²² 耶和华造我，于大道之端　造，qanani，通行本：得/拥有。创4：1。

他伟业创始以前；　后世解作创世圣言，或基督之预象，约1：1，西1：15。

²³ 太初大地成形之先

我已经永远立定。　nosadti，从传统本注。原文：酳、铸、膏立，nissakti。

²⁴ 我诞生时，尚无深渊

也没有海泉涌流；　形成汪洋，伯38：16注。

²⁵ 不待群山沉底　hatba`u，想象往海底立根基或地柱，诗24：2。

层峦逶迤，我已来世：

²⁶ 未等他开辟茫茫四野

往尘寰放第一撮土。

²⁷ 当他安置诸天，深渊之上

画一个圆圈——我已在场；　圆圈，指地平线，伯26：10注。

²⁸ 当重云堆积，渊泉满溢　直译：加强。描写创世。

²⁹ 他为汪洋划定疆界

不许波涛违命逾越；　参较伯38：8-10，诗104：5以下。

当他给大地勾勒根基，那时

³⁰ 我已在他——大匠的身旁！　或作：在他身旁为巧匠。智9：9。

每日做他的欢愉　大匠/巧匠，'amon，阿奎拉本另读：乳儿，'emun。

时时在他面前嬉戏：　智慧不仅参与创世，还是造物主的伴侣。

³¹ 嬉戏于他的芸芸人世

与人子同在而欢愉。强调与人类为友，智 1：6，德 1：15。自述完。

32 所以你要听话，我的孩子：你，原文复数。同 5：7，7：24。

坚守我的道，必蒙福。

33 要聆受训诫而得智慧　七十士本无此节，一说应与下节对调。

不可轻言放弃。

34 福哉，那听从我

天天在我的门前守候

侍立于门柱下的人！

35 因为，找到我便是寻着了生命　呼应 3：18，4：22。

必蒙耶和华青睐；

36 而失了我，却是害自己的灵　失，ḥoṭʾi，脱，兼指触罪。

恨我，即向死求爱！对应害命的淫妇之爱，7：27。

智慧和愚顽

九章

"智慧"已建起她的殿宇　暗示创世。

雕琢了七根石柱，一说指地柱，伯 9：6 注。七，象征完美。

2 她宰牲调酒，摆开筵席　调酒：葡萄酒加入香料配制。

3 派使女走遍全城，站在高处

大喊：4 天真的人哪，这儿有请！

还招呼丢了心的：5 来吧　丢了心，形容愚钝，7：7 注。

尝尝我的饼，喝我调好的酒！参观德 24：19 以下。

6 扔下无知，你们才有活路

才能踏上觉悟之途。觉悟，旧译光明，误。下接 13 节。

7 教训讥嘲者，只会招辱骂　插入一组箴言，阐发"觉悟之途"。

斥恶人，反而被泼污。讥嘲，泛指不敬或亵渎的言行，1：22。

[8] 嘲骂的你莫斥责——何苦招人恨？言其不可救药，15：12。

智慧的你责备，他更爱你。

[9] 聪明人受教训，越加聪明 原文无"教训"，据文意补，19：25。

义人经指点，才增长学问。意同 1：5。

[10] 智慧之始，在敬畏耶和华

认识至圣，便是觉悟。至圣，qedoshim，复数表大，或抽象品质，30：3。

[11] 因为藉着我，你可增添时日 解作众圣者，指智者（所知）亦通。

延年而命数绵长。我，指智慧，8：15，此阕可读作她的教诲。呼应 3：2。

[12] 你若求智，必受惠于智

若讥嘲，必自讨苦吃。

[13] 还有个女人名"愚顽"，kesiluth，阴性名词，与上文"智慧"相对。

她声气尖尖，又蠢又无知。

[14] 她也去坐在自家门口

在城内高处放一把椅子，暗示生活放荡，7：11 以下。

[15] 向过路的、走直道的人 直道，相对"愚顽"诱惑人的歧路。

嚷嚷：[16] 天真的人哪，这儿有请！

还招呼丢了心的：[17] 甜哪

偷来的水！面饼要偷着吃才香！婉言通奸，对比 5：15 以下。

[18] 可谁知她那里只有幽魂 直译：而他（愚钝者）不知……

她的宾客要坠下冥冥。即阴间，7：27。训诲诗/序言完。

所罗门集

十章

所罗门箴言。全篇最古的部分，至 22：16。七十士本及通行本无此标题。

孩儿聪慧父欣慰　同 15：20。

子愚为母最伤悲。箴言常用骈句，互不相连，长短不一，文字多重复。

² 不义之财何所益？

行义自能脱死地。同 11：4。

³ 耶和华不会让义灵挨饿　灵，犹言人。

恶人的贪欲，他必拒绝。现世报应，不似约伯和传道人的思想。

⁴ 手懒贫苦近

手勤富贵来。

⁵ 精明人夏天就储备　以蚂蚁为榜样，6：8 以下。

败家子秋收仍贪睡。败家子，直译：蒙羞子。子，类别虚词，诗 72：1 注。

⁶ 祥福冠义人　祥福，七十士本另读：主的福。

恶口藏凶信。hamas，喻毁谤。七十士本意译：天折的悲伤。同下文 11b。

⁷ 义者得怀念之福

恶人的名字必腐。意谓断子绝孙，14：11。

⁸ 智慧的心可领受诫命　从而生活美满，对下句覆亡。

蠢人鼓舌，自取覆亡。蠢人，'ewil，鄙薄真知、不敬上帝者，1：7。

⁹ 走正道，步步平安

入邪途，终归败露。yiwwadea`，另读：吃苦头，yeroa`，对上句平安。

¹⁰ 挤眼生祸患　挤眼，讥嘲亵慢状，6：13 注。

净言致和平。从七十士本。原文重复上文 8b。

¹¹ 义者的嘴，生命的泉

恶人却口藏凶信。同上文 6b。

¹² 恨能挑争端

爱可埋忤逆。埋，喻宽恕，17：9，诗 32：1 注二。

¹³ 智慧流连于明辨的双唇

棍子落上丢了心的背脊。丢心，见 7：7，9：4 注。意同 26：3。

¹⁴ **聪明人将知识攒起** 不显摆，谦恭。

蠢汉开口，毁亡在即。重申上文 8 节，18：7。

¹⁵ **财富是富人的坚城** 同 18：11。

贫穷是穷人的末路。但先知教导，穷人有福，赛 29：19，66：2，诗 72：12。

¹⁶ **义者的工钱可维生** 转喻生命在于义行，11：19。

罪，却是恶人的收入。罪，解作死。如保罗言：死乃罪的工钱，罗 6：23。

¹⁷ **守训诲，即迈向生命** 迈，'oreah，从传统本注。原文：路，'orah。

轻规劝，必入迷途。

¹⁸ **掩藏仇恨，靠撒谎的唇** 七十士本：正义的唇。反义对仗，稍工。

口出谤言，是愚狂之人。

¹⁹ **话多难免忤逆**

闭嘴方能慎思。旧译不通：禁止嘴唇是有智慧。呼应 13：3，17：27。

²⁰ **义人的舌头是纯银**

贱不过恶棍的心。

²¹ **义人以双唇哺民** 喻教化民众。

蠢汉因丢心而丢命。

²² **致富全凭耶和华赐福**

成事，不光是辛苦。直译：辛苦不能使其增加。参诗 127：1。

²³ **行恶取乐，是愚夫**

明辨人喜在智慧。

²⁴ **恶人怕什么遭什么** 也是义人常抱怨的，伯 3：25。

义者却心想事成。意同上文 3 节。

²⁵ **风暴过后，恶棍无踪** 风暴，喻神的惩罚，伯 27：20。

义人已永远立定。同 8：23。

²⁶ 醋倒牙，烟辣眼——　醋，homez，七十士本：酸葡萄。或另有所本。

报信的一懒，苦了主人。上句起兴设喻，下句揭喻点题，26:1 以下。

²⁷ 敬畏耶和华，可延年

作恶，则必折寿数。

²⁸ 义人的希望应欢庆

恶棍的野心要落空。呼应诗 112:10。

²⁹ 耶和华之道是好人的城堡　好人，tom，七十士本及通行本：圣者。

造孽的，死路一条。

³⁰ 义者要永立不移　呼应 12:3, 7。

大地不容恶人久居。

³¹ 义人的口生发智慧　生发，yanub，形容言辞之美。诗 37:30。

背信的舌只欠割除。背信，或作忤逆，2:12 注。旧译乖谬，不确。

³² 义人的双唇只知神恩　常祈祷，言其虔敬，传 10:12。

恶人启齿，能不背信？

十一章

骗人的秤，耶和华厌　参观 16:11，利 19:35，申 25:13 以下。

秤石平准他喜欢。

² 羞辱跟着骄傲走

智慧伴随谦恭来。同 13:10。谦恭是智慧的品质，15:33。

³ 诚实人靠诚实引路

奸诈者为奸诈灭除。奸诈，seleph，旧译乖僻，误。

⁴ 圣怒之日，财富何益？　圣怒，对下句死地，指上帝的审判，伯 21:30。

行义自能脱死地。同 10:2，呼应诗 49:6 以下。七十士本脱此节。

⁵ 好人行义道路直

恶人作恶倒地死。

⁶ 行义可救正直人

奸诈终为贪欲擒。意同上文 3 节。

⁷ 义者虽死，希望不灭 从七十士本。原文失对：恶人一死希望灭。

罪人的野心要落空。罪人，'onim，或作财富，同音词。参较 10：28。

⁸ 义人脱苦难

留给恶人尝。确信神的正义为现世报应，10：3 注，下文 31 节。

⁹ 邻人毁于亵渎者的口 邻人，泛指无辜者，3：28 注一。

但义人靠知识而获救。知识，指对上帝的认识，即觉悟，2：5，9：10。

¹⁰ 义者成功合城乐 呼应 28：12。

恶人毙命众欢呼。

¹¹ 城，兴盛于正直人祝福 蒙天父保佑故，15：8。

倾覆于恶棍的口舌。

¹² 丢了心，才鄙视邻人 如说人坏话，不肯救济，14：21。

人有悟性，必寡言。

¹³ 四处嚼舌的保不了密 直译：泄密。同 20：19。

要事请托忠实灵。ne'eman-ruaḥ，即守信用的人。

¹⁴ 统领无方军必败 军，`am，或作民。

多用谋臣打胜仗。同 24：6。

¹⁵ 给外人作保是讨苦吃

欲求太平，恨击掌。不轻率立约作保，6：1 注。

¹⁶ 女子贤淑得美誉 七十士本此处另有：她仇义则坐耻辱；懒汉失财富。

男人凶暴抢财赀。

¹⁷ 仁慈是自家的酬金

残忍必伤害己身。

¹⁸ 恶人挣的是假工钱

撒义种，才有真回报。 seker 'emeth，旧译不通：实在的果效。

¹⁹ 真的，公义通向生命 真的，ken，一作建立，qoneh，对下句追逐。

而追逐邪恶——寻死途。

²⁰ 耶和华憎厌诡诈的心 意同 12：22，16：5。

喜爱品行清白的人。 呼应诗 26：1，11。

²¹ 虽联手，作恶难免罪； 联手，喻互相包庇；一说指击掌立约，6：1 注。

拯救归义人子孙。 善恶报应及于后代，出 20：5-6。

²² 美女无见识 sorath ta`am，七十士本：坏心眼。通行本：愚笨。皆发挥。

金环挂猪鼻。 猪是律法规定的不洁之物，利 11：7。

²³ 义人所愿在善功

恶棍野心招怒容。 `ebrah，指圣怒之日，上文 4 节。另读毁灭，'abadah。

²⁴ 慷慨解囊富更富

该给不给终穷乏。

²⁵ 造福的灵必丰腴 tedushshan，变肥，喻兴旺。

施人饮水的，得涌泉。 喻善报。古叙利亚语译本：咒人必受诅。太 7：2。

²⁶ 囤粮民咒诅 谴责灾年囤粮，居奇牟利。

鬻谷冠祝福。

²⁷ 求善得恩顾 耶和华之恩，12：2。

觅恶恶必来。

²⁸ 专恃财力的要枯萎 yibbol，从传统本注。原文失对：摔倒，yippol。

义人却如绿叶葱茏。 意象同诗 52：8。

²⁹ 家庭不睦，产业如风吹—— 形容一无所有，传 1：14。

蠢汉给慧心为奴。 此节失对，一说是插入的。

³⁰ 义人结果，一株生命树 象征永福，3：18 注。

智者可收取众灵。即教化民众。七十士本另读：不法者的灵要夭折。

³¹ 若义人的回报在这世界 七十士本：若义人都难以得救。彼前 4：18。

看恶棍罪人将如何！ 即逃不脱神的惩罚，上文 8 节。

十二章

喜受教者必爱知识 知敬畏上帝，1：29。

憎儆戒的愚不可及。ba`ar，兼有野蛮、如畜生之意，诗 94：8。

² 善良，得耶和华恩惠

诡诈，他必定罪。

³ 邪恶，立不了人 不会让人安稳、家业发达。

谁能撼动义人的根？

⁴ 贤妻是丈夫的冠冕 贤，ḥayil，能干、得力，31：10，创 47：6，出 18：21。

婆娘贻羞，男人骨烂。贻羞，mebishah，婉称通奸。

⁵ 义人关注公平

恶棍阴谋诈骗。

⁶ 恶棍的话是嗜血的陷阱

正直者开口，救人性命。

⁷ 一旦倾覆，恶人无踪 咒其无后。

但义人的家要屹立。参较耶稣关于智者蠢汉建房的讽喻，太 7：24-27。

⁸ 有见识，赢赞许

邪曲心，遭鄙弃。邪曲，na`aweh，七十士本另读：愚钝，na`abeh。

⁹ 与其讲排场没饭吃 旧译不妥：自尊，缺少食物。

不如做小民却有人服侍。小民，niqleh，相对贵族大户而言，德 10：27。

¹⁰ 便是牲畜的灵，义人也认 犹言爱惜。灵，内中的命、脾气欲望。

恶人却把残忍当"怜悯"。矛盾修辞：恶人不知怜悯为何物。参 27：23。

¹¹ 耕田地，可饱食 同 28：19。

求虚荣，失心智。虚荣, reqim, 似指商人逐利，唾弃农牧民的道德理想。

¹² 作恶的一心网罗恶棍 或作：贪爱恶棍所捕的。原文有讹，无善解。

义人已如大树扎根。yikkon, 从七十士本／参上文 3 节。原文：给, yitten。

¹³ 唇忤逆，恶人中圈套 moqesh ra`, 或作：邪恶下的套。参 18：7。

但祸患困不住义人。

¹⁴ 口结善果，饱尝美福 善果，指言语审慎、虔敬。同 13：2。

人手的作为皆有报应。

¹⁵ 蠢材看自己，事事对

惟有智者愿听诚规。

¹⁶ 愚夫不隐怒 出于骄傲或生性忤逆，如该隐，创 4：5。

贤者不惊辱。

¹⁷ 说真话伸张正义 尤指出庭作证，14：25。

假见证布置骗局。

¹⁸ 莽言伤人似剑 参较 15：4。

智者的舌能医。

¹⁹ 真理的唇永立

撒谎的舌——瞬息。呼应 8：7。

²⁰ 诡计在恶谋者心底

劝人和睦的享欢愉。

²¹ 义者不遇祸 因托付于耶和华庇护，诗 91：10 以下。

恶人常遭灾。

²² 耶和华憎厌撒谎的唇 重申 11：20。

坚持忠信的他钟爱。忠信, 'emunah, 旧译不妥：诚实。

²³ 贤智者知而不露

愚顽心炫耀呆愚。同 13：16。呼应传 10：3。

24 手勤人上人　timshol，统治；形容其富贵而有权势，10：4。

手懒服劳役。

25 焦虑垮人心

好言振精神。直译：使（心）欢乐。

26 义者为朋友指路　yather，从古叙利亚语译本。生僻用法，无定解。

恶人的道，却是迷津。

27 懒汉无猎物可烤　不劳动者不得食，13：4。

勤劳，是人最可贵的财富。或作：财宝归勤劳的人。

28 公义的路通向生命　重申 11：19。

记仇，乃死亡之途。记仇，从七十士本。另读大恶。原文：路途无死亡。

十三章

聪明儿爱给他的训诫　爱，'oheb，从传统本注。原文：父亲，'ab。

讥诮者不听劝责。讥诮，lez，旧译亵慢，误，1：22。

2 口结善果，必尝美福　同 12：14。

背信的喉咙只食凶暴。双关比喻：恶人暴行／暴死。

3 守口保生命　naphsho，灵、呼吸，同上句喉咙，1：18 注。参 21：23。

摇唇自败亡。

4 灵懒惰，空流涎　mith'awwah，欲望。意同 12：27。

灵勤快，享膏粱。

5 义者恨谎言

臭名羞恶人。直译：恶人发臭而蒙羞。

6 清白之路有公义守卫　清白，tam，喻义人，29：10，伯1：1 注。

恶人皆毁于罪愆。恶人，校读。或如通行本、路德本：但邪恶打翻罪人。

7 有一文不名的充富贵

也有发大财的装穷。针砭世情。

⁸ 富贵不过是救命赎金

穷人却不闻恐吓。ge`arah，同上文 1 节劝责。无富人遭绑架之虞，15：16。

⁹ 义者的光是欢乐

恶人的灯必熄灭。灯、光，象征命运，伯 18：6 注。同 24：20。

¹⁰ 争拗只跟骄傲走 同 11：2。

智慧伴随谦恭来。谦恭，zenu`im，校读。原文：劝告，no`azim。

¹¹ 暴富守不住 暴，mebohal，快、骤然，从七十士本／参 20：21。

蓄积靠双手。 原文失对费解：从虚荣，mehebel。

¹² 迟迟盼，心忧忧

美愿成真——生命树。见 3：18 注。

¹³ 鄙夷训言，自取灭亡

敬畏诚命，必有善报。yishullam，七十士本及通行本：平安。亦通。

¹⁴ 智者的教导是生命之泉

使人避开死之圈套。同 14：27。

¹⁵ 慎明蒙恩顾 见 11：27 注。

背信陷死路。'edam，从七十士本及古叙利亚语译本。原文：久长，'ethan。

¹⁶ 贤者凭知识行事

愚顽人炫弄呆愚。同 12：23。

¹⁷ 恶使者带来灾病 使者，mal'ak，七十士本：王，melek。

送忠信，让人愈瘁。带来，从传统本注。原文：落入。

¹⁸ 拒惩教则受贫忍辱

领儆戒，可保尊严。

¹⁹ 心愿实现灵甘美；形容欢欣。

愚顽人最恼——弃恶习。此节上下句无关联，或有讹。

²⁰ 与智者同行，得智慧 常言，德 6：34。

跟蠢人来往，吃苦头。

²¹ 灾殃撵罪人

义人得善报。

²² 善人为子孙留遗产

罪人给义者攒财富。 即报应及于后代，28：8，伯27：16 以下。

²³ 丰收粮全是穷人种 此节晦涩，或有讹。

抢掠一空，太不公！ 七十士本：义人年年福，不义猝毙命。

²⁴ 歇了棍子是恨孩子 恨，犹言害。

及时管教才是疼。 理同"棍棒底下出孝子"，22：15，23：13。

²⁵ 义人吃撑肚

恶人饥辘辘。

十四章

女子智慧，可以兴家 或如圣城本拟人："智慧"建她自己的家。参9：1。

愚昧，则家败其手。 直译：愚昧（阴性名词）则亲手拆它。

² 行正道，必敬畏耶和华

入邪途，方敢侮蔑。 邪途，旧译：行事乖僻，误。

³ 蠢汉嘴里，傲慢抽芽 hoter，新枝，喻祸从口出。

聪明人以双唇护身。 慎言、敬神而避恶，3：7。

⁴ 牛去槽头净 因无须备饲料，但耕牛是丰收的保障。

牛壮保丰登。

⁵ 忠信者见证，不说假话

那口吐谎言的叫伪证。 同6：19。

⁶ 讥嘲者徒然寻智慧

明辨人知识垂手得。

⁷ 愚顽人，你离他远点—— 旧译不通：到愚昧人面前。

你不认得知识的唇？ 劝择交慎重，13：20。

⁸ 贤者凭智慧认路

愚顽人被愚昧误导。

⁹ 赎过祭嘲弄蠢人　 或指精于计算赔偿、悔过无诚意者，利 5：15 以下。

正直者分享大恩。 赢得救恩，11：27。旧译无理：互相喜悦。

¹⁰ 心头苦愁自己知

欢喜无计分外人。

¹¹ 恶人的屋必颓败　 呼应伯 8：22。

正直者的帐篷要兴隆。

¹² 有条道人以为是正途　 同 16：25。

走到底却是死路。

¹³ 笑声里心也会痛——

欢乐已极，便是悲戚。 故悲观人生，亦是一种觉悟，传 7：2 以下。

¹⁴ 背信的心必自食其果　 直译：被自己的行径充满。

善良，因善行得回报。 善行，ma`alalayw，从传统本注。

¹⁵ 天真汉无话不信　　 原文费解：从他上面，me`alayw。

贤者步步当心。

¹⁶ 明智，则惧邪避恶

愚顽，才自负嚣张。 狂傲的表现。

¹⁷ 易怒常犯傻　 怒，'appayim，鼻孔，转指怒气。呼应 29：22。

诡诈令人厌。

¹⁸ 天真汉以愚蠢为业

知识是贤者的王冠。 yaktiru，围、戴（冠冕）。指其拥有并敬重真知。

¹⁹ 邪祟匍匐于善良脚下

一似恶人在义者门前。 因报应就在今世，10：3，11：31。

²⁰ 人穷邻舍嫌　世态炎凉，19：4, 7。参观德 6：7 以下。

富贵友朋多。

²¹ 嫌穷是罪过　穷，penetas，从七十士本。原文重复上句：邻舍。

济贫可蒙福。　也是义人／智者的道德责任，诗 41：1。

²² 岂有谋恶不入歧途？

行善，必获慈爱与信实。　蒙天父眷顾，诗 61：7, 89：14。

²³ 丰裕得自辛劳

空谈只会潦倒。

²⁴ 智者以审慎为冕　审慎，ʿormah，从七十士本。原文：财富，ʿashram。

蠢人的花环叫愚顽。　花环，liwyath，从传统本注。原文叠词：愚顽。

²⁵ 真见证救人一命

撒谎，则造一骗局。　意同 12：17。

²⁶ 敬畏耶和华，信赖大力　ʿoz，婉称上帝，诗 28：7, 62：11。

子孙全靠他的庇护。

²⁷ 敬畏耶和华，生命之泉

使人避开死之圈套。　同 13：14。

²⁸ 臣民多，王荣耀

失人口，灭公侯。

²⁹ 戒怒求悟性　戒，ʾerek，或作忍。怒，见上文 17 节注。

撒气显愚顽。

³⁰ 心平四体安　直译：诸肉的命（之所在）。

嫉妒骨头烂。　喻沉疴，17：22。

³¹ 欺压贫弱是侮蔑造主　人无分贫富，受造而平等，17：5, 22：2。

怜恤穷人才是尊崇。　因耶和华是受苦人的坚城，赛 25：4。对比 10：15。

³² 恶人因恶行而倾覆

义者靠义德庇护。　义德，tummo，从七十士本。原文：他的死，motho。

³³ 智慧休憩在明辨的心

蠢脑筋与她无缘。脑筋，直译：内心。原文脱"无"字，据七十士本补。

³⁴ 公义可兴邦

罪愆辱万民。'ummim，泛称以色列的敌族，诗 56：7。

³⁵ 君王宠幸慎明的臣仆

贻羞者必遭震怒。形容理想君主赏罚分明，19：12。

十五章

温和的回答可息怒

一句重话生愤恚，重，`ezeb，伤痛、粗暴。

² 智者的舌使知识悦耳　tetib，对上节"温和"。另读：tattiph，传播。

愚顽人满口愚昧。熟语，传 10：12。

³ 耶和华的眼睛无处不在　意同 5：21，诗 139：1 以下。

善善恶恶无所不察。

⁴ 抚慰的舌，如生命树　见 3：18 注。

邪曲之言碎人的灵。形容伤害之深。

⁵ 蠢汉才蔑视父训

领儆戒，方会精明。呼应 12：1, 13：1。

⁶ 义者家里堆珍宝

恶人收获——收搅扰。

⁷ 智者的唇散播知识

愚顽的心，恰相反。

⁸ 恶人的祭品耶和华憎厌　同 21：27。

正直人祈祷，他喜欢。仪式不等于虔敬，信仰须善行佐证，撒上 15：22。

⁹ 耶和华憎厌恶人的路

但追求公义的，他钟爱。

¹⁰ 舍弃正途的须严惩　旧译严刑，误。

仇视劝诫，必丧命。

¹¹ 连冥府"永灭"也在耶和华眼底　永灭，阴间的别名，伯26:6注。

何况人子的那点心思？即不可能对上帝隐瞒。

¹² 讥嘲的不爱受斥责

故而不愿与智者同行。与，'eth，从七十士本。原文（走）向，'el。

¹³ 心快活，脸欢笑

心哀痛，灵伤悲。

¹⁴ 明辨的心求知识　意同18:15。

愚顽之口食愚昧。

¹⁵ 贫苦人日日艰辛

但知足的心如喜宴不停。知足，tob，或作幸福、美满。

¹⁶ 与其财宝无数而为之烦恼

不如清贫而敬畏耶和华。清贫，me`at，少、小。参16:8，诗37:16。

¹⁷ 宁愿嚼菜叶，人相爱

也不要吃肥牛而结怨仇。肥牛，象征丰裕、奢侈，17:1。

¹⁸ 性格火暴易招惹纠纷　参较14:29。

戒怒，可平息争拗。

¹⁹ 懒汉的路，荆棘丛生　mesokekheth，校读。原文：像篱笆，kimsukath。

正直人走的是坦途。

²⁰ 孩儿聪慧父欣慰　同10:1。

惟有愚子敢欺母。愚子，从部分抄本／参10:1。原文：愚人。

²¹ 丢心喜蒙昧　呼应10:13, 21。

明辨正道行。

²² 无方略，谋必败

集众议，事乃成。

²³ 口善应对者得欢愉

话合时宜，多美妙！ 智者极重口才，25：11。

²⁴ 慎明人攀登生命之路　攀登，lema`lah，或暗示耶京朝圣，诗120题记。

为的是不坠入阴间。 喻摆脱危难；当时尚无义灵升天而永生的思想。

²⁵ 耶和华要拆毁狂傲者的屋

但寡妇的地界必维护。 地界，特指各家田地的界石，23：10，申19：14。

²⁶ 耶和华憎厌一切恶谋

言辞须友善才洁净。 合乎圣法，不触罪。

²⁷ 贪图不义则自毁家室

恨贿赂，始能活命。 贿赂，mattanoth，礼物，转指贿赂，17：23，传7：7。

²⁸ 义者之心，三思而后答　古人以心为思维言语之官，2：10注。传5：1。

恶人的口只吐恶言。 意同19：28。

²⁹ 耶和华远离恶人　远离，犹言抛弃，诗10：1，赛59：2。

却垂听义者的祷告。

³⁰ 明眸使心儿欢愉

喜讯让病骨复苏。 tedashshen，肥壮，形容健康有力。

³¹ 侧耳留意生命的儆戒——　美称圣法之教导，申30：15以下。

投宿于智者之列。

³² 拒训诲，是作践自己　作践，mo'es，或作鄙视。七十士本：恨，sone'。

听规劝可获心智。 呼应10：17，13：18。

³³ 敬畏耶和华，受教于智慧

尊荣之前必有谦卑。 同18：12。以下至22：16风格略异，骈句减少，10：1注。

十六章

心的谋划由人

舌的应允，在耶和华。犹言谋事在人，成事在神，下文 9 节，19：21。

² 人看自己，总是事事洁净 事，直译：路。喻行事、生活方式。

但耶和华称量的是他的灵 包括意图、动机。同 21：2。

³ 把你做的都托付耶和华

你的计划就一定成功。呼应诗 37：5。

⁴ 耶和华所造，各有用意

连恶人也给了灾殃之日。造恶人考验忠信、延宕公义与审判，罗 9：22。

⁵ 耶和华憎厌狂傲的心——

虽联手，狂傲难免罪。联手，见 11：21 注。狂傲，直译：他。

⁶ 赎罪，靠慈爱与信实 即上帝之爱，3：3，14：22。

避恶，须敬畏耶和华。 解作子民对天父的爱和忠信，亦通。

⁷ 耶和华若赏识人的行事

自会替他化敌为友。

⁸ 宁愿清贫而正直

也不要发财而陷于不义。参较 15：16。

⁹ 人心可计划前程

但步伐由耶和华定。步伐，za`ado，借喻成败，上文 1 节注。

¹⁰ 神谕在王的唇上 即以神的名义施政、断案，如大卫王，撒下 14：20。

愿他判决无一不公。此段写理想中的君主，下节除外。

¹¹ 大秤小秤，公平属耶和华

袋里的秤石皆是他制定。不许缺斤短两：古代近东的商业道德，11：1。

¹² 作恶，为君主所疾

因王位倚公义而立。否则会失去神的赐福，或臣民心里王权的合法性。

¹³ 公义的唇，中君王意

宠爱向着正直之言。

[14] 王动怒，传死讯　喻其兵刑之威。

须由智者来平息；

[15] 王开颜，照生命　比作阳光。

恩泽如云降春霖。malqosh，晚雨，巴勒斯坦三四月间的阵雨，申 11：14。

[16] 得智慧岂不远胜黄金！理同 3：14。

选悟性，宁失白银。

[17] 避恶，是正直人的大道

循此路可保全性命。

[18] 骄傲走向灭亡

跌跤紧跟狂妄。直译：灭亡前面骄傲；跌跤前面气狂。参较 11：2。

[19] 宁愿俯灵与卑微者来往　俯灵，shephal-ruah，或作灵谦卑，29：23 注。

也不要和狂傲人分赃。

[20] 细听训言，定能受益

信靠耶和华，必蒙福。意同 13：13。

[21] 所谓明辨即智慧在心

文雅的唇增进学问。leqah，学识，引申作劝说，如下文 23 节，亦通。

[22] 人有慎明，若生命之泉　形容智慧之功，13：14，14：27。

愚昧是愚夫的惩处。

[23] 智者的心调教他的口

使双唇长于劝说。或作增进学问，同上文 21 节。

[24] 友善的话像蜂房：友善，no`am，愉悦、美好。参 15：26。

灵的甜蜜，骨的健康。

[25] 有条道人以为是正途　同 14：12。

走到底却是死路。

²⁶ 劳作，为一口食劳作——

一张饿嘴的逼迫！ 一口食，nephesh，气、喉、灵，借喻食欲，13：3 注。

²⁷ 无赖掘灾祸 无赖，见 6：12 注。掘，koreh，阴谋状，生僻用法，无确解。

摇唇似火燎。 旧译不通：烧焦的火。

²⁸ 奸佞播争拗

流言拆密友。

²⁹ 暴徒诱邻居

拐上不善路。

³⁰ 那合眼的在想诡计 tahpukoth，奸邪、忤逆，2：12 注。旧译乖僻，误。

这咬嘴唇的作恶已毕。 此段给恶人画像。

³¹ 皓首是尊荣之冕

得之于公义之途。 义人获智慧，蒙福而长寿，德 25：3 以下。

³² 戒怒胜似勇力

夺城不如克己。 因智慧得自长期的修养，不可能一次成功。参 25：28。

³³ 石阄往怀里掷下 石阄，大祭司胸袋里求问神意的神器，出 28：30 注。

但决断，在耶和华。

十七章

宁愿掰块饼糊口，人相安 呼应 15：17。

也不要满屋祭肉而争吵不休。 祭肉，zibhe，平安祭的牺牲，7：14 注。

² 精明仆人会做不肖子的老爷 仆人，或指女奴与主人之子。

跟兄弟们一起分掉产业。 兄弟，解作同宗男子，亦通。

³ 鼎炼银，炉熔金 同 27：21。

耶和华熔炼的是人心。 参观诗 17：3，66：10。

⁴ 恶棍专听诽谤唇

骗子喜闻是非舌。

⁵ 取笑穷人是侮蔑造主　穷人，兼指虔敬者，14：31。参较埃及训子格言：

幸灾乐祸，治罪难逃。　　不可取笑盲人侏儒……人是泥草，神之创造。

⁶ 老人以孙儿为冕

儿子以父亲为荣。训子格言，故不谈女儿，但重视择妻，12：4 注一。

⁷ 愚妄的嘴吐不出雅言　雅，yether，七十士本：信，yosher。

但谎话更不配王公。

⁸ 送礼的把礼看作法宝　'eben-hen，恩惠石，讽刺贿赂，18：16, 21：14。

运动运动无事不成。

⁹ 掩埋违忤，交得新朋　掩埋，犹言宽恕，10：12 注。

重提夙嫌，密友反目。

¹⁰ 给明辨人一句批评

胜似拿愚夫责打一百。此细节一说源于埃及格言。

¹¹ 只因恶人一心叛逆　摩西之律鞭杖以四十为限，申 25：3。

必有无情使者来将他收拾。无情使者，或指死亡天使，出 12：23 注。

¹² 宁可遇上失幼崽的母熊

不要碰见蠢人发狂。

¹³ 以怨报德的人

灾怨不离他家门。

¹⁴ 吵架怒起如洪水决堤　原文无"堤"，据文意补。

莫待龇牙，劝阻不及。龇牙，hithgalla`，发怒吼叫状，18：1，无确解。

¹⁵ 开脱罪人，构陷无辜　违反断案之律，出 23：7，申 16：18 以下。

这两样耶和华最憎恶。

¹⁶ 愚顽人手里拿着钱干什么？

买智慧？他没那心。兼指心不诚、不智，即使交学费也得不到智慧。

¹⁷ 日长知友谊

患难生兄弟。常言，参 18:24。

18 人丢了心才会击掌　立约仪式，6:1, 11:15 注。

贸然给邻人作保。

19 好忤逆的一定好争拗——

门槛太高要摔断骨头。形容骄傲者自寻苦吃。门，喻嘴 / 说话，弥 7:5。

20 心邪曲，找不到幸福

舌欺瞒，必遭灾祸。

21 生儿愚顽徒悲苦　意同下文 25 节。

蠢汉之父无欢愉。

22 心喜即良药

灵愁病骨枯。呼应 14:30。

23 恶人把礼物藏怀里　偷偷行贿受贿。

是想颠覆公道。指法官或证人贪赃枉法，呼应上文 8 节。

24 明辨人眼中惟有智慧

愚顽的却张望地角。喻好高骛远，三心二意。

25 子愚父哀戚

为母更忧悒。意同 10:1。

26 无辜罚款不公

一如杖责高贵不义。高贵，nedibim，兼指身份品行，复指无辜义人。

27 博学之人寡言　呼应 10:19。

得悟性者冷静。qar-ruah，灵冷，能克制。旧译：性情温良，误。

28 蠢人沉默可充智士

闭上唇——好个明辨人！讥其喋喋不休、粗鄙浅陋，伯 13:5。

十八章

任情，才不肯合群：任情，letha'awah，七十士本：找借口，letho'anah。

对任何佑助他一概龇牙。孤僻也算愚顽的表现。此节晦涩，无定解。

² 愚顽人不喜悟性 佑助，tushiyyah，或作明智之举／意见，2：7,3：21注。

心里只想表现自己。懒于学习，病根在自傲，12：23。

³ 恶人来，侮蔑到

紧随无耻的是骂名。意谓作恶逃不脱骂名。

⁴ 人言若深水 双关：语词是真理也是谬误的载具。

响泉涌智慧。故智者善听而好学，20：5。

⁵ 偏袒恶人不公

一如断案冤屈义者。戒徇情枉法，17：15注，利 19：15-16。

⁶ 愚顽人的唇动辄争讼——

甫一张口便是讨打。健讼是商业社会的风气，常为智者所谴责、讽刺。

⁷ 愚顽人的嘴自毁性命

两片唇是灵的陷阱。熟语，10：14,12：13,13：3。

⁸ 流言蜚语像美食 mithlahamim，吞吃，一作伤人之物，无确解。

人听了囫囵吞肚里。同 26：22。

⁹ 做事偷懒，那是 诅咒懒汉。兄弟，犹言帮凶。

毁灭之主的兄弟。毁灭之主，ba`al mashhith，即死亡天使，出 12：23注。

¹⁰ 耶和华的圣名，大力之塔 migdal-`oz，象征庇佑，14：26。

义人投奔，必被举起。nisgab，喻受保护、安全，诗 20：1注。

¹¹ 财富是富人的坚城—— 同 10：15。

自以为筑了道高墙。借成句反讽世人崇拜财富。

¹² 骄傲之心引来毁灭 直译：毁灭前，人心骄傲。参 16：18。

尊荣之前必有谦卑。同 15：33。

¹³ 未听明白就反驳 meshib dabar，或作回话、议论，德 11：8。

实在蠢笨又蒙羞。

¹⁴ 人有病痛靠精神支撑

精神一垮，谁能承受？ 精神，ruaḥ，气、灵，17：22。

¹⁵ 知识，为明辨的心获取　 意同 15：14。

智慧的耳，孜孜以求。

¹⁶ 送礼路自宽

贵人得引见。 贵人，直译：大（人）。讽刺行贿受贿，17：8, 19：6。

¹⁷ 告状在先似有理

只怕邻人来对质。 邻人，统称对方、第三人或证人。暗示兼听则明。

¹⁸ 拈阄能息止纷争　 拈阄，七十士本另读：缄默者，sigeros。

在强者之间调停。　 即通达神意的智者，16：33 注。

¹⁹ 兄弟结怨，似坚城难移　 七十士本另解：兄弟互助，似巍巍坚城。

嫌隙不消，如要塞门杠。 喻积怨深，难和解。原文晦涩，无定解。

²⁰ 人肚里吃的是口结的果

饱足全凭唇的收获。 理同 12：14。

²¹ 生死由舌头

饶舌吃苦头。 直译：爱她（"舌"常作阴性名词）食其果。

²² 得妻可得福　 妻，七十士本明确：贤妻。参 12：4, 19：14。

蒙恩耶和华。

²³ 贫苦人一遍遍哀求

富人的回答——多狠！

²⁴ 有些"朋友"只会害人　 lehithro`ea`，另读（只能）做伴，lehithra`oth。

可真朋友比兄弟还亲。 真朋友，'oheḇ，亲爱者。意同 17：17。

十九章

宁愿贫苦但行事清白　同 28：6。

也不要摇唇欺诈堕入愚顽。kesil，古叙利亚语译本：`ashir，富有。

² 光有热情而无知识不可取　热情，nephesh，气、灵、转指意欲。

脚步太急，难免失足。

³ 人愚昧，走邪道

心里却怪罪耶和华。意谓人有自由意志，须对自己的罪负责，德 15：14。

⁴ 财大友朋多

人穷邻舍弃。同 14：20。

⁵ 作伪证，罪难脱　同下文 9 节。

说假话，无处逃。反言受罚，因违反了庭审律，出 23：1-3。

⁶ 权贵身边谄媚稠　权贵，nadib，慷慨、高尚，转指王公贵胄，17：7。

为求赏赐皆称友。

⁷ 人贫兄弟嫌

朋友躲远远——　上文 4 节的另一版本。下句不通，似脱上联。

待寻言辞已不见。参较七十士本：作恶多端成全恶，言辞寻衅逃不脱。

⁸ 得心智者惜生命

守持悟性谋幸福。旧译不妥：保守聪明的，必得好处。

⁹ 作伪证，罪难脱　同上文 5 节。

说假话，必灭亡。

¹⁰ 愚顽人不配享奢华

王公哪能让奴仆来支使？上智下愚，以维护阶级秩序，30：22，传 10：7。

¹¹ 慎明者不轻易发怒　以天父为榜样，出 34：6。

宽恕违忤，是他的美德。tiph'artto，或作光荣。呼应 10：12, 17：9。

¹² 君王动怒狮子吼　同 20：2。

恩如甘露润绿茵。呼应 16：15。

¹³ 子愚父遭殃

妻闹屋漏雨。原文无"屋"，据文意补。同 27：15。

¹⁴ 房产钱财祖辈传

贤明妻子，耶和华赐。训子格言，17：6，18：22 注。

¹⁵ 怠惰致昏睡

灵懒终受饥。灵，犹言人，10：3。

¹⁶ 谨守诚命可保命

鄙夷正道即死期。正道，复指诚命或圣法。另读训言，dabar，13：13。

¹⁷ 怜恤贫弱好比借与耶和华 爱邻人，实为圣法规定的子民义务。

如此善举，必有厚报。呼应 14：31，28：27。

¹⁸ 管教儿子吧，只要还有望——

切勿狠心任由他丧命。逆子不服管教，父母可请求处死，申 21：18-21。

¹⁹ 暴戾者理当受罚：

你若姑息，他变本加厉。或如圣城本：反而加重（其罪）。无定解。

²⁰ 听劝告，承训诲 对照 15：32。

为你今后用智慧。

²¹ 纵然人心多谋划

大计已立耶和华。意同 16：1，9。

²² 忠诚，为人所宝重 ta'awah，或如犹太社本：贪欲（是人的耻辱）。

决不撒谎，宁可贫穷。忠诚，hesed，仁爱；另读耻辱，同音词，14：34。

²³ 敬畏耶和华，才是生路——

居丰足，祸患不来。

²⁴ 懒人的手就是插碗里

也不肯劳驾送一口食。夸张讽刺，同 26：15。

²⁵ 打了讥嘲者，天真变懂事 犹言惩一儆百，对比 9：8。

惩戒明辨人，令他长知识。从而敬畏上帝，1：29，12：1。

²⁶ 虐待父亲，撵走母亲

逆子贻羞，无耻之尤。按摩西之律属死罪，出 21：15，17。

²⁷ 你停止聆教了，我的孩子

想离弃知识的训言？或颠倒词序：停止离弃……我儿，你才好聆教。

²⁸ 无赖作证，敢取笑公平　直译：百戾魔的证人，6：12 注。

恶人的口以邪恶为食。形容说谎、诬枉忠良，15：28。

²⁹ 罪罚为嘲骂者而备

鞭子，配愚顽人的背。鞭子，mahalumoth，抽打，18：6。参见 10：13。

二十章

酒能嘲讽，醉了撒疯

谁可贪杯而不失智慧？直译：凡被（酒）诱惑的都不智。

² 君王发威狮子吼 同 19：12。

触怒他，是自戕性命。

³ 美名属于息讼的人

蠢汉才动辄龇牙。戒怒是德，14：29。

⁴ 天寒偷懒不动犁　天寒，mehoreph，秋冬之季。懒是愚顽的一种品性。

收获时节无所觅。暗示挨饿，19：15。

⁵ 智谋在心如深水

但凭悟性取不竭。

⁶ 人人都自命忠诚　参 19：22。

可谁见过一个可信？戒伪善、自吹，27：2。

⁷ 义人步步清白——

福哉，他子孙后代!

⁸ 明君高坐审判席　写理想中以色列的王，16：10 以下。

慧眼簸扬一切恶。簸扬，mezareh，喻识别、惩办。

⁹ 谁敢自称：我心里洁净　zak，即符合洁净律的要求，利 11-16 章。

我的罪孽已涤清？教父解作人即亚当后裔有原罪的启示。

10 秤石不准，筐斗不平 'ephah，干量单位，一筐合十碗，出 16：35。

这两样耶和华最憎恶。同 17：15，呼应 11：1。

11 年轻人的出息，看作为—— 旧译动作，误。

看他行事是否洁净正派。

12 耳能听，眼能看

二者皆是耶和华造。提示至高者洞察一切，出 4：11，诗 94：9-11。

13 莫贪睡，以免败家道

眼睁开，你可餐餐饱。

14 亏了亏了，买家咕哝；描写集市上讨价还价，捞着便宜的情形。

走开去——他暗自庆幸。yithhallal，旧译自夸，不妥。

15 黄金珠宝样样好 珠宝，或作珍珠，3：15 注。

无价之珍，传知识的唇。喻智慧之言，15：7。

16 拿走那衣袍——他替外人作保；同 27：13，参 6：1 以下。

好个异族女，叫他去抵押！异族女，蔑称，2：16 注。另读阳性复数。

17 骗来的面饼甜诱人 讽恶人蠢笨，9：17。

但吃了要落得满口砂。

18 计由商议定

仗靠智谋打。意同 11：14，24：6。

19 四处嚼舌的会泄密 同 11：13。

嘴不紧的，勿交结。

20 谁咒骂父母，谁的灯 象征生命，13：9，19：26 注。

要被幽冥的瞳仁吞灭。瞳仁，借喻冥府深处。

21 轻易赚来的产业 轻易，mebohelet，仓促；另读贪婪，meboheleth。

终将得不到赐福。戒暴利，13：11。

²² 莫说：邪恶我要报还！ 七十士本：我要向敌人报仇。罗 12：17。

应企盼耶和华，他必救助。

²³ 秤石不准，耶和华厌 呼应上文 10 节，11：1。

骗人的秤最是不善。

²⁴ 人的步履，耶和华定 意同 16：9，诗 37：23。

自个儿认路，有谁？

²⁵ 人乱呼"圣"要陷网罗 向神许愿须慎重。圣，指许下的归圣之物。

若许愿之后又反悔。lebaqqer，思量、犹豫；许了愿却兑现不了，传 5：3。

²⁶ 明君除恶如簸谷 意象同上文 8 节。

一轮石磙碾罪人。直译：碾他们。

²⁷ 人有灵，是耶和华的灯 灵，nishmath，人受赐的生命之气，创 2：7。

五内隐秘全照明。

²⁸ 慈爱与信实，护佑君王 呼应诗 61：7。

他宝座立于公义之上。公义，从七十士本 / 参 16：12，25：5。原文：慈爱。

²⁹ 气力是青年的荣耀

白发乃老人的尊严。参较 16：31。

³⁰ 伤疤是祛恶的良药

一顿打，五内安好。原文无"安好"，据文意补。体罚亦是教化。

二十一章

王的心如水渠在耶和华手心

往哪儿流都是他的旨意。

² 人看自己，总是事事在理

但耶和华称量的是他的心。意同 16：2。

³ 献祭，不如秉公行义

蒙耶和华悦纳。强调仪式效能取决于动机和心意，15：8 注，下文 27 节。

⁴ 骄横的眼光狂妄的心　同诗 101：5。

罪戾，是恶人的灯。ner，从诸抄本，13：9，20：20 注。原文：开垦，nir。

⁵ 勤勉熟思可致富　熟思，maksheboth，或作计划，如 16：3。

草草敷衍必贫穷。

⁶ 靠撒谎的舌来发大财

不啻一口嘘气，死亡的圈套。moqshe，校读。原文：寻，mebaqshe。

⁷ 恶人为自己的暴行攫去　嘘气，喻徒劳无益，31：30，传 1：2 注。

只因不肯奉行公道。

⁸ 罪人的路邪曲

洁净者行事正直。洁净，犹言清白无辜，20：9，11，伯 8：6。

⁹ 宁愿窝在屋顶一角　pinnah，或指临时搭的棚子，王下 4：10。

也不要整座房跟泼妇同居。同 25：24，参观下文 19 节。

¹⁰ 恶人的灵幸灾乐祸

他看邻舍，无一丝同情。

¹¹ 罚了讥嘲者，天真变明智　责罚训诫能变愚为智。

教导聪慧人，令他得知识。同 19：25。

¹² 至公者明察恶人的心　libboth，从七十士本。原文：家，lebeth。

作恶的他要打翻灭尽。至公者，美称上帝，伯 34：17。

¹³ 贫弱在哀鸣，谁充耳不闻——

愿他自己呼救时也叫不应！咒其为人神共弃。

¹⁴ 藏馈赠，怒火熄　yekabbeh，从西玛库本及亚兰语译本。原文：平息。

巨愤不敌怀中礼。shoḥad，婉言贿赂，17：8，23。

¹⁵ 公道实行义者乐

一片惊恐造孽人。

¹⁶ 谁离弃慎明之路

必与魂影为群。咒其速死。魂影，即亡灵，2：18，诗 88：10 注。

¹⁷ 贪图享乐的终要贫困

沉湎于美酒膏油，不会富足。 膏油，用橄榄油膏头浴足等，传9：8。

¹⁸ 恶人是义者的赎金

奸诈要换回诚笃。 恶有恶报，义民的苦难要由恶人"赎回"承受，11：8。

¹⁹ 宁可流浪荒野

不要跟吵架的泼妇同居。 上文9节的另一版本。

²⁰ 智者家珍宝肥馔 shemen，油脂、美食，形容生活富裕、奢华。

愚顽人挥霍一空。

²¹ 只需追求公义与慈爱

即可找到生命和尊荣。 原文"生命"后重复"公义"，从七十士本略。

²² 智者可攀坚城 攀，`alah，犹言战胜。

令勇士依恃的堡垒陷落。 意谓智慧能克服强敌，传9：15以下。

²³ 管住口与舌

一生免灾祸。 一生，naphsho，他的灵/气，转指生命、人生，13：3。

²⁴ 狂妄的人，又名"讥嘲"

干什么他不放肆骄傲！

²⁵ 却因双手拒劳作

懒汉竟为欲念杀。 欲念，ta'awath，兼指饥渴/怠惰，13：4，19：24，20：4。

²⁶ 谁整天贪了又贪？

义人施舍，从无吝啬。

²⁷ 恶人的祭品招憎厌—— 七十士本明确：主/耶和华憎厌。同15：8。

何况他动机祟邪！

²⁸ 作伪证，必败亡

善听者，证词长。 知情者应如实作证，从而经得起质疑，19：5，9。

²⁹ 恶棍靠厚脸皮子

正直人前路已定。另读辨明。

³⁰ 没有什么智慧高见或妙计

能与耶和华匹敌。leneged，或作：在（耶和华）跟前。

³¹ 厮杀之日，备好战马

但胜利属于耶和华。荣耀在神，但谋事在人，19：21，诗 20：7。

二十二章

美名比巨富可贵　呼应传 7：1。

金银不若蒙恩。耶和华之恩，兼指受世人敬重，11：27。

² 富人与穷人相逢　暗示同路而命运各异，29：13。

一样是耶和华造。人受造 / 死而平等，伯 31：15，智 6：7。

³ 贤者见灾祸就躲开

天真汉反而向前，遭害。同 27：12。

⁴ 恭顺的奖赏——敬畏耶和华　恭顺，即以摩西为榜样，民 12：3 注。

连同财富尊荣与生命。

⁵ 荆棘、圈套是诡诈人的道

想保命的，还不远离！

⁶ 教育孩童，要对准正路　直译：当路口。路，引申作性格，亦通。

让他到老也不会背弃。参观德 6：18。七十士本脱此节。

⁷ 富人把穷人使唤　yimshol，旧译管辖，误。

借债的给债主为奴。因无力还债而卖身为奴，王下 4：1。

⁸ 播种不义的要收获灾殃　呼应伯 4：8。

自毁其逞怒之杖。shebet `ebratho，似指权杖，象征君王统治。

⁹ 慈善的眼必蒙福

因他拿面饼周济贫苦。善有善报，19：17，诗 112：9。

¹⁰ 赶走讥诮的，去掉争端　madon，词根同下句争讼 / 吵，din。

争讼及羞辱即可消停。向往无讼的理想社会，20：3, 25：8, 26：20。

¹¹ 纯洁的心，优雅的唇 喻辞令优美得体，16：13。

这样的朋友有王的宠幸。

¹² 耶和华的眼睛守护真知 da`ath，旧译聪明人，误。29：7 注。

邪曲之言他必取缔。

¹³ 懒汉硬说：外面有狮子！

要我上街去送死？不愿出门而编造荒唐理由；似民间笑话，参 26：13。

¹⁴ 番女的口是深坑 婉称阴间，伯 33：18 注。番女，特指通奸，2：16 注。

专收耶和华憎厌之人。

¹⁵ 愚昧缠上了少年的心

要棍子管教才能拔除。呼应 13：24。

¹⁶ 贫弱受欺，反兴盛 困厄使人发愤图强；扶贫抑富是神的公义，16：4。

看似发迹，富变穷。直译：馈赠富人反穷乏。所罗门集完。

古训集

¹⁷ 侧耳听着，此乃智者训言：后四字七十士本置于句首，作标题。

这些道理须用心领会 由此至 23：11，改编自埃及亚氏（Amenemope）。

¹⁸ 都存于胸中，预备在唇上—— 训子格言，前 12 世纪。

要是那样，多美好！预备，另读如木栓，yathed，亚氏 1：8。寡言为德。

¹⁹ 为了你信靠耶和华

今天，我特意教你知晓。

²⁰ 我不是给你写过三十条 sheloshim，从传统本注，亚氏格言有 30 章。

忠告传授知识，原文：前天，shilshom。

²¹ 教你懂得真确之言

如何妥当回复你的上司？ sholheka，派你做事的。以上为格言集小序。

²² 不可见人贫弱就抢占

城门口卑微的莫欺凌； 城门口，召集百姓议事、听讼断案处，诗 101：8。

²³ 耶和华必为他们申冤 呼应 23：11，出 22：21 以下。

夺走掠夺者的命。

²⁴ 动辄发怒的不可结交 动辄发怒，ba`al 'aph，直译：怒气之主。

脾气火暴的，莫来往， 参较 13：20，德 8：15。

²⁵ 免得你沾染那恶习

你的灵中了圈套。

²⁶ 不可贸然与人击掌 见 6：1 注。此二节亚氏格言无对应。

莫为欠债的作保；

²⁷ 万一你无力偿付

你身子下的床都被人拿去！ 都，原文：为何。似误抄，从七十士本删。

²⁸ 界石古老，不可挪移 同 23：10，见 15：25 注。

那是你祖宗所立。

²⁹ 你看那人，做事多勤快：

将来他要站在君王面前 例如做宫廷书记官，出人头地，诗 45：1。

而不会去伺候庸才。 hashukkim，昏暗，转喻平庸。此句或是补注。

二十三章

倘若你参加长官的筵席 参较德 31：12 以下。

注意，上首坐的是谁。

² 搁一把刀在喉咙 夸张；戒贪嘴是埃及格言常见的主题。

假如你停不住嘴； 直译：食欲 / 喉咙之主，参 22：24，24：8 注。

³ 那些珍肴你勿贪吃

很可能只是骗人的诱饵。审慎用餐的理由之一。

⁴ 为了点钱财就精疲力尽不行

要明理，约束自己。旧译不通：休仗自己的聪明。

⁵ 你定睛看时，它已无踪影——

钱财会生出翅膀

像只老鹰，飞上天空。老鹰，亚氏格言作大雁。

⁶ 恶眼人的饭食，不要去碰　恶眼，形容嫉妒、吝啬、狡猾。

便是珍肴，也莫馋。同上文 3 节。

⁷ 因为他的灵只替自己打算　sha`ar，七十士本：毛发，se`ar。无定解。

嘴上"吃呀喝呀"，心却在别处；

⁸ 你咽下的美味还得呕掉

白说你一通客套。指恭维主人的话。

⁹ 愚顽人耳边不可进言

再高明的建议，他也鄙弃。参较 9：7-8。

¹⁰ 寡妇的界石不可挪动　同 22：28。

孤儿的田地莫侵占，寡妇，校读 / 参 15：25 及亚氏格言。原文：古老。

¹¹ 因为他们的救主大能　救主，go'el，报血仇的至亲，指上帝，诗 19：14。

他必拿住你，给他们申冤。重申 22：23。埃及格言完。

¹² 你领受训诫要专心　此节过渡，下文风格节奏稍变。

真知之言须侧耳听：

¹³ 管教孩童不可松弛

打两下棍子，能出人命？呼应 13：24，德 30：1 以下。

¹⁴ 好好使你的棍子

可从阴间救起他的灵。即不会因触罪而夭折。

¹⁵ 孩子呀，如果你智慧在心

我的心会多么欣慰，

¹⁶ 我腰肾禁不住欢喜　肾，古人视为情感意欲和直觉之官，诗 7：9 注。

当你启唇，句句正直。呼应 8：6。

¹⁷ 心，不可羡慕罪人　意同 3：31，24：1。

对耶和华要天天敬畏；

¹⁸ 如此才会有前途　旧译添足：至终必有善报。

你的希望就不致破灭。同 24：14。

¹⁹ 听着，我的孩子，你要明智

引领你的心走正路。

²⁰ 切勿跟酒肉之徒

那些好吃懒做的鬼混；酗酒也是不孝的表现，申 21：20。

²¹ 因为醉汉老饕终必潦倒　呼应 21：17。

贪睡，你会衣衫褴褛。

²² 要听养育你的父亲的话

母亲年迈也不可嫌弃。尽孝乃圣法的诫命，19：26 注。

²³ 真理买进，便不能卖出——

连同智慧教训和悟性。此节打断叙述，或是插入的。

²⁴ 多么快乐，义人之父

孩儿聪慧能不欢愉？

²⁵ 让你的父母也欢喜吧

让那生你的人幸福!

²⁶ 孩子呀，你把心给我　犹言专心聆听。

眼睛望着我的道。望着，tizzornah，另读喜欢，tiroznah。

²⁷ 看，娼妓就是那深坑　娼妓，复指淫妇，即犯通奸罪的女人，22：14。

淫妇是一口陷阱！be'er zarah，窄井，谐音不贞／番女，zarah，2：16 注。

²⁸ 像个强盗，她设下埋伏　参 7：10 以下。

教男人一个个背信！背离圣法的正道。旧译奸诈，误。

²⁹ 谁在喊痛，谁要哀鸣？　'aboy，叹词，表示痛苦、沮丧。

谁在吵架，谁会叹息?

谁无缘无故挨打

谁两眼一片昏黑?　hakliluth，形容烂醉，20：1。

³⁰ 是那些贪杯不停

还寻酒调香料的家伙！见 9：2 注。

³¹ 你别看那醇酿嫣红

在杯中晶莹闪亮

下咽又温润舒畅；一说此句化自歌 7：10。

³² 末了，它要像蛇一样咬你

如虺虫射出毒液。rosh，原文无，从七十士本及通行本补，参申 32：33。

³³ 你眼前将出现幻象　zaroth，双关暗指番女（复数），上文 27 节注。

你的心只知胡谵乱语；

³⁴ 仿佛躺上大海的浪尖　直译：海心。喻晕船或遭遇风暴，诗 107：26。

又如睡在桅杆顶头：桅杆，hibbel，或作缆、舵，无定解。

³⁵ 他们打我？我怎么不疼？醉鬼说疯话。七十士本句首插入：你会说。

谁揍了我？我记不得了——　或作：我没觉得。

什么时候等我醒了

我再，再找酒，来喝！

二十四章

作恶的人，你不可羡慕 旧译嫉妒，不妥，3:31, 23:17 注。

或起意与他们为伴；

² 因为他们心里在图谋暴行

启唇便是祸乱。

³ 靠智慧建立家庭 呼应 14:1。

凭悟性筑起房舍， 悟性，旧译聪明，误，3:13。

⁴ 以知识聚积财富

宝爱之珍奇满屋。

⁵ 人有智慧即有大力 be`oz, 暗示获庇佑。七十士本：胜力士，me`oz。

知识更增添威能；

⁶ 因为用兵全在用计

谋臣多者得胜。同 11:14，参 20:18。

⁷ 对于蠢人，智慧太高深 ramoth, 校读。原文费解：珊瑚，ra'moth。

城门口他只好闭嘴。 不能或不敢当众申辩，22:22 注。

⁸ 谁老在算计作恶

人就叫他奸邪。 直译：奸诈之主。参 23:2 注二。

⁹ 愚夫所想，无非罪愆

讥嘲者人人憎厌。 愚夫，'ewil, 从七十士本。原文：愚昧，'iwweleth。

¹⁰ 危难之日，如果你泄气——

由于力量微薄 zar, 窄小，谐音危难，zarah。此句或有讹，无确解。

¹¹ 就不敢向落难的人施援手

听任他们惨遭屠杀——

¹² 如果你说：什么，有这种事！ 直译：我们不知道这事呀。

难道，那称量人心的无法查明？ 称量人心，指上帝审判，16：2,21：2。

那看护你灵的，他会不知 看护，nozer，七十士本另读：塑造，yozer。

不按照人的行事一一报应？

¹³ 吃点蜜，我的孩子，多好的蜜！ 喻学习真知之乐，16：24。

愿蜂房的沁滴甜在你舌尖。 hek，腭，转指口舌滋味，5：3 注。诗 19：10。

¹⁴ 同样，你的灵须尝识智慧；

寻见她，才会有前途

你的希望就不致破灭。 同 23：18。

¹⁵ 恶棍！别窥伺义人的屋

不可打劫他的帐幕。 ribzo，牧人的睡处。

¹⁶ 义人，即使跌了七次仍要站起 七，虚数谓多，伯 5：19。

而恶棍一趟灾殃便倒地。

¹⁷ 仇人跌跤，不可庆幸

见他摔倒莫欢心； 近东古俗，戒幸灾乐祸，17：5,21：10，伯 31：29。

¹⁸ 以免耶和华见了不喜 直译：他眼里（生）恶。

而掉转他的怒气。 放下"仇人"而怪罪缺乏同情心的信徒。

¹⁹ 人造孽你不须恼火 参观诗 37：1。

对恶人切勿嫉羡；

²⁰ 因为造孽终无前途 旧译：不得善报，误，23：18 注。

恶人的灯必烧干。 油干而熄，同 13：9。

²¹ 孩子呀，耶和华与王你都要敬畏

莫同反复无常的小人往来；

²² 因为亵渎者有不测之祸 亵渎者，asebeis，从七十士本。原文：他们。

谁能预知他们遭什么灾？ 遭，或作降，亦通。七十士本此处多出五节。

古训集续编

²³ 以下也是智者所传： 编者加的小标题。

听讼却看人情面，不公。 缺对句，或脱文。参 18:5, 28:21。

²⁴ 谁宣布恶人无罪 直译：对恶人说，你（有）义。

要受万民咒诅、列国憎恶；

²⁵ 而惩治他的一定 他，指恶人或徇情枉法者，皆通。

顺心，安享美福。

²⁶ 像是唇上一记亲吻 如同好朋友见面。

实话实说回人。

²⁷ 先把外头的事经营好了

田间也安排妥当， 旧译不通：办理整齐。

然后，再盖你的新房。 喻成家。意谓凡事皆有轻重缓急和顺序。

²⁸ 万勿凭空作证陷害邻人 呼应 25:18。

启唇不可欺骗。

²⁹ 不要说：人怎样待我

我也怎样待人——

按照他的行事报还！ 忘了宽恕，而申冤报应皆在上帝，上文 12 节。

³⁰ 我路过一块懒汉的田 此讽喻自成一段，结束古训。

一个丢了心的人的园圃。 kerem，特指葡萄园。

³¹ 怎么，那里面荆棘丛生

荒草蔓延，石墙倾圮……

³² 我看着，不禁陷入了沉思

由那景象记取这教训：

³³ 再睡会儿，再眯会儿　引自 6：10-11。

再抱着胳膊躺会儿——

³⁴ "贫苦"若贼，就要来找你

"穷困"上门，像持盾的武士！

所罗门集续编

二十五章

以下亦是所罗门箴言，分前后两篇，风格迥异，中间插一牧人讽喻过渡，27：23-27。由犹大王希士迦的人誊写：希士迦，ḥizqiyyah，前 716～前687 在位，夷异教神龛，毁摩西铜蛇。人，指臣仆。

² 隐秘，属上帝的荣耀　隐秘，haster daḇar，一切未知与未来之事物。

明察，则是王的光荣。明察，领会圣法、汲取教训而蒙恩，申 29：28。

³ 如天高，如地厚

君主之心猜不透。对于普通臣民；先知祭司可据神的启示审查王的言行。

⁴ 炼去银子的杂质

匠人才能制作银器；暗示接受上帝考验，赛 1：25，诗 66：10。

⁵ 剪除王身边的佞臣

宝座可立于公义。见 16：12 注。

⁶ 君主面前莫吹嘘

贵人的位子莫占据；臣民应知礼数，以维护统治秩序。

⁷ 宁可受宣召才登阶　直译：最好（等殿上）召你，上来这里。

不致在王公脚下受辱。

纵使你亲眼看见　七十士本接上句：你注目的那位（王公）。亦通。

⁸ 也不要冒失与人争讼；古人举厌讼为美德，22：10，太 5：25。

万一在那人手里蒙羞 behaklim，输掉官司没脸见人。

你将如何收场？

⁹ 纠纷找邻舍解决 族人间提倡私了和解，或调解息讼。太 18：15 以下。

但别人的秘密莫泄露，秘密，sod，信托或私密之言 / 事，11：13，20：19。

¹⁰ 免得叫人听说了唾骂 yehassedka，因不义而受辱骂，14：34。

恶名洗刷不去。

¹¹ 金苹果盛在银雕盘—— maskiyyoth，或指某种雕饰，无定解。

一句话恰到好处；应对妥善及时，15：23。

¹² 金耳环配上金项链——

智者劝诫遇到听从的耳。呼应 15：31。

¹³ 忠诚的信使对于派他的人

好比收获时节的雪水清冽：入夏蔬果渐熟，高山融雪，形成溪流。

使主子的灵复苏。形容化险为夷，13：17。一说此句是补注。

¹⁴ 乌云刮来不下雨——

一个空口赠礼吹牛人。直译：吹嘘假礼物的人。

¹⁵ 耐心可说服君主 qazin，统治者。另读（可以息）怒，qezeph。

柔舌能折断骨节。参观德 28：17 以下。

¹⁶ 寻到蜂蜜，应适量吃 呼应 27：7。

当心过饱，反而呕掉。

¹⁷ 邻舍家，少落足

免他厌烦生嫌怨。

¹⁸ 大锤加刀加快箭—— 大锤，mephiz，一作狼牙棒，无确解。

他陷害邻人使伪证。

¹⁹ 烂牙齿，瘸子腿——

危难中信赖背信人。

²⁰ 天寒剥衣裳　此句破格律，七十士本无；字母略同上句，或是衍文 / 误抄。

酸醋泼伤口——　helkos，从七十士本。原文：泡碱，nether。

欢歌当着哀痛的心唱。七十士本另有：如衣鱼木蛀虫，那哀痛噬人心。

²¹ 仇人饿了，给他饼吃　七十士本略"饼"，罗 12：20 引用。

若他口渴，给他水喝；循摩西之律，出 23：4-5。参太 5：44 以下。

²² 这样你就把红炭堆上他头顶　埃及古礼，罪人以头顶炭表示悔过。

耶和华必有赏赐。

²³ 北风生大雨

暗舌惹怒容。暗舌，喻背地里散布谤言。

²⁴ 宁愿窝在屋顶一角

也不要整座房跟泼妇同居。同 21：9。

²⁵ 凉水浇灭喉咙里的火——　`ayephah，困顿，喻口渴之极，伯 22：7。

远方传来了喜讯。

²⁶ 源泉搅浑，水井落污——

义人面对恶棍竟失足。禁不起诱惑而堕落，未能做百姓的道德表率。

²⁷ 为荣誉而求荣誉　kabod mikkabod，校读。原文有讹：求其荣誉，荣誉。

一如蜂蜜食过量不宜。重申上文 16 节。

²⁸ 城池破，墙垣倒——

不能自制人无气。直译：那不能控制自己的气 / 灵 / 情绪的人。

二十六章

暑天雪，金秋雨——　以反常的自然现象设喻。此段为愚人画像。

愚顽人怎配享尊荣！上句起兴，下句点题，10：26 注。

² 麻雀飞飞燕展翅——

无端诅咒，扑个空。反言咒誓须慎重，民 23：8。民俗，誓言出口即生效。

³ 马赶鞭子驴嚼环

愚顽人背脊吃棍儿。意同 10：13, 19：29。

⁴ 莫以愚昧答愚顽

当心你学成一蠢儿；

⁵ 愚顽只需答愚昧 正话反说，对应上节，揭示愚顽或亵渎者的两面。

免得他自视多聪慧！

⁶ 剁双脚，喝凶暴—— 形容后果惨痛。

谁派个愚夫送口信。

⁷ 一似跛子晃废腿 晃，dallu，从传统本注。原文：吊，dalyu。

愚顽人嘴上挂箴言。白说、无用；反言其与智慧无缘，下文 9 节。

⁸ 投石环索卡石子—— 意为石子投不出去，容易伤着投手。

荣誉误赠了愚顽人。

⁹ 仿佛醉汉抓荆棘 形容失去理智。

愚顽人口里讲箴言。同上文 7 节。

¹⁰ 又如乱箭伤路人 `obrim，从部分抄本移自下句。此节费解，或有讹。

请愚夫醉鬼做佣工。醉鬼，shikkor，校读。原文重复：佣，soker。

¹¹ 像狗寻回呕物食 使徒引以谴责异端与背教者，彼后 2：22。

愚顽人一再干蠢事。

¹² 可见过卖弄聪明的自大狂？直译：人自视为智慧（化身），3：7。

连愚夫也比他有希望！ 讽刺，同 29：20。

¹³ 懒汉硬说：狮子奔这儿来了！ 夸张讥讽，变奏 22：13。

就站在街心，那兽王！

¹⁴ 门扇绕着门轴转

懒汉翻身不下床。呼应 6：9 以下。

¹⁵ 懒人的手就是插碗里 同 19：24。

也不肯费劲送一口食。

¹⁶ 懒汉瞧自己英明

比七个应对周全的还行。因怠惰而狂妄。此段为懒人画像。

¹⁷ 路边捉狗揪耳朵——　be'ozne，七十士本另读：尾巴，biznab。

别人争拗他搅和。戒管闲事。

¹⁸ 好似疯子玩火射箭伤人命

¹⁹ 他骗了邻舍却说：开个玩笑！

²⁰ 抽掉木柴火自灭

无人谣诼纷扰歇。意同 22：10。

²¹ 余火堆红炭，旺火添干柴——

好斗之人，能不挑争端？

²² 流言蜚语像美食

人听了囫囵吞肚里。同 18：8。

²³ 瓦罐裹层银　原文此处多一"渣"字，从传统本注略。

热唇藏祸心。热，dolqim，烧、热烈，七十士本另读：谄媚，halaqim。

²⁴ 仇敌靠巧舌掩蔽　巧舌，直译：双唇。暗示亲吻？27：6。

肚里却阴生诡计；

²⁵ 别信他甜言蜜语

他心中恶秽有七。状其恶贯满盈，24：16 注。

²⁶ 那敌意虽能乔装打扮

但邪恶终要被会众揭穿。

²⁷ 掘陷阱的必坑自家　呼应诗 7：15，传 10：8。

滚石头的，被大石压。

²⁸ 撒谎的舌恨它伤害的人　dakkayw，七十士本：恨真理。或另有所本。

谄媚的嘴种的是祸根。midheh，摔倒，转指灾祸。

二十七章

万勿拿明日吹嘘 tithhallel，旧译自夸，误。

你可知今天会生出什么？

2 好话让人家讲，莫自吹

赞誉应来自外人，而非你的唇。旧译错乱：不可用嘴自称。

3 石头重，砂砾沉

比不上蠢人会怀恨。ka`as，愠怒、恼人。参较德 22：15。

4 怒火凶，怒气狂

碰上嫉妒，谁敢挡？论人情世故，6：34。

5 宁可公开斥责

不要佯装的爱。佯装，mesuttareth，掩藏，转指伪装。

6 朋友敲打是忠心 敲打，piz`e，创伤，借喻批评。

仇人亲吻是蒙骗。ne`othoth，校读 / 参 26：24。原文费解：丰盛，na`taroth。

7 喉满满，厌蜂蜜 厌，tabuz，从传统本注 / 参 25：16。原文：踏，tabus。

灵饥饥，苦变甜。形容饥不择食。

8 就像小鸟丢了窝

一个人离乡漂泊。

9 膏油熏香，心的欢喜

友人劝勉，灵的慰辑。metheq，甜美，转指言辞文雅、抚慰，16：21。

10 自己的好友、父亲的至交

你莫疏远；祸患来临

你莫进兄弟家：近邻胜远亲。兄弟，泛指亲族，6：19, 18：24。

11 孩子呀，你要学智慧，让我开心——

谁来诘难，我都好驳他！诘难，或指旁人对儿子 / 学生的批评。

12 贤者见灾祸就躲开

天真汉反而向前，遭害。同 22：3。

¹³ 拿走那衣袍——他替外人作保；

好个异族女，叫他去抵押！同 20：16，参 6：1 注。

¹⁴ 大清早高声对邻人祝福

可算是给他咒诅。犹太传统，做完晨祷方可互致问候。

¹⁵ 天泼水，屋漏雨 同 19：13。

泼妇吵架不肯歇；nishtawah，一样（完没）。戒悍妇，21：19。

¹⁶ 盖得住她就盖得了风—— 盖，zaphan，喻管教、约束。

叫右手出新油。即不可能之事。原文：叫他右手油。或有讹，无善解。

¹⁷ 铁刃锉铁刃

友朋相砥砺。直译：人磨砺他朋友的脸。脸，pene，喻风采、人品。

¹⁸ 照看无花果树的有果子吃

守护好主人，必获尊荣。受人敬重，得善报。

¹⁹ 恰如水中脸映脸 犹言知人知己，将心比心。

人心须由心照见。七十士本另解：脸与脸不像，人心不一样。

²⁰ 冥府与"永灭"填不满 永灭，'abaddoh，阴间的别名，15：11 注一。

人的两眼无餍足。两眼，古人视为欲望之官。

²¹ 鼎炼银，炉熔金 同 17：3。

夸赞最是考验人。戒自满。原文无"考验"，从七十士本补。

²² 蠢人，就算放臼里和麦子一起 传统本注删后八字，冗长出格故。

用杵捣碎，他的愚昧

也不会脱去。下段插入一牧人讽喻，仿佛间奏，俾读者回顾而反省。

²³ 你要熟悉每一只羊的脸 pene，借喻健康、体质，上文 17 节注。

心，放在牛群身上； 参见 12：10。

²⁴ 因为财富不可能永存

一如王冠不会万世。牧人在古代近东常喻君王，而以羊群象征百姓。

²⁵ 干草割去，复生绿茵 旧译不通：嫩草发现。

山上的白茅捆一捆；ne'esphu，收割了准备运走，暗示好收成。

²⁶ 有羊羔给你添新衣

有公山羊替你置田地，

²⁷ 还有山羊奶，让你喝饱

让全家连同你的婢女不愁衣食。以下两章多骈句，风格略似 10-15 章。

二十八章

恶棍无人追也会窜逃 因受了上帝诅咒，利 26：17, 36。

义人如狮子无畏。yibtah，兼指自信。

² 忤逆之邦君常换 直译：君主多。

一人贤明国久安。一人，指国王。此句无定解。

³ 恶霸之欺压弱小 恶霸，rasha`，从七十士本。原文：贫民，rash。

有如暴雨冲毁庄稼。直译：冲光粮食。

⁴ 那背弃教诲的专夸恶棍

要遵循戒律，必与之抗争。教诲 / 戒律，兼指智者的教训、圣法，1:8。

⁵ 作恶的人不辨公道

而寻求耶和华，就事事洞明。领受了真知与上帝之爱，智 3:9。

⁶ 宁愿贫苦但行事清白 同 19：1。

也不要走邪路发财。邪路，旧译：行事乖僻，误，14：2。

⁷ 谨守戒律，孩儿明理——

跟馋鬼厮混，则父亲蒙羞。不务正业，不孝，23：20。

⁸ 靠高利贷盘剥致富 呼应 13：22。

实际是为济贫的人积蓄。不义之财终要散失，回归原主或其后人。

⁹ 捂耳不听教诲的人 参较 15：8。

再祈祷也是秽恶。捂，mesir，扭。古叙利亚语译本：充，'otem，21：13。

¹⁰ 谁引诱正直者入坏道

必掉进自己挖的陷阱—— 意同 26：27。

但清白的终要领受幸福。清白，temimim，复指正直者。此句似补注。

¹¹ 富豪自以为高明

却哄不了机智的贫者。直译：却被……看穿。

¹² 义人欢庆，举世荣光

恶小得势，人人躲藏。同下文 28 节，呼应 29：2。

¹³ 隐瞒忤逆，不会成功

认罪悔改，必蒙怜悯。得救始于认罪忏悔，利 5：5，民 5：7。

¹⁴ 福哉，那常怀敬畏的人　指敬畏上帝。

而灾殃等着死硬的心！

¹⁵ 狮子吼，老熊扑——

暴君宰割民最苦。

¹⁶ 昏昧王公搜刮紧

以贪婪为敌者日日长。双关：义人虽受煎熬，却要延寿而多子多福。

¹⁷ 灵负血债的，让他逃——

逃进坟墓也别拦阻！　yithmeku，或作救助。

¹⁸ 行事清白的，获安宁　亦即获救。呼应 10：9。

走邪路，要坠深坑。shahath，从古叙利亚语译本。原文：一下，'ehath。

¹⁹ 耕田地，可饱食　同 12：11。

求虚荣，贫苦至。虚荣，一说指经商，埃及格言常见的主题。亚氏 8：17。

²⁰ 忠诚多福祉

暴富罪难逃。暴富，推定通过不法手段敛财。智者多贬责商贾。

²¹ 看人情面，不公——　尤指听讼断案，24：23。

为一块面饼也有人枉法。戒贿赂。

²² 恶眼人追着财富不放　恶眼，形容悭吝、贪婪，23：6 注一。

哪知穷困就要来临。

²³ 劝诫他人比巧舌吹捧

到头来更受人敬重。呼应 27：5-6。

²⁴ 偷到父母身上还说没罪

这人是强盗的同类。强盗，直译：毁灭之人。

²⁵ 人贪心才挑起纷争——

信靠耶和华，必丰盈。yidushshan，变肥，喻兴盛，11：25。

²⁶ 自恃聪明是愚蠢 直译：靠自己的心他愚蠢。参 3：5。

依从智慧可全身。即摆脱灾祸。

²⁷ 扶危济困的不会匮乏 因得了上帝赐福，19：17，22：9。

谁闭眼不管，必累遭咒骂。

²⁸ 恶小得势，人人躲藏 同 28：12。

一朝覆灭，义人兴旺。

二十九章

谁屡受责罚仍硬起脖子 状其顽固，不肯低头认罪，申 10：16。

必瞬时崩溃，救治不及。同 6：15。

² 义人掌权，百姓欢喜 掌权，birdoth，校读。原文：壮大，birboth。

恶小当道，人人叹息。意同 28：12，28。

³ 人爱智慧，父亲欣慰——

嫖娼宿妓，却是掏空钱财。hon，双关借喻身子亏耗。参 6：26。

⁴ 君王以公道兴邦 呼应 14：34。

搜刮民脂，国必覆亡。民脂，terumoth，祭品、礼物，转喻掠取财物。

⁵ 对友伴阿谀奉承

是在他脚下张设罗网。

⁶ 忤逆是恶人的陷阱 熟语，18：7，伯 18：7-10。

让义者放歌欢庆！

⁷ 义人关切弱者的冤屈

作恶的就不想了解真相。da`ath，事物的本质、真知。

⁸ 侮慢可煽动全城作乱　智者常将罪恶与无知并论，9：6, 13。

智慧则平息怒潮。

⁹ 智者若与蠢汉争讼

除了诟骂嘲笑，有何结果？斥其愚顽、不讲道理，26：4-5。

¹⁰ 嗜血贼仇视好人　tam，品行清白而虔敬者，2：21，如约伯，伯1：1注。

因他的灵被正直者追寻。他，指好人。正直者向善，盼与他为友。

¹¹ 怒气冲冲是愚顽　呼应12：16。

智者克制而冷静。旧译：忍气含怒，误。

¹² 君主若听信谗言

满朝臣子尽是奸佞。所谓上梁不正下梁歪，德10：2-3。

¹³ 穷人与欺压者相逢

眼睛一样是耶和华点亮。意为生命都来自天父，22：2注。太5：45。

¹⁴ 君王断案，若以诚信待弱小　诚信，'emeth，兼指真理，12：19。

他的宝座将永远蠤立。

¹⁵ 棍子与惩戒可赐智慧　呼应22：15。

娇纵孩儿，母亲蒙羞。

¹⁶ 恶小掌权，忤逆四起　掌权，见上文2节注一。

但义人要看到他们倒毙。

¹⁷ 管教好儿子，才能安心——

他才会孝敬你美食。ma`adannim，或作欢乐。七十士本：荣誉，kosmon。

¹⁸ 若无异象，子民放恣　异象，hazon，此处指先知的启示、神谕。

惟有守法，方可蒙福。法，torah，摩西之律或历代先知的教导。

¹⁹ 光吩咐，管教不了奴仆

就算他听懂，也不会服从。管教须严，但不可虐待，德33：25以下。

²⁰ 可见过快嘴喋喋不休？戒出言不慎，10：19,13：3。

连愚夫也比他有希望！同26：12。

²¹ 奴仆若从小惯养 指家生奴。

日后必忘恩负义。manon，七十士本：悲哀。通行本：忤逆。无定解。

²² 脾气暴躁易争纷

怒火一发多忤逆。呼应14：17。

²³ 骄傲带来屈辱

灵谦卑，赢取荣誉。灵谦卑，圣者褒扬贫苦，贬抑财富，16：19注。

²⁴ 听见咒誓却不敢出庭 咒誓，'alah，判官传唤证人时所发，利5：1注。

便是同窃贼分赃，恨自己的命。因拒绝或逃避作证而受诅咒、丧命。

²⁵ 害怕人，则自陷罗网

信靠耶和华，必无恙。意同16：20。

²⁶ 主公宠幸众人争

定案却在耶和华。案，mishpat，犹言成败、命运，16：9,19：21。

²⁷ 造孽者为义人憎恶

恶棍最厌恨正途。

亚古尔集

三十章

以下是玛撒人雅基之子亚古尔的训言；玛撒，massa'，北阿拉伯部族，以实玛利的后人，创25：14。参31：1注。**是他为伊西**，'ithi'el，从钦定本和圣城本作人名，亚古尔的儿子或学生。**即伊西和吴甲**，'ukal，同前注。此句若不作人名，如路德本可译为：我累了，上帝，我已精疲力尽。**所传的神谕**。ne'um，先知得到的启示、预言，民24：3,15。这集箴言七十士本插在24：22之后。

² 是呀，我比谁都愚昧　似义人忏悔，对比伯 42：2 以下。

缺乏常人的见识，

³ 非但没学得智慧　七十士本反解：上帝教我智慧，使我懂圣者的真知。

对至圣也一无所知！　至圣，qedoshim，婉称上帝；或作众圣者，9：10 注。

⁴ 是谁，升上诸天复又降临？　修辞性设问，暗示造物主全能。

谁把飓风捏在掌中？

谁用方袍兜起大水？　参较伯 26：8。

又是谁立定大地四极？

他，叫什么名字？

他儿子又叫什么？　儿子，beno，七十士本：孩子们。指天庭神子即天使。

你可晓得？

⁵ 上帝的允诺，句句至纯　zeruphah，熔炼，转喻纯洁。

惟有他，能给倚靠他的人为盾。同诗 18：30。

⁶ 他的话，不可有任何增添；　如摩西之律规定，申 13：1。

否则他必谴责，戳穿

你的谎言。

⁷ 有两件事我求你

在我去世之前请勿拒绝：

⁸ 请让谬误和谎言离我远远

再赐我不穷也不太富

一份口粮刚好度日——　取中道，避为谋生或享乐所累，德 31：3-4。

⁹ 免得我餍足腻味了反把你否定

说：哪个耶和华？是谁？

抑或为困窘所迫而做贼

亵渎了上帝圣名。亵渎，taphasti，抓、冲撞、冒犯。无确解。

¹⁰ 不可向主人诬告奴仆

当心他咒你，要你负罪！ 因上帝至仁，必为卑微者做主，出 22：26。

¹¹ 有一种人诟骂父亲 种，dor，世、代，转指类、伙。

给母亲也不祝福； 不问候关心。

¹² 有一种人自视洁净

沾了秽污，却不洗去； 秽污，就洁净律和传统道德而言。

¹³ 有一种人，目光好高 傲慢状。

眼皮底下空无一物；

¹⁴ 有一种人獠牙似刀

齿如利剑，横行人世

将卑微者与贫苦人吞吃。 共四宗罪：不孝、虚伪、骄傲、残暴。

数字格古谚

¹⁵ 蚂蟥有俩女儿

"给我，给我"地叫； 此节文意未尽，格律不整，似有脱文。

三样东西，向无餍足

从不说"够"的一共有四： 此类数字格一说源于谜语，冒号后为谜底。

¹⁶ 冥府、荒胎、喝不饱水的地 荒胎不育，仿佛"吃"掉种子的瘠土。

还有那永不言"够"的——火。

¹⁷ 谁嗤笑父亲或鄙弃老母 老，leziqnath，从七十士本。原文：顺从。

愿他的眼珠

被山涧的乌鸦啄出——

扔了喂鹰雏！

¹⁸ 三件事，老让我惊奇

想不明白的总共有四：

¹⁹ 云天里老鹰的路

磐石上游蛇的径，

航船跋涉大洋的怒涛　直译：海心，23：34 注一。智 5：10。

男与女交欢之道。意指婚姻与生育之谜。

²⁰ 淫妇，就这么个德行——　derek，道、路，转喻品行。

吃了，还把嘴一抹：吃，婉言通奸，9：17，德 23：17。

我啥坏事也没做过！

²¹ 三桩事，压得大地颤抖

承受不了的总共有四：

²² 奴仆篡位为王　颠覆社会与阶级秩序，造反，19：10，传 10：5 以下。

愚妄人餐餐饱食，恶人发达，生活顺遂。

²³ 背恶名的女子出嫁　背恶名，senu'ah，受憎恨。旧译丑恶，不确。

丫鬟做主母当家。

²⁴ 世上有四样生灵

个头小，但绝顶聪明：

²⁵ 蚂蚁，别看它力弱　直译：无力之民。

入夏便储备口粮；参见 6：6 以下。

²⁶ 岩狸，一点不强壮　直译：不强之民。

却把家安上峭岩；岩狸，shephannim，又名非洲蹄兔，诗 104：18。

²⁷ 飞蝗，无君主号令

却能列阵前行；

²⁸ 壁虎，可捉在掌中　旧译不妥：用爪抓墙。

偏偏住进王宫。壁虎，semamith，生僻词，或参亚兰语：毒蜘蛛。

²⁹ 这三位举止威风

步伐矫健的一共有四：

³⁰ 狮子，乃百兽之冠

谁也不能使他后退；

³¹ 昂首挺胸是雄鸡、公山羊　雄鸡，zarzir，另作灰狗、战马，无定解。

还有万人莫敌的王。　万人莫敌，'alqum，或作古阿拉伯语借词：军队。

³² 若你一时糊涂，妄自尊大

一旦醒悟即应以手捂口。　醒悟，zammoth，思考、算计。

³³ 正如搅动乳汁会出奶油

用力扭鼻便要流血，

而怒气不平，必起争拗。　此集古谚同下章，七十士本插在 24：34 之后。

雷穆尔集

三十一章

　　玛撒王雷穆尔的训言，雷穆尔，lemu'el，"奉献于神"，事迹不可考。玛撒：北阿拉伯部族，迦南东方的"预言"之乡，massa'，30：1，伯 1：3 注。乃是他受之于母亲的教诲：

² 不，我儿，我的子宫所生　我儿，beri，亚兰语借词。此诗年代较晚。

我许愿得来的儿呀，别这样！　许愿，向神求子所许的愿，撒上 1：11。

³ 别把你的精力都给了女人　戒广置嫔妃，申 17：17。

在君王祸水的身上伤神。　derek，道，喻精神，诸音大腿 / 私处，yerek。

⁴ 雷穆尔呀，人君不可贪杯　原文重复"人君不可"，似误抄，删其一。

王公切勿嗜酒；　嗜，'awweh，从传统本注。原文：或，'o。

⁵ 怕他们滥饮而忘了法例

让卑微者蒙冤屈。 旧译不通：颠倒困苦人的是非。

6 醇酿，只配那受死的人 le'obed，死囚受刑，可饮酒镇痛，可 15:23。
葡萄酒抚慰痛苦的灵； 指穷人。醇酿，shekar，各种烈酒，利 10:9 注。
7 他喝了可一时忘却困窘
不再记得自己的不幸。

8 你应为哑巴开口 哑巴，喻贫弱。参观诗 72:2 以下。
替所有被遗弃的辩屈； 被遗弃，haloph，过去、消失。另读受苦，holi。
9 开口，按公义断案
给卑贱的贫苦人申冤。

贤妻赞

א 10 啊贤妻，谁能觅得？ 藏头诗，每节开头藏一字母，诗 9:1, 111 章注。
她远比珍珠宝贵！ 贤，hayil，能力、勇力，转指德才兼备。参 3:15, 8:11。

ב 11 丈夫一心将她信赖 主母 "主内"，当家有道，足可依靠。
好处就一样不缺：

ג 12 她每天都给他造福 贤妻背后，丈夫成了被动的蒙福者。
一辈子从无损害。

ד 13 她挑选羊毛和亚麻
兴冲冲亲手纺织；

ה 14 宛如一支通商的船队
自远方运回粮食。 古代近东，妇女的社会经济地位远高于后世。

ו 15 夜未尽，她已起身
分派婢女准备全家的饭菜。 "分派婢女"移自句末，破格律，似插注。

ז 16 一块田从看中到买下 当时妇女不仅经商，也可以立约置业。

辟为葡萄园，她一手操办。直译：她双手的果实。同末节。

ח　¹⁷ 她腰间使不完的力　直译：以力量束腰。

　　两条臂膀，好结实！

ט　¹⁸ 还懂得如何经营有方　懂得，ta`amah，品尝，转指认识、理解。

　　她的灯，通宵不熄；

י　¹⁹ 时而手握捻线杆　kishor，纺线的工具，接应上文 13 节。

　　时而把纺锤摇转。

כ　²⁰ 卑微者她慷慨周济　直译：伸出她的手。喻好善乐施。

　　贫苦人她常施援手。

ל　²¹ 下雪天她不必担忧

　　一家人皆添了朱袄；labush shanim，象征富贵，撒下 1：24，耶 4：30。

מ　²² 盖毯是她自己刺绣

　　一身细麻裁作紫红。'argaman，贵族和上层阶级服饰，结 27：7，歌 7：6 注。

נ　²³ 丈夫与本地长老同席

　　在城门口受人敬重。百姓赶集、长老议事断案处，22：22 注，申 22：15。

ס　²⁴ 她缝制出售亚麻衣袍

　　腰带则由迦南人远销。迦南人，借指外邦商贾，伯 40：30 注。

ע　²⁵ 坚强和美誉是她的衣裳

　　未来属她的笑颜；勤俭持家，终会得耶和华赐福。

פ　²⁶ 她张口即是智慧

　　她舌尖有仁慈之戒律。torah，美称母亲的教诲，1：8 注二。

צ　²⁷ 家中事事她悉心照看　zophiyyah，一说谐音希腊语：智慧，sophia。

　　"懒惰"绝非她的面饼。名喻，形容勤劳。参较 4：17，诗 80：5。

ק　²⁸ 儿女恭立，称她为福　向她祝福，尽孝。

　　丈夫更是赞不绝口：蒙福而感恩。

ר　²⁹ 许多女儿也当得贤惠　女儿，对妇女的爱称或泛称，路 8：48，23：28 注。

惟有你，无与伦比！

ש ³⁰ 美貌是虚幻，妖媚是欺瞒 虚幻，hebel，嘘气，缥缈易失，传1:2注。

女子要敬畏耶和华才值得称道；贤惠出于敬畏，即智慧，1:7, 9:10。

ת ³¹ 她双手的果实，愿她分享 旧译不通：愿她享受操作所得的。

愿她的事迹在城门口将她赞扬！呼应开头，贤妻仿佛智慧之化身。

二〇〇六年秋初稿，二〇〇七年十二月定稿，二〇一五年八月修订

传道书

一章

大卫之子耶路撒冷王传道人语录。传道人，qoheleth，会众召集人、导师，指所罗门。

上 篇

[2] 嘘气而已——传道人说——嘘气的嘘气 hebel，一口气、雾气。
万事皆是嘘气！ 极言人生虚幻徒劳而无意义，赛 30：7，诗 39：5, 62：9。
[3] 人劳累一生，在太阳下辛苦 `amal，兼指劳役、苦难，申 26：7。
究竟有何益处？ 太阳下：熟语，犹言世上、人世。

[4] 一代老去，一代又来
大地却永远如故。
[5] 日头升起，日头落下
再喘吁吁赶回曙色之乡。 拟人修辞。曙色，zoreah，照亮、太阳初升。
[6] 吹了南风，又刮北风 直译：走向南又转朝北。
周而复始，呼啸不停。

· 433 ·

⁷江河灌海，海不满溢

泱泱汇流，重返源头。古人以为入海之水从地下回返河源，是一循环。

⁸万物徒困惫：眼看不周　物，debarim，言、言之所指所成，事物。

耳听不遍，谁人可以尽言？

⁹曾是什么，将来还是　yihyeh，联想"我乃我是者"，圣名永恒，出3：14。

行过什么，日后再行——

太阳下

了无新事。

¹⁰有没有一事，人说：看，这可是新的？其实，那事在我们之前，老早就有，¹¹只是人记不得过去。未来不也是这样？然而有忘才会有信，才不致违忤圣法。一切，都要被后世遗忘。呼应2：16。

所罗门

¹²我，传道人，曾在耶路撒冷为以色列的王。诗人托名古代君主，第一人称叙述或训诲，原是埃及智慧文学的套路。¹³我曾用心研究并以智慧探求天下发生的一切——那可真是上帝派给人子、折磨他的一桩苦活！`inyan，诗人悲观，认为智慧并不能达至幸福，故聪敏如所罗门亦视之为"苦活"，3：10。<sup>14</sup>我看了太阳下成就的一切，啊，全是嘘气，是妄想当风的牧人！re`uth ruah，牧风；成语，形容徒劳无益，何12：2。

¹⁵扭曲的，不能变直

缺损的，无法充数。himmanoth，或指损失难入账，商业社会的箴言。

¹⁶我曾经自忖：看，我拥有的智慧之深广，超过了所有统治耶路撒冷的前人；多少智慧与知识入藏我心！蒙天父恩赐，王上5：9以下。¹⁷然而我潜心研习智慧、考察种种愚狂不久，便明白了：那也不过是牧风。见

上文 14 节注。

[18] 因为智慧多了苦恼也多

增添知识者，平添忧愁。

二章

我心说：好吧，再试试享乐，你尝尝幸福！谁知那也是嘘气——

[2] 那欢笑我叫它"发疯"

享乐——又有何用？

[3] 思量的结果，直译：我心里搜寻了。我把肉身交与美酒，沉湎愚妄；交与，limshok，拉、伸。另读（靠酒）支持，lismok。心，却仍旧让智慧引导，以期看清人子在世上短暂的一生，怎样才不算虚度。

[4] 于是我大兴土木，为自己修建宫殿；又栽培葡萄，[5] 开辟园林，pardesim，古波斯语借词，特指皇家园林、果园。后世转指伊甸园、天堂，七十士本：paradeisos。种植各样果树；[6] 为浇灌园内树苗，还挖了水池。[7] 同时购置奴婢，添家生童仆，并牛羊无数：古往今来，耶路撒冷有谁及得上我！[8] 除了聚敛金银，那些藩王及各省的珍宝，我还蓄养优伶，广纳嫔妃，shiddah，仅此一用，无定解。七十士本：侍酒女子，oinochoas。或从犹太法典／后圣经用语：箱子。极尽人间奢华。ta`anugoth，尤指肉欲的享受，箴 19：10。[9] 如此，我越来越富，远胜此前耶路撒冷所有的主人，且依然有智慧为伴。即一直在思考人生的意义。[10] 凡我眼睛想要的，我概不拒绝，也不阻拦我的心追求享乐。因为我喜欢这样忙碌——忙碌了，还得一份赏心悦目的报偿！

[11] 然而，当我回顾双手的作为，那许多辛劳换来的成就，啊！全是嘘气，是牧风，太阳下一无裨益。以下变换角色／视角，所罗门转为诗人的观察对象。

[12] 我又思索起智慧及种种愚狂；例如，那继王位的，他能有什么

成就？原文无"成就"，从传统本注补。无非重复前人。[13] 我看得清楚：

智慧比愚妄有益

正如黑暗不敌光明；

[14] 智者头上长一双眼睛　能认路而走正道，10：2。

愚顽人迷失在黑地。

但我也懂得，到头来两者是同样命运。miqreh，指死亡，3：19。旧译遇见，不妥。[15] 故而我心想：要是终归逃不脱愚顽人的下场，我还讲求智慧干什么？只能说，这也是嘘气了！[16] 因为智者和愚顽的一样，没人会永远记得；旧译记念，误。日子久了，都要被遗忘。从而拉平世人对两者的评价，1：11。不是吗，智者亦有一死，同愚顽的无异。

[17] 我厌倦了人生！旧译生命，不妥。这太阳下发生的一切，都让我苦恼，都是嘘气，是当风的牧人。见1：14注。

[18] 太阳下辛劳的收获也令我厌恨，因为早晚得留给后人。[19] 而谁知道那人聪明还是蠢笨？可我在太阳下辛辛苦苦用智慧换来的果实，全部要给他支配——全部，是嘘气。支配，yishlat，旧译管理，误。[20] 一想到太阳下自己如何碌碌奔忙，我就绝望。[21] 一个人，靠智慧、知识和技能，辛劳得来的一切，要让另一个不曾劳作的人拿去作产业。这是嘘气，是大恶呀！不公，而且害人，诗39：6。[22] 人在太阳下劳碌，处处操心，究竟为了什么？[23] 日复一日，痛苦哀伤，就连夜晚他心里也不得安宁：实在是一口嘘气！

[24] 所以人生幸福，莫如吃喝，享受自己的辛劳所得；以摆脱上述"绝望"或"大恶"；此命题多次重复，犹如叠句穿插，3：12、5：17、8：15、9：7。而我看得清楚，幸福来自上帝之手。[25] 要不是靠他，指上帝，从少数抄本和七十士本。原文：除了我。谁能有吃有喝？pietai，从七十士本。原文：赶快／享受，yahush。[26] 谁取悦他，他便赐谁智慧与知识，叫他享乐；而罪人，hote'，失误，泛指未获上帝悦纳者，包括恶人。则要他吃苦并积攒财富，然后留给上帝中意的人。传统上智者对

恶人为何能够享福的解释，伯27:16以下，箴13:22。但诗人不以为然。**这，也是嘘气，
牧风而已。**

定　时

三章

凡事皆有限期，zeman，规定或命定的时刻、期限。**天下万务，**hephez，喜悦，
转指/晚期圣经用语：事务、现象，8:6。**各有定时：**

> [2] **生有时，死有时**
>
> **栽种有时，根除有时；**
>
> [3] **杀有时，医有时**
>
> **拆毁有时，修筑有时；**
>
> [4] **哭有时，笑有时**
>
> **哀悼有时，舞蹈有时；**
>
> [5] **掷石有时，堆石有时**　指农夫移石开荒，垒石砌墙。一说喻夫妇房事。
>
> **拥抱有时，松手有时；**拥抱，旧译怀抱，不确。
>
> [6] **寻觅有时，遗失有时**
>
> **看守有时，丢弃有时；**
>
> [7] **撕有时，缝有时**
>
> **沉默有时，言说有时；**
>
> [8] **爱有时，恨有时**
>
> **战争有时，和平有时。**共七节十四对句。

[9] **那么，究竟有何益处，做人如此辛劳？** [10] **再看看上帝派给人子去
做的那桩苦活：**见1:13注。[11] **造化万千，又无不合时。但虽然蒙他恩赐，
人心意识到了光阴永流，**ha`olam，即探索事物间的因果关系及奥秘。旧译永生，不妥。
他们并不能参透，上帝行事的始终。

¹² 我明白了，人生幸福，莫如及时行乐而成善；¹³ 而人人有吃有喝，享受自己的辛劳所得，乃是上帝的赐礼。故享乐亦可"成善"，2:24。¹⁴ 我还知道，凡是上帝的作为，皆属永恒：超越人世的时空和因果关系。

永不增添一分
恒无一处减损——

上帝这么做，是要世人对他敬畏。

¹⁵ 一切所是，以前已是 万物周而复始，皆造物主的安排，1:9 注。
一切将是，之前便是——

上帝必寻觅受迫害的人。nirdaph，被驱赶的，指义人。七十士本引申：追究过去之事。旧译不妥：使已过的事重新再来。¹⁶ 只是我一再看到，太阳下——

公道之地偏生罪戾 专权枉法。
恶人占了义者之乡。义者，从七十士本及亚兰语译本。原文：公义。

¹⁷ 我心想：义者恶人都归上帝审判；在他那里，万务万事皆有定时。此节重复，打断叙述，或是插注。¹⁸ 我还想到：凡此种种，无非是上帝检验人子，检验，baram，挑选、考验。旧译试验，误。要他们明白，自己与兽畜无异。就感官享受、财富和虚名而言，诗49:12。¹⁹ 因为，人子和兽畜命运相仿；人有一死，兽畜亦然，都只有一口气。即生命之气，相对下句"嘘气"。比起兽畜，人并无优越之处——都是嘘气而已。

²⁰ 万物要回去一处
尘土来的，终归尘土。典出创2:7, 3:19。

²¹ 谁能确定，人子的那一口气定会升天，生命之气回归天父，12：7。而兽畜的却要入地？古代近东流行的宗教思想，但诗人持现实而悲观的怀疑主义。

²² 我看得清楚，人生幸福，莫如及时行乐，享受他的产业。helqo，或作命运、生活方式，5：17 注。又有谁，能为他指示身后之事？

百 态

四章

于是，我复又注视太阳下那欺凌压榨的百态：啊，受欺压的在流泪，无人安慰他们！欺压者那么嚣张，也无人前来安慰！² 所以，比之于还在苦苦求生的活人，我竟要为逝去的死者庆幸了；shabbeah，旧译赞叹，不妥。³ 而这两等人，又不及那尚未出生的，生不如死，死不如不生；思想近于约伯的哀叹，伯 3：11 以下。因为他不必见到太阳下的恶行！

⁴ 我还看到，那碌碌奔忙、一次次成功背后，成功，kishron，或作各样技能，2：21。人们如何互相妒忌。批判人事竞争的残酷、愚昧。这，也是嘘气，牧风而已。

⁵ 愚夫抱着胳膊 形容懒汉贪睡，箴 6：10。
啃他自个儿的肉。状其颓唐无用，坐吃山空。

⁶ 宁可仅有一捧，但安心 似指刚够吃饱，不富不贫，不竞争也不懒惰。
也不要满满两捧而辛苦 可谓中道，箴 30：8 注。
当风的牧人。

⁷ 太阳下我再看一遍，还是嘘气：⁸ 有人孑然一身，如单身汉。无子亦无兄弟，却忙个不停，财富再多也填不满他的眼睛。可是他这般劳累，他，从亚兰语译本。原文直接引语：我。舍不得享受，究竟是为谁呢？也是嘘气，害人的苦活！

⁹ 两个总比一个要好；俩人一起劳作，报酬较优。¹⁰ 磕磕绊绊，有同伴搀扶；而独自一人，跌倒就糟了，谁来帮助？¹¹ 同理，二人同睡，相偎和暖；若一人独眠，暖从何来？¹² 单独一人要受欺负，yithqepho，压倒，亚兰语借词。俩人合力便能抵挡；三股绳拧一块儿，就不容易断。两河流域 / 苏美尔的吉加美士传说，亦有此说法。

¹³ 少年虽穷，若有智慧

就能胜过老迈愚顽

不听忠告的昏君：

¹⁴ 一个能从牢狱登上王位 此节晦涩，注家歧解纷纭，莫衷一是。

另一个生来为王却沦于赤贫。rash，从犹太社本作动词解，指昏君。

¹⁵ 我看到，太阳下凡行走着的生者，即世人，7：2。都拥护那新人崛起，废黜旧王；直译：那第二个青年起来取代他。¹⁶ 跟从他的百姓无计其数。可是后来，那些追随者对他也变了心。民心如水而无常。追随者，'aharonim，引申作后人，亦通。这，也是嘘气，牧风而已。

当 心

¹⁷ 进上帝的殿堂，你脚步要当心。上前聆听，学习并遵行圣法。胜似愚顽人献祭：若心无诚意，箴15：8。他们造了孽还不自知。或作：除了造孽什么也不知。

五章

开口忌冒失；上帝面前，心儿莫急于表白。因为上帝在天上，你在地下，你当惜言才是：意谓上帝明察一切，祈祷须慎重。

² 操心过度生梦魇

讲话太多露愚顽。

³ 一旦向上帝许愿，还愿不可迟延，语出申 23：22，参观箴 20：25。因为他不喜欢人怠慢。既是诺言就一定要履行；⁴ 许愿不还，不如不许。⁵ 莫让你的嘴将肉身往罪里送，令你在使者面前不得不认错。使者，指查究世人功罪的天使，或登记许愿的祭司，玛 2：7。七十士本改作：上帝。开口便惹得上帝发怒，毁掉你双手做的一切，何必？

⁶ 梦幻皆嘘气 一说此节本是上文 2 节的变体：操心生梦魇，言多成嘘气。言多必有失。原文无末三字，似脱动词，据文意补。

所以，要敬畏上帝。

⁷ 若你去到省里，见穷人受欺压，并公义遭剥夺，这种事你不必惊讶！外省往往比京城腐败。因为官上有官，他们官官相护。官，gebohim，直译：高者。或作高傲，亦通。相护，解作大官盯着小官，形容层层索贿，亦通。⁸ 只不过，土地的收益原属众人，一国之君须有农田供养。原文晦涩，似警告当权者不可盘剥过甚。

钱 财

⁹ 爱银钱的，赚不够钱
贪财宝的，嫌盈利少——

这也是，嘘气一口。

¹⁰ 家产一多，吃用也多
财主何苦，只享眼福？不值得自己辛苦，别人/后辈享福。

¹¹ 卖劳力的睡得香甜，卖劳力，`obed，如佣工。七十士本、西玛库本等：奴仆，`ebed。无论吃多吃少；富人顿顿珍馐，反而难以安眠。为财产操心故，德31：1。

¹² 太阳下我还见有一大不幸，就是人敛财而反受其害。¹³ 比如生意失败，赔光家产，这时却生一个儿子，他两手空空！ ¹⁴ 一如从母胎来世，母胎，暗喻大地，伯1：21注。去时也赤条条一个；一生的辛劳所得，一样也不能攥手里带走——¹⁵ 怎么来，还得怎么去，真是可悲之极。那么他辛辛苦苦牧风，到底图个什么？ ¹⁶ 何况他的余生要在黑暗中度过，沉浸于哀伤、wa'ebel，从七十士本。原文：吃，yo'kel。无尽的愁楚、病痛和怨恨。

¹⁷ 啊，我终于明白了：幸福，无非好吃好喝，尽情享受太阳下自己的辛劳所得，在上帝赐予的一生的每一天。这，便是人的福分。helqo，或作命运，3：22注。¹⁸ 同样，人要是蒙上帝恩惠，得了大笔财产，任由他吃喝，领受福分，享用辛劳所得：那是上帝的厚礼。重申3：13。¹⁹ 因为日子一天天过去，他绝少思虑；yizkor，记忆；即不愿或不敢多想。因为上帝应允，他的心忙于欢愉！暗讽，照应上文16节。

六章

太阳下我看到的不幸，就这样重重地压在人的身上：² 有人蒙上帝恩赐，得了大笔财产和荣誉，凡他想要的，一样不缺。可是上帝不让他享用，也不传儿女。却尽数给了外人——成了嘘气，痛悔莫及！ holi ra`，恶疾，喻遭难、痛苦。³ 有人子孙上百，寿登期颐。但无论岁数多高，如果他一生未能享福，甚而连坟墓也没有，意谓家业虽大，但子孙不孝。要我说，就还不如一个流产的死胎——

⁴ 嘘气里来，黑暗中去
黑暗掩埋了一个名字；古俗死胎掘坑埋掉，不做坟，伯3：16。
⁵ 没见过天日，浑然无知
却强似那老者，得了安息。

⁶ 人就算活到一千岁两千岁， 要是享不着福， 完了还不跟死胎一个下场？

⁷ 人人辛劳，为一张口　意同箴 16：26。

喉咙里头却总不知足。喉咙，借喻贪欲，似填不满的冥府，箴 27：20。

⁸ 可智者较愚顽人有何长处？

卑微者学会处世，又怎样？反正人都是一样的归宿，2：14 以下。

⁹ 饱饱眼福可按住灵的冲动？灵，nephesh，复指贪欲 / 喉咙。无定解。

不也是嘘气，是牧风？

¹⁰ 凡已是的，皆有名称，状其来历——　万事皆宏图预定。

人，无法跟比自己力大的争讼。暗示人不能向上帝称义，伯 9：2-4。

¹¹ 所以话多徒增嘘气，对人有什么益处？¹² 谁能知晓，人生幸福究竟若何，在嘘气般的日子、飞影似的一生？熟语，伯 14：2，诗 39：6，102：11。又有谁说得出，太阳下，人的身后之事？质疑"人的福分"，5：17-18，诗人的悲观情绪占了上风。

下　篇

七章

膏油名贵，莫若美名　意同箴 22：1。

生日，不如死期。因美名与否，要过完一生才能知道。

² 宁可进居丧之家

不要登宴饮之堂；宴饮，死海古卷同下文 4 节：喜宴。

因为人皆有一死　直译：终了。

愿生者的心牢记！

³ 欢笑，不如哀伤

因为愁容可化作心智。懂得欢笑是一场空，2：2。

⁴ 智者心系居丧之家

愚顽人留恋喜宴之堂。古人婚丧二礼皆为期一周，创29：27，50：10。

⁵ 宁愿被智者训斥

不要听蠢汉唱歌；阿谀奉承。

⁶ 就像荆棘在锅底噼啪作响

那是愚顽人在呵呵！傻笑、讪笑。

全是嘘气——下句晦涩，或有脱文，无善解。

⁷ 看，智者受尽迫害而发狂 迫害，`osheq，或如犹太社本：欺诈。

慧心被贿赂所腐败。y`wh，从死海古卷。原文：毁坏，wi'abbed。

⁸ 一事之开端不如终了

心高气傲，不如忍耐。

忍 耐

⁹ 你的灵莫急躁恼怒

恼怒住在愚顽人胸中。呼应箴22：24。

¹⁰ 也别说：为什么今不如昔？传统说法，诗人表示怀疑。

这样提问，太不聪明。直译：非出于智慧。

¹¹ 智慧好比家产，多多益善

对于见着天日的人。即活着的人，6：5。

¹² 靠银子护佑莫如寻智慧庇荫：bezel，喻保障。

求得真知，拥有智慧

人才能保全生命。直译：真知的好处，智慧保其主生命。箴3：18，8：35。

¹³ 你再想想上帝的伟业：继续上文10节的思路。

他拧曲的，谁能扳直？暗示邪曲腐败也是救主安排，1：15。

¹⁴ 蒙福日好好享乐

遇祸时则应明白：

祸福两端皆出于上帝

就是要让人看不清未来！ 或如西玛库本：叫人无从找他的错。伯2：10。

¹⁵ 都见过了，在我嘘气般的岁月——

有义者行义而夭折

有恶人作恶却延寿。呼应8：14。

¹⁶ 所以执义不可偏激

聪明切勿过头：

何必毁了你自己？

¹⁷ 更不要怙恶不悛

充当一个愚夫：

提前去死，何苦？ 传统说法，恶行折寿，箴10：27。

¹⁸ 最好是握住这头，那头也不松手 智者走中道而避极端，4：6注。

因为敬畏上帝，须两头兼顾。yeze'，走出，转指成功、尽责。

¹⁹ 智慧使智者有大力，ta`oz，暗示得神的佑助，箴24：5。死海古卷同七十士本：t`zr，佑助。全城十个长官加起来也不能匹敌。十个，一说指希腊化时期的市政官，dekaprotoi。另读（权势者的）财富。²⁰ 但世上并无一个义人，可以只行善而绝不触罪。解释上文16节。

²¹ 别人的话，不要句句往心里去，免得你听见奴仆在咒你。²² 因为，凭良心说，你自己也咒过人，且不止一次。触罪之一例。

²³ 这一切，我都已验之于智慧，也说了要做一名智者。智慧，却依然那么遥远——

²⁴ 那么遥远，那已是的一切 包括经验、道理，智慧诸元素，1：9，6：10。

深而又深——谁可发掘？

²⁵ 于是我潜心求知，探寻智慧，将事理归总了从而懂得：邪恶实即愚顽，愚行乃是狂妄。

²⁶ 而且我发现一物，比死还苦

叫作女人，又名网罗。指淫妇或拟人的"愚顽"，箴 2：16, 5：3, 9：13 以下。

她心是陷阱，手是枷锁

只有上帝中意的人能躲开

而罪人，定被她擒获！

²⁷ 看，这就是我的发现——传道人说——

我一事事思考、归总

²⁸ 反复探求，虽然尚未觅得：

男子一千，应能找出一个 智者，或上文 26 节"上帝中意的人"。

但女人数遍也是枉然！直译：找不出。作者否定女性可道德独立。

²⁹ 是呀，此即我唯一的发现：对比"贤妻赞"，箴 31：10 以下。

上帝造人，正直伊始

人却寻出了无穷诡计。双关暗示：谎言始于人 / 亚当，'adam，创 3：12 注。

八章

谁能如智者，谁会解释这格言—— dabar，或作这事，1：8 注。

智慧可使人的脸放光

威容变为和颜？

² 我会！传道人自问自答。

遵王命，既已向上帝起誓：效忠国王。解作上帝对王的承诺，亦通。

³ 在他面前，不可惊慌 tibbahel，七十士本：匆忙。亦通。他，指国王。

事情不好即应退下，莫顶撞 ta`amod，站住，坚持。

因为人君会恣情专断！

⁴ 而且他的话就是王权

谁敢问他：为什么？

⁵ 遵从敕令，便不会遇祸。

时机和决断，智者心里有数：

⁶ 万务各有判决之时。判决，mishpaṭ，婉言败亡，同上句决断，3：17。

但灾殃要压在人的身上

⁷ 如果他不知未来；又有谁

可替他预告，未来怎样? 命运无情，君王亦不例外，10：14。

⁸ 没有人能够统治风，拘押气—— 尤指生命之气，3：19，诗104：29。

一如死期，无法驾驭

一如战场，不给退路 mishlaḥath，退役或逃离，参申20：5以下。

邪恶，也救不了恶徒。邪恶，resha`，另读／翻转谐音：财富，`osher。

⁹ 这一切我都见了，凡太阳下发生的便用心钻研：例如一个人奴役别人一时，最后却害了自己。直译：害了他。奴役，shalaṭ，同上节统治／驾驭。

¹⁰ 我还看到，恶人被抬去安葬；他们曾出入圣所，在城里受人赞扬，yshtbḥw，从部分抄本和七十士本。原文：忘记，yishtakhu。为他们的干的好事！此节晦涩，无定解。

都是嘘气。

¹¹ 正因为对造孽的没有及时定罪处刑，pithgam，古波斯语借词，敕令，转指判罪。人子的心就充满了作恶的欲念：¹² 既然罪人犯上一百次恶，仍可长寿。但是我深知，幸福，终属于在上帝面前保持敬畏的人；¹³ 而恶小对上帝不敬，便与幸福无缘，仿佛飞影，日子不久。见6：12注一。

¹⁴ 然而，世上最可叹的却是这事：常常义者落得恶人一般下场，恶人反而得了该给义者的报偿。要我说，这也是嘘气。

¹⁵ 所以我赞赏享乐，因为太阳下人生幸福，莫如吃喝，享受自己的辛劳所得，在太阳下，上帝赐予的一生的每一天。重申2：24, 3：12等。

¹⁶ 直至悉心考察了智慧，审视了碌碌人世——日日夜夜多少人合不了眼，直译：他眼睛不见睡觉。¹⁷ 我才看清楚上帝的伟业：人，不可能参透太阳下发生的一切，无论他多么努力探求，也参透不了；旧译不确：查

不出来。**连智者也不行，尽管他声称可以。** 呼应 3：11。

命 运

九章

这一切，我都用心思考了，终于悟出：welaḇur，取洁、挑选。七十士本：看出，ra'ah。**义人智者，他们的一举一动，无不在上帝手中。** 喻安排命运，申 33：3。

是爱是恨，谁能明了？ 爱恨，指上帝的态度或人的情感动机，皆通。

到头来无非[2] **一口嘘气** 校读 / 参七十士本、西玛库本等。原文：一切。

众人一样的命运： 旧译不妥：遭遇一样的事，2：14 注二。

管他义者恶棍

好人坏人， 原文无"坏人"，从七十士本、古叙利亚语译本及通行本补。

抑或洁与不洁

献祭与否；

行善的触罪的不分

发咒誓的和怕咒誓的无论。

[3] **太阳下芸芸万事，最可悲的，便是所有人同一命运。不仅如此，人子的心还充满邪思，一辈子心迷愚妄，直到命归死地。** 直译：之后归于死者。

[4] **要加入了生者，才有指望？** 加入，huḇḇar，另读选择，buhar。

至少活狗比死狮子强。 狗吃屎，性贱而不洁。狮子，或暗示大卫王室。

[5] **至少，活着的还知道有死；** 人生唯一可确信不疑之事。**死了，便一无所知。再也得不着报偿，连名字也要被遗忘。** 名字，zikram，记忆，转指名声、名分。[6] **他们的爱、他们的恨、他们的激情，** qin'atham，或取狭义作妒忌，4：4。**皆已消失；太阳下发生的一切，再也不会有他们一份——永远。**

7 去吧，高高兴兴吃你的面饼

开怀畅饮你的美酒

如此生活，上帝赞成！

8 愿你的衣袍永葆洁白　lebanim，象征喜庆。

你头上膏油不断；形容富裕、蒙福，诗 23：5。

9 与你的爱妻一同安度　爱妻，不说贤妻，丈夫所信赖的智慧，箴 31：11。

你蒙恩享有的一生——太阳下

嘘气般的一生的每一天。

因为，那是你这辈子的福分　呼应 5：17。

太阳下你的辛劳所得。也不说生儿育女、四世同堂之乐，6：2-3。

10 你的手无论做什么

务必全力以赴，因为冥府

无需计工算账，无需知识和智慧——

将来你的去处！

11 太阳下，我还看到：

快腿未必能跑赢

勇士未必取胜；

不一定智慧就能得食

明辨就富裕

有道就蒙恩——　有道，yid`im，有技艺、得真知。反言恶人享福，8：10。

人要碰机会，有定时；叹天灾人祸生老病死，无圣法可依，3：1 以下。

12 谁可预知自己的大限？

就像鱼儿捕进凶网

鸟儿罩在雀罗，

人子也会被厄运缠住

突然撞上灾祸。此段写命运无常。

智慧和愚妄

¹³ 关于智慧，太阳下曾有这么一事，我见了十分感慨：gedolah，高大，转指有深意。¹⁴ 一座小城，居民不多；却遇上一个大王前来攻打，将城围了，四面筑起高高的工事。mezodim，土石堆成，可据高射箭、投掷火把。¹⁵ 城里有一位清贫的智者，他本可献计解救全城，但没有人想到请教那贫士。或作：他运用智慧救了全城，但（后来）这贫士竟无人记得。¹⁶ 因此我说：

智慧能战胜武力；参较 7：19。
但贫士的智慧受鄙夷 人微言轻。
他的话无人愿听。

¹⁷ 其实智者那安详的言语，要比愚顽人头领的吼叫，或作：头领发愚狂时的吼叫。更容易听清楚。评论上节，略带讽刺。以下为一组讲智慧和愚妄的箴言。

¹⁸ 智慧比兵器可贵；
但触一次罪 wehote'，从古叙利亚语译本。原文：一个罪人，wehote'。
要毁掉多少善功！

十章

一只死苍蝇能坏一碗配制的香膏 一只，从传统本注，原文复数。
一点愚妄能盖过智慧和荣耀。盖，yaqar，重于，转指压、盖。
² 智者的心向右
愚夫的心偏左。右 / 左，象征道德人格的正直 / 邪曲、福分 / 灾殃。
³ 笨汉丢了心，行路 丢心，喻失去理智、愚钝，箴 7:7 注。
让众人指：好个蠢货！或作（仿佛）向人通告，他是蠢货。

⁴ 遇上长官对你发怒，你不要离开职位；meqom，另读（失）希望，miqweh。待他怒气平息，marpe'，从犹太社本。解作（你）保持镇静，亦通。即使大错也会宽恕。

⁵ 太阳下我还见有一样不幸，往往起于统治者的不慎，kishgagah，无意或疏忽之过，利 5：15 以下。⁶ 就是让愚妄爬得高高，富贵却沦落底层。⁷ 我看到，仆人骑着骏马，王公似奴隶拖着脚步。敌族入侵、政变或民众造反，王朝倾覆，箴 19：10，30：22。

⁸ 掘陷阱，只怕自己踏 猎人误踩捕兽的机关，诗 7：15，箴 26：27。

挖墙根易遭蛇咬，断壁颓垣常有蛇。

⁹ 采石的，免不了挨砸 采，massia`，或如七十士本：搬。

斫木的伤着脚丫。原文无"脚丫"，据文意补。

¹⁰ 铁刀钝了，又事先不磨，用时就必然费力：智慧的好处，便在成效。智者审慎，懂得"磨刀不误砍柴工"。¹¹ 若未念咒语，lahash，舞蛇的法术，谐音蛇，nahash。蛇咬了人，舞蛇的法术再高明也无济于事。舞蛇的，ba`al hallashon，直译：舌主。

¹² 智者开口，句句蒙恩 使他得福，箴 10：32，18：7。

愚顽人启唇自取灭亡——

¹³ 一开始他唠叨些蠢话

末了，是邪恶的疯狂；

¹⁴ 可是他，愚妄的，喋喋不休！

无人晓得将来怎样

身后之事，谁说得透？ 意同 8：7。

¹⁵ 辛劳是愚顽人的苦 文意接第 3 节。直译：愚顽人的辛劳折磨他。

他找不到进城的路。揭示愚顽的结果或原因。城，象征安全、获救。

¹⁶ 祸哉，一国以小儿为君　小儿，na`ar，兼指仆人，喻无能。

公卿晨起就荒宴！　误国误民，箴 31：4 以下。

¹⁷ 福哉，若国王出身尊贵　直译：尊贵之子。

群臣适时进餐

养精力，不醺醉！

¹⁸ 怠惰房顶塌

手懒屋脊垮。　yiḏloph，或作漏。房屋，借喻王室，或身体，12：3。

¹⁹ 筵席为笑颜而摆　上接 16 节，写公卿的糜烂生活。

美酒讨生活快乐

而银子可回答一切。　暗示贿赂、政治腐败。

²⁰ 莫诅咒君王，快打消这念头　上接 14 节，告诫愚妄者。参出 22：27。

富贵人你进卧房也别贬损；

因为空中的鸟儿会听去

那生羽翼的会唧咕。　意谓智者慎言，光明正大，诗 39：1，路 12：2-3。

十一章

把你的面饼扔水波上　面饼，喻慷慨施舍，箴 25：21。

日久你定能复得。　意为行善而不计得失，总有善报。

² 家产要分作七八份　或作：分给七八人。

这世上你不知有什么灾殃。

³ 乌云若蓄满雨，便要浇大地；　自然现象，人无法控制。

树将倾，不会管南北　树，`ez，另读箭，ḥez，喻闪电，撒下 22：15。

倒在哪儿它躺哪儿。

⁴ 老观风向的不会撒种

盯着云彩，没法收割。

5 正如你不懂那元气 即生命之气，3：19, 21 注，伯 33：4。

如何入母胎化育骨骼， 化育，从诸抄本。原文：像。骨喻胎儿。

你也理解不了上帝

造就万物的伟绩。 包括怀孕生产、人间万事的安排，诗 139：16。

6 晨起即播种

傍晚莫停手—— 劝人努力，多方尝试，不图侥幸。

因为能否成功你不知道

这样，那样，抑或两样都好。

老 年

7 啊，光！多美——

多好，眼睛望着太阳！ 光 / 太阳，象征生命，诗 13：3, 36：9。

8 人无论活到多大年纪

都应尽情享乐；

只是记住，黑暗的日子绵绵无期

未来的一切，是嘘气。

9 年轻人哪，趁着韶光寻欢愉

青春年华，莫虚度： 直译：让你的心使你欢乐。

跟着你的心你双眼的渴望跑！

只是明白，你做的一切

上帝都要判决。 呼应 12：14。

10 驱除你心底的忧戚

扔掉肉身的苦痛， 扔掉，ha`aber，超越，转指丢弃。旧译生造：克去。

虽然韶光也是嘘气

一如乌发的黎明。shaḥaruth，形容少年，相对皓首。

十二章

铭记造你的主，你青春正当时—— 铭记，旧译记念，误。

趁着灾殃之日尚未降临

你还不必抱怨岁月

夺去你的欢乐！催促及时行乐。

² 趁着太阳未黯

月亮和星星在放光

雨后，黑云还没有重现——

³ 莫等到那一天 双关暗示审判之日，11：9。

屋子的看守颤颤巍巍 拉比传统，通说喻手臂乏力。

当年的壮士弓腰佝背，喻两腿变形。

推磨的女人一个个离去 喻掉牙。直译：推磨女人停下，因为少。

窗口眺望的主妇，一片朦胧；喻眼昏。

⁴ 莫等到你两扇街门关紧 喻耳聋。

磨盘的响声渐远，

小鸟的鸣啭，越来越轻 从传统本注。原文：鸟叫即起，yaqum leqol。

唱歌的姑娘不见；唱歌的姑娘，benoth hashshir，复指小鸟，或美称鸣啭。

⁵ 莫等到你惧怕高处 此节晦涩，无定解。

不敢外出——当扁桃开花 春天景象；另说喻老人白发。

蚱蜢肚圆，刺山柑发芽，刺山柑，蔓生灌木，花苞可腌食，俗称酸豆。

人，却挨近了他永久的归宿 一说蚱蜢和刺山柑暗示性欲衰退。

吊丧婆已经上路！吊丧婆，受雇在葬礼上哀哭的妇人，耶9：16。

⁶ 啊，银链要断，金碗要裂 断，从西玛库本及通行本。原文：脱。

水罐要碎在泉边 金碗盛灯油，银链悬起，是富人家的用具。

轱辘要烂在井台：灯灭水断，象征死亡。

⁷ 属泥尘的，泥尘里去 肉身属土，意同3：20。

灵，则归还赐灵的上帝。灵，ruaḥ，此处指呼吸、生命之气，11∶5注。

8 嘘气的嘘气——传道人说——

万事皆是嘘气！ 传道人语录完。尾声或是其弟子的手笔。

尾 声

9 传道人不仅是智者，还将知识传授百姓，既训练弟子，又教化民众。**并钻研考订、**'izzen，称量，转指验证。或作同音词：倾听。**编撰了许多箴言。**统称格言讽喻等各类教训，王上 5∶12。编撰，tiqqen，旧译不确：陈说。**10 为寻求优美的文字，传道人不遗余力，忠实记录了真理之言。**

11 智者的训言好似刺棍，darḇonoth，牧人用于驱赶牲畜。**带着会众导师敲进的一颗颗钉子：**会众导师，ba`ale 'asuphoth，即智者，1∶1注。钉子，隐喻铭记于心。此句或有讹，无定解。**乃是那唯一的牧人的赐予。**源于上帝的启示。

12 孩子呀，称呼学生，箴1∶8注。**除此之外，于你还有一项告诫：攻书无止境，**直译：书多做无尽。**用功过度，会伤身体。**暗示"真理之言"除外，读书须有选择，要思考批判。

13 一言以蔽之，直译：言毕，总以闻。一说以下为后人附笔。**就是要敬畏上帝，谨守他的诫命；且应人人做到。**成为子民的神圣义务。**14 因为万事终归上帝审判，一切隐秘，无论善恶。**犹太会堂传统，诵经至此须重复上节。

二〇〇六年秋初稿，二〇〇八年一月定稿，二〇一五年八月修订

雅　歌

一章

　　歌之歌，标题。**属所罗门**。史载智慧王所罗门曾作歌千零五首，王上 5：12。此诗未颂上帝。

引　子

女　　2 **愿他吻我，他双唇的热吻！** 下句转第二人称拉近距离，似埃及情歌。

　　你的爱更比美酒甘醇 爱，do<u>d</u>eyka，七十士本：双乳，dadde<u>y</u>ka。

　　3 **多么芬芳你的香脂**

　　你的名，如膏油流溢： 膏油／名，shemen/shem 谐音。死海古卷：香膏。

　　难怪姑娘们都爱你！ 姑娘，`almoth，少女或新妇。旧译童女，误。

　　4 **拉着我，我随你一块儿奔** 拉，mash<u>k</u>eni，旧译吸引，不妥。

　　啊君王领我进了寝宫！ 君王，近东情歌熟语，爱人订婚互称王、后。

　　让我们狂欢在你的爱里 频换人称时态，热烈之极。爱，移自下句。

　　记住那胜似琼浆的醉意： 记住，nazkirah，引申作品尝、赞美，亦通。

　　好姑娘谁能不爱你！ 好姑娘，mesharim，正直，复数表集合／抽象品质。

之 一

女　⁵耶路撒冷的女儿们哪！ 听众与女伴，在诗中担任合唱，下文 8 节。

我黑，可黑得漂亮 农家女儿常年劳动，不似富贵人家小姐苍白无力。

像基达人的帐篷 基达，"晒黑的"，北阿拉伯部族，用黑山羊毛毡为帐。

又如所罗门的帷幔。 所罗门，shelomoh，另读 shalmah，一游牧部落。

⁶别因为我黝黑就瞪眼 tir'uni，旧译轻看，不妥。

是太阳，他老盯着我！

妈妈的儿子对我发脾气 妈妈的儿子，婉称兄弟，创 27：29。

派我去看守葡萄园子——

我自己的葡萄园却不让见！ 葡萄园，双关隐喻爱人，2：15，赛 5：1。

⁷告诉我，我灵的所爱： 灵，犹言生命，诗 6：3，伯 7：11。

你去哪里放牧，中午

羊儿又在哪儿憩息？ 牧人歇晌，暗示幽会。

为什么让我像戴着面纱 自比塔玛扮妓求夫，半开玩笑，创 38：14-15。

在你的友伴的羊群边徘徊？ 埋怨难相会，只能和别的羊倌相处。

合唱　⁸要是你不知，最美丽的姑娘

你就跟着羊群的脚印走，

去挨着牧人的营帐

放你的小山羊。 放羊，re'i，谐音亲爱，ra`ya，联想犹大送羊，创 38：17。

男　⁹亲爱的，我把你比作一匹牝驹 埃及情歌形容美人的意象。

套在法老的兵车；¹⁰两串耳坠 或发辫首饰。七十士本：似斑鸠。

面颊生辉，颈子围什么都美！ baharuzim，串珠或珊瑚项链，无善解。

¹¹让我们替你做一副金链 tore，同上节耳坠 / 首饰。

用银珠一粒粒镶嵌。珠, nequddoth, 粒、纽、钉等级物。

对唱 ¹² 啊，我的君王倚着卧榻 bimsibbo, 环绕，转指卧榻或圆桌。

我的甘松膏阵阵清芬；甘松，原产喜马拉雅山，根茎可制香油，价昂贵。

¹³ 我的爱人是一囊没药 mor, 熏香和圣油的原料，亦可入药，出 30：23。

在我的两乳间宿夜；大胆表白。旧译删略：常在我怀中。

¹⁴ 我的郎君是一束散沫花 白花极香，花瓣捣碎可染指甲头发马鬃。

从小羊泉的葡萄园采撷。小羊泉, `en gedi, 死海西岸一富饶绿洲。

¹⁵ 看，我的亲亲，你多美！

多美呀，你一双明眸

鸽子般的温柔！原文无"温柔"，据文意补，2：14 注。

¹⁶ 看，我的郎君，你英俊 郎君, dodi, 爱人，阳性名词，上文 13 节。

又潇洒！这片绿茵

正好做我们的床。

¹⁷ 是呀，雪松给我们做屋栋

丝柏当我们的顶棚。rahitenu, 或作嵌板、椽子，生僻词无定解。

二章

我是沙垄的秋水仙 habazzeleth, 或藏红花。沙垄，迦南北部沿海平原。

是幽谷的百合。shoshan, 埃及语借词，原指睡莲。或即红银莲花，5：13。

² 好比荆棘丛里发一枝百合 接过姑娘的比喻

女孩儿中间看我的亲亲！女孩 / 儿，爱称，箴 31：29 注。

³ 好比林子里一树苹果花开 苹果，一如葡萄，常象征爱情，7：9, 8：5。

小伙儿中间看我的郎君！

我爱去他的荫凉里坐　回忆幽会时。

让他的果子甜在我口中；hikki，腭，转指口舌味觉，5：16，伯12：11注。

4 让他把我带进酒房　幽会处。或引申作酒席，传7：2，想象婚宴及圆房。

用爱的旌旗将我覆盖。旌旗，形容爱情／人狂热，如大军席卷，6：4。

5 啊，快给我葡萄饼　美味，象征爱情，也是祭品，赛16：7。

给我苹果，让我支撑——

这爱，病得我好苦！思恋成疾，撒下13：2，也是埃及情歌常咏唱的。

6 啊，他左手托起我的头

右手将我搂住！姑娘累了，睡去。同8：3。

男　7 我恳求你们，耶路撒冷的女儿　叠句，轻声，同3：5,5：8,8：4。

以羚羊以野地牝鹿的名义，羚羊牝鹿，zeba'oth 'ayloth，谐音万军上帝。

莫惊动莫唤醒我的爱　'ahabah，阴性名词，指对象，即姑娘。

随她睡到几时。直译：等她喜欢／愿意。指睡醒或萌发爱情。

之 二

女　8 啊，那是我郎君的声音！换一场景，姑娘在小城家中思念爱人，独白。

看哪，他来了，跳上山冈

跃下丘陵，9 一头羚羊　zebi，兼指荣光俊美，同音词，赛13：19。

一只小公鹿似的

我的爱人！

看哪，他站在那里

我们家的后墙，直译：墙后。悄悄约会，还未正式提亲。

就在窗口向内探视

贴着棂子张望。

¹⁰ 我的郎君，他一声声唤我：复述爱人情话。

起来呀，我的亲亲

我的美人，你快来!

¹¹ 瞧，寒冬已经过去

暴雨悄悄停歇。冬雨结束，巴勒斯坦四月进入旱季，撒上 12：16 以下。

¹² 遍地百花争妍

正是鸣啭的季节　鸣啭，zamir，略主语鸟儿。七十士本：修剪（果树）。

处处斑鸠咕咕。

¹³ 第一茬无花果红了　ḥanṭah，敷香料，转指成熟、变红。赛 28：4。

葡萄藤绽蕊吐香。

起来呀，我的亲亲

我的美人，跟我一起走吧!

¹⁴ 我的鸽子呀，我的峭崖间

岩缝里藏身的鸽子!　yonah，昵称，形容少女温柔妩媚，1：15, 4：1。

可否露一露你的芳容　旧译面貌，不妥。

让我听听你的话音——

你那甜甜的声气

可爱的脸蛋? 郎君情话完。

¹⁵ 那就请帮我们逮狐狸——　隐喻求婚者不少，姑娘逗弄爱人。

那些糟蹋葡萄园的

小狐狸! 我家的

葡萄正开花哩。自比葡萄园，呼应 1：6。一说此节是插入的片断。

¹⁶ 郎君属我，我也属他　定情的盟誓，同 6：3, 7：11。

他游牧于百合花丛——　见 2：1 注。

¹⁷ 啊别等黄昏吐息，日影逃逸　吐息，yaphuaḥ，喻晚风生凉，创3:8。

回来呀，我的爱人！　首尾呼应，上文8节。

愿你像一头羚羊

一只小公鹿

跳上

芳菲馥郁的山冈！　芳菲，besamim，校读/参8:14。原文：切开，bather。

之 三

三章

女　夜里，我在枕上寻觅　场景同前，但说的是梦境。

我灵的所爱

我寻呀，寻不见他！　七十士本此处另有：我叫他，他不回答。同5:6。

² 哦，我该起来，搜遍全城

大街小巷和广场——

这样，觅我的心爱！　直译：灵的所爱，1:7注。下同。

我寻呀，寻不见他。

³ 直至碰上巡城的卫兵，我问：　原文无"我问"，据文意补。对照5:7。

你们可见着我的心爱？

⁴ 然后，刚离开他们

便遇见了我灵的所爱！

我拉住他，再也不松手

一直将他带进

我母亲的宅院——

进了那怀我的人的里屋！ 婉言合卺之夜，8：2, 5。

男　⁵ 我恳求你们，耶路撒冷的女儿　叠句，如画外音。见 2：7 注。

以羚羊以野地牝鹿的名义，恳求，hishbba`ti，旧译嘱咐，误。

莫惊动莫唤醒我的爱

随她睡到几时。

之 四

合唱 ⁶ 这是什么，那边荒野里

升起一柱烟云，飘来

一阵阵没药乳香，夸赞男家迎亲的队伍，奢华如君王大婚，诗 45：8。

清馨胜似商贾的珍粉？ 'abqath，香料研成的粉末。

⁷ 看哪，是所罗门的銮驾！ mittatho，床、榻，转指座驾。

六十名勇士团团围起 所罗门，美称新郎，1：4 注。

一色以色列的精华：

⁸ 全部手持利刃

极善厮杀，

个个腰悬快刀

入夜不许有任何惊扰。

⁹ 所罗门王用黎巴嫩雪松 `aze，树、木料，此处指雪松。

为自己造了一乘华轿：'appiryon，通说是希腊语借词：phoreion，轿。

¹⁰ 银柱金顶，紫羊毛座垫 顶，rephidatho，或作靠背、扶手，无确解。

中央饰一朵——耶路撒冷

女儿的爱！ 'ahabah，象征爱或新娘的图案，无善解。另读乌木：hobnim。

[11] **快来呀，锡安的女儿** 锡安，复指上句耶路撒冷，诗 2：6 注。

来看所罗门王！

他母亲给他戴上了冠冕 婚礼仪式，或指新郎头戴花环，赛 61：10。

在他大婚的喜日，他的心

欢愉之日！

之 五

四章

男　**看，我的亲亲，你多美！** 以下七节姑娘"肖像"或赞歌，修辞夸张。

　　多美呀，面纱后面 是古代近东爱情诗的熟套。对照 7：2-6。

　　你一双明眸

　　鸽子般的温柔！ 同 1：15。面纱，新娘的盖头，创 24：65，29：24 注。

　　你的乌发像一群山羊

　　跃下基列的峦冈； 跃下，galshu，或作卧下。基列，约旦河东岸山区。

　　[2] **皓齿，如刚刚洗净**

　　准备剪毛的母绵羊， qezuboth，被割／剪的（羊群），阴性复数。

　　怀的全是双胎

　　没有一只夭亡。 形容牙齿整齐。同 6：5 以下。

　　[3] **闭上唇，一根红绳儿** 原文无"闭上"，据文意补。

　　开口又字字动听；

　　隔着面纱看你的双颊 raqqathek，薄处，转指脸颊、太阳穴、眉梢。

　　似两瓣切开的石榴。

　　[4] **颈子，却像大卫之塔**

　　层层筑起，悬一千面盾 极言项链之璀璨。

　　每一面都是勇士的护身—— shilte，盾，另作箭筒、兵器，无定解。

　　[5] **护着一对玲珑乳峰** 同 7：4。

　　如孪生的小羚羊 旧译不确：母鹿双生的。

游戏于百合花**丛**。游戏，haro`im，赞少女活泼可爱；或作吃草，2：16。

6 啊，一俟黄昏吐息，日影逃逸 回应 2：17，渴望与少女结合。

我就赶到没药大山

攀上那乳香小峰！ 回放 1：13。

7 亲亲呀，你通身一个美字

不落半点瑕疵！ "攀上"后端详，狂喜。赞歌完。以下至 5：1 可单作一歌。

男 **8 来，离开黎巴嫩，我的新娘** kallah，仅见于此歌，诗中别处不用。

跟我一起离开黎巴嫩； 似暗示婚事遇阻，劝姑娘私奔，但背景不明。

走下亚玛纳的峦嶂 亚玛纳，'amanah，黎巴嫩南部山峰。

告别色尼尔，巍巍黑门 hermon，黎巴嫩东南圣山。

连同狮子的老巢 色尼尔，senir，黑门山的别名，申 3：9。

豹子的山乡。此阕晦涩，无定解，一说是插入的片断。

9 我的妹妹呀我的新娘 爱人以兄妹相称，也是埃及情歌的熟套。

你夺了我的心， libbabtini，或作：使我的心复苏。谐音上节"黎巴嫩"，lebanon。

你回眸一盼，项链一闪 `anaq，项链/圈，或其饰物。

就夺了我的心！

10 啊多么迷人，你的爱

妹妹呀我的新娘！

你的爱更比美酒甘醇 引"妹妹"原话回赠，1：2-3。

香脂芬芳，一无香品可及。

11 你双唇采集蜂房的沁滴 喻香吻销魂。

我的新娘，你舌尖下

蜜与奶流淌；你的衣裳 蜜与奶，比作福地，出 3：8。

如黎巴嫩清芬四溢。 黎巴嫩，代指雪松，5：15。

¹² 如一座上锁的园子，妹妹呀

我的新娘，园门锁紧　园，gan，从诸抄本。原文：波浪，gal，似笔误。

泉眼封闭。喻其坚贞，拒绝坏人的挑逗、勾引等。

¹³ 你的新枝　shelaḥayik，或喻肢体，无确解。

长成一片石榴林，　pardes，园林，古波斯语借词，传2：5注。

栽满珍奇花果：散沫花与甘松

¹⁴ 藏红花、菖蒲、肉桂　原文句首重复"甘松"，略。

各样乳香木，没药和芦荟　除了石榴，皆非巴勒斯坦原产，故谓珍奇。

异香扑鼻——¹⁵ 你便是

这花园的泉眼：

一口活水滋养的井　熟语，发妻或"约妻"的象征，笺5：15注。

源自黎巴嫩的涓涓小溪。照应上文8节。

女　¹⁶ 醒一醒，北风！

来呀，南风！

一块儿把这花园吹拂

让馨香四溢而流淌。yizzlu，浓香如溪，通感修辞。

愿我的郎君进来他的园圃

拿珍奇一一品尝。

五章

男　会的，妹妹呀我的新娘　婚期将近，动词转入完成体，表憧憬、信心。

我会进我的园子；

会来采撷我的香草没药

吃蜂房的蜜，喝美酒奶汁。呼应4：11。

合唱　吃吧，喝吧，各位朋友

开怀痛饮，亲爱的人！ doḏim，参加婚宴的亲友来宾。

之 六

女 ² 我睡下了，心却醒着。回到第三歌场景，再讲一段梦。

听！是我的郎君在叩门：

是我，妹妹呀我的亲亲

开开吧，鸽子呀我的完人！ tammathi，品行无瑕的好人，昵称，4：7。

我已是满头露珠

发绺儿全淋了夜雾。爱人在门外候立已久。

³ 可我已经脱了内袍 贴身穿的亚麻布袍，长及膝盖，连袖或无袖。

怎好又穿上? 戏言。

我已经洗过脚

怎能再弄脏?

⁴ 呀，郎君把手伸进了门孔 插木头钥匙的孔；求爱者试图拨开门闩。

我的心突突乱跳! 从诸抄本。原文：我五内为他激动。

⁵ 要不要起身

给爱人开门? 犹豫片刻。

我摸到门闩的把儿

手上却沾了没药—— 双关：爱人来访的记号，或新娘起身化妆，1：13。

没药汁从我的指尖滴下! 直译：我手滴没药，指尖没药流上门闩把儿。

⁶ 开了开了，我的郎君——

但是我的爱人，已经离去!

啊，我的灵跟着他的话

去了。我寻呀，寻不见他 同 3：1。

我呼唤，他不回答。去了，yaz'ah，引申作（因他的话而）昏厥，亦通。

⁷ 直至被巡城的卫兵撞上—— 变奏 3：3。

他们居然打我！ 误以为姑娘是揽客的妓女。箴 7：11 以下。

伤人不算，还抢了

我裹身的披肩—— redidi，或作大面纱。

这种人守我们的城垣！

⁸ 我恳求你们，耶路撒冷的女儿 向合唱队说。叠句，2：7,3：5。

如果你们遇见我的郎君——

不，什么也别说：或作：告诉他什么？

这爱，病得我好苦！ 道出梦的起因。同 2：5。

之 七

合唱 ⁹ 你的爱人比别个好在哪里

最美丽的姑娘？

比起别人那郎君强在哪里

你这样恳求我们？ 恳求，旧译嘱咐，误，3：5 注。

女 ¹⁰ 我的郎君白皙红润 郎君"肖像"，对应 4：1 以下，富丽堂皇之极。

真个是万里挑一。

¹¹ 他的头颅，美若精金

发绺儿卷卷，乌鸦般油亮； 卷卷，taltallim，或作（如海枣叶）摇曳。

¹² 眼睛像溪流上一对鸽子 生僻词，无确解。

用奶汁洗净，停于岸畔。 奶汁，状其白羽／眸子晶莹。

¹³ 面颊是香草的苗圃 青年刚有些胡须，就抹了香油。参诗 133：2。

一圈芬芳的花坛； 七十士本读作分词：散发芬芳。

嘴唇，似两朵百合 红百合，lilium chalcedonicum，或红银莲花，2：1 注。

挂着没药的露珠。喻香吻，呼应上文 5 节。

¹⁴ 一双手十根金指　gelile zahab，直译：金柱（复数）。

缀满拓西的美玉；tarshish，西班牙东南口岸，以玉石闻名，诗 48：7 注。

胴体，似象牙雕就　`esheth，光滑，转指工艺品。仅此一用，无定解。

蓝宝石镶嵌四周；

¹⁵ 两腿宛如大理石柱

矗立于纯金基座——

他仪表堂堂，像黎巴嫩

魁然一棵雪松；

¹⁶ 他谈吐文雅　谈吐，hikko，上腭，引申作亲吻，亦可，7：10。

一举一动都魅力无穷。

耶路撒冷的女儿呀!

这就是我的郎君

我的亲亲!　re`i，学爱人的口吻。

六章

合唱 上哪儿去了，你的爱人

最美丽的姑娘?

可知那郎君走的方向

我们好帮你寻访?

女　² 我的郎君进了他的花园　呼应 4：12-5：1，想象与爱人结合。

下到那香草的苗圃;

他就在烂漫处放牧　烂漫，直译：园子（复数）。

将百合花采撷!

³ 我属郎君，郎君属我——　重申盟誓，2：16。

百合花丛任他游牧。

之 八

男　⁴ 亲亲呀，你美若乐都　tirzah，北国以色列的第一个都城，王上 14：17。

漂亮如耶路撒冷　古人称为 "至美之城，全世界的欢乐"，哀 2：15。

却又像军旗猎猎地可畏！喻爱情炽烈，不可抵御，2：4。

⁵ 求求你，转过脸去——

你的眼睛在把我摧折！hirhibuni，向我发作，我承受不起。

你的乌发像一群山羊　同 4：1 以下。

跃下基列的峦冈；

⁶ 皓齿，如刚刚洗净

准备剪毛的母绵羊，

怀的全是双胎

没有一只夭亡。

⁷ 隔着面纱看你的双颊

似两瓣切开的石榴。

⁸ 哪怕有六十位王后

八十名嫔妃，并宫娥无数　夸张，但仍不及所罗门的后宫，王上 11：3。

⁹ 我也只爱一个——

我的鸽子我的完人！见 5：2 注二。

她是母亲膝下的独女

那生她的人的娇娃。

姑娘们见了，都赞她有福

王后嫔妃交口称道：

¹⁰ 这是谁，仿佛晨光熹微

白月溶溶，红日昭昭

却又像军旗猎猎地可畏？同上文 4 节，首尾衔接。

之 九

女　¹¹哦，我下到了核桃园　与爱人相会，回应2：10。

满眼是河谷的新绿：　出城谓下，进城曰上。

葡萄藤发了芽否？　同7：13。

石榴树开了花不？　七十士本另有：那儿，我会把双乳献你。参1：13，7：13。

¹²不知不觉，我的灵

已把我送上銮舆　恍恍忽忽，似梦境，呼应3：7。此节晦涩，歧解纷纭。

紧紧地，挨着我的主公！　`ammi-nadib，或作人名，借用埃及爱情故事。

七章

合唱　回呀回来，所罗门的姑娘　shulammith，美称新娘，对应3：7。

回呀回来，让我们好好打量！　回呀回来，观众／合唱队有节奏的喊声。

为什么要看她翩翩起舞　一说此句写婚礼上的"剑舞"，无定解。

两队人之间，所罗门的姑娘？　一作书南女，喻美人，典出王上1：3-4。

轮唱　²美呀，你踢踏凉鞋的舞步　此段"肖像"归合唱队，数人轮唱较好。

主公的爱女！　美称新娘，呼应6：12。由下往上，将舞者的体态一一说来。

你大腿柔滑似珠玉　柔滑，hammuqe，转弯，曲线流畅、柔滑。

巧匠手里的佳构；　巧匠，'omman，美称造主，箴8：30。

³脐眼儿圆圆，宛然一盅　脐眼儿，shorrek，婉称女阴。

喝不完的添香醇酒；　添香，加香料配制，箴9：2。

小腹堆一堆麦粒　小腹，bitnek，兼指子宫。旧译不确：腰。

围起朵朵百合！　一堆麦粒，状其丰盈，暗示多子。

⁴你一对玲珑乳峰

有如孪生的小羚羊；　同4：5。

⁵颈子直直，若象牙造塔。　此处或脱一对句，参较4：4。

明眸，仿佛那"贵胄之女"

合石堡城门的池塘；合石堡，死海东北大城，别号贵胄之女，民 21：25。

鼻梁，似黎巴嫩的了望台

俯瞰着大马士革。dammeseq，亚兰/叙利亚大城，在黑门山东面，4：8。

6 你头颅昂起，像果园山　karmel，今以色列西北，海法市附近。

缕缕秀发如披紫锦——　'argaman，染料从海贝提取，价昂贵，箴 31：22。

齐唱　让君王束手就擒！君王，美称爱人，1：4，12。赞歌完。对照 4：1-7。

男　　7 美呀，我的亲爱

那么迷人，令我发狂！另读如阿奎拉本：狂欢之女，bath ta`anugim。

8 这婷婷丰姿好比一株海枣　tamar，美女名，创 38：6，撒下 13：1。

籽粒饱满，你的乳房。饱满，旧译难听：累累下垂。

9 我说：我要爬上这株美人　直译：海枣。旧译棕树，误。

摘取她的枣儿串串！　sansinnayw，开花或结果的枝、梗，亚兰语借词。

愿你，乳头像葡萄甜甜

鼻息似苹果芬馨

10 亲吻，如美酒温润——　亲吻，hikkek，上腭，5：16 注一。

女　　润润地，流进我郎君的口——

男　　安抚我的唇我的牙！从七十士本。原文：众睡者的唇。睡者喻牙？

女　　11 啊，我属我的郎君　三申盟誓，2：16，6：3。

他，也把我依恋！　teshuqah，化自上帝罚女人"依恋丈夫"的诫命，创 3：16。

之 十

女　　12 来吧，我的爱人

让我们走去田间

到村里借宿。¹³ 一早

就可以进葡萄园：村，kepharim，或作同音词：散沫花丛，1：14 注一。

看那葡萄藤发了芽否？

放蕊几多？ 石榴树开了花不？同 6：11。

那儿，我会为你献上爱情——

¹⁴ 爱情果暗香浮动　爱情果，duda'im，即曼陀罗，古人相信能催情怀子。

门前有百般珍奇，　参见创 30：14。呼应 4：13, 16。

新摘的贮藏的都是

我给你——我的爱人——的大礼！

八　章

哦，偏偏你不是我家兄弟　换场景，回到引子。

没吮过我母亲的奶汁！ 姑娘苦盼，痴想联翩，照应 4：9 以下。

不然我在街上遇见你

便可吻你，谁会说三道四？

² 还可以引你，不，带你

进我母亲的宅院——　同 3：4。

让你好好教我！ 再给你饮　'ashqeka，谐音上节 "吻"，'eshshaqeka。

那添了香料的醇酿　你教我，telammedeni，或作她教我。暗示爱艺。

我的石榴的琼浆。婉言圆房，1：4, 7：3。

³ 啊，他左手托起我的头

右手将我搂住！ 累了，睡去。同 2：6。

男　⁴ 我恳求你们，耶路撒冷的女儿　叠句，轻声，2：7, 3：5, 5：8。

莫惊动莫唤醒我的爱

随她睡到几时。

尾 声

合唱 ⁵这是谁，那边荒野里　尾声由两个独立片断起头，结束于爱的颂歌。

上来——偎依着她的郎君？　变奏 3:6, 6:12。

男　苹果树下，我把你唤醒：　接回上文 4 节。苹果，象征爱情，2:3 注。

那儿，你母亲曾为你受痛　神给女人的诅咒，创 3:16，也是爱情之果。

那生你的人娩出了阵痛！　爱痛相倚，孕育幸福，赛 54:1，伯 39:3。

女　⁶摁住我，像一颗印章在你心口　印章，表身份意愿权能。形如戒指，

宛若图章，戴上你的手。　　男子挂于胸前或戴手指上，创 38:18, 41:42。

因为，爱与死一样猛烈

激情似冥府决绝；qashah，强硬而热烈，无可挽回。旧译残忍，误。

如一粒火星一团赤焰

耶和华掷下的雷霆：shalhebethyah，"耶火"或天火，喻雷电，伯 1:16。

⁷啊爱情！

大水浇不熄，洪流冲不去——　不啻救恩，永存而同在，赛 43:2。

谁要是想用全副家产来换取

爱情，他必定遭鄙弃！　以下余音三则是后补的，互不衔接，渊源各异。

余 音

⁸我家的妹子还小，哥哥们商议小妹的婚事，参 1:6。胸脯尚未长成。若是有人来提亲，直译：谈她（婚事）之日。我们该为小妹做些什么？

⁹如果她是一道墙　喻贞洁。

我们就给她建上银垛，双关：保"墙"完好，收男家聘礼。

如果她是一扇门　喻轻浮。

就给她安上雪松板儿。安上，na<u>zz</u>ib，从传统本注。原文：围起，na<u>z</u>ur。

¹⁰ 我是城墙，胸脯像双塔——　小妹答。

在他眼里我哪能不像　他，指上门来提亲的，或追求者 / 青年。

找着平安的姑娘？平安，shalom，谐音所罗门的姑娘，shulammith，7：1。

¹¹ 所罗门在丰巴力有一处葡萄园。丰巴力，ba`al hamon，地名，详不可考。
一说葡萄园隐喻后宫，则丰巴力可指耶京。他将园子交与人看管；每人为收获的
果实，须交纳一千块银子。

¹² 但我的葡萄园　隐喻心上人，1：6注三。青年表白。

我自己打理。所罗门哪

你收你的一千块，

看管果子的，拿两百！因园子是祖产，不可出让，民36：7，王上21：3。

¹³ 园中人哪，yoshebeth，居住者，阴性单数，指姑娘。七十士本作阳性单数，古叙
利亚语译本作阳性复数。友伴们都能聆听你的话音，让我也听听，求你！呼应
1：7，2：14。

¹⁴ 快来呀，我的爱人！姑娘答，引2：17。

愿你像一头羚羊

一只小公鹿

跳上

芳菲馥郁的山冈！期待与爱人结合，4：6注。

二〇〇六年冬初稿，二〇〇八年一月定稿，二〇一五年九月修订

附　录

释 名

　　《圣经》中文译本繁多，加之教派分歧，各自为政，译名未免混乱。既不便阅读理解，又妨碍了经文合一。这困境恐怕是中文独有的，该算在十九世纪来华译经的传教士的账上。因为在他们的母语里，译名绝不是这样的乱法。拙译的原则：约定俗成的不变，用字不当的改正，并适当意译，以再现原文的用意、暗示或特定修辞效果。如"亚伯拉罕"不变，因已广泛接受。但其父亲旧译"他拉／特辣黑"，易与上下文混淆，改作"泰腊"；夫人旧译"撒拉／撒辣"，不雅，据通行译法作"莎拉"；续弦夫人旧译"基土拉／刻突辣"，刺眼难听而带贬义，殊不可取，意译"香娘"。

　　以下列出本书涉及的主要人名神名族名物名地名，及相关圣经学术语，略加解释。不求全面，是因为将来五卷《圣经》译毕，还需重拟标准，统一检索，修订补充。词条按译名的汉语拼音和四声笔画排序。原文（希伯来文、希腊文等）用拉丁字母拼写，放括号内，部分人名与地名译出本义。所举旧译，若两名并列，分别指和合本、思高本，如"莎拉"条："旧译撒拉、撒辣"。括号中年代，"前"指公元前，"后"指公元后；问号表示存疑。

A

阿吉巴（Aqiba ben Joseph, ?～公元132），犹太拉比，相传四十岁时尚目不识丁，后苦学十二年，精通律法，并收集整理口传教规，为后人编撰犹太法典奠定了基础。晚年广收弟子，达二万之众。因支持犹太起义和公开讲授被禁的律法，被罗马当局残酷处死而英勇殉道。见雅歌。

阿奎拉（Aquila of Pontus），希腊语《圣经》译家，活跃于公元二世纪初。初入基督教，后皈依犹太教，师从大学问家阿吉巴拉比。其译本称阿奎拉本，以直译见长，犹太会堂用以取代当时已为基督徒广泛使用的七十士本。全书早轶，今存片断。《箴言》8:30注，《雅歌》7:7注。

《哀歌》（'ekah），传统上归于先知耶利米名下，从七十士本称《耶利米哀歌》（典出《历代志下》35:25）。但语言风格思想立场与《耶利米书》迥异，且希伯来正典列入第三部分"圣录"，与《雅歌》《传道书》一样，属"五小卷"。学界通说，成文于巴比伦军陷圣城焚圣殿（前587/586）之后，巴勒斯坦无名氏著。

艾丹（'ethan），利未人，智者，大卫王任命的圣所或会幕三乐官之一，一说即耶杜顿，《历代志上》6:16以下。《诗篇》89章题记。

艾尔（'el，神），西部闪语各族（叙利亚和迦南地区）对主神的称呼。艾尔是众神、人类与岁月之父，号公牛。希伯来《圣经》里兼指异教神和子民的唯一神（'elohim），后者通译上帝/天主、上帝全能（'el shadday），《创世记》17:1，《出埃及记》6:3。并成为族名以色列（yisra'el）一词的圣名元素与重读词尾。见巴力、智慧。

艾力胡（'elihu，他乃我神），布斯人巴拉杰之子，属兰族，约伯的年轻友人或邻居。因见三友人说服不了约伯，大为不满，企图为上帝代言，驳倒"谬论"。《约伯记》32:2。见布斯。

奥利金（Origen of Alexandria，约185~254），希腊教父，极博学，苦修行，相传为拒淫念而自宫（优西比乌《教会史》6:8，参见《马太福音》19:12）。其六栏本《圣经》用希伯来经文及希腊字母译音，与四种希腊语译本（阿奎拉本、西玛库本、七十士本、西奥多提本）对照，以修订七十士本，影响巨大。其学说在六世纪被教会判为异端，著作散逸，六栏本今存抄本片断，所修订七十士本有古叙利亚语译本传世。《约伯记》39:12注，

《诗篇》49：5 注。

B

巴比伦之囚（golah）。公元前六世纪初，南国犹大拒当巴比伦藩属，获埃及支
持，屡次反叛。巴比伦王尼布甲尼撒（前 605～前562 在位）遂二入迦南，
围耶路撒冷。公元前 587/586 年，巴比伦军陷圣城，焚圣殿，将俘获的
国王贵族工匠百姓掳往巴比伦为奴。史称巴比伦之囚。尼布甲尼撒死后，
波斯居鲁士大帝（前 558～前530 在位）崛起。公元前 539 年波斯西侵两
河流域，其时巴比伦国力已衰，不战而降。次年居鲁士敕命释囚，子民
始得陆续返回迦南。《诗篇》14：7 注，74 章题记。

巴拉杰（barak'el，上帝赐福），艾力胡之父，《约伯记》32：2。

巴力（ba`al，主），迦南雷神，主神艾尔之子，主丰收、生育、战争，其造
像为公牛或挥舞闪电驾驭乌云的勇士。曾击败海龙（Litanu）与汪洋
（Yamm，象征混乱），为死亡（Mot）吞下又再生（象征旱季结束大地复
苏），故事在乌迦利特语文献中多有记载。以色列人定居迦南后，与当
地居民通婚融合，拜祭巴力，"追随邪神行淫"。故而先知视巴力为耶和
华的死敌。《诗篇》29 章题记，106：28。见艾尔。

巴珊（bashan），今约旦北部、叙利亚南部高原，以土地肥沃而著称。曾被以色
列征服，划归玛纳西半支族。《民数记》21：33，《申命记》3：13，《诗篇》
68：15 注。

百合（shoshan），埃及语借词，原指睡莲。诗体经文中指白（圣母）百合
（lilium candidum）或红百合（lilium chalcedonicum），用以比喻爱人、象
征爱情。《雅歌》2：1, 5：13。《新约》所载，耶稣以"百合花"（krinon）
讽喻，通说指银莲花（anemone coronaria），也是巴勒斯坦常见的野花，
花有红、紫等色，春天开放。《马太福音》6：28。`

卑微者（`ani），见穷人。

北国，见以色列。

本雅明（binyamin，南儿、福儿），雅各的幼子，爱妻拉结所生。旧译便雅悯。

后裔为本雅明支族，产业（领地）在耶路撒冷北边。民风强悍，好勇斗狠，《创世记》49:27。扫罗王、先知耶利米、传道者圣保罗皆出于此支族。《诗篇》7章题记。

比尔达（bildad，大神之爱），约伯受撒旦折磨，家破人亡，前来吊唁安慰的三友人之一。书河人，香娘之后，《创世记》25:2。通说为红岭酋长，世居阿拉伯半岛西北"智者之乡"。见以利法、祖法。《约伯记》2:11。

布斯（buz），亚伯拉罕之弟拿鹤之子，北阿拉伯部族，《创世记》22:21。见艾力胡。

C

苍穹（raqia'），按照古代近东闪族人的宇宙观，天空是一座晶莹透亮的穹隆，托起天河，罩住大地。河水透过穹隆的孔隙或窗口漏下，便是雨。据《创世记》1:3以下，乃是上帝为分开混沌大水、形成天地两界、安放日月星辰所造。旧译空气，误。

忏悔（naham），本义怜悯、伤悲，转指悔恨、回心转意。经文中兼指天父对子民的怜悯，及人子因认罪而忏悔，从而脱离罪愆回归正道。《出埃及记》13:17，《列王纪上》8:47，《约伯记》42:6注。

忏悔七章（penitential psalms），基督教传统对《诗篇》6, 32, 38, 51, 102, 130, 143章的合称。七章连缀，如同罪人向上帝祈祷，痛苦忏悔而哀鸣求救。

《传道书》（qoheleth），本义会众召集人、导师，指所罗门——以色列智慧的集大成者。但除了开头一段"自述"（1:12-2:11），其余部分所罗门和世间万象一样，只是诗人思考的对象。而尾声所记传道人的形象，为一老师或智者，并非国王。诗中弥漫的悲观情绪和怀疑精神，亦与所罗门时代格格不入。通说作者是巴勒斯坦犹太人，生活在巴比伦之囚以后重建的耶路撒冷，熟知埃及、巴比伦和迦南智慧文学。鉴于诗人用了不少亚兰语词汇和表达法，及两个古波斯语借词（见2:5, 8:11注），但没有同希腊文化直接接触的痕迹，而次经《德训篇》（成文于公元前二世纪初）的思想明显可见《传道书》的影响，一般推算，此诗作于公元前四世纪（或前 450 ~ 前330 之间）。

传统本（textus masoreticus），中世纪前期（约 600 ~ 1100），犹太经师（ba`ale hammasorah）世代传承、注释整理的希伯来《圣经》文本。九世纪末至十一世纪末，是传统本学术的黄金时代。存世抄本中公认的善本有二：一是俄国圣彼得堡公共图书馆藏列宁格勒抄本（codex leningradensis），完成于 1009 年，学界通行的德国斯图加特版希伯来《圣经》（BHS）即以其为底本；一是以色列希伯来大学《圣经》（HUB）的底本阿勒坡抄本（codex aleppensis）。该抄本不完整，但年代比列宁格勒抄本略早，据信是十二世纪犹太哲人麦蒙尼德（Moshe ben Maimon, Maimonides）首肯了的。拙译插注中，"原文"指 BHS 编者校订的列宁格勒抄本，"另读"主要指该抄本页边所录经师附注（masorah）或编者脚注列出的传统读法。

次经（deuterocanonical books），希伯来《圣经》未收，存于希腊语七十士本，被东正教、天主教认可，但犹太教与新教不承认的经文。例如《玛加伯》（上下）、《智慧篇》和《德训篇》。

D

大马士革（dammeseq），亚兰（叙利亚）南部大城，位于黑门山东面，扼南北商路之要冲。相传大城为亚兰之子乌斯所建。《雅歌》7:5。

大卫王（dawid），以色列第二位君主，耶西之子，扫罗王女婿，所罗门之父。在位期间（约前 1010 ~ 前970），定都耶路撒冷，迎约柜，扩版图，国力鼎盛，子民视为理想君王。善琴、诗之艺，后世奉为诗祖，《撒母耳记上》16:18，《阿摩司书》6:5。传统本《诗篇》题记"属大卫"（大卫作或关于 / 献给大卫）的，凡 73 首，七十士本题记增加至 85 首。其中只有少数可以追溯到大卫王时代，如《诗篇》之十八，参较《撒母耳记下》22 章的另一版本。见扫罗、所罗门、纳丹。

道 / 路（derek），常比喻人的言行意愿、生活方向；如敬畏上帝谨守诫命，称作走耶和华的正道，《申命记》10:12，反之，则是"踏足罪人的路"，《诗篇》1:1。参见《约翰福音》14:5，门徒"双胞胎"托马问道（hodos，即方向前途），耶稣答：我就是那道，是真理和生命。

地柱（`ammuḏim），古人以为地下有深渊，陆地由若干柱子支撑固定。《约伯记》9:6, 38:6，《诗篇》24:2, 75:3。

第二圣殿，见圣殿。

督厄（do'eg，焦虑），红岭人，扫罗王的臣仆。大卫受扫罗猜忌，逃走后得大祭司亚希米勒的帮助。督厄告发，扫罗王大怒，杀祭司全家并当地全部百姓、牲口，《撒母耳记上》22:6 以下。《诗篇》52 章题记。

E

俄斐（'ophir），据"万族世系"，为希伯之孙、约坍之子，《创世记》10:29。通说为南阿拉伯部族，其地盛产宝石黄金。《约伯记》22:24。

F

法（torah），本义教导，特指耶和华与子民立约，通过先知摩西颁布而指导子民生活的上帝之法，或摩西五经。参见《诗篇》119 章圣法颂。

非利士人（pelishtim），源出爱琴海诸岛，公元前十三世纪末殖民迦南南部沿海地区，建加沙、迦特等五城。历史上常与以色列争战，为子民的世敌。地名巴勒斯坦源于此名。《诗篇》56 章题记，60:8, 83:7。

腓尼基（phoinike），海枣/凤凰之土。见迦南。

丰巴力（ba`al hamon），地名，所罗门王的一座葡萄园，详不可考，《雅歌》8:11。

G

古拉丁本（vetus versio latina），圣杰罗姆通行本之前，拉丁语《圣经》各种抄本的统称。均译自希腊语七十士本，最早者可追溯到公元二世纪下半叶的北非。

古实（kush），族名和国名，今埃及以南，苏丹、埃塞俄比亚、也门一带，《创世记》2:13。又作米甸的古称，《民数记》12:1 注。

古实（kush），七十士本：古实人。即向大卫王报告其爱子押沙龙兵败战死的信使，《撒母耳记下》18:21 以下。但传统本《诗篇》7 章题记作 "本雅明部古实"，似另指大卫王的某个敌人。

古叙利亚语译本（versio syriaca, peshitta），叙利亚东正教的标准经文，其 "旧约" 文本可上溯到公元一世纪中叶，部分为犹太人所译，并受亚兰语译本影响。《新约》则完成于五世纪初，但不包括早期叙利亚教会不承认的《彼得后书》《约翰二书》《约翰三书》《犹大书》和《启示录》。

果园山（karmel），今以色列西北，海法市附近，旧译迦密，《以赛亚书》33:9，《雅歌》7:6。先知以利亚曾在山上与大神巴力的四百五十名先知斗法，祈雨得胜，《列王纪上》18:20 以下。

H

哈尼（Haqniq），又名豪尼、雅尼、窝尼，一说即古籍所载和夷，《尚书/禹贡》"华阳黑水"条，意为 "山人"。分布于云南红河南岸哀牢山脉南段绿春、元阳、红河、金平四县及邻近州县和东南亚各国。语言属汉藏语系藏缅语族彝语支，分若干方言。一九五七年，中科院会同云南省少数民族语文工作指导委员会，以绿春县大寨乡语音为标准音，制定拉丁字母《哈尼文字方案》。之后，陆续出版了史诗《哈尼阿培聪坡坡》、祭辞《斯批黑遮》、创世歌谣、神话传说多种。详见史军超《哈尼族文学史》，云南民族出版社，1989。

海龙（liwyathan，利维坦），古代近东神话里的原始混沌之海怪，有七颗脑袋，可吐火吞日而乱世。旧译鳄鱼，不妥。《约伯记》3:8, 40:25 以下。后世将它等同于恶魔撒旦，叫作七头十角的赤龙、古蛇等，被米迦勒天使长击杀，《启示录》12:9。犹太伪经传统，另有世界末日救主杀海龙、巨兽为义人设宴的说法，《以诺记上》60:7 以下。

海枣（tamar），又名椰枣、波斯枣。旧译棕榈，误。详见《宽宽信箱/海枣与凤凰》。常作女子名，即塔玛，《创世记》38:6，《雅歌》7:8-9。

合石堡（heshbon，要塞），死海东北高原上的亚摩利大城，别号贵胄之女，《雅歌》7:5。曾为以色列占领，属吕便支族，《民数记》21:21 以下，32:37。

和合本（1919），《圣经》最为流行的白话译本，系清末民初新教诸派妥协合作的成果，几代英美传教士（及中国助手）在华译经的"天鹅之歌"。底本取英语钦定本的修订本（1885），文句直白，但舛误与不通处极多。其修订版多号称"新译"，均不甚成功，读者寥寥。

黑门山（hermon，禁山、圣山），黎巴嫩东南圣山，主峰海拔 2814 米，为迦南诸山之冠。圣经时代仍森林覆盖，猛兽出没，《雅歌》4:8。一说耶稣带三弟子登"高山"，变形与摩西、以利亚交谈，那高山即黑门，《马太福音》17:1 以下。又名西连、色尼尔，《申命记》3:9。

红哥（'edom），以扫的别号或绰号，因他出生时皮肤通红，又为一碗"红乎乎"的小扁豆羹把长子权"卖"给弟弟雅各。子裔遂称红族，居红岭，是以色列的世敌，《诗篇》137:7。《创世记》25:24 以下。旧译以东、厄东。见以扫。

红岭（'edom），又名毛岭，死海以南山区，以扫（红哥）及子裔（红族）的领地。《创世记》36:8 以下，《诗篇》60:9。

红族（'edom），见红哥。

J

基甸（gide`on），拯救以色列同胞、击败米甸压迫者的勇士。因听从天使指示，拆毁父亲的巴力祭坛和女神柱，又名镇巴力。《士师记》6-8 章，《诗篇》83:9 注。

基督，见受膏者。

基列（gil`ad），约旦河东岸山区。一说名从当地主要部族，即玛纳西之孙基列，《民数记》26:29。雅各携妻妾牛羊回迦南，与追赶他的岳父拉班在山上堆石为界，见证誓约，称石堆为"基列"（gal`ed），则是另一传说，《创世记》31:47。《雅歌》4:1。

迦勒底（kasdim），原指巴比伦南部、两河流域下游波斯湾沿岸地区。经文中借
　　指巴比伦，或通晓迦勒底 / 巴比伦占星术的巫师术士，《但以理书》2：2。
　　有时则泛指北方游牧部族，《约伯记》1：17。

迦南（kena`an），巴勒斯坦（包括黎巴嫩南部、戈兰高地等）的古称，希腊名腓
　　尼基。根据经文，乃是天父应许子民的家园与"福地"，疆域大致如《民数
　　记》34 章描写。当地土著源出炎炎（含）之子迦南，《创世记》9：18, 10：6。

迦特（gath，酒榨），非利士五城之一。大卫逃避扫罗，曾投靠迦特王（即当地
　　酋长），《撒母耳记上》27 章，《诗篇》56 章题记。

杰罗姆，圣（Eusebius Hieronymus, St. Jerome，约 347 ~ 420），罗马教会四大博
　　士之一，拉丁语通行本的译者。

旧约（vetus testamentum），基督教《圣经》二约之一。编排按体裁内容，取
　　四分法，即摩西五经、历史书、智慧书、先知书。全书以《玛拉基书》
　　收尾，与《新约》衔接：先知玛拉基（mal'aki，我的使者）传"万军耶
　　和华"训谕，预言末日审判，一位神秘的"约的使者"将要到来，先知
　　以利亚重新降世（3：1, 23）……《新约》记载，耶稣曾把施洗约翰比作
　　重新降世的以利亚，而那子民盼望已久的"约的使者"，则暗示了基督
　　要立的新约，《马太福音》11：10。见新约。

巨兽（behemoth），和海龙一样，也是古代近东神话里的乱世怪物，但"称霸群
　　山"，栖息在"苇荡沼泽"，《约伯记》40：15 以下。旧译河马，不妥。

K

寇腊（qorah，冰雹），利未次子哥辖之孙，其后裔负责看守会幕，担任圣所歌
　　手，《历代志上》6：16, 9：19，《诗篇》42 章题记。以色列出埃及途中，寇
　　腊领头作乱，向摩西和大祭司亚伦发难，被耶和华开地口、降天火处死，
　　《民数记》16 章。

L

兰族（ram），犹大与塔玛的长子裴裂之孙，大卫王与耶稣的先祖，《路得记》

4:19，《历代志上》2:9，《马太福音》1:3。见艾力胡、塔玛。

乐都（tirzah，快乐），北国以色列的第一个都城，位于石肩东北，以景色美丽而闻名四方。《雅歌》6:4。见撒玛利亚、石肩。

雷穆尔（lemu'el，奉献于神），玛撒王，事迹不可考，《箴言》31:1。

黎巴嫩（lebanon，白），以色列以北山区，盛产雪松、丝柏等，古人用于建筑宫室，如所罗门造的耶路撒冷圣殿，《列王纪上》5:20, 7:2。

灵（nephesh，七十士本：psyche），本义气、喉，转指心灵、性命、整个的人（无论生死）。因此死人和死尸可称亡灵，《利未记》21:11，《民数记》6:6。《听哪》信经要求子民全心、全灵、全力爱耶和华，"全灵"即把整个的人投入对上帝的爱，《申命记》6:4。摩西传统没有希腊哲学探讨的灵肉两分、肉身速朽而灵魂不灭的观念。所以《诗篇》每每提及的义人的灵，在原文里并无义灵复活而永生的确指，虽然后世的教义往往那样解释。灵魂不灭的信念，要到希腊化时期，在《但以理书》（12:2）、希腊语次经、伪经，以及《新约》里，才得到清晰的阐述，如《路加福音》21:19，《启示录》20:4。详见《宽宽信箱/地狱里一对鸽子》。

灵（ruah，七十士本：pneuma），本义风、气，转指精神、意志、生命力、造物主（赋予人以生命）的灵，《创世记》6:17，《约伯记》34:14。先知或长老预言，须有上帝的灵附体激励，《民数记》11:25。创世之先，圣灵盘旋，"灵"作"大风"亦通，《创世记》1:2。但旧译"神的灵运行在水面上"，大谬。"运行"来自钦定本的弱化动词"moved"，然而上帝非车船星球之类，不可能按照任何规定路线或物理法则周而复始地运动（而且还要贴着水面！）。原文：merahepheth（英语：hovering over），即盘旋：圣灵仿佛老鹰翱翔，《申命记》32:11。详见《信与忘/上帝的灵在大水之上盘旋》。

六栏本（hexapla），见奥利金。

路德，马丁（Martin Luther，1483~1546），德国宗教改革领袖，所译德语《圣经》称路德本（《新约》1522，《全书》1534），打破了西方（罗马）教会的拉丁语通行本一统天下，开启了现代西语译经的浩荡潮流。

M

玛撒（massa'，预言），以实玛利之子，后裔为北阿拉伯游牧部族，《创世记》
　　25：14，《箴言》31：1。"玛撒"带定冠词（hammassa'），解作预言，亦通。
　　《箴言》30：1。

米莲（miryam，谐音苦，mar），摩西与亚伦之姊，女先知，《出埃及记》
　　15：20，《民数记》26：59。今名玛丽、玛丽亚（圣母名）源出于此。旧
　　译米利暗、米黎盘。

冥府（she'ol），即阴间，死者亡灵（无分善恶）的归宿，与后世系于善恶报应
　　的地狱是不同的概念。详见《宽宽信箱 / 地狱里一对鸽子》。

摩西（mosheh），以色列最伟大的先知、圣哲、革命家和立法者。传统上把摩西
　　五经和《约伯记》归他所传，《巴比伦大藏 / 末门篇》14b。《诗篇》77：20。

摩西五经（torah），希伯来《圣经》（基督教旧约）的开头五篇，《创世记》《出
　　埃及记》《利未记》《民数记》和《申命记》。全书由渊源各异、时代不同
　　的文本片断交织而成。最后编定，当在巴比伦之囚结束，祭司以斯拉出
　　使迦南颁行律法之前，即公元前五世纪下半叶至四世纪初。详见《摩西
　　五经 / 译序 / 圣经年表》。

N

纳丹（nathan，［神］赐），大卫王朝廷最重要的先知。赫提勇士耶光对大卫王
　　忠心耿耿，大卫却与他的妻子誓女通奸，为娶誓女竟设法杀了耶光。纳
　　丹严辞谴责大卫的罪行，后又帮助誓女，让她的儿子所罗门继承王位。
　　《撒母耳记下》11-12 章，《诗篇》51 章题记。

南国，见犹大。

尼布甲尼撒（nebukadne'zzar），巴比伦王（前605～前562在位），迦勒底王朝
　　最强大的君主，攻占叙利亚、迦南，击败埃及和北阿拉伯诸部。《圣经》
　　里主要写他陷圣城、焚圣殿、掳子民的暴行。先知（如耶利米）解作以
　　色列背弃圣法，上帝降罚，假手于巴比伦王。见巴比伦之囚。

P

裴裂（perez，裂隙、空子），塔玛与公公犹大交合所生双胞胎之一，因接生婆说
他"钻空子"抢在弟弟谢亮（zerah）前头落地，故名。《创世记》38:29。

Q

七十士本，希腊语（versio septuaginta），希伯来《圣经》最早的译本，西文
译经之发端。相传由以色列十二支族七十二长老，应埃及王托勒密二世
（前282～前246在位）之邀，分头独力译出，故名。详见《创世记/前
言》。《新约》作者凡引用希伯来经文，皆用此译本。七十士本遂成为基督
教"旧约"的直接渊源，对教会教义产生深远的影响，至今仍是希腊东
正教的正典。见阿奎拉。

钦定本，英语（King James Version, 1611），奉英王詹姆士一世之命，由
五十四位学者参照廷代尔本、日内瓦本、主教本等六种十六世纪英译
《圣经》，分组译成。后经牛津大学布雷尼（Benjamin Blayney）博士勘
误（1769），复由圣公会组织五十名学者修订，称修订本（1885），即
中文和合本的底本。

穷人（'ebion），生活贫苦、无社会地位而受欺压者，如孤儿寡妇和外族奴婢。
故又称卑微者。摩西之律规定，子民有扶助穷人的义务，《利未记》
19:19, 25:25。所以义人如约伯常救济贫弱，《约伯记》29:12。智慧书
一方面指出"手懒贫苦近"的现象，《箴言》10:4，另一方面又谴责"恶
人骄横，欺凌弱小"，坚信上帝是全体穷人的庇佑，《诗篇》10:2,
35:10。《新约》光大了这一先知传统；耶稣将天国的拯救和荣耀首先应
许了穷人，《马太福音》5:3，《路加福音》6:20。

雀娘（zipporah，小鸟），米甸祭司流珥/叶特罗之女，摩西夫人。曾于耶和华
发怒之际，勇救丈夫性命，《出埃及记》4:24以下。详见《宽宽信箱/新
郎流血了》。旧译西坡拉、漆颇辣。

R

人子（ben 'adam），亚当子孙、人类、人（具体或泛指），《民数记》23:19,《诗篇》8:4。希腊化时期，公元前二世纪以降，渐与受膏者的观念相连，如《但以理书》7:13,《以诺记上》卷二。耶稣自称人子，在追随者听来，便有谦卑、虔敬、牺牲和末日救赎、受膏者／基督来世的多重含义及象征，《马可福音》8:31,《马太福音》16:27。

S

撒旦（satan），本义敌手、控告者，《民数记》22:22,《诗篇》109:6。加定冠词，则特指一负责巡查人世、检控罪行的天庭神子，《约伯记》1:6,《撒迦利亚书》3:1。后世演变为专与上帝和人类作对的恶魔，有种种名号和婉称，如大恶、鬼王、仇敌、现世的王，等等，《马可福音》3:22,《马太福音》13:19,《路加福音》10:19,《约翰福音》12:31。

撒冷（shalem，平安），耶路撒冷的古名，《创世记》14:18,《诗篇》76:2。

撒玛利亚（shomron，守护），位于石肩西北，北国以色列的第二个都城（前884～前772/771）。亚述灭北国后，掳走全城贵族百姓。迁入的外族与附近居民通婚，称撒玛利亚人；也拜上帝，奉摩西五经为唯一正典。巴比伦之囚后，与耶路撒冷祭司的教义不合，被返国子民视为异族邪教。

撒玛利亚本（pentateuchi textus samaritanus），撒玛利亚教派的希伯来文经书。该教派遵《申命记》11:29诫命，以石肩附近的福山（gerizim）为圣山，建圣所献祭，只认摩西五经为正典。故撒玛利亚本是世上最短的《圣经》。通说传世文本定形于公元前100年前后，但死海古卷中有大体相同的抄本残卷（4QpaleoExod^m），可知流行甚早，且为其他教派阅读使用。

散沫花（kopher）：大灌木，高可达五米，白花极香，花瓣捣碎可染指甲手掌、头发胡须、马鬃马尾。产于东非、西亚、印度，据说华南亦有分布。学名：lawsonia inermis，旧译凤仙花，误。《雅歌》1:14, 4:13。

扫罗（sha'ul），以色列第一位国王，由先知撒母耳膏立（约前1030～前1010在

位），大卫王的丈人。生性多疑而残暴，屡次谋害大卫未成。后与非利士
人作战，兵败自杀，《撒母耳记上》31 章。

色尼尔（senir），亚摩利人给黑门山的名。

莎拉（sarah，公主），亚伯拉罕夫人，本名莎莱。婚后不育，耄耋之年蒙耶和华
赐福，使丈夫百岁得子，名以撒，《创世记》21:1 以下。旧译撒拉、撒辣。

神子（bene-ha'elohim），古代近东君主自号。经文中常指天使，《创世记》
6:1。也可称以色列子民或受膏的王，《出埃及记》4:22，《诗篇》2:7，
或受苦的义人，《智慧篇》2:16。《新约》里则特指耶稣，上帝的儿子
（huios theou），《马可福音》1:11，15:39，《约翰福音》1:49，《罗马
书》1:4。

生命册（sepher hayyim），天庭上记载子民行事、分述人类命运的名册，《出埃
及记》32:32，《诗篇》40:7，69:28。

生命之气（nishmath hayyim），造物主吹进人 / 亚当的鼻孔，赋予他灵魂（即生
命）的气，《创世记》2:7。或作元气，《约伯记》32:8，33:4。

圣城，即耶路撒冷。

圣城本，法语（La Bible de Jerusalem，1955），耶路撒冷圣经学院主持翻译，迄
今已两次全面修订（1973，1998），是梵蒂冈认可的天主教《圣经》译本
的杰出代表。

圣殿，耶路撒冷（hekal, beth miqdash），所罗门王建造，公元前 953 年落成。
用以存放约柜，做上帝在子民中间的居处，祭祀活动的中心。公元前
587/586 年被巴比伦军焚毁。巴比伦之囚结束，子民重修圣殿（前 537 年
奠基），史称第二圣殿。公元 70 年被镇压起义的罗马军再次焚毁。

圣经（The Holy Bible），在中文世界，一般指基督教《圣经》或"新旧约全
书"。"旧约"原指耶稣来世前，耶和华与以色列子民（通过摩西、大卫
等）立约，降赐圣法，所规定的全部义务，包括遵行诫命、献祭守节。
由此引申，特指基督教《圣经》的第一部分，即希伯来《圣经》和（东
正教、天主教认可的）希腊语次经，与第二部分即上帝通过耶稣流血受
难而与人立的"新约"相对。但在西方历史上，"旧约"有贬抑犹太教为

旧教的含义。故"二战"以后，随着深入检讨欧洲反犹传统和纳粹屠犹的罪行，以及多元文化兴起而成为社会道德主流，在学术界和正式场合，"旧约"一词已很少使用，除了在基督教内部或专指基督教文献、立场。

圣经，希伯来（Tanakh），循犹太传统，篇目大致依照历史事件和成书（归典）先后，分为三编：摩西五经、先知书、圣录。基督教称"旧约"，但编排顺序有所不同。见旧约。

圣录（kethuvim），希伯来《圣经》的第三部分，包括智慧书五篇，及《路得记》《哀歌》《以斯帖记》等六篇，以《历代志下》收尾：先知耶利米的预言应验，至高者激励居鲁士大帝的灵，让他决意重修圣殿，诏告流亡各地的以色列人：你们中间谁是［上帝］的子民——愿上帝耶和华与他同在——上［耶路撒冷］去吧（36∶23）。这神圣的召唤，便是两千五百年来饱受奴役欺凌又失去家园的犹太民族，未曾一刻忘怀的理想。

圣者（qedoshim），侍奉上帝者，统称上帝之民或以色列子民、圣民；有时也指天使，《诗篇》16∶3, 34∶9。《新约》里特指耶稣的信徒，《使徒行传》9∶13，《罗马书》1∶7。

《诗篇》（tehillim），本义赞歌（复数）。子民祈祷忏悔、蒙福感恩、朝拜圣殿的颂诗哀歌的总集，共150章，马丁·路德称之为"小圣经"。传统上按题记约有一半归于大卫王，其实多作于南北分裂以降至巴比伦之囚、重修圣殿之后。全书分五卷，均以颂辞结尾。各卷之间有少数章节重复，卷二和卷三倾向于避讳圣名（即以上帝代替 YHWH 或耶和华），还有几首系集句而成，可知各卷所收诗歌的年代渊源皆不相同。内容一部分跟圣殿祭祀、君王加冕和节期典仪有关；如犹太法典记载，利未人每逢周日诵第24章，周一第48章，周二第82章，周三第94章，周四第81章，周五第93章，周六（安息日）第92章。第79和137章，则是每年"五九"（教历五月初九）于耶路撒冷旧城西墙纪念圣殿之殇，所唱的晚祷之歌。后世每有仿作，如七十士本比传统本多收一首，第151章，以及公元前一世纪中叶无名氏著十八章《所罗门诗篇》（原文早逸，今存希腊语全译本和古叙利亚语译本残卷）。《新约》多次提及唱诗，如《马可福音》

14：26，《哥林多前书》14：26，教父更是喜欢引用。见智慧书。

石肩（shekem），城建在山肩，故名。旧译示剑。遗址在圣城以北六十七公里处。亚伯拉罕率家人抵达迦南后，在那里为耶和华修了第一座祭坛，《创世记》12：6。

石肩（shekem），石肩酋长哈莫之子。强暴了雅各女儿蒂娜，后又想娶她。蒂娜的同母兄西缅和利未提出，以石肩男子割包皮为条件同意婚配；之后，乘对方养伤之际入城报仇，杀石肩父子并血洗全城。《创世记》34 章。

石阄（'urim wethummim），本义光明完美，通译光与真。置于大祭司圣衣胸袋，用来求问上帝旨意的神器，《出埃及记》28：30，《民数记》27：21，《箴言》16：33。旧译乌陵土明。详见《宽宽信箱 / 古狗石阄和腰布》。

示巴（sheba'），阿拉伯游牧部落，其名载《创世记》10：7, 28, 25：3。《约伯记》1：15。作国名，通说指阿拉伯半岛西南部，见示巴女王携厚礼访问所罗门的故事，《列王纪上》10：1 以下。

誓女（bath-sheba`），耶光之妻。沐浴时被大卫王从王宫顶上望见、惊其美貌而纳入后宫，生所罗门，《撒母耳记下》11-12 章。旧译拔示巴、巴特舍巴。见纳丹、耶光。

受膏者（mashiah，弥赛亚），原指膏立（归圣）的大祭司、国王，《利未记》4：3，《撒母耳记上》10：1，《但以理书》9：25。七十士本作：christos，基督，《诗篇》2：2 注。犹太末世文学（伪经）中加定冠词，特指一救赎子民的大卫王后裔，即"弥赛亚"或救世主，《所罗门诗篇》17 章。早期基督教和拉比犹太教光大了这一传统，分别发展了基督和复国救主的信念学说。

书南女（shunammith），见所罗门的姑娘。

思高本（1968），天主教中文《圣经》，香港思高圣经学会翻译。对和合本有所订正，且因其注重原文字义与拉丁语通行本的解释，基本直译，不修文采，较为可信。

所罗门（shelomoh），大卫王与誓女之子，小名"耶和华所爱"（yedidyah），《撒母耳记下》12：25。在位期间（约前 970 ～ 前931），建耶路撒冷圣殿，

以智慧和财富闻名于世。相传曾作箴言三千、歌千零五首，《列王纪上》
5：12。死后王国分裂为犹大、以色列两国，南北对峙。智慧书中，《箴
言》《传道书》《雅歌》及次经《智慧篇》皆归在他的名下。正典之外，
还有一些犹太与基督教伪经也托他的名，如《所罗门诗篇》《所罗门颂
歌》和《所罗门遗嘱》。

所罗门的姑娘（shulammith），《雅歌》7：1，无定解。一说是"所罗门"的阴性
形式，意为属于所罗门（新郎）的姑娘，即新娘的美称，《雅歌》3：7注。
一说典出《列王纪上》1：3，大卫王晚年，照顾他的童女阿比莎来自书南
（shunem），后世遂以书南（兰）女喻美人。一说词根本义平安（shlm），
解作"找着／带来平安的姑娘"，《雅歌》8：10。

T

塔尔衮（targum），本义解释、意译，特指希伯来《圣经》的亚兰语译本。
相传巴比伦之囚结束，子民回返迦南。祭司以斯拉持圣法（摩西五
经）至耶路撒冷，向全体子民宣读，边朗诵，边解释，《尼希米记》
8：8。这即席的解释或意译，其记录便是塔尔衮的滥觞。希腊化时期，
塔尔衮可兼指亚兰语和希腊语译本。但后来七十士本渐为基督徒广泛
使用，而当时巴勒斯坦犹太人的母语是亚兰语，拉比们遂决定放弃希
腊语而专注于亚兰语译经。塔尔衮便成了亚兰语译本的同义词。存世
塔尔衮抄本将近十种，来自巴比伦与巴勒斯坦两个学派，完成于公元
二至八世纪间。希伯来经文除《以斯拉／尼希米记》和《但以理书》
之外，皆有亚兰语译本。

塔玛（tamar，海枣），犹大的守寡儿媳。因犹大食言，不许小儿子遵风俗尽小
叔义务迎娶寡嫂，塔玛为正名分，就扮成妓女，与公公交合成孕，生双
胞胎裴裂、谢亮。《创世记》38章。据家谱，裴裂乃大卫王和耶稣的先祖，
《路得记》4：18，《马太福音》1：3。

拓西（tarshish），地点不详，一说为西班牙东南口岸，另作撒丁岛商港，《以赛
亚书》2：16，《诗篇》48：7。有时也借指当地出产的美玉，《雅歌》5：14。

泰腊（tera<u>h</u>，野山羊？），亚伯拉罕之父，旧译他拉、特辣黑，《创世记》11:27。泰腊拜祭的也许是异教神（家乡吾珥的苏美尔月神），《约书亚记》24:2。故而没有随同亚伯拉罕和罗得南下迦南，而留在了盛行月神崇拜的哈兰，《创世记》11:31。

天军（zeba'oth），即天使。转喻日月星辰、天空万象，《申命记》4:19。

天使（mal'ak），上帝的使者和天庭侍从，又称神子、圣者、天军，《约伯记》1:6，《诗篇》89:7, 148:2。天使如同万物，也是天父所造。但他纯属于灵（pneuma），并无肉体（sarx），故不会死，且超脱了婚配生育，《路加福音》20:36，《希伯来书》1:14。但有善恶之分，恶神子的首领据说即撒旦；后世还划分许多等级，与人世相仿。

廷代尔（William Tyndale，约 1495~1536），英语圣经之父，因私译圣书被教会派特务绑架，判为异端烧死。所译《新约》（1525）《摩西五经》（1530）和《约拿书》（1531），文笔简洁有力，语汇句式大部为钦定本所继承。

通行本，拉丁语（versio latina vulgata），圣杰罗姆受罗马主教（教皇）达马苏（Damasus）一世委托翻译，历时十五年（391~406）完成，传统上西方（拉丁）教会的标准经文。

铜蛇（nehushtan），子民出埃及途中，摩西为祛除火蛇之灾而铸造，《民数记》21:9。后来成为百姓拜祭的偶像，被犹大王希士迦销毁，《列王纪下》18:4。

W

伪经（pseudepigrapha），未收入《圣经》，但托名圣经人物或记载其思想事迹的古代宗教典籍之总称。成文于公元前三世纪中至公元二世纪末，大多属犹太传统，但不少经基督徒改编。是研究经文正典化历史、拉比犹太教和基督教兴起、早期宗派及异端思想的宝贵文献。

乌迦利特语（Ugaritic），迦南古城乌迦利特出土泥版所载当地文字，1929 年在叙利亚茴香岬（Ras Shamra）发现。学者考证，泥版属于青铜晚期，公元前十四至十三世纪。文献包括王室历史、神话诗歌、书信账目、课本词表等，对研究迦南宗教及其与耶和华一神教的关系意义重大。见巴力、智慧。

乌斯（`uz，建言、忠告），约伯的家乡，一说在红岭南部，《创世记》36:28，《哀歌》4:21。另说载拜占庭和阿拉伯传统，在亚兰之地，大马士革附近，《创世记》10:23, 22:21。

吴甲（'ukal，精疲力尽），智者亚古尔之子或学生，《箴言》30:1。

五小卷（megilloth），圣录里五篇较短的经文。犹太传统，会众于每年五个节日诵读；即住棚节读《传道书》，掣签节（purim，普陵节）读《以斯帖记》，逾越节读《雅歌》，收割节（五旬节）读《路得记》，"五九"（圣殿之殇）纪念日读《哀歌》。

吾珥（'ur），幼发拉底河下游古城，"太阳升起之地"；苏美尔文化与拜祭月神的七阶庙塔（ziggurat）重镇，人称"智者（术士）的摇篮"。泰腊同亚伯拉罕家族的故乡，《创世记》11:28。见智者。

X

西奥多提（Theodotion of Ephesus），生平不详，公元二世纪中叶以希腊语译经（或修订七十士本），世称西奥多提本。文字较阿奎拉本的直译灵活，收入奥利金六栏本，今存片断。《雅歌》2:17 注。

西弗（ziph），以色列中部希伯伦向南一小镇，东临荒野。大卫在荒野躲藏时，当地居民曾向搜捕大卫的扫罗王告发，《撒母耳记上》23:15 以下。《诗篇》54 章题记。

西玛库（Symmachus），生平不详，所译希腊语《圣经》（或修订七十士本）完成于公元前二世纪末，称西玛库本，收入奥利金六栏本，今存片断。《诗篇》11:6 注。

希腊化时期（Hellenistic period）。公元前 323 年，亚历山大大帝驾崩巴比伦。不久部将内讧割据，建立塞琉西（叙利亚）和托勒密（埃及）王朝。由此至公元前 63 年，庞培率罗马军占大马士革，入迦南，陷圣城，叙利亚和巴勒斯坦并入罗马版图——这二百六十年间，近东各国深受希腊文化、宗教和政治影响，史称希腊化时期。

希曼（heman），视者，大卫王的宫廷乐官，《历代志上》25:5。《诗篇》88 章题记。见艾丹、亚萨、耶杜顿。

希士迦（hizqiyyah，耶和华大力），南国犹大的王（前 716～前687 在位），二十五岁登基，一反父亲牙哈王向亚述朝贡求和、容忍异教的政策。整顿军备，修筑水道，厉行改革，禁止圣殿以外的圣所祭祀，铲除异神偶像，甚至销毁相传是摩西铸造的铜蛇（因百姓向它献祭），《列王纪下》18:4。亚述王亲征讨伐，蹂躏犹大，包围圣城，但始终未能攻克。《箴言》25:1。

锡安（ziyyon，干地、岩石、要塞、流水？），耶路撒冷的别名，特指圣殿山或耶和华的居处，即约柜之所在，《诗篇》2:6,9:11。

夏甲（hagar），原为圣祖夫人莎拉的埃及婢女，莎拉不育，荐与亚伯拉罕为妾。生以实玛利，耶和华的天使为其预言，"子孙昌盛，数不胜数"，《创世记》16:10。

先知（nabi'），神拣选的传道者、代言人。详见《宽宽信箱 / 我凭名字认定了你》。

先知书（nevi'im），希伯来《圣经》的第二部分，其中"前先知书"记述以色列入侵迦南至犹大覆灭、巴比伦之囚与重修圣殿的历史，包括《约书亚记》《士师记》《撒母耳记》（上下）和《列王纪》（上下）；"后先知书"即《以赛亚书》《耶利米书》《以西结书》并"十二小先知"（何西阿、约珥、阿摩司至玛拉基）的启示。这些内容在基督教"旧约"里分属历史书和先知书。

现代本（1979），全称现代中文译本，联合圣经公会译自英语今天本（Today's English Version, 1976）。后者以母语非英语的人士，如新移民和留学生为对象，故文字浅显易读，不求精确，难处或简化或略去。现代本亦遵循这一传教方针，"以初中学生的中文程度为标准"（序言）。

香娘（qeturah），莎拉去世，亚伯拉罕续弦之妻。生六子（包括米甸），后裔据西阿拉伯"香料之路"，故名。《创世记》25:1 以下。旧译基土拉、刻突辣。

小羊泉（`en gedi），死海西岸绿洲，以葡萄海枣冷杉闻名；双关转喻爱人，《雅
歌》1：14。旧译隐基底、恩革狄。

新修订标准本（New Revised Standard Version, 1990），英语钦定本的第四代"子
裔"，文字严谨直白，但迎合"政治正确"；评家赞为经典译本修订之"范
例"，是目前英美学界通行的译本。

新约（novum testamentum），基督教《圣经》二约之二，由福音书、《使徒行
传》、使徒书信和《启示录》四部分组成。各篇成文于公元一世纪中叶至
二世纪中叶，用希腊文普通话（koine）撰写。见圣经、旧约。

修订本（Revised Version, 1885），见钦定本。

雪松（'erez），即黎巴嫩雪松（cedrus libani），高达二十八米，树龄至三千年。
有香味，可驱虫，是上佳的建筑材料，并用于求洁之礼，《利未记》14：4。
经文中常以雪松象征大力、比喻义人和爱人，《诗篇》92：12，《雅歌》
5：15。旧译香柏，不确。

训诲诗（maskil），词根本义见识、慎明，无定解。或指诗歌的表演或乐器伴奏
方式，《诗篇》32 章题记。

Y

押沙龙（'abshalom，父亲平安），大卫王第三子，俊美、多计谋而有魄力。后
起事反叛，入耶路撒冷，夺父王十妾，终于兵败被杀。《撒母耳记下》
16：22, 18：9 以下。《诗篇》3 章题记。

《雅歌》（shir hashirim），托名所罗门，实源于民间情歌或婚礼唱和之曲；全诗
不颂上帝，通篇是热烈的世俗爱情（参 8：6 注，"耶火"喻雷电）。然而殉
道者阿吉巴有言：千秋万代加起来，也抵不上《雅歌》降赐以色列的那
一天；因为圣录篇篇圣洁，而《雅歌》是至圣至洁!《犹太法典／双手篇》
3：5。传统上，经师教父神学家解经，皆以名喻象征来串解"歌之歌"，
将它看作一幕幕寓言，讲上帝同子民、基督与教会乃至灵魂跟造物主的
相爱或结合（例如思高本注）。现代学界的主流，则回归诗句意象的"本
义"，认为《雅歌》是对迦南宗教生殖崇拜的"祛魅"，对纯洁的爱情与

婚姻——男女蒙福而互相依恋"结为一体"——的礼赞（参7：11，8：5注，《创世记》2：24）。见阿吉巴。

雅各（ya`aqob，谐音脚跟），以撒与利百加的次子，亚伯拉罕孙。一生坎坷，顽强争胜，乃至与上帝（使者）摔跤，得名以色列，因他"跟神和人角力，都占了上风"，《创世记》32：29。生十二子，即以色列十二支族的先祖。《诗篇》14：7，47：4。

雅基（yaqeh），智者亚古尔之父，《箴言》30：1。一说是暗语，即感恩赞语"耶和华，唯他为圣"（yhwh qadosh hu'）的首字母略写：yqh。

亚比王（'abimelek，我父王），仅见于《诗篇》34章题记，或指迦特王亚克西（'akish）。大卫避难时曾在他面前装疯，怕他听信流言，猜忌加害，《撒母耳记上》21：11以下。

亚伯拉罕（'abraham，谐音万民之父），原名亚伯兰。故乡在幼发拉底河下游古城吾珥，后随父亲泰腊迁至上游商埠哈兰；在那里蒙至高者召遣，率家人南下迦南（应许之地）。娶莎拉、夏甲、香娘，所生子裔即以色列人和阿拉伯诸部，故三大宗教的子民皆奉其为圣祖。《创世记》12：1，17：5，《诗篇》105：6。

亚古尔（'agur），智者，玛撒人雅基之子。所传训言收在《箴言》30章。

亚兰（'aram），闪之子，挪亚孙。后裔据"万族世系"为叙利亚诸部，希伯来人视为亲戚，《创世记》10：22。

亚兰语译本（targum），见塔尔衮。

亚伦（'aharon），摩西之兄，以色列第一任大祭司，《出埃及记》28：1。主持圣所献祭，为子民祈福、赎罪，后世圣殿祭司奉为始祖。《诗篇》115：10，133：2。

亚萨（'asaph），利未人，智者，大卫王任命的圣所或会幕三乐官之一，《历代志上》16：7。《诗篇》50章题记。见艾丹、希曼、耶杜顿。

亚希多弗（'ahithophel，我兄弟蠢？），大卫王信任的谋臣，后协助王子押沙龙叛乱，兵败而悬梁自尽——圣书所载唯一的自杀，不算战场上为避免被俘受辱而自戕的几例，《撒母耳记下》17：23。《诗篇》41：9，55：13注。

亚希米勒（'aḥimelek），大祭司，因帮助大卫逃避扫罗王而被杀，《撒母耳记上》22∶9 以下。《诗篇》52 章题记。见督厄。

言（dabar），话语、言之所指所成、事物，《传道书》1∶8。特指圣言（七十士本：logos），即上帝创世、救赎与审判之言。或借喻救主之大能、应允、誓约或其传扬者即先知的启示，及通过先知为子民颁布之圣法，《诗篇》33∶6, 119∶9。《约翰福音》更以"太初有言"（logos）、"言成肉身"指耶稣（1∶1, 14），揭示基督为圣言，乃"真理和生命"。旧译"道"，易混淆，不妥。见道／路。

盐谷（ge'-melaḥ），死海（盐海）以南谷地，大卫王击败红族处，《撒母耳记下》8∶13，《历代志上》18∶12。《诗篇》60 章题记。

腰布（ḥagorah），亚当夏娃偷食禁果，眼睛"开开"性意识觉醒，忙用无花果树叶编一块腰布遮羞，《创世记》3∶7。旧译裙子，误。祭司的圣衣，最初也是一条细麻腰布。故摩西之律规定，祭坛禁修石阶，以免献祭者抬脚跨上台阶时掀开腰布，露出下体，亵渎神圣，《出埃及记》20∶26。

耶杜顿（yeduthun），视者，会幕／圣殿三乐官之一，一说即艾丹，《历代志上》16∶42。《诗篇》39 章题记。

耶光（'uriyah），为大卫王效力的赫提勇士，誓女之夫。其忠诚而谨守律法，跟大卫王之淫乱阴险恰成对比，《撒母耳记下》11 章。旧译乌利亚、乌黎雅。见纳丹、誓女。

耶利米（yirmeyah，耶和华开［胎］），南国末年祭司与先知，公元前 627 年蒙召。积极投身政治，谴责国王贵族骄奢淫逸、外交不智，背弃圣法而行将覆亡，并预言子民未来的复兴。犹太传统将《耶利米书》《列王纪》（上下）和《哀歌》归于他名下，《巴比伦大藏／末门篇》15a。

耶路撒冷（yerushalem），原是迦南土著的要塞，叫耶布斯（yebus），《创世记》10∶16。位于以色列十二支族的南北分界线上，大卫王占领后定为国都。又名大卫城，《撒母耳记下》5∶9，美称上帝之城、和平之城、圣城，《诗篇》48∶1, 76∶2 注。

耶西（yishay），伯利恒人，大卫王之父，家谱载《路得记》4∶18 以下。

《诗篇》72∶20。

伊西（'ithi'el，神与我同在），智者亚古尔之子或学生，《箴言》30∶1。

以利法（'eliphaz，上帝纯金），约伯遇祸后，结伴前来吊唁安慰的三友人之一。
其名载以扫家谱，为以扫长子，《创世记》36∶10。故传统上称作红岭酋
长、智者。见比尔达、祖法。《约伯记》2∶11。

以撒（yizhaq，他笑），亚伯拉罕与莎拉之子，诞生第八日行割礼第一人。上帝
曾命圣祖将以撒带上小山，献作全燔祭，以考验信仰，《创世记》22 章。
以撒遵父命娶利百加，生以扫和雅各。《诗篇》105∶9。

以赛亚（yesha`yahu，耶和华拯救），南国先知，公元前 740 年蒙召。相传他出
生王族，写过一部历史，记述犹大王乌齐亚的生平事迹，《历代志下》
26∶22。但《以赛亚书》最后编定，当在第二圣殿时期。学者根据文字风
格和思想内容，可确定第 40—55 章（中编"安慰书"）完成于巴比伦之囚
期间、居鲁士大帝解放子民之前；第 56—66 章（下编"万民的殿"）则记
载了子民重返迦南后的历史事件和宗教理想。

以扫（`esaw），别号红哥。以撒长子，雅各之兄，但其长子权和父亲的祝福均
被雅各骗去，《创世记》25∶29 以下，27 章。后裔称红族，据红岭，是以
色列的世敌。见红哥。

以色列（yisra'el），雅各与上帝（使者）摔跤，赢得的名号。转指雅各后裔，
即以色列子民。所罗门去世后，王国分裂，北部十支族称以色列，即
北国（前 931 ~ 前721）；南部犹大与本雅明二支族称犹大，即南国（前
931 ~ 前587）。

以实玛利（yishma`e'l，上帝听见），亚伯拉罕与夏甲之子，以撒的异母兄。由
于莎拉嫉恨，夏甲母子被迫离家，流浪荒野。以实玛利娶埃及妻，生
十二子，为北阿拉伯诸部的先祖，女儿则许配以扫为妻，《创世记》25∶13
以下，28∶9。

以斯拉（`ezra'），祭司、先知，摩西之后以色列第二位立法者。巴比伦之囚结
束，他奉波斯王敕命，手持"上帝之智慧"（摩西五经）回到迦南，为子
民宣讲律法。并恢复传统节期礼拜，取缔与异族通婚，重修耶路撒冷城

墙。事迹载《以斯拉记》和《尼希米记》。见摩西五经。

义王（malkize<u>d</u>eq），撒冷王，"至高者上帝"（'el `elyon）的祭司，曾向亚伯拉罕献饼与酒，为圣祖祝福。仅见于两处记载，《创世记》14：18以下，《诗篇》110：4。

阴间（she'ol），即冥府。

犹大（yehu<u>d</u>ah，赞美耶和华），雅各与利娅的第四子，塔玛的公公，《创世记》38章。子裔为犹大支族，建南国。后世"犹太"一词源于此名。

犹太社本（Tanakh, JPS, 1985），美国费城犹太出版社主持翻译。旧版（1917）未摆脱钦定本的影响，不甚理想。此番重译，审慎依托现代学术，对古代和中世纪犹太拉比的解经传统多有参照发明，为现代英译《圣经》中的佼佼者。

优西比乌（Eusebius of Pamphilus，约260~339），希腊教父，恺撒城主教，君士坦丁大帝的主要神学顾问。生于巴勒斯坦，勤于著述，尤以《教会史》闻名，后世誉为"教会史之父"。

约（berith），双方合意达成的誓约，往往须指神明或天地作证，广泛用于古代近东的商业交往、财产分配、君臣义务关系和外交谈判。特指神与人（如家族/部落神与侍奉者）之间的义务宣示。但严格而言，上帝给人的允诺，如应许挪亚的"彩虹之约"和亚伯拉罕的"割礼之约"，《创世记》9章、17章，并不基于（也无需）人的同意，而是更接近君主特许的恩惠。这一恩惠，在受恩者，便是因蒙福而承担忠信之义务，被拣选而必须遵从，并接受审查与赏罚的判决：此即子民同救主立的信约，又名永约。《诗篇》89：28, 111：5, 9。

《约伯记》（'iyyob），希伯来诗歌之冠，属智慧书。一说成书于巴比伦之囚期间或稍后，另说在公元前七至前四世纪间。楔子、尾声为散文叙事，或取自民间传说。主干为诗体对话（3：1-42：6），母题类似巴比伦"神义"对话故事（义人受苦，朋友劝慰，自辩清白，终得善报等），由约伯与三友人的辩论、一篇智慧颂、艾力胡宣道和耶和华答约伯组成。文本传统复杂，尤其24-27章，文字错乱较多。第28章智慧颂，主旨与约伯及三友人的观点迥异，近于上帝的视角，当是插入的独立片断。艾力胡一段（32-37 章）通说是后加的。因部分内容与三友人重复，语言风格却明显不同，有许多亚兰语借词（亦表明成文较晚）；而耶和华的回答和尾声对他只字不提，仿佛故事里原本没有这个角色。此诗歧解纷纭，是争议最多的经文篇章之一。详见《信与忘 / 约伯福音》。

约瑟（yoseph），雅各的爱妻拉结荒胎不孕，祈求上帝，终于得子，故名：谐音拭辱 / 添子，《创世记》30:24 注。父亲宠爱约瑟，哥哥们妒忌，将他推下枯井，然后卖给过路商人为奴。岂料命运翻转，约瑟在埃及由奴隶变为宰相，替法老执掌朝政；当迦南饥馑之时，将雅各接来埃及，救了全家人的性命。约瑟娶埃及太阳城祭司之女为妻，生二子，以法莲、玛纳西，后裔为北国十支族的中坚，《创世记》48:19 以下。

约书亚（yehoshua`，耶和华拯救），以法莲支族奴恩之子，摩西的助手与接班人，杰出的军事统帅。摩西逝世后，他指挥以色列十二支族跨约旦河入侵迦南，夺取耶和华应许的"奶与蜜之乡"，《出埃及记》3:8。《诗篇》37:9，《雅歌》4:11 注。

乐官（menazzeah），宫廷乐队指挥或领唱者，无定解，《诗篇》4 章题记。

岳牙（yo'ab，耶和华为父），大卫王外甥，长期统领军队。大卫王去世后，卷入继位党争，被所罗门下令处死，《列王纪上》2:28 以下。《诗篇》60 章题记。

Z

泽鲁巴别（zerubbabel，生于巴比伦？），巴比伦之囚结束，率子民返回迦南的二领袖之一，曾主持重修圣殿的工程，《哈该书》1:1 以下。《诗篇》80:17 注。

《箴言》（mishle），托名所罗门，实为渊源各异、时代不同的传统智慧教导之汇编。保存了巴比伦之囚或摩西五经最后编定以前，以色列宗教思想的一些侧面，如不讲子民圣史，却借用或改写古埃及训子格言。可分九个单元：起头九章是一长篇训诲诗，点明主旨（1:2-7），总论智慧，可看作全书的序。下接七集箴言，即所罗门集（10：1-22：16），古训集（22：17-24：22），古训集续编（24：23-34），所罗门集续编（25：1-29：27），亚古尔集（30：1-14），数字格古谚（30：15-33）和雷穆尔集（31：1-9）。最后以"贤妻赞"（31：10-31）收尾，与序中的"智慧赞"（3：13-35）遥相呼应。见智慧文学。

镇巴力（yerubba'al），勇士基甸的号。本义"争巴力"，即求迦南大神保佑赐福；百姓反其意而用之，赞扬基甸拆毁巴力祭坛、捍卫耶和华的壮举，《士师记》6：32。见巴力、基甸。

纸草（gome'），又名纸莎草（cyperus papyrus），从前盛产于尼罗河三角洲湿地。用途广泛，可制纸草纸、编篮筐、搭棚屋、扎舟艇，《出埃及记》2：3，《以赛亚书》18：2。旧译蒲草，误。详见《宽宽信箱 / 传教士"七月流火"》。

智慧（hokmah），《圣经》中智慧的渊源，自然在上帝。乌迦利特语文献称智慧是迦南众神之父艾尔（大神）的品质。希伯来经文也用"艾尔"称呼子民的唯一神即上帝。巴比伦之囚以后，摩西五经编定，以色列的智者喜欢以智慧（阴性名词）喻圣法，称之为上帝的第一样创造。她来自至高者的口，像云雾一般覆盖大地，《德训篇》24：3。唯有敬畏上帝，才能赢得她的青睐。智慧甚至参与了创世，《箴言》8：22以下。智者这样谈论上帝，解读圣法，就跟祭司和先知产生了矛盾，终于受到后者的谴责、诅咒。智者和智慧文学便慢慢衰落了。见艾尔。

智慧书（books of wisdom），一般指《约伯记》《诗篇》《箴言》《传道书》《雅歌》，及《智慧篇》《德训篇》等七篇。后两篇以希腊文传世，犹太教和新教不承认，但东正教同天主教归于正典，称次经。前五篇在希伯来《圣经》里列入圣录，以《诗篇》为首。相传因为《约伯记》讲好人受苦，经师认为不宜为圣录开篇。《雅歌》《传道书》，加上圣录中另外三个短篇《路得记》《哀歌》和《以斯帖记》，合称"五小卷"，是犹太人在五个传统节日 / 纪念日分别诵读的经文。见五小卷。

智慧文学（wisdom literature），滥觞于埃及和苏美尔文明，源远流长，贯通古代近东各种文学体裁，从箴言、格言、谜语，到智者对话、君王家训、英雄史诗。一般宗教情绪不强，无关民族历史。注重生活智慧、子女教育、家庭婚姻，质疑流行观念，探究生命的意义。以色列是后起的小民族，勤于学习借鉴，如《箴言》里的亚古尔集和雷穆尔集，便是北阿拉伯部族玛撒人的智慧，《创世记》25:14。但有一点关键的不同，即以耶和华一神教的信仰为基础，区别善恶，阐明正途，强调敬畏上帝与善恶报应，从而把人们的言行置于一种新的宗教伦理同经验的指导之下。按思想倾向，可分现实派、思辨派两类：前者包括《箴言》及次经《德训篇》、《智慧篇》，后者则有《约伯记》和《传道书》。文体形式上，早期作品多为两短句一联、平行对应的箴言。常用比喻（明喻隐喻等）说理，凝练如成语，《撒母耳记上》24:14。后来渐次发展出讽喻、寓言、训诲诗等复杂的文体，如《士师记》9:8以下"众树立王"寓言，甚至成为习惯法的载体。

智者（hakamim），本是古代近东一个职业，即为部落酋长或国王观星象、圆梦、治病、求神谕的智士巫师，以亚伯拉罕的老家吾珥的最为著名。其中不乏女性，经文每有记载，《创世记》41:8，《出埃及记》7:11。后泛指任何掌握真知、明辨事理而富有智慧之人。希伯来经文里，智者之王是所罗门。史载所罗门向耶和华献祭，祈祷赐予"明辨的心"而不求长寿或财富。天父大喜，从之。遂有智慧王巧审妓女争子案等故事，《列王纪上》3:9以下。

祖法（zophar，山羊？），约伯遇祸后，结伴前来吊唁安慰的三友人之一，红岭酋长、智者，《约伯记》2:11。见比尔达、以利法。

参考书目

如同前一卷《摩西五经》，以下列出《智慧书》译注、译序、释名等所涉经文译本、历史文献、圣经学专著及工具书。主要针对普通读者同一般学界人士的兴趣需要，不求完备。也分四栏："圣经"与"入门"略作评介，"背景"和"智慧书"按著／译者姓氏或中译名的汉语拼音和四声笔画排序。书应该是一般英文学术书店、大型网上书店跟大学图书馆都有的。

圣　经

拙译已出三卷，即《摩西五经》《智慧书》与《新约》（见书末译者简介）。所据原文，希伯来《圣经》用德国斯图加特版 Kittel-Kahle-Elliger-Rudolph 传统本第五版（Biblia hebraica stuttgartensia, 1997, 简称 BHS），《新约》则取斯图加特版 Nestle-Aland 汇校本第二十七版（Novum testamentum graece, 1993, 简称 NTG），皆是西方学界公认的权威。释义、串解、断句及风格研究，BHS、NTG 脚注所载异文异读之外，主要参考了六种经典西文译本，即希腊语七十士本、拉丁语通行本、德语路德本、法语圣城本、英语钦定本和犹太社本。

中文旧译，新教和合本（1919）以钦定本的修订本（1885）为底本，最为常见，但舛讹累累，不如天主教思高本（1968）直译之细致。近年来香港出的几种和合本的改写本 / 修订本，以新汉语本（新约，2010）较为通顺，对母本多有订正。文言译本，吴经熊博士《圣咏译义》（1946）和《新经全集》（1949）独具文采，颇可诵读，网上可阅。英译，笔者素来推崇钦定本（KJV, 1611）与犹太社本（Tanakh, 1985）。前者乃文学丰碑，影响深远；后者据希伯来文传统本（masoretic text）译出，继承十世纪哲人萨迪亚（Saadia Gaon）阿拉伯语译本之典雅高洁，为犹太教诸派通用。此外，美国南方新教保守派的新国际本（NIV, 1978），风格谨慎却又不拒意译，亦可参考。英美学界流行的，则是钦定本的第四代"直系子裔"新修订标准本（NRSV, 1990），文字直白，适于学习，有牛津第三版注释本：*The New Oxford Annotated Bible*（平装大学版，2007）。只是风格略微呆板，且充满"政治正确"（如改变性、数指称，伪装男女平等）之类今人特有的语言禁忌。

入　门

初习《圣经》者可参考 Stephen Harris《理解圣经》（*Understanding the Bible*, 8th ed., McGraw-Hill, 2010）。此为美国大学通行的本科教材，语言平易，对经文内容、宗教起源、近东各民族历史文化、考古发现等，都有简明扼要的介绍。文学角度较全面的讨论，见哈佛版《圣经文学指引》（*The Literary Guide to the Bible*, Robert Alter & Frank Kermode ed., 1987）。两位编者，科莫德为知名文论家，奥特是圣经文学教授兼译家。单卷本导读与评注，可参阅《牛津圣经指南》（*The Oxford Companion to the Bible*, Bruce Metzger & M. Coogan ed., Oxford, 1993）及《皮氏圣经评注》（*Peake's Commentary on the Bible*, Matthew Black & H.H. Rowley ed., Routledge, 2001）。圣经学辞书，英美学界常用的是六卷本《铁锚圣经大词典》（*The Anchor Bible Dictionary*, David Freedman ed., Doubleday, 1992）。

经外经、伪经、灵知派及死海古卷的选译，建议读巴恩斯通（Willis Barnstone）教授主编的两部：《另类圣经》（*The Other Bible: Jewish Pseudepigrapha, Christian Apocrypha, Gnostic Scriptures, Kabbalah, Dead Sea Scrolls*, Harper Collins, 1980）跟《灵知派圣经》（*The Gnostic Bible*, New Seeds, 2006）。巴氏涉猎甚广，

对中国诗词亦有心得，译过王维和毛泽东。中世纪密宗，《光明经》是必读的经典，可从选本入手（*Zohar: The Book of Enlightenment*, Daniel Matt tr., Paulist Press, 1983）。犹太法典，不包括例证注疏，可查阅牛津版英译（*The Mishnah*, Herbert Danby tr., 1933）。《古兰经》，马坚先生的译本传扬最广，是上佳的汉译（中国社会科学出版社，1981）。详尽的传统教义诠释，笔者愿推荐伊本·凯西尔《古兰经注》（孔德军译，中国社会科学出版社，2010）。

背 景

波德洛（Jean Bottero）：《古代两河流域宗教》（*Religion in Ancient Mesopotamia*），芝加哥大学出版社，2001。

布伯（Martin Buber）：《论圣经》（*On the Bible: Eighteen Studies*），Nahum Glatzer 编，Schocken Books, 1982。

伯科特（Walter Burkert）：《创造神圣：早期宗教的生物学踪迹》（*Creation of the Sacred: Tracks of Biology in Early Religions*），哈佛大学出版社，1996。

道金斯（Richard Dawkins）：《上帝是错觉》（*The God Delusion*），Houghton Mifflin Co., 2006。

德福（Rolland de Vaux）：《古以色列之生活与制度》（*Ancient Israel: Its Life and Institutions*），John McHugh 英译，Wm. B. Eerdmans, 1997。

菲罗（Philo of Alexandria）：《菲罗集》（*Philo*），F.H. Colson & G.H. Whitaker 英译，十卷，哈佛 / 罗伯丛书，1991。

芬克斯坦 / 西尔伯曼（Israel Finkelstein & Neil Silberman）：《圣经出土》（*The Bible Unearthed: Archaeology's New Vision of Ancient Israel and the Origin of Its Sacred Texts*），Free Press, 2001。

傅利门（Richard Friedman）：《上帝之消失》（*The Disappearance of God: A Divine Mystery*），Little, Brown & Co., 1995。

格拉伯（Lester Grabbe）：《祭司、先知、智者：古以色列宗教专家之社会史研究》（*Priests, Prophets, Sages: A Socio-Historical Study of Religious Specialists in*

Ancient Israel），Trinity Press International，1995。

哈佐尼（Yoram Hazony）：《希伯来圣经哲学》（*The Philosophy of Hebrew Scripture*），剑桥大学出版社，2012。

赫鲁肖夫斯基（Benjamin Hrushovski）：《论希伯来诗律》（Note on the Systems of Hebrew Versification），载《古今希伯来诗选》（*Hebrew Verse*），T. Carmi 编，企鹅丛书，1981。

柯丽茨娜（Judy Klitsner）：《圣经中的颠覆性接续》（*Subversive Sequels in the Bible: How Biblical Stories Mine and Undermine Each Other*），Maggid Books，2011。

克罗斯（Frank Cross）：《迦南神话与希伯来史诗》（*Canaanite Myth and Hebrew Epic: Essays in the History of the Religion of Israel*），哈佛大学出版社，1973。

库格尔（James Kugel）：《怎样读圣经》（*How to Read the Bible: A Guide to Scripture, Then and Now*），Free Press，2007。

列文森（Jon Levenson）：《西奈和锡安》（*Sinai and Zion: An Entry into the Jewish Bible*），HarperOne，1985。

迈尔斯（Jack Miles）：《上帝传》（*God: A Biography*），Vintage Books，1996。

纳德勒（Steven Nadler）：《一切可能世界中最好的那个》（*The Best of All Possible Worlds: A Story of Philosophers, God and Evil*），Farrar, Straus & Giroux，2008。

帕尔蒂丝（Ilana Pardes）：《圣经里的反传统：女性主义解读》（*Countertraditions in the Bible: A Feminist Approach*），哈佛大学出版社，1992。

佩格尔思（Elaine Pagels）：《撒旦起源》（*The Origin of Satan: How Christians Demonized Jews, Pagans and Heretics*），Vintage，1995。

平斯基（Robert Pinsky）：《大卫传》（*The Life of David*），Schocken Books，2005。

斯坦伯格（Meir Sternberg）：《圣经叙事诗学》（*The Poetics of Biblical Narrative: Ideological Literature and the Drama of Reading*），印第安那大学出版社，1985。

瓦尔泽（Michael Walzer）：《上帝庇荫》（*In God's Shadow: Politics in the Hebrew Bible*），耶鲁大学出版社，2012。

威利克（Jed Wyrick）：《论犹太、希腊与基督教传统中作者之确认与正典之形成》（*The Ascension of Authorship: Attribution and Canon Formation in Jewish,*

Hellenistic and Christian Traditions），哈佛大学出版社，2004。

约瑟夫（Flavius Josephus）:《犹太史》（*Ioudaike archaiologia*），H.St.J. Thackeray 英译，九卷，哈佛 / 罗伯丛书，1998。

约西波维奇（Gabriel Josipovici）:《上帝之书》（*The Book of God: A Response to the Bible*），耶鲁大学出版社，1988。

智慧书

奥特（Robert Alter）:《圣经诗歌艺术》（*The Art of Biblical Poetry*），Basic Books, 1985。

柏林（Adele Berlin）:《中世纪犹太人眼里的圣经诗》（*Biblical Poetry Through Medieval Jewish Eyes*），印第安那大学出版社，1991。

伯特（Robert Burt）:《旋风中》（*In the Whirlwind: God and Humanity in Conflict*），哈佛大学出版社，2012。

勃吕格曼（Walter Brueggemann）:《经久的惊喜》（*Abiding Astonishment: Psalms, Modernity, and the Making of History*），Westminster Press, 1991。

布赖斯（Glendon Bryce）:《以色列与埃及智慧》（*Israel and the Wisdom of Egypt*），伯克奈尔大学出版社，1975。

布鲁姆（Harold Bloom）:《去哪里寻求智慧》（*Where Shall Wisdom Be Found?*），Riverhead Books, 2004。

冯拉特（Gerhard von Rad）:《智慧在以色列》（*Wisdom in Israel*），J.D. Martin 英译，Abingdon Press, 1973。

高蒂斯（Robert Gordis）:《上帝与人之书》（*The Book of God and Man: A Study of Job*），芝加哥大学出版社，1965。

龚克尔（Hermann Gunkel）:《诗篇：类型批评导论》（*Psalms: A Form-Critical Introduction*），T.M. Horner 英译，Fortress Press，1967。

库格尔（James Kugel）:《圣经诗理》（*The Idea of Biblical Poetry: Parallelism and Its History*），耶鲁大学出版社，1981。

兰伯特（W.G. Lambert）:《巴比伦智慧文学》（*Babylonian Wisdom Literature*），牛津大学出版社，1960。

列文森（Jon Levenson）:《创世与恶之持续》（*Creation and the Persistence of Evil*），Harper & Row, 1988。

刘易斯（C.S. Lewis）:《反思诗篇》（*Reflections on the Psalms*），Mariner Books，2012。

译者简介

冯象，上海人。少年负笈云南边疆，从兄弟民族受"再教育"凡九年成材，获北大英美文学硕士，哈佛中古文学博士（Ph.D），耶鲁法律博士（J.D）。现任北京清华大学梅汝璈法学讲席教授，兼治法律、宗教、伦理和西方语文。著／译有《贝奥武甫：古英语史诗》（北京三联，1992），《中国知识产权》（英文，Sweet & Maxwell，1997 增订版，2003），《木腿正义》（1999；北京大学增订版，2007），《玻璃岛》（北京三联，2003），《政法笔记》（2004；北京大学增订版，2011），《创世记：传说与译注》（2004；北京三联修订版，2012），《摩西五经》（牛津大学／香港，2006；北京三联修订版，2013），《宽宽信箱与出埃及记》（北京三联，2007），《智慧书》（牛津大学／香港，2008；北京三联修订版，2015），《新约》（牛津大学／香港，2010），《信与忘》（北京三联，2012），及法学评论、小说诗歌若干。

（电邮请洽：fengxiang@post.harvard.edu）

图书在版编目（CIP）数据

智慧书：希伯来法文化经典之二／冯象译注．—北京：生活·读书·新知三联书店，2016.2　（2024.5 重印）

ISBN 978－7－108－05592－7

Ⅰ．①智…　Ⅱ．①冯…　Ⅲ．①《圣经》－译文 ②《圣经》－注释
Ⅳ．① B971.2

中国版本图书馆 CIP 数据核字（2015）第 284879 号

责任编辑　杨　乐
装帧设计　蔡立国
责任印制　李思佳
出版发行　**生活·讀書·新知** 三联书店
　　　　　（北京市东城区美术馆东街 22 号 100010）
网　　址　www.sdxjpc.com
经　　销　新华书店
印　　刷　河北松源印刷有限公司
版　　次　2016 年 2 月北京第 1 版
　　　　　2024 年 5 月北京第 3 次印刷
开　　本　635 毫米×965 毫米　1/16　印张 33.75
字　　数　472 千字
印　　数　13,001－16,000 册
定　　价　72.00 元
（印装查询：01064002715；邮购查询：01084010542）